私が教えた
慶應女子高の
保健授業

前書き

1985年から2000年まで、非常勤講師として慶應義塾女子高等学校の2年生と3年生の保健授業を担当させていただきました。

慶應義塾は受験がないため、授業内容は教師に任されています。もちろん教科書もありますが、先生たちは教えたい内容については特に情熱をもって教えています。そこで私も女子高生が大人になり結婚して子供を産み育て、親の介護に至るまで、自分と家族の健康を守るのに必要な知識を全部教えようと決めました。

毎週、ミニ医学部の授業になりましたけど、こちらが絶対必要だから覚えなさいという信念をもっていると生徒には伝わるようで、だれも文句は言わずかえって毎週どんな話かと楽しみにしてくれました。そして家に帰り親に話すので家族にもよい影響が広がっていったようです。私も診療の傍ら、日本女子大学食物学科の通信教育で中高保健の教員免許を取得して教えるという全情熱を傾けた人生の一時期になりました。

２００９年に授業内容を『大人も学ぼう　心と体と病気の知識』という題で慶應義塾大学出版会から出版させていただきましたが、２０２０年に家庭画報が「福澤諭吉のすすめ」という特集を組んだ時、慶應連合三田会会長として対談を載せていただいたのがご縁で、前回入れられなかった環境問題を含めて授業内容をリメイクして、世界文化社から出版していただけるという有難いお話をいただきました。

環境問題は１９８５年でも専門家は温暖化などに警告を発していましたが、世界は耳を傾けようとはしませんでした。１９８５年当時と、２０２２年では状況が大きく変わりましたが、今こそ考え行動してほしいと思います。その他の内容も、医学的に変わった部分は補足いたしました。ご参考になさっていただければ幸いです。では授業にお付き合い下さい。

菅沼 安嬉子

私が教えた 慶應女子高の保健授業

目次

前書き …… 2

第1章 脳のはなし

脳は体の司令塔 …… 10
脳と神経の構造と働き …… 10
大脳の発達によって人は進化した …… 13
大脳辺縁系は動物と一緒 …… 19
右脳と左脳の違い …… 21
小脳の働きもとても重要 …… 21
間脳（視床・視床下部）は裏方をコントロール …… 22
脳幹（中脳・橋・延髄）とは？ …… 26
睡眠のナゾ …… 27
死の判定 …… 32

第2章 呼吸・循環と応急処置

①呼吸器系 …… 38
なぜ呼吸しないと生きられないの？ …… 38
呼吸のしくみ …… 39
だれでも引くかぜ …… 41
お年寄りの命の火を消すインフルエンザ …… 42
タバコのみは喉頭がんになりやすい …… 44
甦った亡国病――結核 …… 45
増え続ける肺がん …… 47

②循環系 …… 49
心臓の働き …… 49
血液循環 …… 51
若い時から大切な血圧の管理 …… 53
動脈硬化症――人は血管とともに老いる …… 57
突然死の原因になる心筋症 …… 63
心臓移植は重い心臓病の救世主 …… 64
移植しなくても心臓を作れる時代に！ …… 65
もうひとつの循環――リンパ液循環 …… 66

③知っておきたい応急処置 …… 67
お父さんを救った卒業生 …… 67
応急処置の仕方 …… 68
窒息と窒息の予防 …… 80
外傷――意外に間違いが多い傷の手当て …… 82
やけど（熱傷）の処置は、はじめが大事！ …… 85
命の危険がある熱中症 …… 88

第3章　血液と血液が原因の病気

①血液のしくみと病気……92
血清は栄養や老廃物の運搬役……92
フィブリンは血を固めるセメントの役目……94
エイズで知られるようになった血友病……95
赤血球は酸素を運ぶトラック……96
バカにしてはいけない！貧血……97
白血球の働きと白血病……103
血小板は血管の穴を塞いでくれるブロック……106

②エイズ……108
1981年、人類は初めてエイズを知った――エイズの歴史……108
感染の経路の3本柱……109
エイズウイルスは免疫の司令塔を狙う――症状と経過……110
難しいエイズの治療……112
絶対に油断してはいけない――エイズの予防……113
勇気を出して血液検査を……114
HIV感染者への思いやり……116
エイズの将来……116

③アレルギー……118
アレルギーで悩む人は総人口の50％以上……118
白血球警察の過剰反応――生体防御のしくみ……119
身近にいっぱい、アレルギーで起こる病気……120
魔の3月～4月――スギ花粉症……122
とてもつらいアトピー性皮膚炎……126
死ぬこともある気管支喘息……129

COLUMN① 感染症の歴史……133

第4章　消化器の病気と危険な食べ物

①消化器とは、消化に関わる臓器のこと……136
口腔は食べ物の旅の入口……136
食道は食べ物の通り道……139
胃はおなじみの袋状の臓器……141
若者にも多い胃潰瘍、十二指腸潰瘍……144
すい臓は強力な消化液製造所……151
胆のうは胆汁濃縮袋……153
小腸の長さは6～7m……157
肝臓はお腹の中の大化学工場……158
東南アジアには肝炎が多い……161
大腸は食べ物の旅の終わり……169
腸内細菌はお花畑……178

②危険な食べ物――食品衛生 181
忘れていた経口伝染病がグローバル化で復活 181
食中毒は知識を持って予防 186
忍び寄る寄生虫 194

第5章　なくては困る泌尿器系
小さな臓器の大きな働き 202
尿管や膀胱にも身近な病気が 205

第6章　がん
2人に1人が「がん」になる 208
意外と知らないがんの定義 209
がんが体を滅ぼすまで20年 211
がんは1個の細胞から出発する 213
がん多段階発がん説 214
がんの生みの親（イニシエーター） 216
身近に多いがんの育ての親（プロモーター） 226
個人の努力でがんのリスクは下げられる 228
早期発見は定期検診と自己検診で 234
進歩を続けるがんの治療 237
COLUMN ②　人間ドックの落とし穴 241

第7章　女性の体
①女性の体のしくみ 244
子宮と卵巣は骨盤の奥にある 244
女性ホルモンのサイクルで起こる生理 247
月経の期間と量 251
女性だけが耐える生理のトラブル 254
子宮内膜症で苦しむ女性が増えてきた 257
朝目覚めたら基礎体温を測る 258
ダイエットは、
生理が止まらない程度にゆっくりと！ 263

②妊娠 269
―妊娠のしくみ― 269
妊娠するには男性の精子が必要 269
親からのＤＮＡで自分が決まる――
染色体について 273
多胎とは双子以上をいう 279
不妊症の原因とエスカレートする治療法 281
命を失う危険がある子宮外妊娠 287
COLUMN ③　妊娠中絶 289

―胎児の発育― 290
10ヶ月で人類の進化の過程をたどる 290
まだ人間の子とは思えない胎芽期 292
驚異的成長の胎児期 293
―先天異常の原因― 297
感染によるもの 298
化学薬品は身近な薬も注意 302
アルコール――3杯のワインで小頭症の危険 304
放射線はなるべく注意 305
高血糖でも先天異常が起こる可能性――糖尿病 305
―妊娠持続期間― 310
妊娠中の栄養と注意 310
COLUMN ④ 葉酸摂取で胎児の脳と脊髄の異常リスクを下げよう 313
―いよいよ出産― 314
慌てなくても約半日かかる分娩第一期 314
出産の本番――分娩第二期 315
分娩第三期に意外な危険 318
③赤ちゃんの育て方 320
―新生児期と母体の変化― 320
マタニティ・ブルーはみんなで助けよう 320
母乳を与えるか与えないかよく考えて 322
―乳幼児期の育て方― 324
人間として生きるための体作り 325
やはり3歳までは大切 325
親がしつけをするべき 327
家庭は安らげる港でなくてはいけない 328
COLUMN ⑤ 上手な医者のかかり方 331
第8章 心の問題
欲求と欲求不満を知って上手に生きよう 334
―欲求― 335
一次的欲求は生まれる前から備わるプログラム 335
二次的欲求は環境で異なる 336
―欲求不満（フラストレーション）― 341
障壁は欲求の壁 341
欲求不満にはよい影響と悪い影響がある 342

—欲求不満の解決方法——
適応機制と対処行動— …… 343
目標をゲットする「合理的機制」 …… 344
似たようなもので我慢する「代償機制」 …… 345
自己防衛する「防衛機制」 …… 346
現実逃避する「逃避機制」 …… 348
八つ当たりに近い「攻撃機制」 …… 352
いじめはいじめる方に心の問題がある …… 353
—適応障がい— …… 354
自分を傷つけるような癖は問題——習癖 …… 354
問題行動 …… 355
不登校の処方箋を教えてほしい …… 369
飽食の時代の拒食症（摂食障がい） …… 371
家出、非行は精神的に未熟なことが多い …… 372
—問題行動に社会はどう対処したらよいか— …… 373
子供が幸せを感じられる家庭を作ろう …… 373
教師は逃げてはいけない …… 374

心と体の関係——ストレスへの対処 …… 375
ストレス——みんなが毎日使うストレスという言葉 …… 375
ストレスで起こる体の反応 …… 376
医者にかかる半数はストレス病（心身症） …… 378
ストレス病の発生条件 …… 380
ストレスを上手にかわして楽しい人生を——
ストレス病の予防 …… 381
COLUMN ⑥ 女子高の保健室 …… 385

第9章 環境問題

日本の苦い歴史 …… 388
保健環境問題レポートの書き方 …… 389
地球規模の環境破壊 …… 391
オゾン層の破壊 …… 392
環境ホルモンは未来を奪う …… 394
プラスチックの逆襲 …… 398
絶対阻止を！ 地球温暖化 …… 402
COLUMN ⑦ SDGsとは？ …… 409
参考文献 …… 411
後書き …… 414

第1章

脳のはなし

脳は体の司令塔

脳と神経の構造と働き

脳は、人間の体のすべての器官を統合、管理している司令塔です。脳が外界の刺激を感じ、それに対応するために、体の各器官に司令を出しています。自分の意識では動かせない心臓や内臓も、脳の管理下にあります。

心は、昔、胸の中にあると思われていました。悲しいことがあると胸がキュンとし、嬉しいことがあると胸がドキドキするからです。しかし、これは脳からの刺激で、心臓がキュッと収縮したり、ドキドキ速くなったりするので、心臓がものを考えるわけではありません。人間に一番重要な「考える」ということは、脳がなくてはできません。

そんな大切な器官ですから、脳は、ヘルメットのような頭蓋骨で守られています。しかしそれだけでは、飛び跳ねたり、頭をぶつけたり、激しく振ったりすると、脳は自分の頭蓋骨にぶつかって潰れてしまいます。大脳はちょっと硬めのババロアと考えて下さい。ですから、頭蓋骨と脳の間を髄液が流れていて、ショックを吸収する役目をしているのです。

脳の重さは、男性平均１４００g、女性平均１３００gと覚えましょう。脳細胞の数は１４０億なので覚えやすい数字になります。

一般的に「脳」というのは、頭蓋骨の中に納まっている部分のことをいい、脳と末梢を結びつける神経は、中枢神経系と末梢神経系によって成り立っています。

中枢神経系は、脳と脊髄で体の様々な器官や組織を統合しています。そこから出ている末梢神経は、運動や感覚を伝導する役目をもっています。

人の脳の断面図

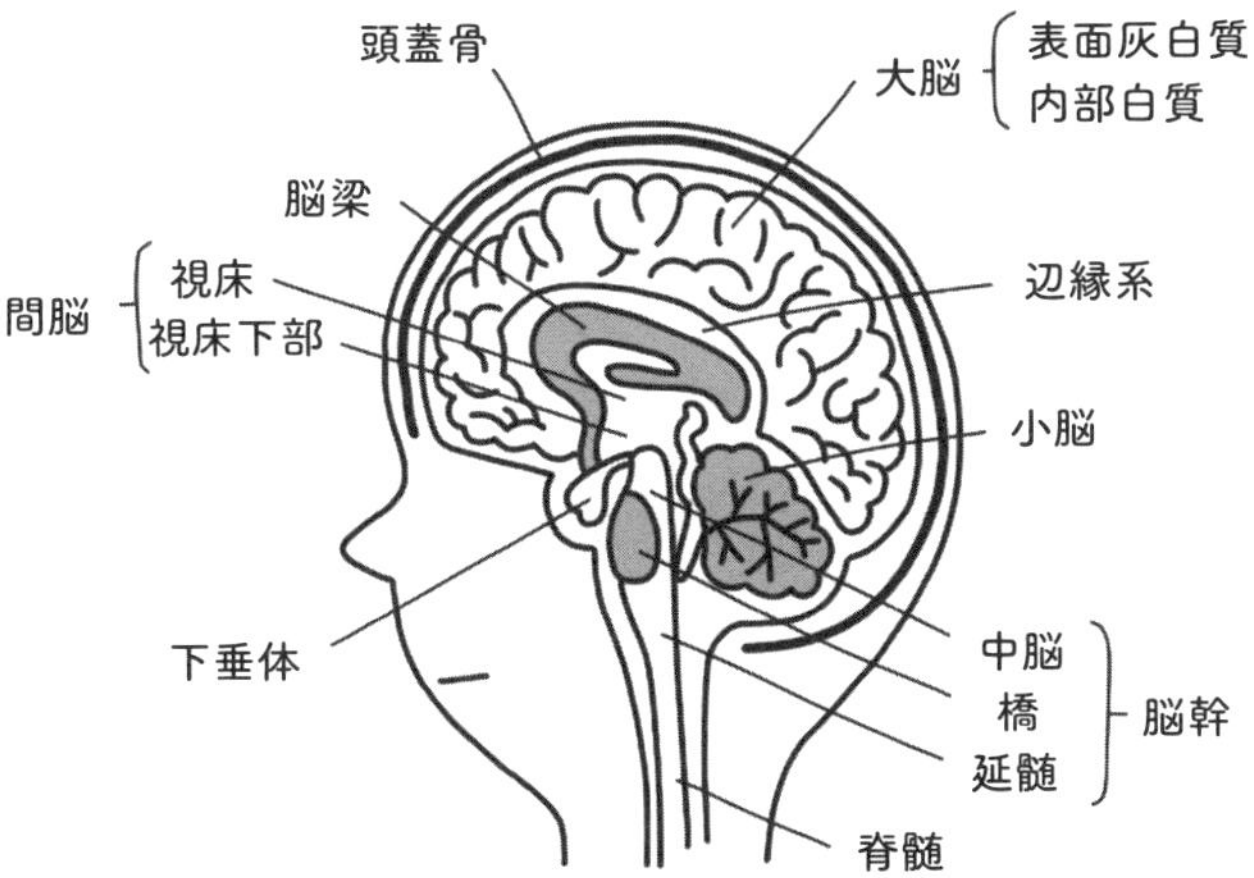

脳は、大脳、間脳、小脳、脳幹部から成っており、脳幹から脊髄が延びて、背骨（脊柱管）の中を通り腰まで達しています。

脳から出ている左右12対の末梢神経は脳神経といい、首から上の感覚や運動を伝えます。脊髄からは左右31対の末梢神経が出て、手足や体の働きに関与します。その働きから、体性神経と自律神経に分けられますが、体性神経は感覚や運動を司り、自律神経は自分で動かすことのできない心臓や胃腸などの働きに関与します。

自律神経のうちの交感神経は、ネコが敵に出会った時や、皆さんが夜道で怖い思いをした時に感じる興奮を司ります。びっくりして瞳孔は開き、鳥肌が立ち、心臓はドキドキして、胃腸の動きがピタリと止まるのです。反対に副交感神経優位は、家でゆっ

中枢神経系と
末梢神経系の支配

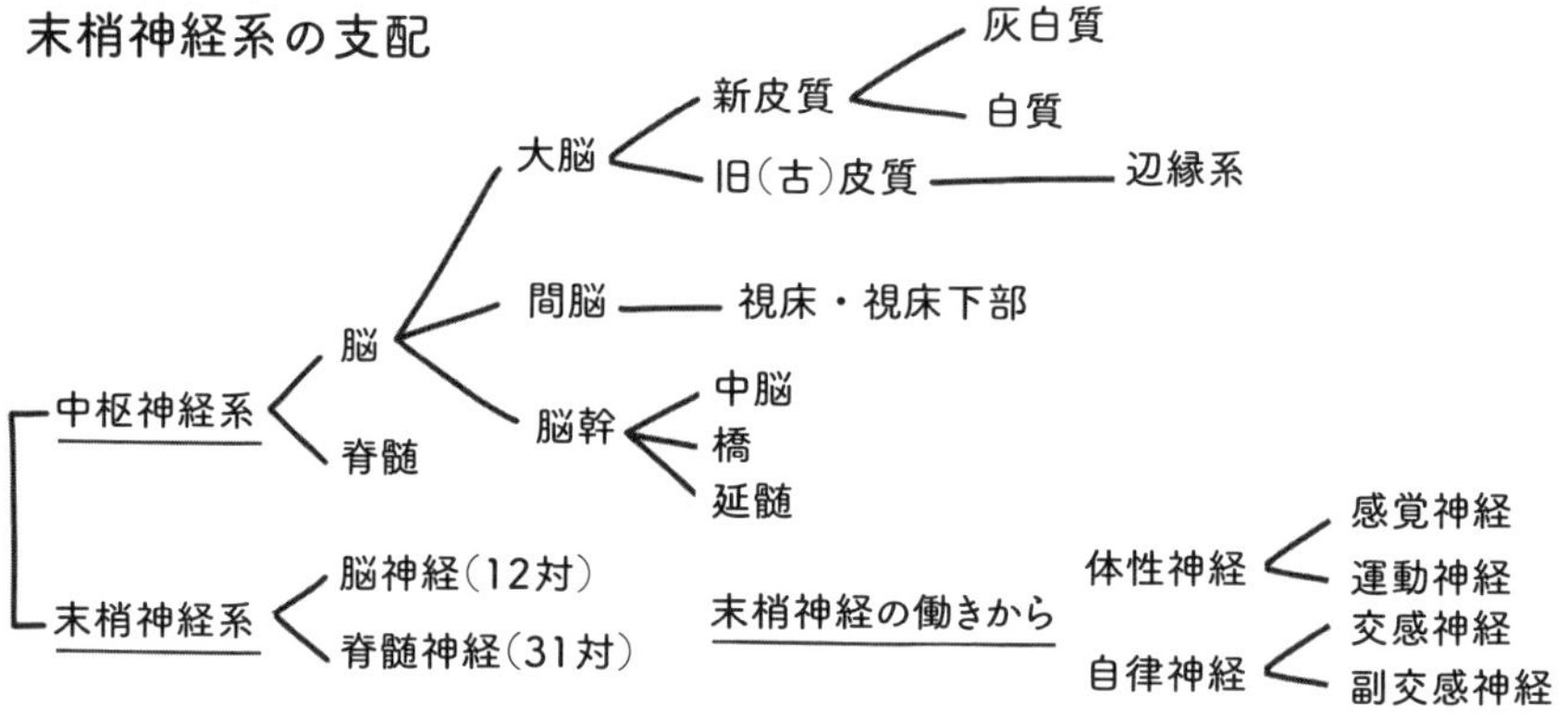

＊ iPS細胞（induced Pluripotent Stemcell　人工多能性幹細胞）は、京都大学の山中伸弥教授により、2007年開発成功。2012年ノーベル賞受賞。慶應義塾大学ではiPS細胞を使ってマウスの脊髄損傷を治療。動けなかったマウスが走り出すまでになり、2021年から人への応用が始まった。

くりテレビを見ているような時で、心臓はゆっくり打ち、胃腸の動きが活発です。まさかテレビドラマがホラーでもない限り、鳥肌を立てて見ている人はいないでしょう。消化もよくなっています。

脳幹部や脊髄と末梢神経が損傷されると、いくら脳で命令しても伝わらなくなります。交通事故や怪我で、脊髄損傷を起こすと一生体が動かなくなるということを、耳にされたことがあると思います。腰椎損傷ですと下半身麻痺で車椅子生活に、頸椎損傷だと手も動かせず寝たきりになります。末梢神経はある程度再生しますが、中枢神経の神経細胞は一度壊れると一生再生しないからです。２０１８年からｉＰＳ細胞を使って脊髄神経細胞を作り、神経を再生させる取り組みが始まりました。末梢神経は縫合したり、リハビリテーションをしたりして回復をはかります。

大脳の発達によって人は進化した

人間が人間たるゆえんの、知、情、意の中枢は、大脳の表面の厚さ３㎜の部分にあります。この部分は灰色がかっているので灰白質と呼ばれていて、１４０億の神経細胞が密集しています。その神経細胞に栄養を与えるグリア細胞が１０００億個あり、このふたつで脳細胞が構成されています。

末梢神経（脊髄神経）

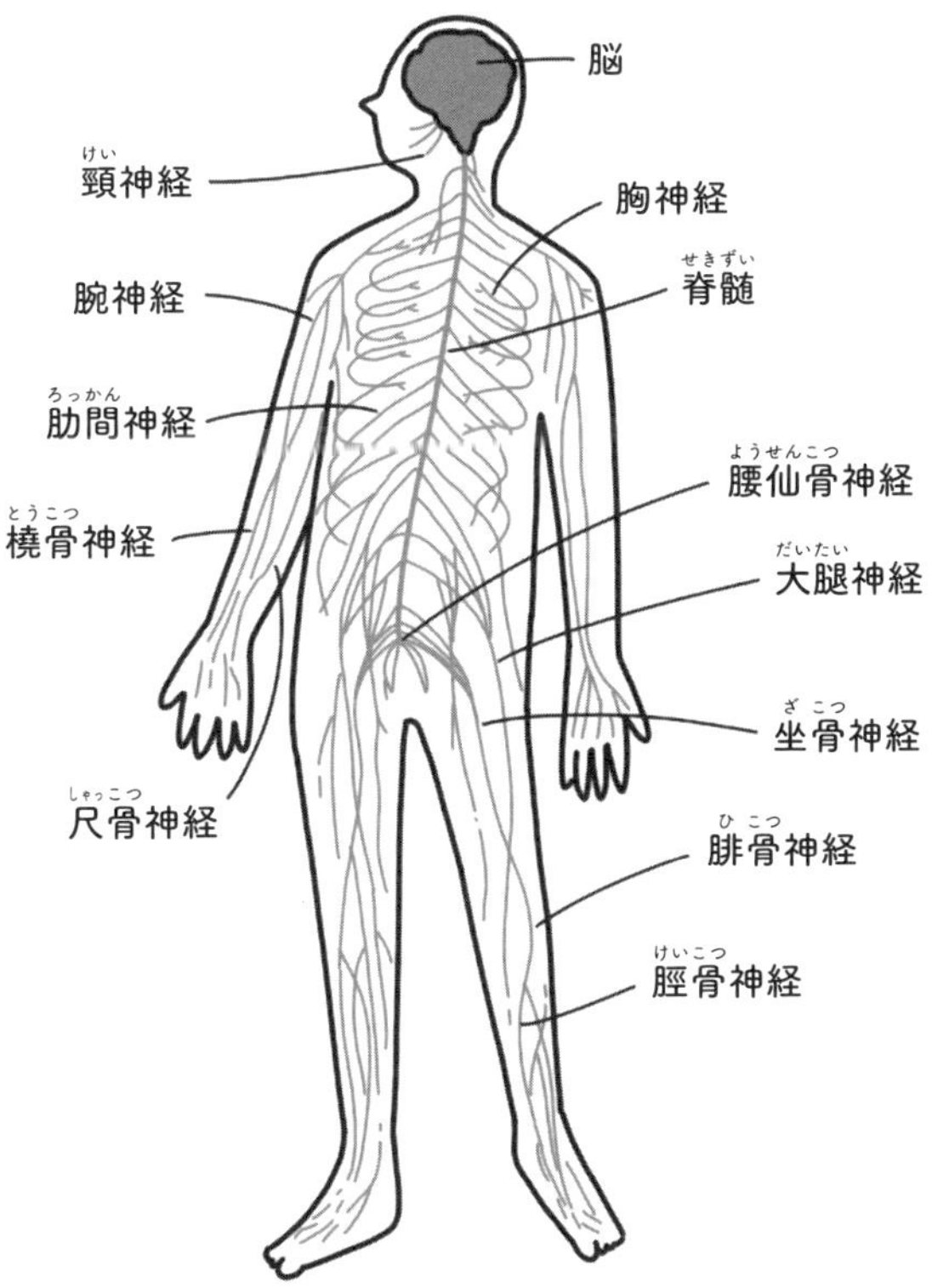

▼どうしたら頭がよくなるの？

人間の頭のよさがどこで決まるのかは、昔からの関心事でした。頭の重い人が利口なのだと信じられていましたが、脳を解剖して重さを測ってみると、どうもそうではないらしく、その後、ものを覚えると脳の表面のシワが増えて頭がよくなるのだと考えられました。

相対性理論を考えだしたアルベルト・アインシュタインは世界の誰もが認める天才ですが、アインシュタインが死んだ時、早速脳が解剖されました。しかし、彼の脳はあまり重くもなく、また、表面ものっぺりしていたので、この説もなくなってしまいました。

顕微鏡が発達して、表面の神経細胞を見られるようになって、今度は細胞の数で頭がよくなるのだと考えられるようになりました。大脳表面のシワはその表面積を大きくしていて、広げると新聞1ページ分、２２４０㎠にもなるそうです。アガサ・クリスティの推理小説に出てくる名探偵エルキュール・ポアロが「私の灰色の脳細胞が教えてくれたのですよ」というのは、この灰白質にある１４０億の神経細胞のことをいっているのですが、はたして、細胞の数が多ければ頭がよくなるのでしょうか。

人間の出発点である受精卵が分裂して、３週目に神経管ができます。神経管の一端が膨れて脳が形作られていくのですが、誕生の時は５００億になり、その後激減して、1歳で１４０億になります。そして35歳からは1日10万個ずつ死滅していくのです。数からすると、50歳の人が乳児に負けることになりますが、誰もそんなことは考えません。

アインシュタインの脳

> アルベルト・アインシュタイン。理論物理学者（ユダヤ系ドイツ人。1879-1955年）。脳の大きさ等は平均と変わらないが、頭頂葉下部が一般人より15%大きく、数学的思考、空間的視覚認識の発達する部分が大きかった。

今認められている、神経細胞のネットワーク説は、ものを覚えていくたびに神経細胞が手を繋いでネットワークを作るというものです。親は子供を育てながら、いろいろなことを教えます。「あれは信号よ。赤、黄、青の色があるでしょう。青になったら歩いていいけど、赤の時は絶対に前に出てはいけません。車にひかれて死んでしまうからネ」といった時、子供の頭の細胞は手をどんどん広げていくというのです。

この神経細胞の結びつきは、強烈な印象を持ったものや、繰り返し覚えたものは、しっかり結合して離れないようです。確かにそういうことは長く覚えています。では忘れてしまうと、どうなるのでしょう。この結びつく部分をシナプスといいますが、シナプスが離れてしまいます。とくに一夜漬けの勉強は結びつきが弱いので離れがちです。しかし、一度道がつくと離れても早くつきやすいので、試験の少し前に一度覚えて、前の日に忘れたところを覚え直した方が効率的です。

神経細胞のネットワーク

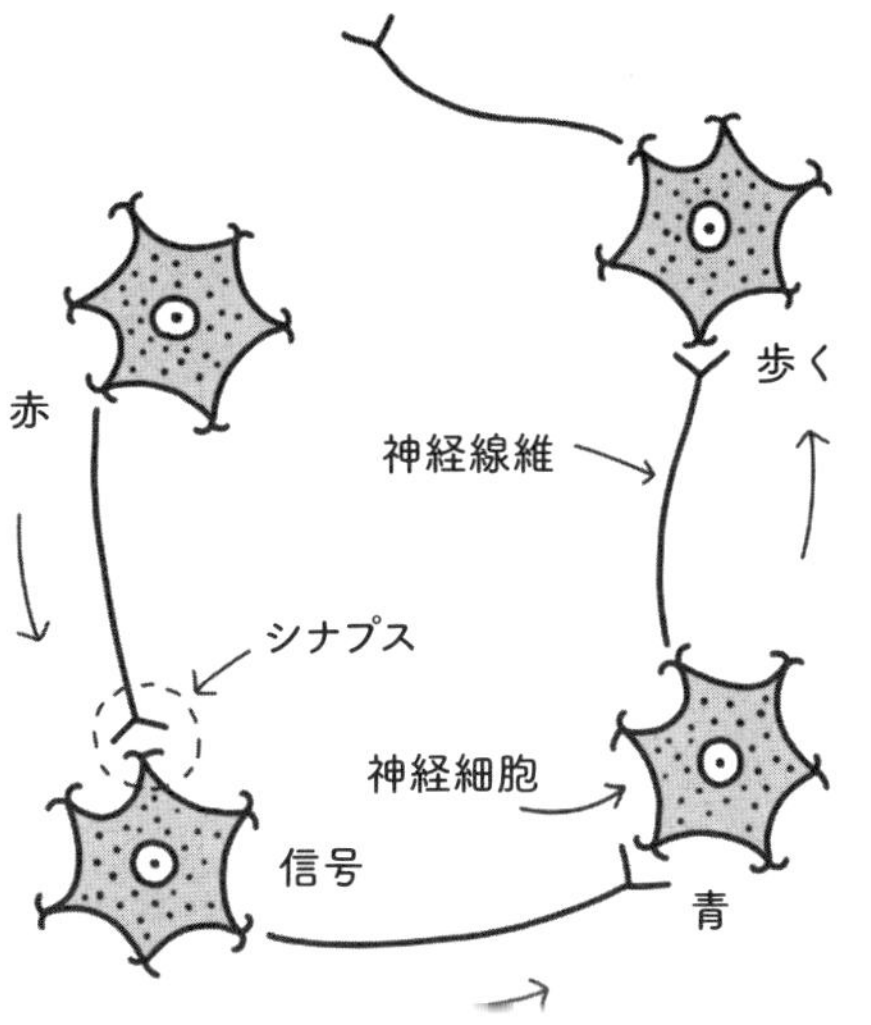

脳のメカニズムは化学物質も関与するため、もう少し複雑なのですが、人はものを覚えたり考えたりすることによって、ネットワークが複雑になり、判断力がついてくるといわれています。覚えるピークは17歳だそうですので、高校生の頃は脳にとって大切な時期です。研究者は30歳までが勝負です。ノーベル賞級の研究はほとんど30歳までに基本が考えられたものだそう

です。大学に入ったらアルバイトと遊び三昧というのは、大脳の発達からみると、とても損をしています。そしてネットワークは年とともに増えるので、「よい知恵は長老に聞くとよい」と言われるように、裁判官は50歳以上がよいといわれています。

▼もの忘れの起こるメカニズム

何かのはずみで、ネットワークの中の細胞が消滅してしまうと、もの忘れが起こります。頭をぶたれたり、認知症といわれる状態の時です。よくお年寄りが家からとんでもなく遠くで保護されることがありますが、駅に行こうとしても、急に回路の途中の細胞がなくなってしまうので、どこへ行ってよいかわからなくなって別の方向へどんどん行ってしまったりするのです。

35歳を過ぎて1日10万個ずつ細胞は死にますが、使わない細胞から死んでいくので日常生活にはほとんど支障がありません。どんな天才でも１４０億全部は使っていなくて、⅓くらいは眠っているそうなので大丈夫ですが、使っている細胞が壊れていくと、「もの忘れ」といわれる状態になってしまいます。

若い人でも頭を強く打たれると脳の細胞は死んでしまいます。スポーツのボクシングでは頭を強く打たれることが多く、脳細胞の破壊が起こりやすいので、できたらボクシングは廃止した方がよいという議論も出てきています。体罰と称してなぐる教師がニュースになりますが、とんでもないことです。知識を教えてネットワークを作っておいて、それを壊していてはなんにもなりませんから。

脳細胞が破壊されて、もの忘れが起こる病気を認知症といいます。

▼増えてきた認知症

２００７年には日本は世界一の長寿国でした。２０２０年でも世界第二位です。それに伴って寝たきり高齢者の介護や認知症が問題になってきています。認知症は原因によってアルツハイマー型と脳血管性があります。

①アルツハイマー型認知症

原因か結果かわかりませんが、アルツハイマーは、脳にアミロイドたんぱくという物質が沈着して、神経細胞が変性し、死滅することによって脳が委縮して起こるものです。ある程度遺伝が関与し、50歳前後の比較的若年から起こってくるのは若年性認知症ともいわれています。日本に比べ、アメリカでは10倍くらい多く、レーガン元大統領がアルツハイマーであると告白してから、半年ほどでナンシー夫人の顔もわからなくなったと報道されて、世界中がびっくりしました。アルミニウムが悪いといわれたりしていますが、まだ、原因がはっきりわかっていません。軽いうちなら進行を止める薬はありますが、全快させる薬はありません。世界中の製薬会社が競って研究しています。

脳の一番中心に近い海馬というところには、記憶の引き出しがあるといわれていますが、アルツハイマーは、そこが一番はじめから強く障がいされるのでもの忘れがひどくなります。

②脳血管性認知症

動脈硬化は血管の内側にコレステロールが溜まり、これが変性して血管の壁に溶け込んでいって壁を硬くするものです。動脈壁が硬くなるので「動脈硬化」といいます。血管は脆くなると同時に、

動脈硬化

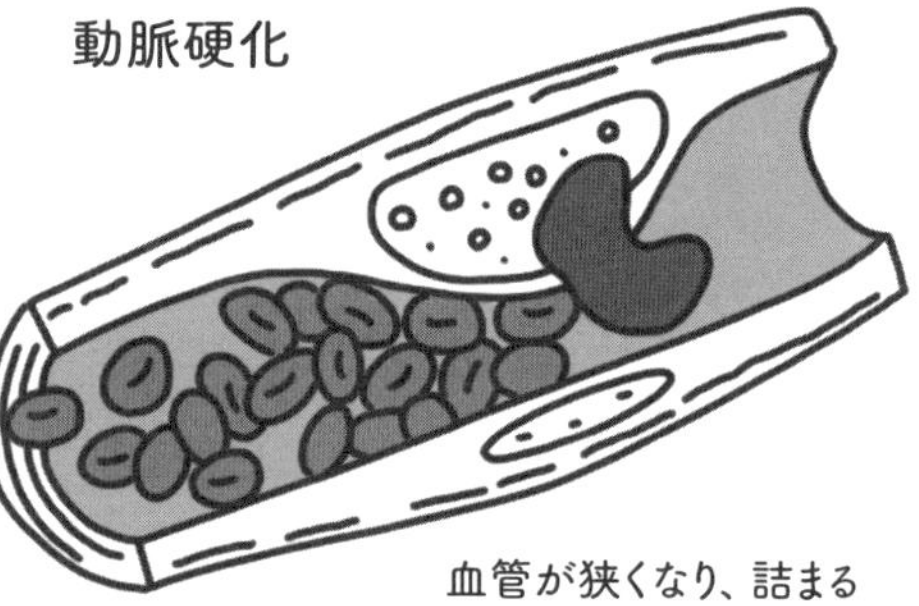

血管が狭くなり、詰まる

内腔《ないくう》も狭くするので、詰まりやすくなってきます。

昔、日本人の食事はたんぱく質が少なかったので、血管は脆く、血圧が高くなると脳の血管が切れて脳出血を起こしました。ところが、最近のように食生活が欧米化すると、狭くなった内腔を、脂っぽい食べ物で固まりやすくなった血液が流れるので、切れるより詰まって脳梗塞を起こします。大きい血管が詰まると脳は広範囲にやられて、半身不随や生命にかかわることにもなりますが、小さい血管だとその先の脳細胞が死ぬので、もの忘れの症状が出てきます。使っている細胞が死んでしまうからです。

最近、脳ドックが盛んです。CT(computed tomography コンピューター断層撮影法)やMRI(magnetic resonance imaging 核磁気共鳴画像法)という機械を使って脳の中を見ることができます。その結果、脳の中に白い点がたくさん見えることがあります。小さな脳梗塞なのですが、50歳代で全く健康と思っていて、少しのもの忘れは年のせいだくらいに考えていた人にみられるものです。検査を受けた本人はとてもショックを受けるでしょう。

でも動脈硬化は予防することができるのです。若いうちから、血液中の悪玉コレステロール値を上げすぎないように管理しましょう。悪玉コレステロールは、LDLコレステロール(Low Density Lipoprotein)ともいわれ、血管壁に付いて動

もの忘れ防止の5原則

① 頭を強く打たない
② 動脈硬化を予防する
③ 忘れたらもう一度覚え直す
④ 歯を大切にしてよく噛む
⑤よく歩き循環をよくする

いろいろな動物の大脳辺縁皮質

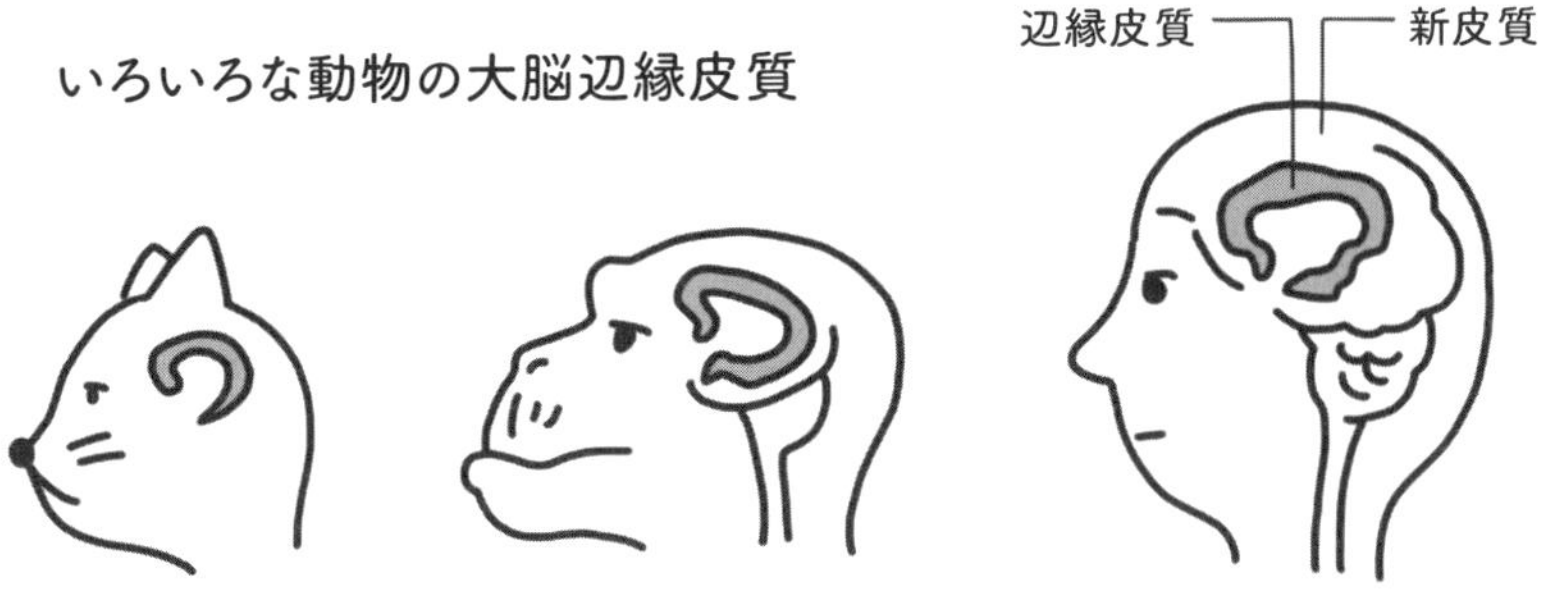

脈硬化を促進させます。

もの忘れをしたら死んだ脳細胞を飛び越えて、別のネットワークを作るように努力して下さい。

大脳辺縁系は動物と一緒

140億の脳細胞から神経線維が中心に向かって伸びていて、その部分は白く見えるので「白質」といいます。線維は神経細胞の長い足の部分で髄質ともいいます。中心に近い脳梁の上の部分は辺縁系といって、生きるための行動、つまり、食べる、眠る、怒る、闘争、逃げる等の本能に関与しています。この部分は動物すべてに共通で、頭の体積に占める割合はほとんど同じです。

人が大脳皮質を発達させたのは、直立歩行で歩く振動が脳に伝わるようになったことと、口が引っ込んで物を噛む振動がやはり脳へ伝わるようになったためといわれていますが、ネコとサルと人を比較すると、なるほどと思わせる説ではあります。お年寄りは、腰が曲がって姿勢よく歩けなくなり、歯が悪くなって硬いものが噛めなくなるのも衰える原因のようです。

▼お利口なサル

ちなみに日本のサルの中で一番お利口といわれているのは、犬山の京都大学霊長類研究所のチンパンジー、アイちゃん。お勉強が大好きで、息子のアユム君も教育を受けています。アメリカのチンパンジーの一種、ボノボの兄妹は火を恐れず、ほとんどの言葉を理解し、過去、未来の概念や、人をだます心理までわかるそうです。ただ、顔の構造から人のように様々な声を出せないのでタッチパネルで意思を伝えます。なにかのキッカケでしゃべれるようになると、映画『猿の惑星』のように、人もオチオチできなくなります。

大脳辺縁系は本能を司っています。しかし、本能のままに行動すると、人間社会が成り立たないので、大脳皮質が抑制しています。授業中、お腹が空いたと思っても、食べると先生に怒られるだろうなと考えて我慢したり、お見合いの席で大好物を前にしても小食のふりをしたりするのは、大脳皮質の抑制によるものです。たまに本能のままに行動してしまう人もいますが、社会からは邪魔物扱いされることになります。人間社会のルールは大脳皮質が考えたことだからです。

ところが、あまりに辺縁系を抑制してしまうと生きる活力を失ってしまいます。勉強ばかりやっていると、自分は何のために生きているのだろうと思ってしまうのは、大脳皮質ばかり活動しすぎたせいです。そこで、運動やレクリエーションで辺縁系を解放してあげると、また元気になるのです。大脳皮質と辺縁系のバランスを保つのは、生きる上で非常に重要なことです。今の子供たちの中には、このアンバランスが生じている子供も多いようです。

猿の惑星

1967年に作られた映画で、2001年のアメリカを想定している。原題は“Planet of the Apes”。チンパンジーが言葉をしゃべるようになり、人を奴隷にしたり実験動物にするストーリー。

右脳と左脳の違い

大脳は、右半球と左半球に分かれていて、まん中は脳梁で繋がっています。右と左は役割分担をしているらしく、右はクラシックの音楽を聞いたり創造する脳、左は記憶する脳といわれますが、人によっても違うらしく、日本人は虫の音を右半球で音楽のように聞くのに、欧米の人は左で聞いていて雑音と感じるそうです。

右と左は脳梁を通して相互に連絡し合っているようで、どちらかが欠損すると反対側で補うことがわかってきました。脳梁の交通機能が損なわれた人は、いろいろなことがちぐはぐになってしまうそうです。

小脳の働きもとても重要

小脳は大脳の後ろ下にある部分です。ここは体の筋肉の収縮のバランスをとっています。人は手や足を無意識のうちに伸ばしたり縮めたりしていますが、伸筋と屈筋がうまくバランスをとっているからできるのです。両方が同時に収縮してしまったら、手足は動きません。小脳は体のバランスを計算し、大脳や脊髄を介して全身の筋肉を制御することで運動や姿勢の調節をしています。大脳・小脳のやりとりは、0・04秒くらいで行われており、人間の体はスムースに動いています。オリンピック選手達は、このやりとりが0・04秒よりもっと速いかもしれませんね。

小脳が障がいされると小脳失調症になります。鉛筆を持つことや食べること、歩くことといった動作がうまくできません。日常何げなく行っている動作も、小脳によって非常によくコントロールされているおかげなので、若いうちは走るのが遅いといっては嘆いたりしますが、普通に生活できることに感謝すべきです。

2000年1月、科学技術振興事業団などのチームが、脳細胞の活動状況を見ることができるファンクショナルMRI検査で、小脳が道具の使い方を学習する過程に深く関わっていることをつきとめました。人は大脳だけでなく小脳も発達させたことで、人間社会の文明を築き上げたともいえます。

間脳（視床・視床下部）は裏方をコントロール

脳の形はキノコに似ています。カサの部分を大脳、クキの部分を脳幹とすると、その接続部分のあたりが間脳です。間脳には視床と視床下部があります。

視床は嗅覚以外のすべての感覚を伝える神経線維の中継点で、視床下部もコントロールしています。視床下部には、自律神経の中枢、体温調節の中枢、ホルモンの中枢、女性にとって気がかりな食欲の中枢（満腹中枢、空腹中枢）があります。

自律神経中枢は、交感神経と副交感神経のバランスをとっています。外出などをすると交感神経優位に、家にいる時は副交感神経優位になります。

体温は体内が37℃に保たれるように、体温調節中枢がコントロールしています。暑くなると汗をかいて汗が蒸発する時の気化熱で体を冷やし、寒い時はふるえて筋肉が収縮してできた熱で体を温めます。自律神経やホルモンと連動して常に37℃に保っています。細菌やウイルス感染で発熱しても治ると体温が元に戻るのも、この中枢が37℃にセットされているからです。病気の後、このセットが狂って1年も2年も何の異常も認められないのに微熱が続く人も稀にいますが、これは医者を悩ませます。いくら検査しても原因がわからず、いつの間にか元に戻ります。ストレスでも熱が上がることがあります。

ちなみに人の体温は、体内は37℃ですが、腋下で測ると1℃ぐらい低くなります。また微熱とは、37～38℃の状態を指しています。

▼ホルモンは体中を駆け巡るメッセンジャー

人体の様々な臓器からは、超微量で体の機能を調節するホルモンといわれる物質が分泌されています。ホルモンは分泌器官から分泌されて、標的器官に働きます。

仕組みも複雑で、標的器官からホルモンが出すぎると暖房機のサーモスタットのように、標的器官から分泌器官にホルモンを出すのを抑制するように働きます。ネガティブフィードバックシステムです。その司令塔は間脳の視床下部です。

視床下部から指令するホルモンが出て脳の下垂体に働くと、下垂体からその標的器官である甲状腺や、副腎、卵巣、精巣などに向けて促すホルモンが出て、甲状腺ホルモン、女性ホルモンや男性ホ

主な内分泌臓器と主な病気と症状

1. 脳視床下部・下垂体（低身長症、先端巨大症、乳汁漏出症など）
2. 甲状腺（バセドウ病、甲状腺機能低下症など）
3. 副甲状腺（高カルシウム血症、骨粗しょう症など）
4. 膵臓（糖尿病など）
5. 副腎（高血圧症、低血圧症など）
6. 卵巣、精巣（インポテンツ、無月経、不妊など）
7. 心臓（心不全など）
8. 肝臓（糖代謝異常など）
9. 腎臓（貧血など）
10. 脂肪組織（肥満症、糖脂質代謝異常など）

一般社団法人 日本内分泌学会 HP
2019年8月21日より抜粋

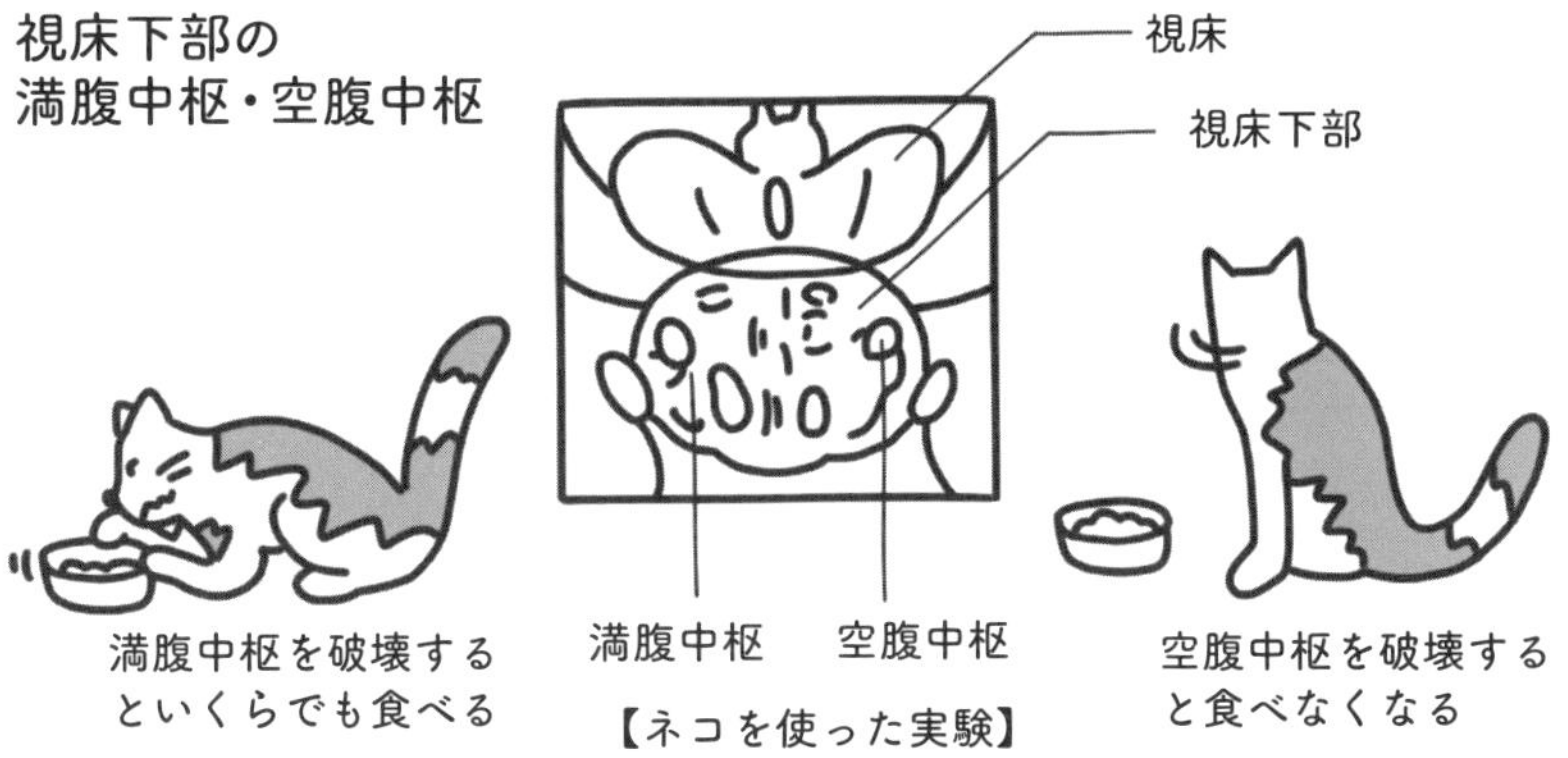

＊参考（時実利彦『目でみる脳 その構造と機能』東京大学出版会、1969 年）

ルモンなどが分泌される仕組みです。ほんの少し狂っても病気になりますから正常に働いてくれることに感謝です。

これらはほんの代表的なものです。現在、心臓、腎臓、消化管、血管その他からも100以上のホルモンが見つかっています。医学部を目指す人はそれらを覚えることを覚悟しなくてはなりません。

▼お腹がすいて食べるわけ

視床下部の摂食中枢には空腹中枢と満腹中枢の2つが存在していますが、これらは血液中の糖の濃度、つまり血糖に反応しています。お腹がすいている時は血糖が低いので、空腹中枢が興奮してやたらに食べたくなります。たくさん食べると腸から吸収された糖が多くなり、視床下部を流れる血糖の高さで満腹中枢が興奮して「もう食べるのをやめよう」と考えます。

ネコの頭に電極を差し込んで満腹中枢と空腹中枢をそれぞれ破壊した実験があります。満腹中枢を破壊されたネコは、満腹感がないのでどんどん食べ続けて太ってしまいます。空腹中枢を破壊されたネコは、目の前にどんな好物の魚があってもけっして食べず、痩せ細ってしまうのです。

スタイルが気になる人の中には、空腹中枢を破壊してもらいたいという人がいるかもしれませんが、中枢神経の神経細胞は、一度破壊されると再生しないとされているので、一生、点滴や鼻から入れた胃チューブで栄養を入れていないと死んでしまいます。もちろんこのネコも死んでしまいました。今はこのような実験はしませんが、人も病気で同様の症状を起こすことがあり、摂食中枢の場所はわかっています。

脳幹（中脳・橋《きょう》・延髄）とは？

脳幹は、上から中脳、膨れた部分が橋、その下に延髄があります。橋は、文字通り、伝達の橋、伝導路です。

▼閉じ込め症候群はつらい状態

橋に行く血管が、出血や梗塞を起こして橋の部分だけが障がいされてしまうことがあります。頻度の高い病気ではありませんが、眼から下の神経がすべて障がいされて動かなくなります。大脳は正常で意識もあるのに、口をきくことも首を動かすこともできないので、植物状態と間違えられたりします。ベッドサイドで不注意に患者さんの悪口をいったりしたら、全部聞こえてしまうのです。でも本人は怒ることも反論することもできません。

かすかに眼球を動かすことができるので、「イエスだったら目を右に動かして」というとその通りにすることで少し意思を伝えることはできますが、回復することは稀です。

▼なぜ呼吸と心臓は止まらないの？

延髄には呼吸と循環の中枢があります。呼吸は自分でも胸の筋肉を動かして、息を吸い込んだり吐いたりすることができますが、自分で意識をしなくても自然にやっていて、止まることはありません。心臓も同じです。デートの時、夢中で話し込んでいても、心臓を30分打ち忘れた！ということもありませんし、面白い映画を見ていて、その間呼吸するのを忘れていたということもないよう、延髄がちゃんとコントロールしてくれています。

『必殺仕事人』というドラマの中で、仕事人がすれ違いざま、首の後ろから長い針を刺すとその人は数歩歩いて倒れて死んでしまうという場面がありました。延髄の呼吸中枢か循環中枢を破壊するという設定なのでしょう。

睡眠のナゾ

人は夜になると眠くなって寝てしまいます。「死んだように眠る」という形容があるように、外で起こっていることは全くわからなくなるのですが、死と違うところは、一定の時間が来ると意識が戻ることです。

睡眠の研究は脳波を測定することから始まりました。頭に電極をつけて、脳から発せられる微細な電流を測定して記録したのが脳波です。睡眠は脳が休むのだと思われていましたが、脳波で見るとか

	眼球	筋肉	脳波	夢	深さ
① レム睡眠	キョロキョロする	弛緩	小さい波	見ていることが多い	浅い
② ノンレム睡眠	動かない	ある程度緊張	大きな波 δ波θ波	見ているかもしれないが思い出せない	深い

①＋②がひと晩のうちに5～6回くり返される

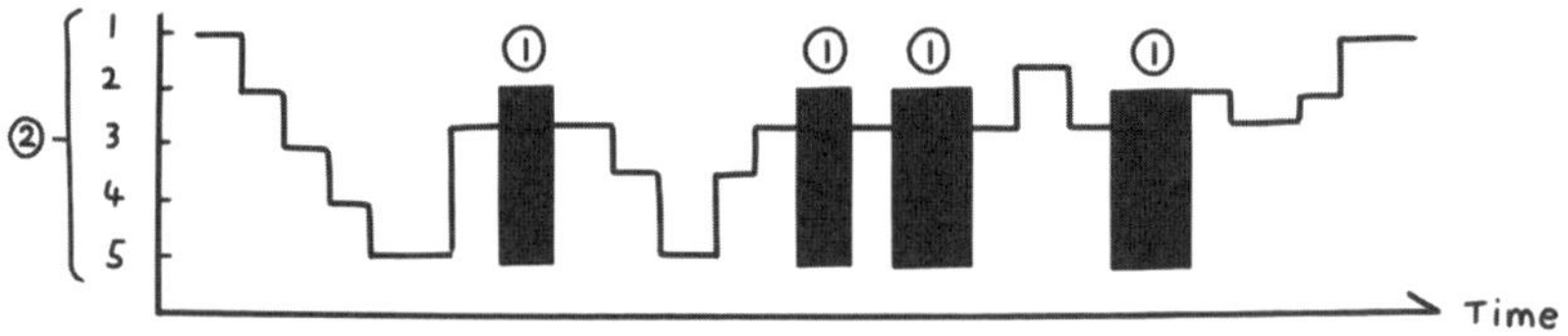

参考（井上昌次郎『脳と睡眠』共立出版、1989年）

えって活発に活動しているようにもみえます。脳波によると、睡眠には2種類の眠りがあることがわかっています。

▼レム睡眠とノンレム睡眠

レム睡眠（REM：Rapid Eye Movement）とは、眠っているのに眼球がキョロキョロと動いているのでこの名前が付けられました。筋肉はダラッと弛緩していますが、あまり深い眠りではありません。起こしてみると80％の人は夢をみていたといいます。筋肉の緊張は抑制されているのですが、ここが障がいされると寝ながら動き出し、夢の通りに行動する夢遊病になります。また、目覚めた時に緊張が続くと、体を動かせない金縛りという状態になります。金縛りは非常に恐れられますが、ちょっと睡眠の機構が狂っただけで心配はありません。10代～20代に多く経験し、その時、恐い夢をみたりするので心霊現象と考えられたりしますが、レム睡眠に関連したトラブルです。

ノンレム（non REM：non Rapid Eye Movement）睡眠は深い眠りです。起こしてみると夢をみていたという人は20％くらいで、それも内容をあまりはっきり思い出せません。

レム睡眠とノンレム睡眠を1単位として、90分間隔で繰り返され、朝が近づくにつれてレム睡眠が多くなり、やがて目覚めるのです。睡眠不足が続いた後は、ノンレム睡眠が深く長くなりますし、長い時間寝ているとレム睡眠が多くなります。

▼長眠者と短眠者、無眠者と不眠症

睡眠時間は個人差が大きく9時間以上寝る人を長眠者、6時間以下の人を短眠者といいます。短眠の方が健康によくないと誰もが考えがちですが、長く眠ればよいというものでもないようで、統計的には、7~8時間寝ている人が最も寿命が長いという結果が出ています。

無眠者というのは、1日に数分~1時間くらいの睡眠で全く疲れず、困らない人です。ドイツの生理学者エドゥアルト・ダーヴィド教授は無眠者なので、専門の睡眠の研究に加えて、絵を描き、音楽を演奏し、10ヶ国の外国語を話したそうです。活動の時間が人の倍以上もあるので、いろいろなことができたのでしょう。

イギリスのレイ・メディス博士が無眠者を探したところ、世界中に何人もいることがわかりました。なぜそうなったかというと、あるスペイン女性はあくびをして顎の関節が外れてから、あるイギリス女性は難産で生まれたため、あるカナダ男性は第二次世界大戦に従軍してから等、どうも脳に衝撃を受けて調節回路が常人と違ってしまったらしいのですが、忙しい私には何とも羨ましい話です。

眠れなくて困っている人を不眠症といいます。不眠症で死ぬ人はいないといわれているので、どこかで深く寝てはいるのでしょうが、しっかり眠ったという満足感がないので、医者の所へやってきては一睡もできないとこぼすのです。

最近の睡眠薬は副作用が少なく、昔と違って何十錠飲んでも自殺はできない薬に変わりましたから、

時々服用してぐっすり眠ってもらうしかありません。ただ、高齢者になると、薬によってはもの忘れを助長させるというものもあり、どちらを取るか悩ましいところです。

▼寝てばかりいるのは病気が原因かも

夜寝たのに昼も寝てしまうような人です。病気のことが多いので、原因を調べる必要があります。

①甲状腺機能低下症（橋本病）

甲状腺は、首の所にある蝶々の形をした器官で、甲状腺ホルモンを分泌しています。甲状腺ホルモンは代謝をコントロールしているので、多量に分泌されると少し歩くだけで走ったのと同じ状態になり、常に汗をかき心臓がドキドキして、夜眠れずイライラします。エネルギーを消費するので痩せますが、ついには心臓が障がいされてしまいます。バセドウ病という女性に多い病気です。目が飛び出しているようになる（眼球突出）もバセドウ病の特徴のひとつです。

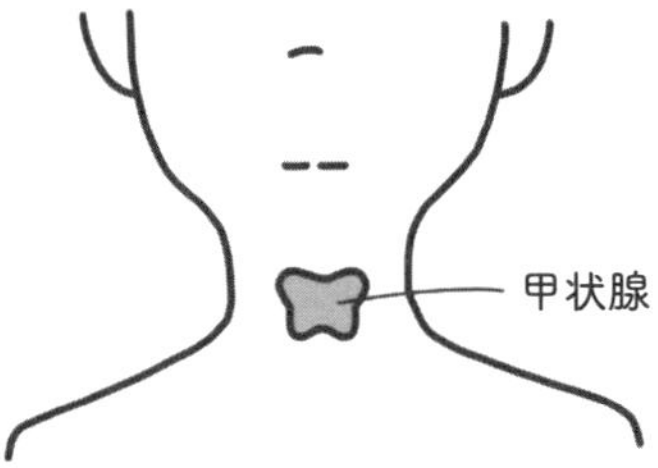

橋本病はこの反対で、甲状腺ホルモンが出なくなるので、太って体がだるいから、動かず寝てばかりいます。私が医者になって受け持った初めての患者さんは橋本病の男性で、いつ病室に行っても寝てばかりでした。

どちらも診断がつけば薬で治ります。バセドウ病は、途中までは痩せて目が出て大きく見えるのですが、ひどくなると飛び出した目玉は引っ込まなくなるので早めの治療が必要です。

ちなみに、バセドウ病も橋本病も、その名前は発見者の名前に由来します。

②ナルコレプシー

夜よく寝ているのに昼間も眠くて寝てしまう。また、重要な会議や、試験の面接の最中でも発作的に数分眠ってしまうので周りの人を驚かせます。脳腫瘍などの場合もありますが、原因のわからないことが多いです。だいたいは数年で治るのですが、自動車事故等を起こすことがありますので気をつけなくてはなりません。日本で推定20万人もいるといわれています。効く薬もでき始めています。

③睡眠時無呼吸症候群（ピックウイック症候群）

特徴的な症状は、高度の肥満、昼間の居眠り、夜間の呼吸の中断です。

夜中にイビキがひどく、時々呼吸が止まってしまう人は、熟睡できないので昼間眠くて仕方がありません。新幹線の運転手が運転中に寝てしまい駅に止まらなかった、ということもありました。太っている人に多いのですが、お酒を大量に飲んで寝たりすると舌根が落ちて気道を塞ぎ、イビキがひどくなり、ぐっすり眠れないのです。

予防は、お酒を止めて痩せるようにすることですが、ひどい場合は入院して睡眠中モニターを付け、呼吸の止まる時間が長い人は、気道を拡げる手術をすることもあります。いま主流なのはシーパップ（CPAP：Continuous Positive Airway pressure　経鼻的持続陽圧呼吸療法）というもので、睡眠中

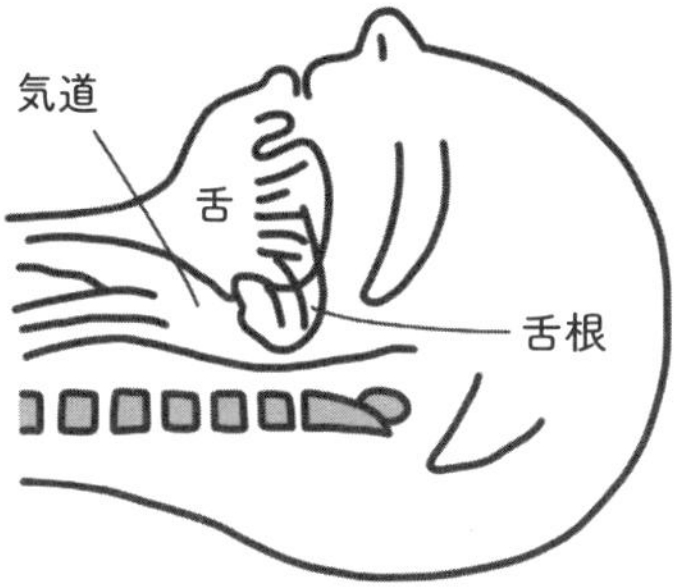

に気道確保のマスクをする方法です。症状が軽い人は、酸素チューブで治療を行います。

この症候群が問題なのは、酸素が行き渡りにくくなり、脳動脈硬化や心筋梗塞につながることがわかってきたからです。呼吸が止まったあと、再開通する時に活性酸素が発生して血管壁を傷つけ、それが動脈硬化の引き金になるのです。

▼眠りのトピックス

睡眠は、体内時計（生物時計）や環境で左右されますが、脳の中に分泌される化学物質に関連していることが次第にわかってきました。そのひとつであるメラトニンは、脳内で増えると確実に眠くなります。アメリカでは、スーパーやコンビニエンス・ストアで薬として売っています。日本でも保険適用になっています。

最後に、動物の眠りはどうでしょうか。大脳の発達した動物は人同様の眠りをとりますが、泳いでいるイルカはレム睡眠をなくしてしまい、ノンレム睡眠で左右の脳を交互に眠らせているそうです。両方眠ってしまうと沈んで、水面に上がって呼吸ができなくなってしまうからかもしれません。海洋性渡り鳥も、飛びながら左右の脳が半分ずつ寝ているそうです。

死の判定

日本人は、昔から、心臓が止まり冷たくなってはじめて、人が死んだと考えてきました。もし、臓器移植の技術が発達しなければ、それで何の不都合もなかったのです。

しかし、人間はだめになった臓器を捨て、そこに他の人の臓器を移植して生き続けるという道を歩み始めました。そうすると、人が死んで冷たくなるのを待っていては、その臓器を移植することができなくなります。そこで脳死という考え方が入ってきました。

欧米では、脳が生きているからこそ人間であるという概念がありましたから、脳が死んだ時点でその人は死んだとして、臓器を取り出して他の人に役立てるのにあまり抵抗はなかったようです。ところが日本では、心臓が止まって冷たくなってはじめて死んだと認識してきたので、なかなか脳死を受け入れられず、臓器移植は欧米に比べて30年遅れてしまいました。

▼脳死と植物状態

ここで、一般的によく誤解をされる脳死と植物状態の違いをお話ししましょう。脳死とは、脳幹を含めた全脳死のことです。脳幹には呼吸中枢と循環中枢があるので、脳幹を障がいされると、自分で呼吸したり、心臓を動かすことはできません。普通だったらそこで死ぬわけですが、人工呼吸器に繋ぎ、心臓が自動収縮能で動いている間は延命になります。横たわった状態で胸は上下に動き、血液が循環しているので体も温かいですから、そばで見ていると、あたかも眠っているようにみえます。ただ脳波をとると平坦なので脳が死んでいるとわかるのです。

植物状態の人間は、脳幹が生きていて、その上の大脳が死んだ状態です。意識はなく、体を動かすことはできませんが、自分で呼吸して心臓は動いています。

脳死でも、人工呼吸器に繋がれていると植物状態とあまり変わらなくみえますが、決定的に違うことは、人工呼吸器を外してしまえば冷たくなってしまうことです。植物状態の場合も、徐々に機能が衰えて死ぬ場合が多いのですが、時として3年ほど寝たきりでいて意識を取り戻すことがあります。

私が30代の頃、慶應病院に脳出血のあと植物状態となった女性が入院していました。夫は会社の社長でお金持ちだったようです。特別室に入院させて、昼夜、ふたりずつの付き添いをつけて、一生懸命看護していました。

2年半ほどたった時、静かに眠っていた人がどうも動いたようだというのです。よく観察していると、次第に顔をしかめるようになり、声を出したので、病院中がびっくりしました。早速起こそうとしたら、手の骨がポキリと折れてしまいました。かなり意識がはっきりしてきたので、今度は歩かせようとしたら、足の骨がポキリ。あまりにも長く寝ていたので、骨がすっかり弱ってしまったのでした。「痛い痛い」とかえって苦しそうでしたが、半年後には車椅子に乗り、ニコニコして「お世話になりました」といえるようになりました。

▼臓器提供には意思表示が必要

脳死での臓器提供の場合にかぎって、脳死を人の死と認める「臓器移植法」が、1997年6月に成立しました。その法に基づいて日本で初めての脳死者からの心臓移植と肝臓移植が行われたのは、1999年2月のことです。海外ではそのずっと前から非常にたくさんの移植が行われていました。ところが、ドナー（提供者）の家族は1分でも長く人工呼吸器を付けておきたいと思うし、レシピエント（受ける患者）は1分でも早く貰いたいという矛盾があり、どこで線を引くか、決める人に厳しい選択を迫ります。

脳死判定基準

- **自発呼吸の消失**

  人工呼吸装置をはずし、自発呼吸の有無を見る検査（無呼吸テスト）は必須。

- **瞳孔**

  瞳孔固定し、瞳孔径は左右とも 4mm 以上。

- **脳幹反応の消失**
  - 対光反射の消失
  - 角膜反射の消失
  - 毛様脊髄反射の消失
  - 眼球頭反射（人形の眼現象）の消失
  - 前庭反射の消失（温度検査）
  - 咽頭反射の消失
  - 咳反射の消失

  自発運動、除脳硬直、除皮質硬直、けいれんが見られれば脳死ではない。

- **平坦脳波**

  最低 4 導出で、30 分間にわたり記録する。

- **時間的経過**

  上記の条件が満たされたあと、6 時間経過を見て変化がないことを確認する。二次的脳障がい、6 歳未満の小児では、それ以上の経過期間をおく。

臓器提供意思表示カード
自分の意志に合う番号に〇をつけ、自筆のサインと家族のサインが揃うと、初めて有効になる。

臓器移植で助かる人は沢山います。角膜を提供してもらって目が見えるようになったり、腎臓をもらって人工透析から抜けられたり、心筋症で死を約束された命を長らえることができます。

もし皆さんが、脳死になった時に臓器を提供したいと思ったら、インターネットでもダウンロードできる意思表示カードに必要事項を記入してサインをしてから持ち歩いて下さい。でも、その前に家族ともよく話し合って、家族も納得していることが大切です。

現在はｉＰＳ細胞を培養して臓器を作り、それを使おうと盛んに研究していますので、人の臓器をもらうのは、人類の歴史の中では一時的なことかもしれません。

第2章

呼吸・循環と応急処置

①呼吸器系

なぜ呼吸しないと生きられないの？

地球上の動物は酸素（O_2）を取り入れて栄養素を燃やし、エネルギーを作り出して生きています。人も例外ではなく、常に空気中の酸素を吸い込んで肺から血液中に送り、37兆ある体の細胞すべてに血液が酸素を届けます。細胞の中では、酸素を使ってTCAサイクル（トリカルボン酸サイクル　tricarboxylic acid cycle）を回し、ミトコンドリアが製造工場となってATP（アデノシン3リン酸　adenosine triphosphate）というエネルギーの基になる物質を作り出して体を動かしています。

「TCAサイクル？　ATP？　何それ？」と思われるかもしれません。ATPはエネルギーの基、TCAサイクルはATPを作り出す工場のラインだと考えておいて下さい。このラインに不可欠なのが、酸素です。

人の体には、酸素を使わなくてもATPを作り出せる解糖系というラインもありますが、効率がとても悪く、1グルコース（ブドウ糖）からTCAサイクルではATPが36個もできるのに、解糖系では2個しかできません。酸素がどんなに重要な働きをしているかおわかりだと思います。

酸素を取り入れないと体の機能はストップして死んでしまうので、四六時中空気を吸い込んで酸素を取り込み、細胞でTCAサイクルを回して出てきた二酸化炭素（CO_2）を肺から外に出しています。

呼吸器

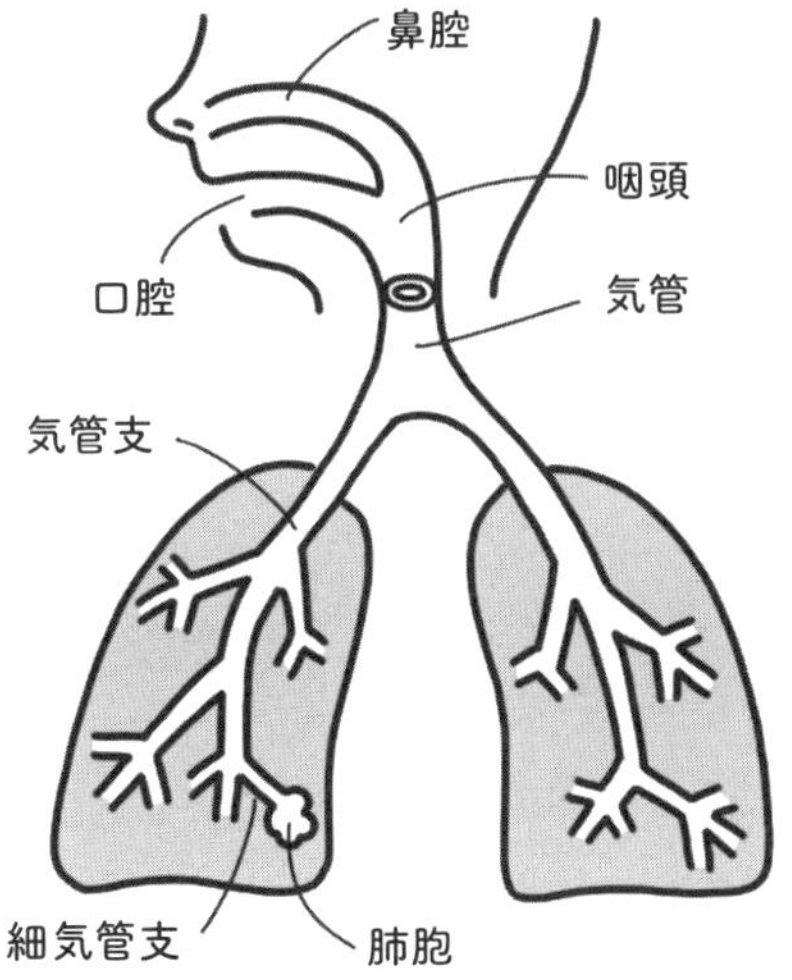

外呼吸（肺胞）

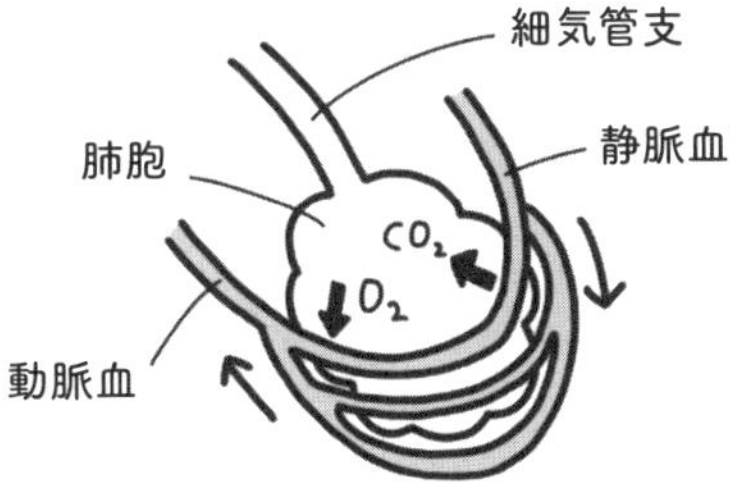

内呼吸（体内の毛細血管）

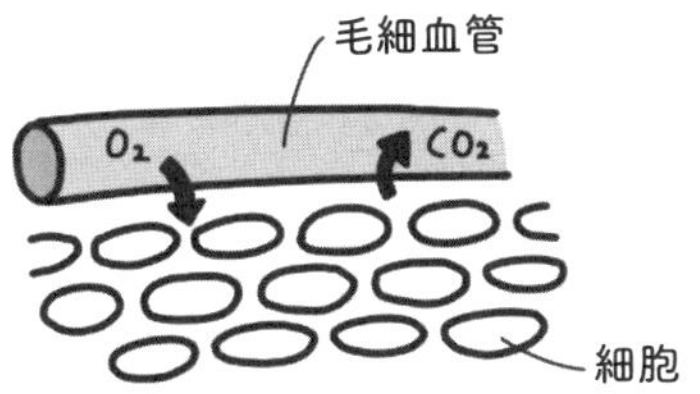

これが「呼吸」です。呼吸に携わっている臓器の集まりを「呼吸器系」といいます。

呼吸のしくみ

鼻または口から吸い込んだ空気は、気管、気管支、細気管支へ流れていって、その先の肺胞へ到達します。

肺胞はぶどうの房のような形をしていて、両方の肺を合わせて3億個もあり、広げるとテニスコート1面分の面積になります。面積が広いことで、肺胞を取り巻いている毛細血管を流れている赤血球に酸素を渡すのに効率がいいのです。肺胞では同時に静脈血に溶けて流れてきた二酸化炭素を取り出して、吐く息で外に出しています。肺で行う酸素と二酸化炭素の交換を外呼吸、組織で行われる毛細血管と細胞の間の酸素と二酸化炭素の交換を内呼吸といいます。

呼吸は脳の延髄にある呼吸中枢が自動的にコントロールしていて、どんな時でも止まることはありません。

息を吸って吐く動作を1呼吸として、通常1分間に20回

呼吸運動のしくみ

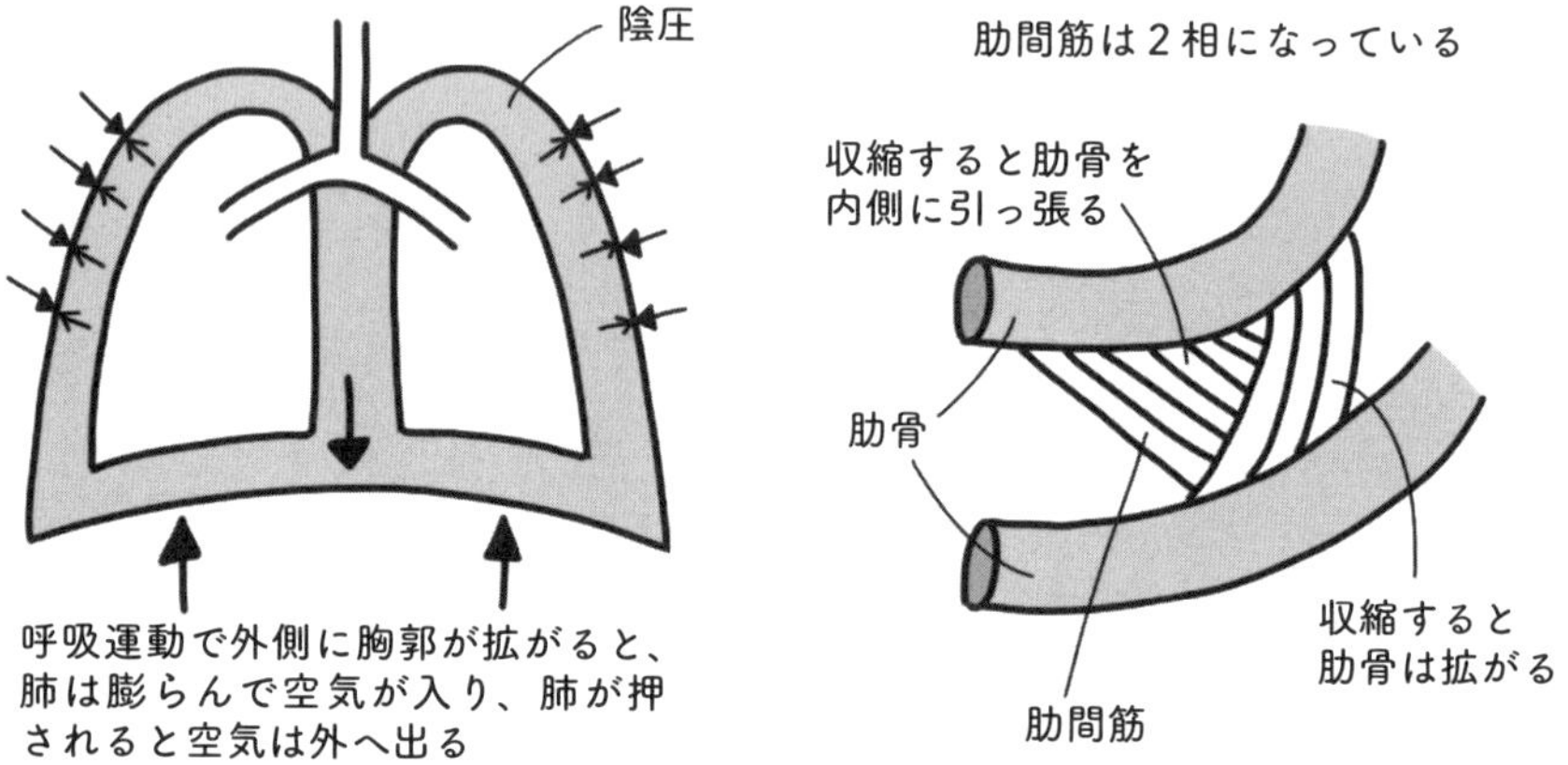
陰圧
呼吸運動で外側に胸郭が拡がると、
肺は膨らんで空気が入り、肺が押
されると空気は外へ出る
肋間筋は２相になっている
収縮すると肋骨を
内側に引っ張る
肋骨
収縮すると
肋骨は拡がる
肋間筋

くらい呼吸をしています。自分でも吸ったり吐いたりできますが、普段は自動的に胸が膨らんだり縮んだりして空気を出し入れしているのです。では、肺はどのようにして膨らんだり収縮したりするのでしょうか。

骸骨の絵でご存じのとおり、肋骨が胸の周りを鳥籠のように囲んでいます。肋骨の間には肋間筋があってこの収縮によって肋骨が拡がったり縮んだりしています。

腹部との間は横隔膜で隔てられていて、この上下でやはり肺を押しています。横隔膜というと薄い膜のように感じますが、何層もの筋肉でできた厚い膜です。

胸膜、肋骨、肋間筋、横隔膜で構成された肺の外側の部分を胸郭といっています。胸郭が拡がると、肺との間が陰圧なので肺は引っ張られて膨らみ、自然と外から空気が肺に入ってきます。次に胸郭が収縮すると肺は圧迫されて、中の空気が気管を通って鼻から外へ出ていくのです。けっして1回ごとに吸い込んで吐いて、とやっているわけではありません。そして運動で酸素がたくさん必要な時は、呼吸回数を早くして需要をまかなうのも、全部、延髄の呼吸中枢が自動的にやってくれる、大変便利なシステムになっています。

呼吸器系の働きはとても重要ですが、あまり複雑な臓器の集まりではありません。しかし病気になると、とてもつらい症状が出てくるので、病気の勉強をしながら働きをもう一度考えていきましょう。

だれでも引くかぜ

▼かぜ症候群

「鬼のかくらん」という言葉を聞いたことがありますか？　裏を返せば、ほとんど誰でもかぜを引くということです。

通常、かぜには普通感冒（かぜ症候群）と流行性感冒（インフルエンザ）があります。どちらもウイルスに感染して起こるのですが、普通感冒を起こすウイルスは１５０種類以上あるといわれ、一生かかっても全部感染することは無理なくらいたくさんあります。アデノウイルスやライノウイルスなどというウイルスに感染すると、鼻水、咳、痰、咽頭痛、発熱というおなじみの症状が出てきますが、３〜４日すると治ります。３日くらいで体の中に抗体ができて、ウイルスをやっつけてくれるのです。あまり重症にはなりませんが、無理をすると気管支炎や肺炎に広がっていくので、暖かくして寝ているのがベストです。

お年寄りの命の火を消すインフルエンザ

インフルエンザは流行性感冒ともいいます。インフルエンザウイルスの感染で起こりますが、冬期に流行して症状も重く死ぬ人も多いので、普通のかぜと分けて考えようといわれています。

時々、爆発的に世界的流行が起こり、日本でも１９９８年、１９９９年と大流行して、老人ホームのお年寄りに多数の死者が出て人々を震え上がらせました。

▼インフルエンザの予防

２０００年からインフルエンザウイルスに効く薬が登場しましたが、現在はワクチンで予防するのが主流です。インフルエンザワクチンは毎年5月頃、その年の冬に流行したタイプから翌年の冬に流行しそうなタイプを推定し、鶏卵（有精卵）で培養します。6か月かけて製造されたワクチンは、10月頃から接種していきます。ところがインフルエンザウイルスは毎年、突然変異してコロコロとタイプを変えるので、空振りしてしまうことがあります。接種したワクチンとタイプが違った場合、予防効果が下がることもあります。

昔は幼稚園生、小学生に強制的に予防注射をしていましたが、稀に副作用で亡くなる人がおり、国を相手取って訴訟を起こしたので、一斉に行うのを止めてしまいました。しかし98年と99年の大流行で注射を希望する人が増えました。

イギリスではリスク管理が徹底しており、インフルエンザで働けなくなったら困る人の順にリストができていて接種しています。まず政府首脳、次に医療関係者、警察といった順番です。小児は寝ていればよいということで後の方ですが、日本では自分の子供からうつる大人が多く、乳幼児の脳症も心配なので、子供も受けるべきだと専門家はいっています。このインフルエンザ脳症は、特定の遺伝子を持った子供がインフルエンザにかかり高熱を出すと、脳のバリア（脳血液関門）が壊れ、ウイルスが脳に侵入して起こるといわれています。

▼新型インフルエンザ

インフルエンザウイルスはよく変異するウイルスです。毎年流行するインフルエンザも少しずつ型を変えるので、毎年ワクチンを接種しなければなりません。ところが全く新しいタイプに変異すると、人間の免疫が対応できなくて世界的大流行（パンデミック）となってしまいます。

２００５年から国は、パンデミックに備えて行動計画をフェーズ１～６まで策定しています。恐れられたのは、鳥インフルエンザが、人から人へ感染する力を持ったウイルスに変異することです。高病原性鳥インフルエンザといいます。２００８年までに東南アジア、中国、中近東と、鳥から人へ感染して、高い確率で死者が出ています。鳥インフルエンザが出た農場は、何万羽もの鳥を殺処分しています。

国内に新型インフルエンザの患者が一人でも出たら（フェーズ６）内閣総理大臣は非常事態宣言を出して交通機関を止め、公共施設も閉めることにしています。人々は食糧を備蓄して、フェーズ６に対応するのがいいと思います。国も抗インフルエンザ薬（タミフル、リレンザなど）の備蓄を進めています。

どのかぜでも、寝ないで無理をしたり体力が低下したりすると、のどの細菌が増殖して、気管支炎、肺炎へと進行していきます。分泌液が多くなり、気道にたまるのを痰といい、これを出そうとして咳をするのでとても苦しくなります。

肺炎に進むと、酸素と二酸化炭素のガス交換をする肺胞も障がいされてしまうので、入院して酸素吸入の治療を受けなくてはなりません。手遅れになると死亡することもあるので要注意です。

▼新型コロナウイルス

2020年冬頃から、世界中をパンデミックに陥れたのが、新型コロナウイルス（COVID-19）です。日本でも多数の死者が出ました。世界の死者数は膨大で、経済は落ち込みました。

このウイルスは変異をくり返し、私たちに襲いかかってきます。集団の70%が免疫を持つと感染が終息するとされるため、ワクチン接種が急がれました。内服薬ができれば、インフルエンザのように家で寝ていて治る病気になるので製造が急がれています。

タバコのみは喉頭がんになりやすい

気管の入口に声帯という膜があって、人はこの膜を吐く息でふるわせて声を出しています。この一帯を喉頭といいますが、ここにはがんができやすく、手術で喉頭を切除されると声が出なくなるので大変です。タバコのみに多いがんです。

▼喉頭がんの手術で声を失った人々のその後

喉頭を切除すると声が出なくなるので、人工発声装置をつけたり胃に飲み込んだ空気を吐き出して食道をふるわせて声を出す、食道音声の練習をしなくてはなりません。食道音声を練習している人は多く『○○銀鈴の会』という声帯を失った人の会があります。声帯を失ったけれど講師として発声を教えている人に聞いたところ、「アー」と声（？）が出るまでに3ヶ月はかかるそうです。

こうなるとタバコを吸う人はいなくなるのですが、できることなら最初からタバコを吸わない方がよいと思うのです。以前より女性の喫煙者が増えてきたので、将来は女性の喉頭がんも増えることが予想されます。最近、大変精密な人工発声装置ができて、カラオケで歌うこともできると新聞に出ていましたが、何もつけずに歌った方がいいに決まっていますね。

甦った亡国病——結核

▼肺結核

かつては亡国病といわれた結核は、1965年くらいから減少して、内科の臨床の場でほとんどお目にかからなくなりました。

ところが1995年頃を境に、日本語学校の集団感染、高校の先生から生徒達への感染、はては医師が自分の感染に気付かずに診療していて院内感染を起こした等というニュースが増えてきました。

昭和20年代に出てきた抗結核薬で結核は死病ではなくなったと日本人は安心していたのですが、最近薬に耐性のある菌も増えてきて、厚労省はついに１９９９年、『結核非常事態宣言』を出すことになりました。

なお3月24日は、世界結核ＤＡＹです。１８８２年3月24日、ロベルト・コッホが結核菌を学会に発表した日を記念してこの日となりました。

▼結核を疑ったら早目に検査を！

結核は、結核菌が空気感染で気道から入ると、肺の入口の肺門部のリンパ節で増え、そこから肺の上部に空洞を作って長い間かかって広がっていきます。

結核菌が広がっていくことで肺は次第に壊れ、血管が切れて血痰が出るようになります。血を吐くと昔の人は死期を悟ったのですが、その前に咳や微熱が長く続きます。

結核の症状は、まず1ヶ月以上咳や痰が続き、血痰が出るようになります。さらに夕方から37℃前後の微熱が出て、冬でも汗をびっしょりとかくほどの寝汗が出ます。怪しいと思ったら、胸部のレントゲンや胸部ＣＴ検査で特徴的な影を見つけます。血液検査でも早期の結核を見つけられるようになりました。喀痰の結核菌検査は培養に6週間かかるのですが、菌が出れば診断確定となります。

手遅れになると死ぬことになりますし、そうでなくても菌を排出している間は入院して隔離病棟で闘病生活を送ることになり、人生が足踏みしてしまいます。

▼結核をあなどらず予防を！

昔、日本人に結核が多かったのは、栄養が足りなくて、住居も日の当たらない衛生状態の悪いところに住んでいた人が多かったためです。

戦後、食糧事情がよくなり、たんぱく質も充分食べられるようになって、衛生環境もよくなったので、結核菌のすみづらい状況になり、結核も減ってきました。

ところが若い時にかかった結核が、老年期に再発するケースが増えています。若い時に自力で結核菌を肺の中に閉じ込め、ずっと症状が落ちついていたものの、年をとって体力や免疫力が落ちると、20年以上生存していた結核菌によって症状が出ることがあるのです。

また若者は、免疫がない上に不規則な日常生活や極端なダイエットで、結核菌に冒されやすい状態になっています。東南アジア、アフリカ、南米は、まだ戦前の日本と同じくらい、結核が多いのです。アメリカではエイズ患者の体内で強くなった結核菌が蔓延して、医療従事者にも感染しています。

体力と栄養を落とさないことがまず第一の予防です。電車の隣りにいる人が結核菌を持っているかもしれません。結核菌が入ってきてもすみ込ませないよう、睡眠をよくとり日常生活に注意して下さい。

増え続ける肺がん

１９８１年から、がんは日本人の死亡原因の第１位です。その中で胃がんが男女ともに一番多いがんだったのですが、１９９８年に男性では肺がんが胃がんを抜いてトップになってしまいました。

大気汚染、タバコの喫煙率が肺がんの重要なファクターだといわれています。

大気汚染は、とくにディーゼルエンジンの排気ガスの窒素酸化物、ニトロピレンや細かいススである浮遊粒子状物質が原因物質と考えられています。また、中国や東南アジア、中東から日本に飛んでくるPM2.5（2.5㎛《マイクロメートル》以下の微粒子）もそのひとつです。30㎛のスギ花粉より小さく、肺の奥まで入っていきます。

もうひとつの大きな要素はタバコです。タバコのタールや煙からは200種類以上の発がんに関与する物質が見つかっていて、がんになりやすい遺伝子を持っている人は、発がんのリスクが15倍も高くなるといわれています。

▼タバコを吸っている家族には禁煙を！

よく「長い間タバコを吸ってきたんだから、今さら禁煙してもダメだろう」という人がいます。でも今からでも全然遅くないのです。

タバコを1日に1箱以上吸う人は、1年間にコップ1杯分のタールが肺に溜まることになるのだそうです。10年も吸っていたら肺はタールで詰まってしまいそうですが、白血球が一生懸命にタールを食べて掃除をしているので、人はタールに溺れずに済んでいます。でもヘビースモーカーの肺は、死後に解剖するとまっ黒で、よく耐えられたものだと思うくらいです。

では禁煙してその危険は消えるのでしょうか。5年禁煙すると、肺は喫煙しない人と同じくらいきれいになり、10年吸わないと、生まれた時から吸わなかった人と同じ発がん危険率になるそうです。タバコを吸っている人がいたら、今からでも遅くないからやめた方がよいといって下さい。

②循環系

血液は、肺から取り入れた酸素や消化管から吸収した栄養素を、体のすべての細胞に運ばなくてはなりません。そして組織から出た二酸化炭素や老廃物を肺や腎臓に運ぶために、血管の中をグルグル流れ続けています。

心臓から出た大血管は枝分かれして小さい血管になり、もっと細かい毛細血管になって組織の中へ入り込み、血液を体の隅々まで送り込む役目をしています。

血管はよく運河にたとえられますが、大都市の交通網と考えてもよいでしょう。大きな幹線道路、中くらいの道路、小さな路地は毛細血管と一緒です。しかし都市の道路と違うのは、血管が全部一方通行であるということです。

血液は液体で、自動車と違って自分で流れてはいけません。押し出す役目をするのは心臓です。生まれてから死ぬまで1秒も休みなく働いて血液を流し続けています。

心臓の働き

心臓には4つの部屋があって、左右の心房、心室の組み合わせで「右心房」「左心室」のごとく呼ばれています。

左右の心房が同時に収縮して血液を心室に流し、次に左右の心室が同時に収縮して大動脈と肺動脈

心臓の収縮を司令する
電気的刺激が流れる線維束

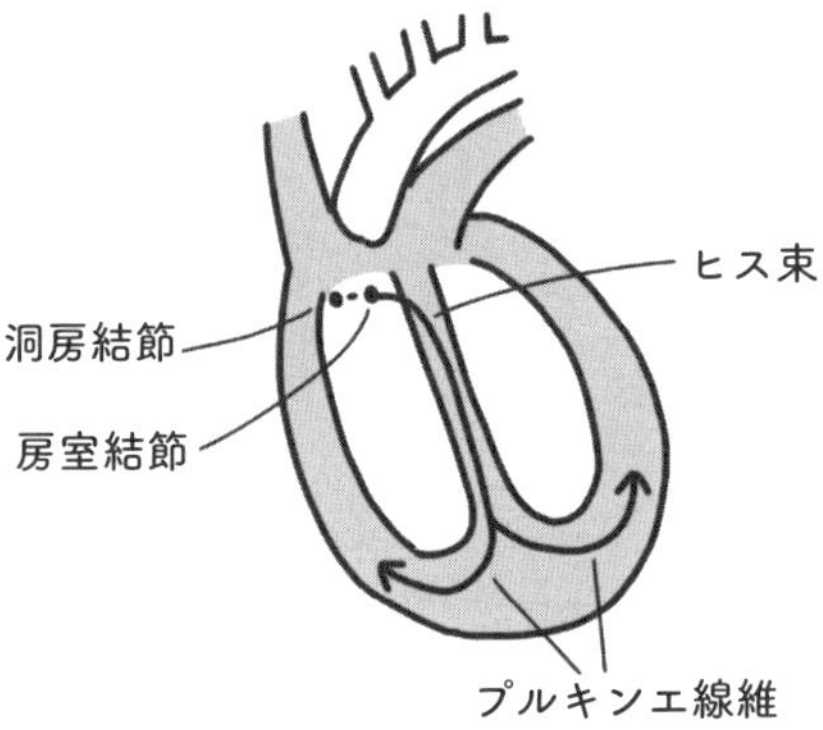

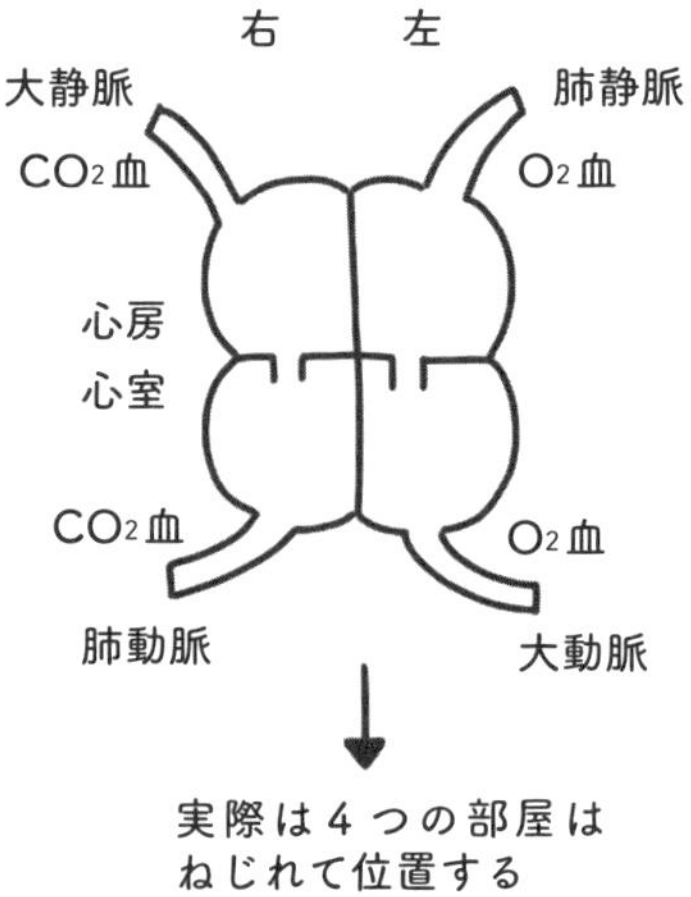

心電図

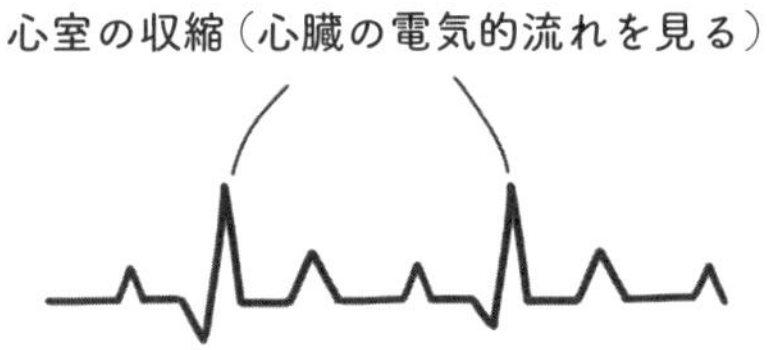

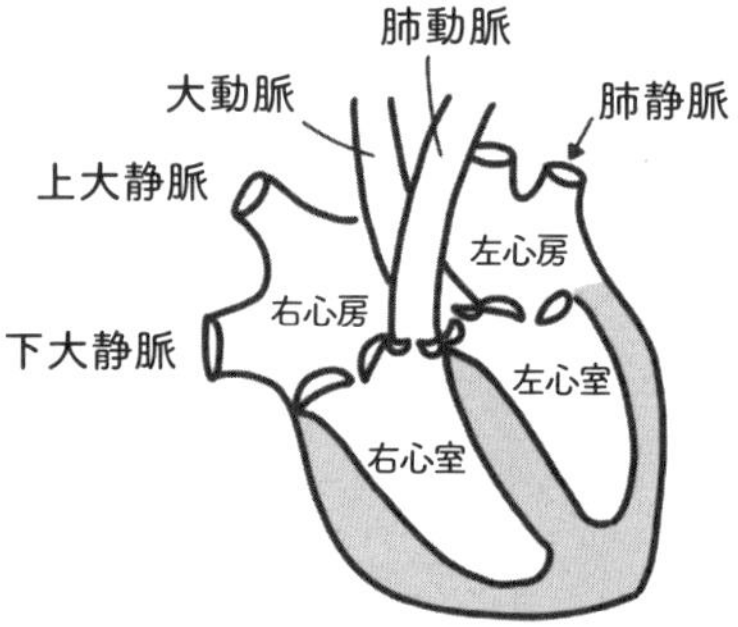

血液循環

① 肺循環系（小循環）約４秒

→（大静脈 → 右心房）→ 右心室 →
肺動脈 $\overset{CO_2血}{\to}$ 肺 $\overset{O_2血}{\to}$ 肺静脈 → 左心房

② 体循環系（大循環）50～60秒

→（左心房）→ 左心室 → 大動脈 $\overset{O_2血}{\to}$ 体内の動脈 →
毛細血管 $\overset{CO_2血}{\to}$ 静脈 → 大静脈 → 右心房

血液の流れ＜
- 動脈は心臓の収縮による
- 静脈は弁と筋肉のマッサージ作用による

に血液を押し出します。心房と心室が交互に収縮するのですが、この収縮は右心房にある洞房結節で作られる電気的刺激がヒス束という電線の役目をする線維の束を流れ、末端のプルキンエ線維まで行く間に順に収縮していきます。この電気的流れを器械で読み取って心臓の動きを知るのが心電図です。

左心室が収縮すると血液は強力に押し出されるので、その波は大動脈から末端の動脈まで伝わります。手首などで触れる脈はこの左心室の収縮と一致します。規則的に収縮していない時は不整脈として末端で感じられるので、診断の一助になるのです。

心臓の収縮は呼吸と同様に止まっては困るので、やはり延髄にある循環中枢がコントロールをしています。

血液循環

▼肺の血液循環はたった4秒

体中の二酸化炭素を集めた血液は、大静脈から右心房に入り、右心室から肺動脈へ送り出されます。肺動脈は心臓の横にある左右の肺の肺胞で二酸化炭素を出して酸素をもらい、肺静脈から心臓へ戻ってきます。その間、約4秒。あっという間にガス交換をしてしまいます。

通常、動脈は酸素の多い血液が、静脈は二酸化炭素の多い血液が流れていると教わりますが、それは体循環での話で、肺循環は逆になります。血管の名前は解剖学的に付けられているので、心臓から出る血管を動脈、帰る血管を静脈としたからです。血液ガス分析のできなかった時代に名付けたものなので紛らわしいのですが、仕方がありません。

▼体の血液循環は1分で1回り

肺から帰ってきて酸素をたくさん含んだ血液は、左心室から大動脈へ勢いよく押し出され、全身の血管へと流れていきます。毛細血管で酸素を放して、二酸化炭素を取り込むと静脈がだんだん集まって太くなって、最後に大静脈になり右心房に戻るのです。その間、50～60秒。体を約1分で1回りしてしまうので、私達が考えているより高速です。

血液は心臓のポンプ作用で全身を流れていくわけですが、それだけでは末梢で停滞してしまうことも起こってきます。それを防ぐ働きをしているのが、血管の血圧と静脈の弁です。足から血液を心臓に戻すのは、足の筋肉の動きも大きな役割を担っています。筋肉を動かすと静脈をマッサージして、上に押し上げます。長時間座りっぱなしとか立ちっぱなしだと足がむくむのは、静脈の環流が悪いせいなのです。時々歩き回る必要があります。

エコノミークラス症候群もそのひとつです。20時間以上飛行機のエコノミークラスの狭い椅子に座っていると、下肢の血液が停滞して血液が固まりやすくなり、血栓ができることがあります。空港に着いて歩きだした時に、その血栓が肺に飛んで、死に至ることがあるのです。飛行機だけでなく、2004年に中越地震が起きた時、車中で夜を過ごした人にも起こったことがありました。

若い時から大切な血圧の管理

血圧は一般の人が一番関心を持っていることのひとつでしょう。健康診断ではかならず毎回血圧を測定しますし、入院すれば朝に夕に看護師さんが血圧を測りにきます。最近は家庭にも自動血圧計が普及してきたので、病気でもないのに四六時中血圧を測っている人もいます。

血圧は血管の壁にかかる圧力です。高すぎると脳の血管に圧力がかかりすぎて切れやすくなったり、逆に低すぎると全身の循環が悪くなって、あまりに低血圧になると臓器に血液がいかなくなり、ショック状態になって死んでしまうので、とても大切なものです。

世界中で、血圧と病気や寿命の関係が統計も含めて広く研究されています。どのくらいの血圧の人が循環器系の病気になるか、また、もっとも長生きできるのはいくつかと研究されています。

収縮期血圧・拡張期血圧とか、上の血圧・下の血圧などというのを聞いたことがあると思います。収縮期血圧とは、左心室が収縮して血液が強い力で押し出されてきた時の血管にかかる圧力です。一番強い圧力が血管にかかって血圧は最も高くなるので最高血圧とも最大血圧ともいいます。

拡張期血圧は、左心室と大動脈の間の大動脈弁が閉じて左心房との間の僧帽弁が開いて血液が左心室へ流れ込み、左心室が拡張している時の血圧です。血管の中の血液の流れは収縮期のあとの緩やかな流れなので、圧も小さく最低血圧といっています。

▼高血圧症

ＷＨＯ（World Health Organization 世界保健機関）では、収縮期血圧が１４０mmHg、拡張期血圧が90mmHg以上を高血圧としています。

昔アメリカで、たくさんの高血圧者を２つのグループに分けて一方には降圧剤、他方には小麦粉を丸めたような偽薬（プラシーボ）を飲ませる実験を行いました。人の病気は精神的にも大きく左右されるので、薬を飲んでいるというだけでも安心してよくなることもありますから、薬の効きめを確かめるために比較試験をしたのです。３年間経過をみるはずでしたが、偽薬を飲んでいる人達が途中で脳卒中や心筋梗塞で亡くなっていったので、人道上よろしくないと、半分くらい進んだところでこの研究は中止されました。これがかえって世界中の医者に強い印象を与え、なるべく正常血圧になるように治療しようということになりました。特に日本人は寿命が伸びた分、血管を長持ちさせるためにもっと血圧を低くした方がよいと、２００９年の高血圧ガイドラインでいっています。

高血圧には塩分がいけない

ホルモンの異常などで血圧が高くなる人もいますが、９割以上は遺伝的に血圧が高くなる家系で、日常生活習慣から血圧が上がってくる本態性高血圧といわれる部類です。「血圧の高い人には塩分がいけない」とよくいわれますが、塩分をたくさん摂ると、血液中で塩分（食塩NaCl）のナトリウム（Na）が血管壁の細胞に取り込まれて血管が収縮します。

血圧は血管壁に対する圧力ですから、収縮すると血圧は高くなります。血圧が高いと、血液を通すために圧を上げる昇圧物質が体内から出てきてますます悪循環になります。高血圧の家系の人は、このナトリウムに反応しやすい体質といわれていますので、親、兄弟に高血圧の人がいたら、薄味の食事がお勧めです。

日本の米食には塩味が合うので、昔から日本人はたくさんの塩分を摂り続けてきました。朝ごはんはみそ汁に漬物、佃煮や塩鮭、のりや卵にも醤油をたっぷりつける食事でした。昔の日本人の1日の塩分摂取量は20g以上だったのです。

1980年まで日本人の死亡原因の第1位は脳卒中でした。これは脳血管障がいによって引き起こされる病気で、脳出血、脳梗塞・脳血栓をひとまとめにしたものです。脳卒中の中でも、死因の大半を脳出血が占めていました。これは高血圧の人が多かったためです。とくに東北地方は脳出血死亡者が多く「アタル」といって、一家に1人いるといわれたほどでした。

しかし、同じ東北でも、秋田は脳出血が多いのに、隣の青森には少なくて不思議がられていました。弘前大学で慶應義塾大学医学部から赴任した教授が研究し、秋田では塩で酒をたくさん飲むが青森ではリンゴをたくさん食べるからだと結論づけました。リンゴにはカリウムがたくさん含まれています。血液中にカリウムが多くなると、血管壁の細胞に取り込まれてナトリウムを追い出し、血管の収縮が緩むというのです。家族の中で血圧が高く、でも塩分が大好きな人がいたら、カリウムの多い野菜や果物をたくさん食べるように勧めて下さい。

塩分だけ気をつけてもダメなことがあります。今たくさん使われている化学調味料の中に、グルタミン酸ナトリウムというのがあります。ここにもナトリウムが入っているので多用は禁物です。

塩分として摂るのは1日6g以下にすべきだといわれていますが、塩分に慣れた日本人には難しいので、第１目標は10ｇ以下です。塩鮭１切れ８ｇ、みそ汁１杯１.５ｇでもう１日分になってしまうので、かなりの努力が必要です。ラーメンやそばの汁は飲まないこと、刺身や寿司は醤油を片面だけつけて、つけた方を舌の上にのせて食べること、煮物より茹でたり焼いたりして酢などをかけて食べる等の工夫が必要です。南米の先住民、ヤノマモインディアンは全く塩を摂らないそうですが、年をとっても１人の高血圧者もいないというので、遺伝的素質を持っている人も努力次第で正常血圧を保てるはずです。

日本も保健所の保健師や医師達の指導で、塩分摂取の平均は10ｇくらいになってきました。また、降圧剤も副作用の少ないものが出回り、脳出血で亡くなる人はとても少なくなりました。その代わりに食事中の動物性脂肪が増えて血液がドロドロになり、血管がつまる脳梗塞が増えてきました。

▼低血圧の人は朝が弱い

最高血圧１００mmHg以下を低血圧といいます。めまい、立ちくらみ等の症状のある人もいますが、症状のない人もいます。年齢とともに血管は硬くなるので、年をとるにつれてちょうどよい血圧になってきて長生きをする人が多いそうです。生命保険会社はとても熱心に統計をとっていて、死なれない方がよいので高血圧の人より低血圧の人の方が掛け金が安くなっています。

１日の血圧変動では、朝が低く夕方高くなる人が多いので、低血圧の人は午前中、元気が出ない人が多いようです。寝不足をするとよけい調子が悪くなるので、しっかり睡眠

食品の塩分量

塩鮭 １切れ…８ g、梅干し 大１個…1.5g
みそ汁１杯…1.5g、うどん（汁も含む）… 4.5g
ラーメン（汁も含む）…6g

カリウムの多い食品

わかめ、きな粉、ほうれん草
枝豆、里いも、バナナ、りんご

をとる必要があります。とくに夏場は暑さで血管が拡がり血圧が下がってしまうので注意が必要です。

女性で立ちくらみをする人が多いですが、これは起立性低血圧です。急に立ち上がった時、通常は自律神経が働き、足の方の血管を収縮させて血液を上に上げますが、起立性低血圧の人はこの収縮が遅れるので脳の血液が足りなくなり、目の前がまっ白になって立っていられなくなるものです。しゃがんだり横になっていれば数分で治ります。自律神経のアンバランスでもあるので、日常生活のリズムを崩さず適度な運動をして下さい。そして急に立ち上がるのは場所によっては危険なので注意が必要です。電車のホームの端や、道路では気をつけて下さい。

動脈硬化症――人は血管とともに老いる

「人は血管とともに老いる」は医学界では有名な言葉です。全身に酸素や栄養、他の必要な物質を送り届ける血管がだめになったのでは、どんな臓器も元気ではいられないわけです。この血管が硬くなって内腔が詰まってくるのが動脈硬化といわれる状態で、多くの病気の元になります。

▼動脈硬化を促進させるもの

血圧が急に上がると、血管の内側は土石流が起こったように傷つきます。タバコのニコチンも高血糖も、内側を傷つけるといわれています。壁の内側が傷ついてザラザラになると、そこに脂がベタベタとつき始めるのです。血管につく脂とはコレステロールの中の悪玉コレステロールのことです。

若い人でもコレステロール値が高い人がいます。遺伝的な家族性脂質異常症の人は薬物治療が必要ですが、そうでない人でも食事の内容によっては増えていきます。

動脈硬化のリスクを高める要因に、喫煙や脂質異常症のほかに、高血圧、糖尿病、肥満、ストレス、運動不足も挙げられ、動脈硬化を促進させるといわれていますので、予防のために若いうちから生活習慣には気をつけるべきです。

① トロリとおいしい物に多いコレステロール

直接血管壁にベタベタ付着して、内腔を狭くするコレステロールですから、定期的に血液チェックをしなくてはなりません。コレステロールは肝臓で作られますが、コレステロールの多い食べ物を多く摂っていればどんどん増えていきます。昔、日本人にコレステロールの高い人はほとんどいなかったのですが、食事が欧米化して１９９０年代は1年に平均値が1㎎ずつ増えたといいます。

コレステロールはトロリとした味の物に多く含まれています。トロリとした味はとても美味しく感じるので、ご馳走の中にはたくさんあると思って下さい。フランス料理やケーキ、アイスクリーム。和食でも、卵黄、魚の卵、内臓に多いので、

脂質異常症の原因となる３つの要素

・LDL－コレステロール（low density lipoprotein）
基準値 65~139㎎ /dL
悪玉コレステロールともいわれる。酸化して血管壁につくとマクロファージが取り込んで、プラーグという塊を作る。大きくなると血管の内腔を狭めて動脈硬化を促進させる。

・HDL－コレステロール（high density lipoprotein）
基準値　男性 40~85㎎ /dL、女性 40~95㎎ /dL
善玉コレステロールともいわれる。血管壁の悪玉コレステロールを持って帰るので、この名がついている。低いとよくない。

・中性脂肪（トリグリセライド = triglyceride）
基準値 30~149㎎ /dL
皮下脂肪にたくわえられる。内臓脂肪につきやすく、分解して脂肪酸になり、門脈から肝臓へ行くと悪玉コレステロールの材料になる。

食べすぎは禁物です。お寿司はさっぱりしてよさそうですが、卵焼きやイクラ、ウニばかり食べるとコレステロール値は上がります。イカ、タコ、エビ、カニ、貝類もコレステロールが多いといわれてきましたが、魚貝類には動脈硬化を予防するＥＰＡ（エイコサペンタエン酸）やＤＨＡ（ドコサヘキサエン酸）も多く含まれていて、コレステロールも種類が違うのでよいだろうともいわれています。が、いずれにせよ食べすぎは控えましょう。

② 大好きなお菓子には中性脂肪（トリグリセライド）

甘い物や果物、アルコールをたくさん摂ると、体の中で中性脂肪が増えます。脂肪たっぷりの高カロリー食も中性脂肪を増やします。中性脂肪は脂肪細胞に蓄積されるので太ってくるのですが、肝臓で悪玉コレステロールを作る材料にもなるので動脈硬化の促進に拍車をかけます。

③ 血液がネバネバになる食べ物

動物性脂肪を一度に大量に食べると、血液の粘稠度が上がり、動脈硬化で狭くなった内腔に血の塊ができて、すっかり詰まってしまうことがあります。

アメリカで誕生日祝いの生クリームたっぷりのバースデー・ケーキをたくさん食べたお年寄りが、夜中に心筋梗塞で死亡しました。とても太っていたので動脈硬化も進んでいたのでしょう。動物性脂肪をたくさん食べた6時間後くらいに、血液がネバネバしてきます。その人は心臓の血管に血の塊(血栓）が詰まったと思われます。50歳をすぎたら控えめにしてもらいたいものです。

逆に血液をサラサラにする食べ物は、ＥＰＡやＤＨＡの多い青魚や、北海で採れる魚です。イワシ、サンマ、鮭、タラなどをなるべく和風の調理で食べるとよいでしょう。野菜も必要です。

▼動脈硬化から狭心症・心筋梗塞・脳梗塞

大動脈から枝分かれした冠動脈が心臓の筋肉に酸素と栄養を送っています。心臓の上から冠をかぶせるように3本の血管が枝分かれしているので冠動脈と名前がついています。この血管が動脈硬化を起こして内腔が狭くなって詰まると、先の筋肉に酸素が行かなくて心臓は急に痛みます。

心臓は左胸にあると思っている人が多いのですが、位置は胸のまん中の胸骨の下でその人の握りこぶし大くらいの大きさです。少し左へ膨らんでいるので左胸と考えがちですが、痛む時は胸の中央部、ネクタイの真下と思って下さい。患者さんは「心臓を素手でギュッと握られたよう」とか「焼け火箸をつっこまれたよう」というふうに表現します。

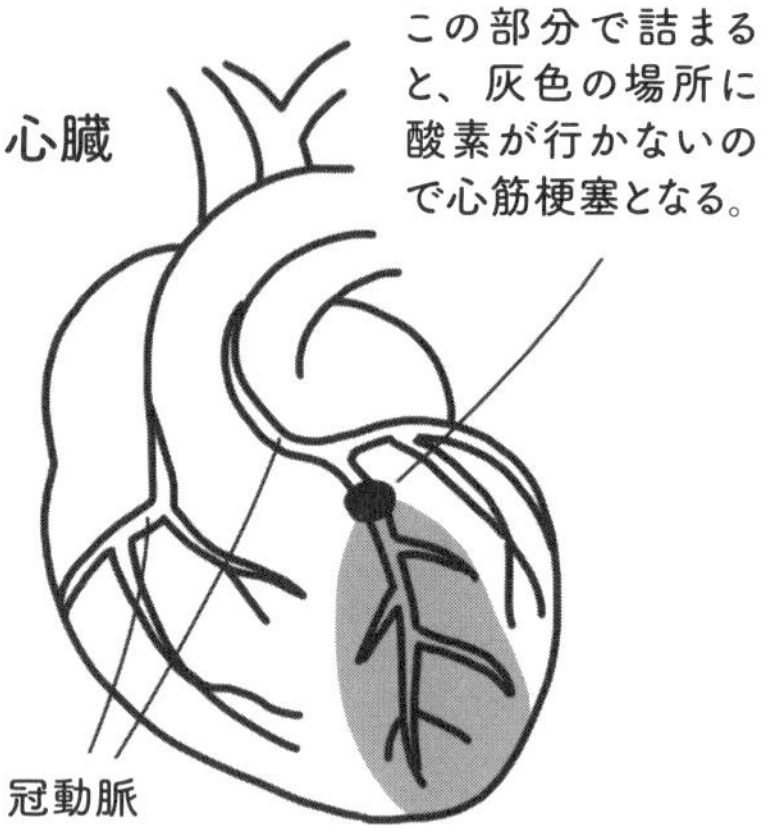
心臓
この部分で詰まると、灰色の場所に酸素が行かないので心筋梗塞となる。
冠動脈

狭心症は、動脈硬化を起こした血管が一時的にけいれんして、その先の筋肉が酸素不足になって胸が痛みます。2～3分でけいれんがとれるとスーッと楽になります。爆薬から作ったニトログリセリンは冠動脈だけを拡げる働きがあるので、その錠剤（舌下錠）を痛んだ時になめたり、頻繁に起こる人はニトログリセリンのテープを貼って予防します。

心筋梗塞は冠動脈の中がすっかり詰まって血液が流れなくなったもので、大きい血管で起こると心臓が止まってすぐに死んでしまいますが、血管の末梢の方なら助かります。狭心症と違って30分以上発作が続きます。心臓は死の恐怖を伴う痛みといわれています。すぐに救急車を呼んで専門医のいる病院へ運んでもらって下さい。

血管造影で詰まった場所がわかると冠動脈の中へワイヤを通して、そこにつけた細長い風船で血管を膨らませたり、1秒2000回転のスクリュードライバーのような機械で血栓や脂質を細かくして取り除いたりします。それがだめなら医師達は人工血管と取り換える手術をしたり血管内にあみ状の筒を入れるステント手術をして何とか助けようとしています。

アメリカには患者が多いので、かなり前から心臓手術が発達しています。日本はかつて心筋梗塞の人はとても少なかったのですが、飽食の時代になり、アメリカに近づいてきました。心筋梗塞でもかなりの患者さんが助かるようになりましたが、根本の原因である動脈硬化は、一人一人の体の中で10年も20年も前から起こっていることなので、若いうちから動脈硬化を予防して定期検診を受けていれば、充分に防げるものです。

脳の血管で同じことが起これば脳梗塞です。大きい血管なら半身不随、小さい血管だと症状が出なくても脳細胞が死んでいって、段々もの忘れが多くなり認知症になる場合があるので注意しましょう。

▼動脈硬化を防ぐには

動脈硬化は10歳から始まることがわかってきました。高校生でも、「まだ大丈夫だからケーキ食べ放題に行こうよ」というのは危険です。

動脈硬化を予防するには、まず太らないこと。次に、動物性脂肪はなるべく少なくして、コレステロールの多い食品は食生活の彩りと考えて、主体にしないで下さい。野菜、豆類、海草、きのこ、コンニャクなど食物繊維はたくさん食べましょう。腸でコレステロールを吸着してくれます。そして肉より魚を主体にして、野菜たっぷりの和風の食事にして下さい。

最近は女性もお酒を飲む人が増えましたが、これも控えめにした方がよいでしょう。赤ワインに含まれるポリフェノールが動脈硬化を予防するというので安心して飲んでいる人がいますが、飲みすぎはマイナスです。

ちなみに「フレンチパラドクス」という言葉を知っていますか？ フランス人はバターやチーズ、肉をたくさん食べるのに動脈硬化が少ないのは、赤ワインを飲んでいるから、という説です。ポリフェノールはぶどうの皮に含まれるので、皮を取り除いて造る白ワインより赤ワインのほうが体によいとされるからです。しかしフランス人には動脈硬化は少なくても、アルコール性肝硬変が多いのですよ。

女性ホルモンが出ている間は、家族性脂質異常症の人以外は、コレステロールが上がらないことが多いのですが、閉経後、半数の女性はコレステロールがはね上がるので、若いうちから正しい食生活の習慣をつけて下さい。

▼メタボリックシンドローム

日本人も段々太った人が多くなり、お腹をつき出して歩いている人をよく見かけます。

腸の周りについた内臓脂肪はすぐ分解して脂肪酸として肝臓へ行き、悪玉コレステロールの材料になります。

内臓脂肪からは又、血糖を下げるインスリンというホルモンの働きを阻害する物質や血圧を上げる物質、食欲を亢進させる物質等様々なホルモン様物質を分泌していることもわかってきました。太ってくるとそこから動脈硬化→心筋梗塞や脳梗塞になるのでお腹をへこませなくてはなりません。

腹位（臍の上）を測って男性85㎝以上、女性90㎝以上で高血圧、高血糖、脂質異常症のふたつ以上を持っている人をメタボリックシンドロームと名付け、本人の自覚を促すメタボ検診が２００８年から始まりました。なぜ女性が90㎝かというと、女性に多い皮下脂肪（内臓脂肪と違ってあまり悪さをしない）を加えてあり、男女の差をつけているのは日本だけのようです。

メタボ検診の判断基準

必須条件

腹囲（臍の上）　男性 85㎝以上　女性 90㎝以上

BMI＝ 体重／身長（m）^{2}

↓

① 血糖値：空腹時 110㎎／dL 以上
② 脂質：中性脂肪 150㎎／dL 以上
　HDL コレステロール 40㎎／dL 未満
③ 血圧：130/85㎜Hg 以上

40～64 歳で、①～③の２つ以上に当てはまると積極的指導となる。臍囲は数値以下でも BMI 25 以上で①②③を持っていても同じ。タバコを吸う人は、①～③の１つでも当てはまると指導。

突然死の原因になる心筋症

心筋症は、主に遺伝的な病気ですが、心臓が大きくなって突然死することがあるので注意しなくてはなりません。

中学生がマラソンの途中で突然倒れて死亡した等というケースは、ほとんどが心筋症によるものだといわれています。

心筋症には、心筋の細胞の配列が乱れて、左心室や、左心室と右心室の境の壁である中隔が肥厚する「肥大型心筋症」と、左心室がどんどん膨らんでいく「拡張型心筋症」があります。心臓は血液を送り出すポンプの働きをするのですが、硬くなった心臓や、膨らみすぎた心臓はうまく動かなくなるので、過激な運動に耐えられなくなるのです。心臓の筋肉を収縮させる収縮たんぱくの遺伝的異常によって、収縮がうまくいかなくなることが原因らしいとわかってきました。

運動中に若い人が突然死するのは悲しいことです。とくに肥大型に多く、マラソン、水泳、過激な運動、またはバスに飛び乗ろうと走った時に倒れることもあります。その前の自覚症状がないことが悲劇のもとになります。そこで、小学生の時から健康診断時に心電図をとり、もし心筋症が見つかったら、運動制限をして突然死をくい止めようとするようになりました。

治療としては、薬やペースメーカーでコントロールするか、肥大した心筋の一部を切り取ったり拡張した心臓を縫い縮める手術をしますが、それでもだめな場合は心臓移植するしかありません。

ペースメーカーとは、心臓の近くに機械を埋め込んで、心臓に電気的な刺激を与え、規則的な収縮をさせるもの。リチウム電池で7年くらい動き続けます。携帯電話の電磁波で誤作動することがあると心配されていますから、病院や電車の優先席付近では携帯電話の使用を控えましょう。

心臓移植は重い心臓病の救世主

心臓は血液を循環させるポンプの仕事をするものですが、代わりに機械で行うことも可能です。血管を機械に繋いで血液を循環させるもので人工心臓と呼ばれています。心臓の手術中や脳死になった人に使われていますが、この機械はまだとても大きいので、これを使ったら自由に動き回ることはできません。そこで亡くなった人の心臓を使わせてもらおうというのが心臓移植です。しかし、心臓は止まってから時間がたつと移植をしてもうまくつかないので、脳死の人を人工心肺で血液を循環させておいて心臓を取り出して移植することになります。

心臓移植は１９６７年、世界で初めて南アフリカのバーナード博士が行いました。翌１９６８年には札幌医科大学の和田寿郎教授（当時）が日本で初めての心臓移植を行ったのですが、心臓提供者がまだ死んでいなかったのではないかと問題になり、その後ずっと日本では移植手術は行われませんでした。和田教授は、ドナーの死が確定していなかったとして殺人罪に問われ、日本の移植医療を遅らせることになりました。「和田移植」として有名です。

世界では年間何千例も移植手術が行われているので、海外へ手術を受けに行く日本人も多くなり、長い議論の末、とうとう１９９７年６月に「臓器移植法案」が国会を通過して日本の移植医療の道が開かれました。

移植しなくても心臓を作れる時代に！

人の体は受精卵が分裂を繰り返して、様々な細胞に進化して作られていきます。臓器の細胞は元に戻れませんが、遺伝子操作で初期化したのがｉＰＳ細胞です。たとえば自分の皮膚の細胞から心臓を作り出すことも可能になりました。幼弱な細胞のため、がん化の危険がありますが、それをクリアして網膜や心筋細胞などが作られています。これからは人の心臓に頼らなくてもよい時代になるでしょう。

もうひとつの循環――リンパ液循環

血管は数ミクロンの毛細血管になって体の隅々まで行きわたっていますが、それでも組織の中の細胞に接触できない所もあります。そこで血液から水の成分である血漿が血管の外に浸み出して、細胞へ栄養その他の物質を運びます。組織の間に入ると名前は組織液となり、そのあとリンパ管に吸収されるとリンパ液と名前が変わります。組織液は血液中の水分、電解質、少量のたんぱく質でできていて、細胞を潤して大事な役目をしています。

体中の細いリンパ管は集まって胸で太い胸管となり心臓の手前の上大静脈に結合するので、リンパ液はそこで血液の中に戻ることになります。体の中では血液とリンパ液の両方が循環して物質を運搬しているのです。

リンパ管にはたくさんのリンパ節がついています。リンパ節というと一般の人が思い浮べるのは、がんの転移のことだろうと思います。がん細胞は血液やリンパ液と一緒に流れていって転移をします。リンパ節転移が多数見つかると手術を諦めたりしますが、それはリンパ節に飛んだのなら体中にもがん細胞は散っている可能性があると考えるからです。手術中にがんのすぐそばのリンパ節（センチネル・リンパ節と呼ぶ）を調べて転移していなければ術後の化学療法や放射線治療をまぬかれます。

リンパ液循環

リンパ液循環

$\xrightarrow{\text{血液}}$（毛細血管）$\xrightarrow{\text{血漿}}$ 組織 $\xrightarrow{\text{組織液＊}}$ リンパ管 $\longrightarrow$

$\xrightarrow{\text{リンパ液}}$ 胸管 $\xrightarrow{\text{リンパ液}}$（上大静脈）$\xrightarrow{\text{血液}}$（心臓）

＊組織液は血液中の水分、電解質、少量のたんぱく質などでできている。電解質とは、スポーツ飲料の成分に入っており、Na^{+}、Cl^{-}、K^{+}、Ca^{++}、Mg^{++}、HCl_3^{-} など。

③知っておきたい応急処置

お父さんを救った卒業生

応急処置を教えた数年後、教え子のＴさんから手紙をもらいました。お父さんが家で倒れて、救急車を呼んでいる間に意識が無くなり心臓も呼吸も停止したそうです。Ｔさんはとっさに授業を思い出し、お父さんに馬乗りになって胸骨圧迫を始めました。お母さんに人工呼吸（マウス・ツー・マウス）の方法を教えて、救急車が到着して救急隊員に引き継ぐまで10分間、２人で懸命にやったそうです。

胸骨圧迫は訓練してもむずかしいのでなかなか効果が期待できません。助かっても脳障がいが残るでしょうと医者からいわれたそうですが、お父さんはその後意識が戻り、何の障がいも残らず回復されました。「先生が、肋骨が折れてもいいからしっかり圧迫しなさい、といわれたのを思い出して思い切りやったのです」と書いてありました。保健教育は人を救うとつくづく感じて、私も授業にいっそう力を入れるようになりました。

教科書には詳しいことがほとんど載っていなかったので、授業では副読本として大修館書店の『図説救急安全教本』を使いました。

応急処置の仕方

人が倒れている場合、まずその人の生死を判断しなくてはなりません。人が生きている証をバイタル・サインといいます。

バイタル・サインは、意識、呼吸、脈拍、血圧、体温の5つです。それらをチェックすることによって、死の危険が迫っているのか少しは時間的なゆとりがあるのかの判断ができます。

(1) バイタル・サインのチェック

Step 1　意識

意識状態を調べるには、まず大きな声で呼んでみることです。返事がなければ手か足をつねってみます。この時ほっぺたをピタピタ叩く人がいますが、あまり激しく頭を揺すると、頭蓋内出血や頭蓋骨骨折、頸椎骨折があった場合に状況を悪くしてしまうことがあります。

全く反応が無かったら昏睡状態です。あお向けにしておくと舌根が落ちて気道が塞がれたり、吐いた物が気管に入ったりするので、頭を横にして昏睡体位をとらせます。

Step 2　呼吸

息をしているかどうかは、まず胸が動いているかでみます。わからなかった

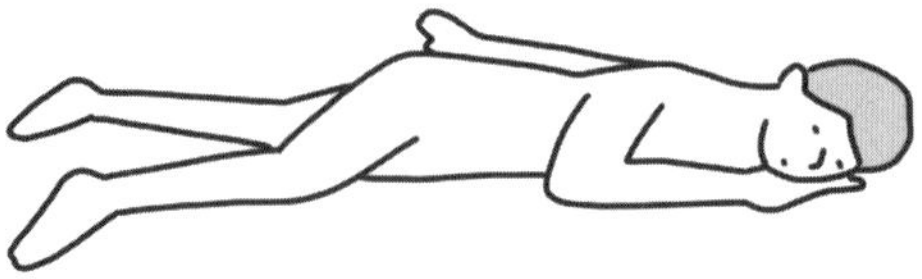

昏睡体位

ら、その人の鼻や口に自分の手か頬を近づけます。糸とか紙を近づけて動くかどうかで見るのもよいでしょう。

Step 3　脈拍

心臓の拍動が動脈を伝わって、それを末梢の血管で触れて感じるのが脈拍です。ところが心臓の動きが弱って血圧が下がっていると、なかなかわかりにくいものです。普段は手首の橈骨動脈で脈を測りますが、わかりにくかったら首の頸動脈に触れて下さい。それでもわからなかったら洋服の胸を開いて、胸骨の少し左側に耳をあてて心音を聞いて下さい。何も聞こえなかったらすぐ心臓マッサージのための胸骨圧迫です。

Step 4　血圧

血圧は通常血圧計で測りますが、血圧計はどこにでもあるものではないので、脈に触れる時に、その強弱で、判断するしかない場合もあります。脈がはっきり触れない時は血圧が下がっていることが多いので注意して下さい。

Step 5　体温

血圧低下時は手足が冷たくなるので、体温がないと誤解しないようにして下さい。体の中心部に近い所を触っても氷のように冷たくなっていたら、死後何時間もたっているので、胸骨圧迫や人工呼吸をやっても仕方がありません。

この様にして状態がわかったら応急処置に移ります。その間5秒、と書い

脈の測り方

橈骨動脈に触れてみる　頸動脈に触れてみる　心臓の心音を聞いてみる

てある本もありますが、医師や慣れている人でないと5秒は難しいかもしれません。しかし心停止をしている人は1秒でも大事ですから、なるべく早く把握できるよう、自分の頸動脈や橈骨動脈に触れる練習をしておくことです。

(2)応急処置を行う順序とポイント

①患者と自分を救い出せ！

人が倒れている場所は、往々にして危険な所であることが多いので、周囲の状況をいち早く見定めなければなりません。車の往来の激しい所や、家屋の倒壊しそうな場所、土砂崩れの起こりそうな場所で「さあ、バイタル・サインのチェックだ」「では胸骨圧迫を行うぞ」とやっていては、自分も身の危険にさらされることになってしまいますから、安全な所へ移さなくてはなりません。

しかし、あまりに危険な場所以外だったら、原則としては動かさずにその場所で救急隊員を待つ方が間違いがありません。なぜなら、骨折や脊髄損傷があった時に動かして障がいをひどくしてしまうことがあるからです。

②大きい出血があれば止血せよ

本来はすぐ呼吸と心臓を手当てしなくてはいけませんが、大出血しているのに胸骨圧迫をやっても血が出てしまうばかりですから、なるべく手早く止血をして下さい。

応急処置を行う順序とポイント

①患者と自分を救い出せ！
②大きい出血があれば、止血せよ。
③呼吸と心臓の拍動が続くよう処置せよ。
④医療関係者、救急隊員を探す。
人を集めよ。119番！　AEDを探す。
⑤ショックを防げ。
⑥医療関係者、救急隊員が来るまで、
状態を注意し続けよ。

自分の循環血液量を知っているでしょうか。簡単な目安として体重の1/13、約7％が血液だと思って下さい。体重70㎏の人なら約5L、体重50㎏の人だと約4Lです。そのうちの1/3が失われると生命は危険になります。4Lの1/3は、1L入り牛乳パック1本と1/3ですからうかうかしていられません。

止血には、直接圧迫法、間接圧迫法、止血帯を使う止血法があります。

直接圧迫法は、出血している傷口になるべく清潔なハンカチやタオルを当てて圧迫したり、そこに布や包帯を巻いて血を止めるものです。この時、注意すべき点は、なるべく血液に直接触れないようにすることです。血液には、エイズウイルス、肝炎ウイルス、その他感染性の病原体がいる可能性があります。ビニール手袋、ゴム手袋が近くにあれば使って下さい。なかったら、なるべく布類を多く使い、自分に血がついたら大量の水でよく洗い流すことです。

間接圧迫法は、傷口より心臓に近い動脈を圧迫して出血を止めようというものです。間接圧迫法は動脈の位置がよくわからないし、圧迫し続けるのも大変ですが、指なら指のつけ根を、腕なら腋の下（上腕動脈）、足なら大腿の内側（大腿動脈）を圧迫します。

止血帯を強く長い間巻いていると、末端が腐ってしまうのでしない方がよいといわれていましたが、手足などでどうしても止まらない場合もあるので、幅5㎝以上の手ぬぐい、ネクタイ、ストッキング等で出血が止まるまで締めつけます。

緩いと静脈だけが止まり、深部の動脈は止まりません。動脈は末梢へ行く血液、静脈は心臓へ帰る血液なので、帰りだけ止めると静脈のうっ滞を伴ってよけい出血がひどくなるのです。

ここで一番注意しなくてはならないのは、長くても1時間以内に医師にほどいてもらうこと。そのためにかならず止血した時間を書いたメモ等を付けておきます。非常時はすぐに時間がたつので、15

止血法

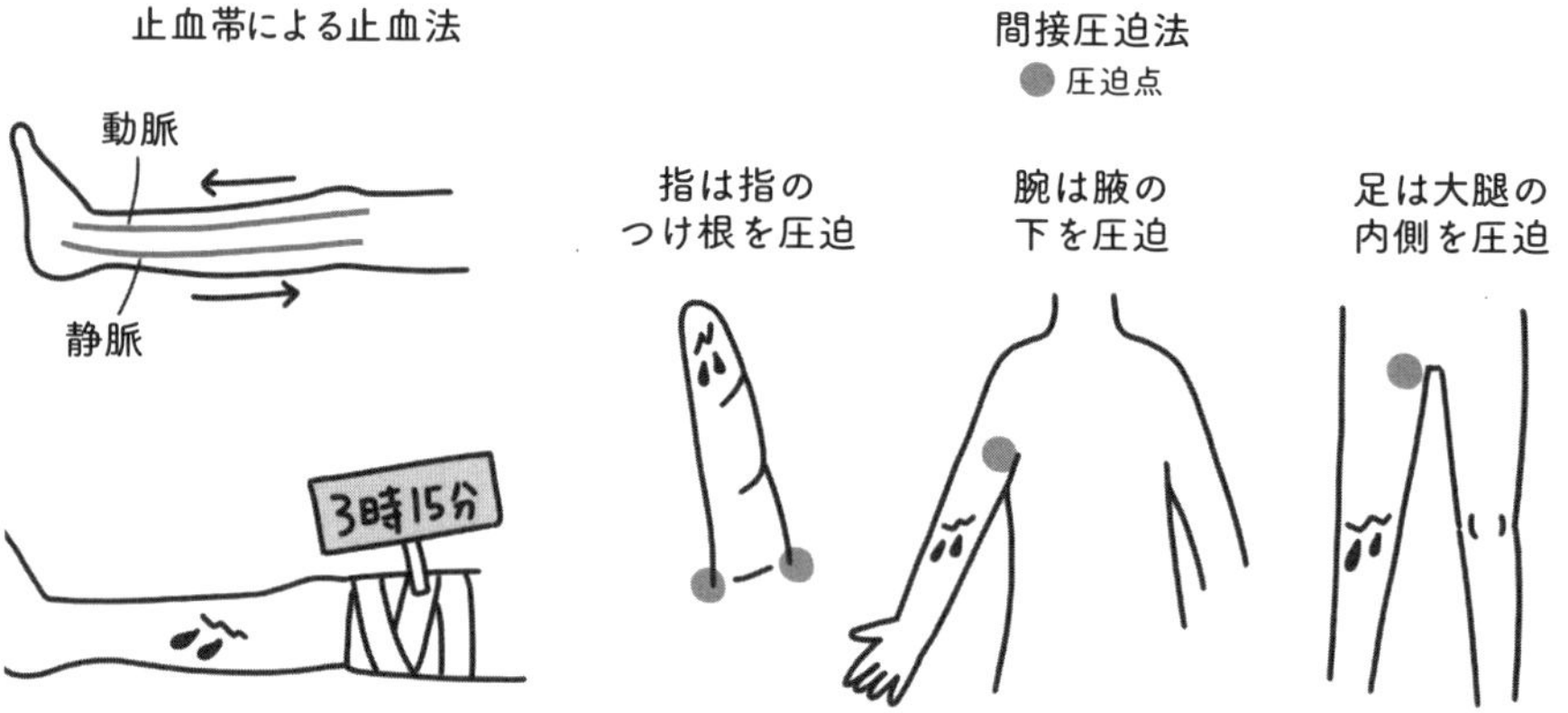

分くらいだと思っていても、1時間を超えていることもあります。

③呼吸と心臓の拍動が続くようにする

人は呼吸によって大気中の酸素を取り込み、肺で酸素は血液にバトンタッチされます。心臓がポンプの働きをして血管の中の血液を押し流していて、人体の37兆個の細胞の全部に酸素を送っているのです。

とくに脳は活動が盛んなのでたくさんの酸素を必要とし、3分間、酸素が止まると脳の神経細胞は死んでしまいます。現段階では、脳と脊髄の神経細胞は一度損傷されると、再生は不可能とされています。心臓が止まると一番最初に脳が障がいされるので、救急処置では3分間が勝負です。血液中の酸素を使って6分くらいまで大丈夫なこともありますが、3分をすぎると蘇生の可能性はどんどん落ちていくのです。

呼吸と心臓が止まった時に行う処置を救命処置といって、一次救命処置と二次救命処置がありますが、一般の人が行うのは一次救命処置です。

胸骨圧迫は肋骨が折れるくらいの勢いで

外から胸骨を圧迫して心臓の血液を送り出す閉胸式マッサージと、胸を開いて医師が直接心臓をマッサージする開胸式がありますが、一般にはもちろん閉胸式の胸骨圧迫を行います。

袋の中の水を上から圧迫して出させるのと同じですから、心臓がなるべくぺちゃんこになるような圧迫をしなくてはなりません。ベッドの上では沈んでしまうので、床に寝かせて胸骨のまん中に両手を置いて、胸が4～5㎝沈むくらい体重をかけて垂直に押します。

心臓は1分間に60～80回収縮をしていますが、正常の時より有効に血液を送り出せないので、1分間に100～120回のリズムで行います。このリズムがどのくらいの速さか、身につけておくとよいでしょう。

心臓が動いていないことを確認したら、ただちに胸骨圧迫に取りかからなくてはなりませんが、その前に一瞬待って、1回、拳で強くドン！　と叩いてみて下さい。心臓がびっくりして急に動き出すことが稀にあります。でもダメだったら手順通り、手早く胸骨圧迫を始めましょう。

人が集まる場所にAED（Automated External Defibrillator　自動体外式除細動器）が設置されるようになりました。見つけたら直ちに取り出して音声に従ってやってみましょう。1人の命を助けることができます。

気道の確保と人工呼吸（コロナ禍ではかならずしも実施しなくてもよしとのこと）

昔は胸を圧迫して肺に空気の出し入れをしていましたが、現在は助けようとする人が自分の吐く息を吹き込む「呼気吹き込み法」が行われています。口と口をつけて行うのでマウス・ツー・マウスともいいます。人の吐く息にはまだ充分な酸素が残っていますので、それを利用するのです。

人工呼吸

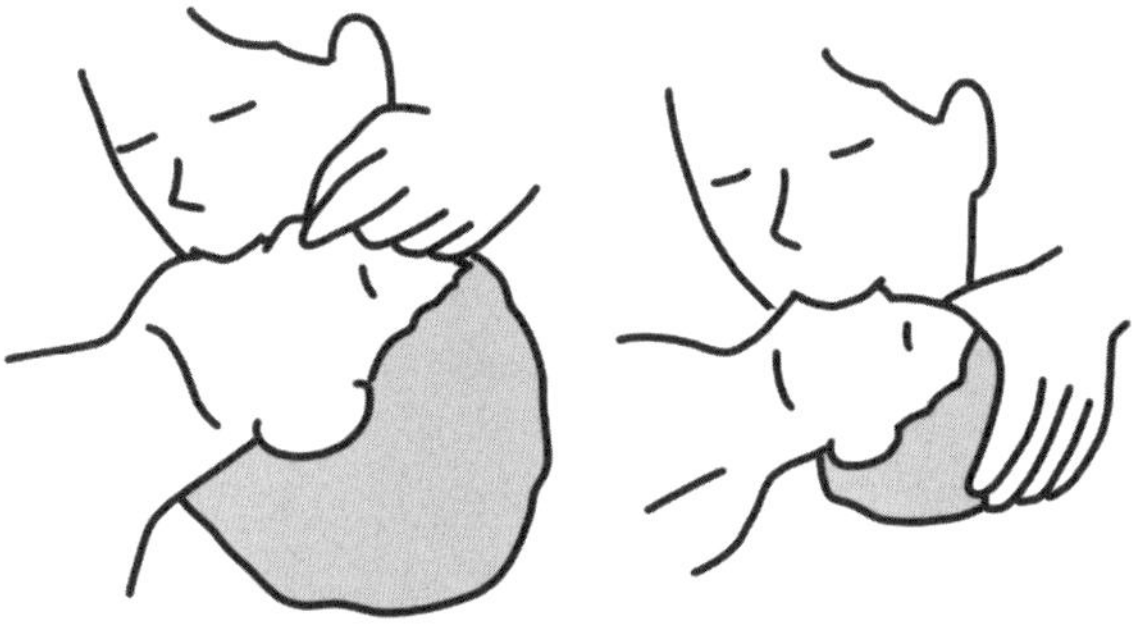

成人は鼻をつまみ
口をおおう

乳幼児は鼻と口を
一緒におおう

あごをしっかり上げて、気道を開くようにする

一次救命措処置

（手と口で行う）

①胸骨圧迫（閉胸）
②気道の確保
③人工呼吸

二次救命処置

（医療器具を使う）

①補助器具による人工呼吸
②気管内挿管と気管切開
③心臓マッサージ（開胸）
④静脈路確保（点滴用）
⑤心電図監視

人工呼吸の注意！！

① 自分の息を思い切り吸い込む。
② 成人は、患者の鼻をつまみ、あごを上げて口がずれないように、自分の口をかぶせる。
③ 2秒くらいかけてゆっくり、充分に息を吹き込む（自分の肺が空になるくらい）。
④ 胸が盛り上がるかどうか見る。
⑤ 患者が息を吐き出すか、自分の耳を口に近づけて確認。
⑥ 5秒に1回のペースで続ける。
⑦ 乳幼児は鼻と口を一緒にかぶせ、3秒に1回。

※新型コロナウイルス等の感染の危険があり、胸骨圧迫のみの場合もある。

息を吹き込んでも肺まで達しなくてはなりませんから、口の中に異物があったら取り除くこと。また舌根が落ちていたらあご先をしっかり上に上げるか、頭をそらせること。これが気道の確保です。コロナ禍では感染も心配です。胸骨圧迫だけでもある程度肺に空気が入るので、かならずしもマウス・ツー・マウスをやらなくてもよいとされましたが、子供にはなるべく行ったほうがよいそうです。

息を思い切り吹き込んだら胸が上がるかどうか確認すること。胃に入ってしまうこともあるので、お腹が膨らまないかどうか、かならずチェックして下さい。

現場に1人しかいない時

2人以上いれば1人が人工呼吸、別の1人が胸骨圧迫を行い、疲れたら交替することもできます。でも、たった1人しかいなかったら両方を1人で交互にやらなくてはなりませんので、とても忙しいことになります。

時々、自発呼吸が始まったか、また、脈が強く触れて心臓が拍動を始めたかを確かめながら、救急隊や医師に引き継ぐまで続けるのです。「来る前に疲れてしまったら?」と質問されます。でも大丈夫！　たとえば都内なら救急車が来るまで平均8分半とのこと、道路の渋滞があっても10分以内には来ると思えば頑張れるでしょう。ただし、山など交通の便が悪ければいつ来るかわかりません。2時間も1人で頑張ったのに誰も来ず、とうとう力尽きて止めた人がいました。もっとやっていれば助けられたかもしれないと自分を責めていましたが、それは許してもらえるのではないでしょうか。

人工呼吸や胸骨圧迫は、呼吸をして心臓が動いている人を練習台にするのは危険でできないので、練習には人形を使います。最近の人形はとてもよくできていて「有効!」等の表示が出ます。値段も高いのですが、一度でも練習しておくと、いざという時、人の命を救えるかもしれません。

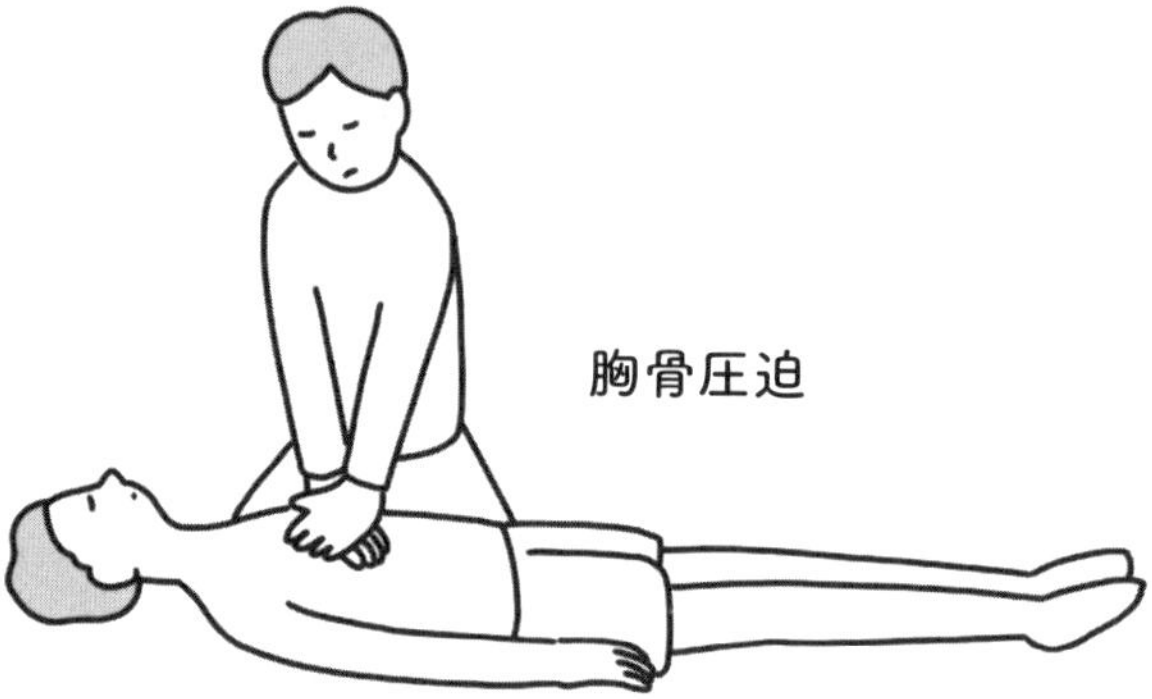

乳児の胸骨圧迫

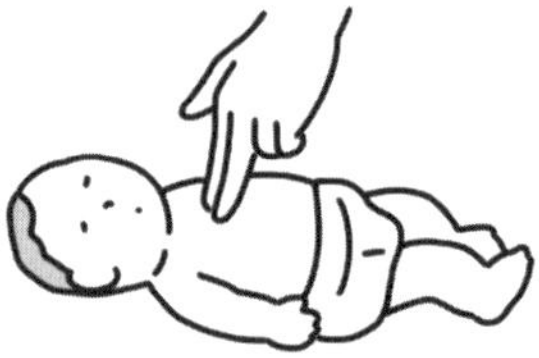

乳児は指で

小児の胸骨圧迫

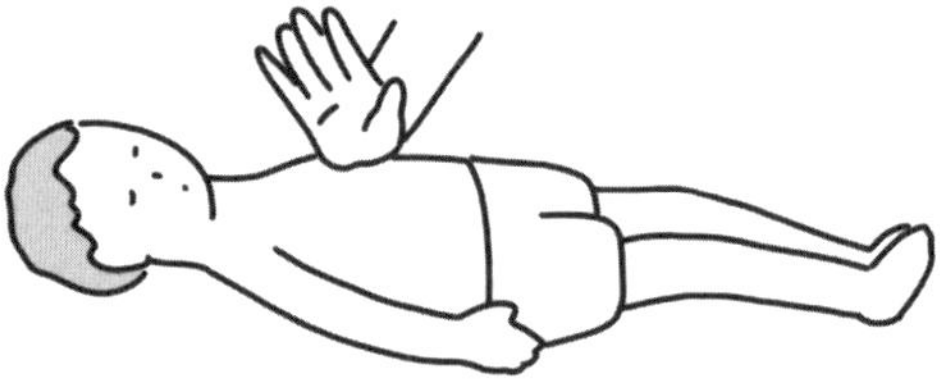

小児は片手で

胸骨圧迫の注意

① 患者をかたい床に寝かせる。マットレス、布団なども取る。
② 胸骨の真ん中に両手を置いて、垂直に圧迫する。
③ 3.5～5cm 胸が沈むよう、体重をしっかりかける。
④ 肋骨が折れるかなどと心配しない（あとで治せる）。
⑤ 1分間 100～120 回、リズミカルに。
⑥ 意識が戻ったら止める。
⑦ 小児の場合は片手で、乳児は指で行う。

胸骨圧迫（心臓マッサージ）

- 胸骨圧迫 30回と人工呼吸２回のサイクルを、救急隊員が到着するまで続ける。
- もし、救助者が２人以上いる場合は、１人が119番して、もう１人が心肺蘇生法を行う。
- もし途中で、循環のサインが見られた場合には、呼吸が不充分であれば人工呼吸のみを継続。充分な呼吸が見られるなら、気道を確保しながら回復体位にする。

対象者	圧迫の回数	圧迫の程度	人工呼吸
大人 （８歳以上）	両手で30回	3.5 ～ 5㎝	２回
小児 （1歳以上8歳未満）	片手で30回	胸の厚さの約 1/3 くぼむまで	
乳児 （１歳未満）	指2本で30回		

＊注意
心肺蘇生法の訓練は、人体模型を用いて行います。
健康な方をモデルにした訓練は、絶対に行わないこと。

④医療関係者、救急隊員を探す。人を集める

まず日本では「119番」で救急車を呼びます。これをいつ行うかは大きな問題です。すぐに電話をかけたい気がしますが、電話のある場所が遠かったら、行って帰ってくるまでに、脳にとって大事な3分がすぎてしまいます。そこで何分間か人工呼吸と胸骨圧迫をやってからとされていましたが、今は携帯電話を持っている人が多いのでとても便利になりました。

携帯電話は電車の中ではおじゃま虫です。病院の中では、人工呼吸器の計器が狂うとして禁止です。しかしとても助かるのは乗り物のハイジャックの時と夜道で襲われた時、急いで救急車を呼びたい時です。

人が倒れると誰でも気が動転します。「救急車、早く来て下さい」で切っては来てもらえません。心を落ちつけて誰がどうなっているか、場所はどこかをしっかりいうことが大切です。今、どういう処置をしているか、そして倒れている人が1人か、2人か、100人かもいっておくと、多ければたくさんの救急車が集まって来てくれます。

ダイヤル119番でいうこと

①場所、名前、電話番号
②何が起こったか
③今、誰が何をしているか
④具合の悪い人の人数

日本は今、財政難なので、医療制度の存続がいろいろ問題となっています。でも救急車は8分半で来てくれてしかも無料です。先進国で無料なのは日本とイギリスだけ！　アメリカでは有料に加えて、夜間割り増し、緊急割り増し、タクシー並みに距離割り増しまで付くので、うかうか呼ぶわけにはいかないそうです。アメリカの知人は、死にそうでなければ自分で車を運転するか、家族に運転してもらって病院に行くといっていました。

⑤ショックを防げ

「エーッ、それってすごいショック!!」というように使われるショックではありません。血圧が下がって体の多くの機能が著しく低下する状態をいいます。

正常血圧の人が血圧が下がって最高血圧が90mmHgを切ると、末梢の循環が悪くなってショック状態になってしまいます。長くショック状態が続くと回復不能になりますから注意が必要です。最高血圧が50mmHgを切ると大重体です。

ショックになると冷汗をかいて、脈は弱く毎分100以上になり、呼吸が浅くなります。どこにでも血圧計があるわけではないので、これらの症状からショックを推測して、それ以上悪くしないように手当てして下さい。

周りの人がオロオロすると、それだけで本人は死ぬのではないかと思い、血圧が下がってしまいます。自律神経に作用して末梢の血管が拡張してしまうためです。私たち医療関係者でも、患者さんが急変すると頭から血が引くくら

ショックの種類

① 循環血液量減少
- 体内や体外への出血
- やけどなどによる血漿（血液の水の部分）の漏出

② 血管緊張の消失
- 精神的驚愕や腹部打撲などで、自律神経変調
- 薬物、毒物やアレルギー反応で、血管平滑筋弛緩

③ 心原性ショック
- 心臓の血液拍出量の低下（心筋梗塞や不整脈など）

ショックの処置

①励まして安心させる
②毛布でくるむ
（体温低下防止）
③横にして足を上げる
（ショック体位）

意識がある時

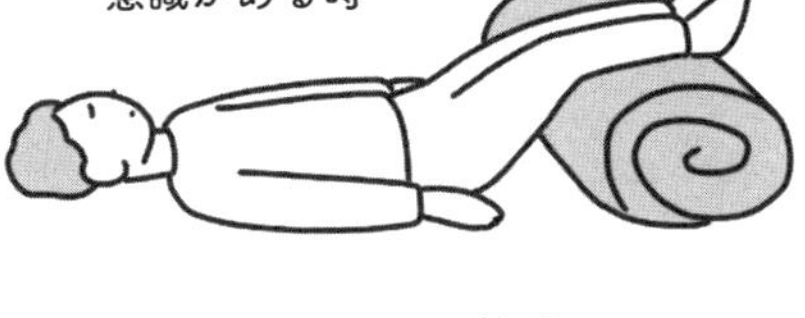

ショック体位

意識がない時
昏睡体位

いびっくりすることがありますが、平静を装って「大丈夫ですよ」と声をかけ続けるのです。

毛布でもコートでも何でもいいから体をおおって、体温の低下を防ぎます。そして足の方を高くして、頭へ血が行きやすくするため、もちろん枕はなしです。これをショック体位といいますが、意識がなかったら、それに加えて昏睡体位にすることです。上向きだと吐いたものが気道に詰まる心配があるからです。

⑥救急隊員に引き継ぐまで状態をチェックし続ける

大きな出血はすぐわかりますが、気がつかない所から出血していないか、骨折、やけどはどうか等、時間が許す限りチェックをして下さい。そして救急車が１秒でも早く来るように祈ります。

窒息と窒息の予防

⑴世界共通の窒息サイン

世界共通の窒息のサインをご存じでしょうか。中学生で救急処置を教わっているはずなのに、私の教えた学校ではこのサインを知っていた生徒はいませんでした。

海外ではちゃんと教育していて、この知識はかなり普及しているそうです。急にのどに物が詰まった時は、息ができないと同時に声も出せません。バタバタ手足を動かしても、周りの人からはふざけていると思われて手遅れになることがありますから、本人も周りの人も知っている必要があります。図のようなサインを見たら速やかに処置をしてあげて下さい。

世界共通の
窒息のサイン

⑵窒息に対する処置はあらゆることを試みる

窒息というのは、食べ物や口に入れた物が誤って気管に入り、気道を塞いで息ができなくなることです。いろいろなことを試みて気道を塞いでいる物を取り除かなくてはなりません。

①指を入れる

かき出せそうな物なら指で取ればよいのですが、窒息しそうな本人も夢中なので咬まれることがあります。指を食いちぎられないように、何でもいいからしっかり指に巻いてやって下さい。

②背部叩打法

子供だったらうつぶせに抱えたり、ぶら下げて背中を4回叩いてみます。

③腹部圧迫法（ハイムリック法）

後ろから腕をまわし患者の胃の部分にこぶしを当てて、ギュッと絞め上げる動作を4回行います。異物は気道に入っているのですが、腹圧で飛び出すことがあるのです。

④電気掃除機

家の中で起こった場合は掃除機がとても有効です。ホースの部分を口の中につっ込んで吸い取ります。口の中は少し傷つくかもしれませんが、傷はあ

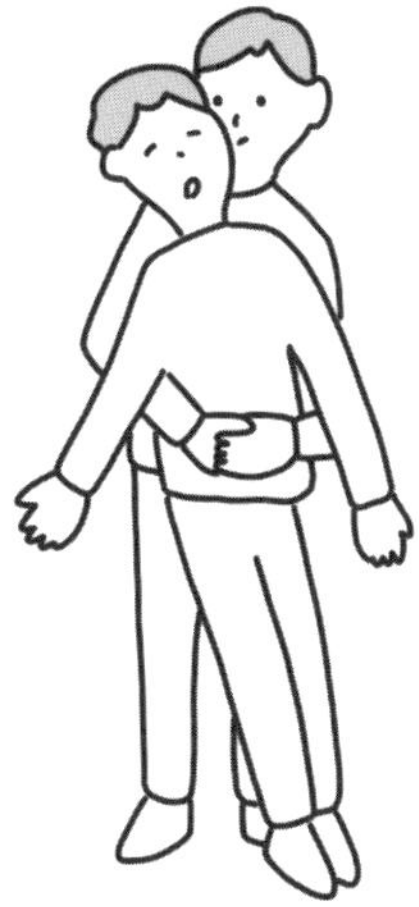

腹部圧迫法
（ハイムリック法）

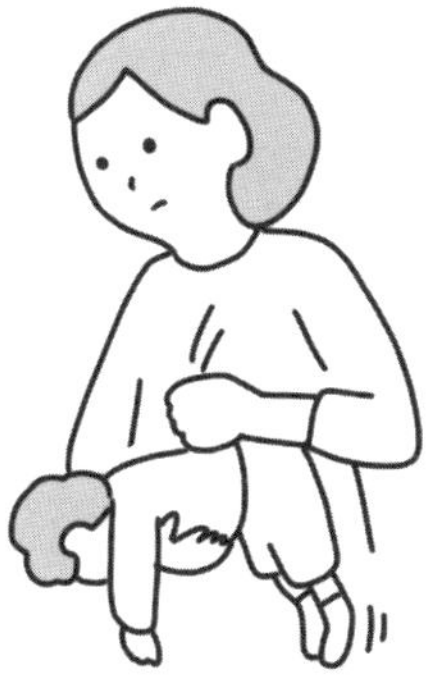

背部叩打法

とで治ります。思いきってやってみて下さい。

(3)窒息の予防

窒息を起こしてからよりも、予防が絶対に大事です。

子供は何でも口に入れてしまいます。ビー玉、豆類、丸い菓子、おもちゃなど、薬でさえも丸い物は窒息の原因になり得ますから、危なげな物は絶対身近に置いてはいけません。

次に危ないのはお年寄りです。毎年、お正月にお餅で命を落としています。子供同様小さくちぎって食べるなど、詰まらないように予防しなくてはなりません。のどの奥についたら取れないのは、海苔です。

若い人は、食べながら大声でしゃべったり笑ったりすると、急に塊を吸い込むことがあります。若いからといって油断は禁物です。窒息で死ぬのはつまらないことです。みんなが予防を身につけて下さい。

窒息の予防

① お年寄りや子供に、つきたての餅や海苔を食べさせない。餅やパンは小さくする。

② 子供が口の中に物を入れながら走ったりしないよう、しつけをする。

③ 乳幼児に丸い物を与えたり、そばに置いたりしない（豆類、種子、薬、遊び道具、穴の開いていないコインなど）。

④ 入れ歯も原因になり得る。

⑤ 口の中に物を入れて大声でしゃべったり、笑ったりしない。

外傷——意外に間違いが多い傷の手当て

応急処置は救命救急処置が第一に大切なことですが、日常一般的な外傷の処置もおろそかにはできません。間違うと後で化膿したり、後遺症を残すことがあるのです。

私の夫は外科医なのでクリニックでそういった患者さんをたくさん診ています。傷ができた時、ろくに消毒もせずに傷を乾かす薬品を吹きつけておくと、中で細菌が増殖して傷の周囲が腫れ上がって蜂窩織炎という状態になり、治るまでにとても時間がかかります。傷をカバーして固めてしまう薬は出血や浸出物を止めてとても便利ですが、中に細菌がいないことが条件なので、つける前にしっかり消毒をする必要があります。布バンを貼ってそのままにしておくのも同じことです。

(1)開放性の傷

皮膚が破れた傷を開放性の傷といいます。すり傷（擦過傷《さっかしょう》）、切り傷（切創）、刺し傷（刺創）、挫創、切断、動物に咬まれた傷（咬傷）がこれにあたり、細菌が入り込みやすいので充分な消毒が必要です。

外で転んだりした時、異物が傷の中に残っていると化膿しやすいので、痛くても水道水でよく泥や砂や異物を洗い流します。汚れのひどい時は、刺激の少ない石けんを使うのも有効です。手元にある消毒薬（ヒビテン、イソジン、オキシフルなど）で消毒し、消毒ガーゼや清潔な布を当てます。布にアイロンをかけると布の細菌が死滅します。この時、ティッシュ・ペーパーや綿を使うのは止めて下さい。コットンの糸などが傷の中に入って化膿や肉芽（組織が盛り上がったもの）の原因になるからです。

開放性の傷の手当て

① 傷を水道水でよく洗う
② 手当てをする人も、石けんでよく手を洗う
③ 消毒薬で消毒
④ 包帯や布で縛って病院へ行く
⑤ 破傷風の基礎免疫の有無を知っておく

傷が汚なかったり、出血がひどい時は、縛って病院へ行って下さい。動物に咬まれた場合は動物の歯に細菌が多いので医療機関でもう一度しっかり消毒してもらった方が無難です。

破傷風の予防注射

汚れた傷から破傷風菌が入り、傷の中で増えると破傷風という病気になります。破傷風は神経が障がいされ、全身の筋肉が痙攣して最後は呼吸筋が麻痺するので、呼吸困難で死亡するという恐ろしい病気です。

破傷風菌は嫌気性菌の一種です。酸素を嫌って土の中にすんでいます。傷が深いと酸素に触れないので増殖します。泥や錆びた釘、木片などが入っていると危険が増加します。私の診療所がある三田のあたりは昔馬場があったそうで、土の中に破傷風菌がたくさんいます。馬の糞がよい栄養だったのでしょう。東京タワーの近くの芝公園で怪我をして、破傷風になった子供もいました。

破傷風は菌の作り出す毒素でやられるので抗生物質が効きません。大量の抗毒素血清で治療しますが生死の境をさまよいます。そこで子供の時に予防注射をして破傷風菌に対する免疫力をつけさせています。1歳になる前から始める三種混合ワクチン（破傷風、ジフテリア、百日咳）で基礎免疫ができますから、大きくなって感染が疑われたら、追加免疫の注射を受ければ感染を防止できます。

ところが今、予防注射は強制的に保健所や学校で行う方式を止めてしまったので、ついうっかりとか、忙しさに紛れて子供に予防注射を受けさせるのを忘れる親がいます。どんな保険よりも予防注射の方が安心です。せっかく人類が開発した病気に対する武器を捨てないようにしましょう。

⑵閉鎖性の傷

打撲や捻挫がこれにあたります。頭部、胸部、腹部の打撲は、内臓損傷や内出血を伴いやすく、見かけよりも重症の場合があります。四肢の打撲は骨折、脱臼、捻挫を伴っていることがあります。

いずれにしても冷やして安静にすることが大切です。重症かもしれないと思ったら速やかに病院へ運びましょう。四肢の骨折が疑わしい時は、手近の本や雑誌、木などを当てて縛り固定します。頸椎損傷が疑われた時は、絶対に首を曲げないようにして救急車を待ちます。病院でレントゲン写真、CT画像を撮ってもらい、出血や骨折の有無を確かめる必要があります。

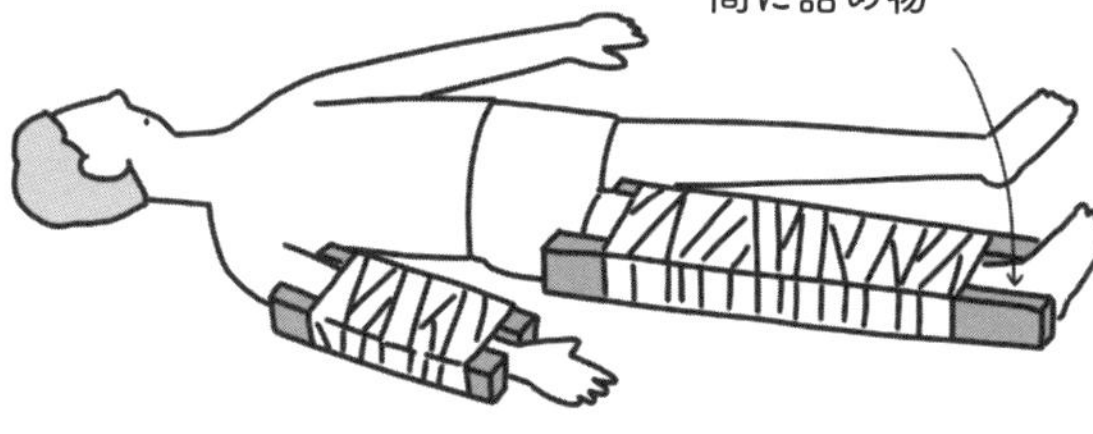

骨折の疑われる骨の上下の関節を越えて、両側にそえ木をする

やけど（熱傷）の処置は、はじめが大事！

やけども日常多いもので、処置を誤ると後遺症を残したり、死につながる恐れがあります。やけどは、体表での熱傷面積とやけどの深さ、年齢によって重症度が変わってきます。

(1)熱傷面積

体の1区画を9％として9の倍数で表す「ナインの法則」が広く用いられています。20％以上は入院が必要、30％以上は重症と考えて対処します。

ごく軽いやけどを除いて、深さに関係なく面積が大きいと危険なのは、浸出液がたくさん出てしまって脱水になり、生命を脅かすからです。ナインの法則は覚えやすいので、知っていれば即座に判断ができます。

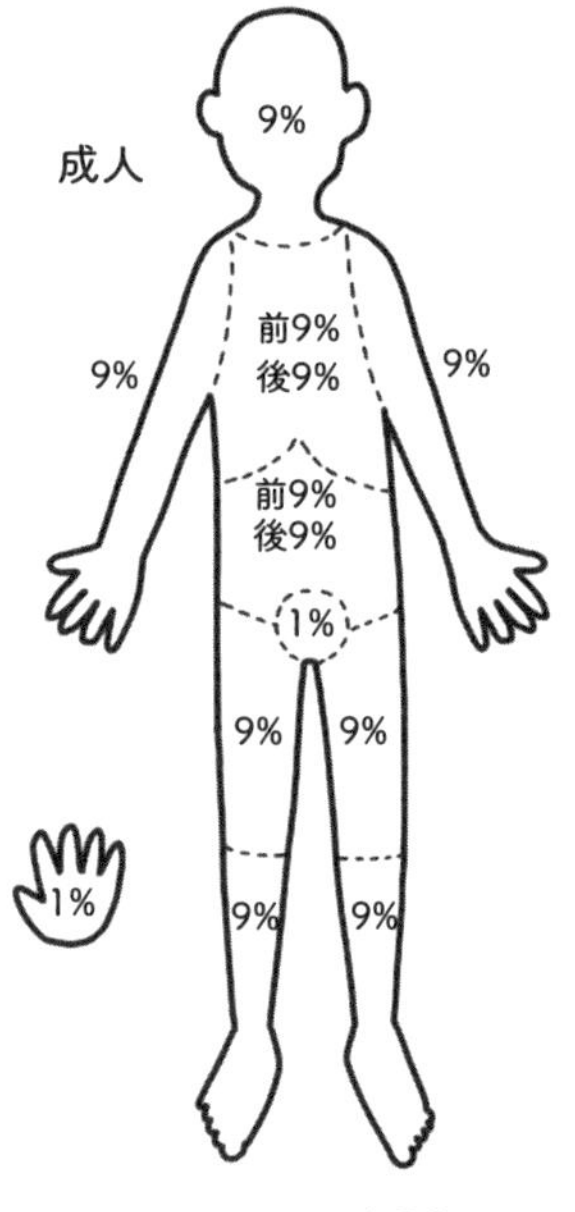

ナインの法則

手のひらの大きさは体全体の面積の1％にあたるので、手のひらを1単位として、熱傷面積を測ることができる。

(2)深度

やけどの深さによって、第一度、第二度、第三度と分けます。

第一度は表皮という皮膚の表面が障がいされたもので、赤くヒリヒリしますが水泡にならず数日で治ります。日焼けでよく経験することです。

第二度は真皮まで障がいされた場合で、水泡ができますが、細菌感染を起こさなければ、正しい手当てであとが残りません。日焼け

熱傷の深度

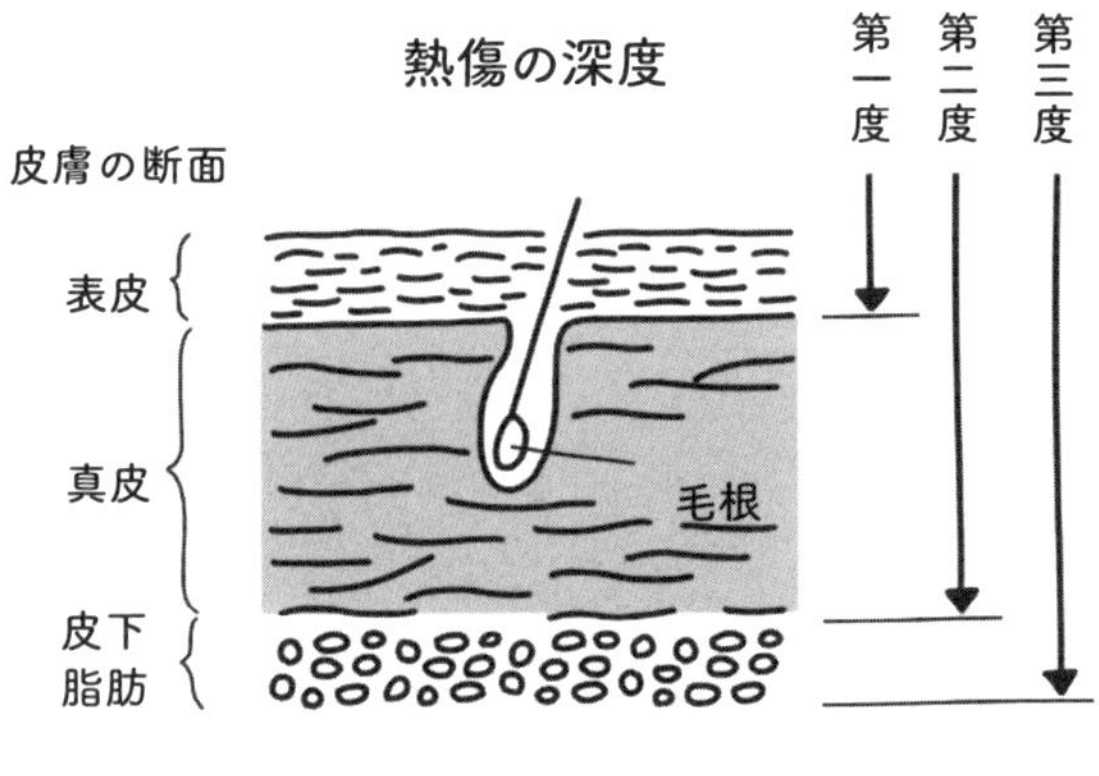

でも急に焼くと水泡になり、痛くて夜眠れません。焼きすぎたと思ったら水で濡らしたタオルで何時間も冷やして下さい。

第三度は皮膚の下の皮下脂肪まで達するものです。爆発や火事ではもっと深くなることもあります（炭化、第四度ということもある）。これは早く専門医にまかせた方がよいでしょう。皮膚移植でかなりきれいに治るようになりましたが、あとが残る可能性が大きいです。

(3) 年齢

お年寄りや子供は10％でも危険です。早急に対処しなくてはなりません。

(4) やけどの手当て

やけどをしたら「水で冷やせ、それも長く！」と世界で初めて提唱したのは、旧ソ連の女医さんでした。どんどん冷やすとやけどの度数が一度軽くなるといいます。

皮膚がやぶけると化膿しやすくなるので衣服は脱がずに冷やし、自分勝手に薬をつけずに病院へ行きましょう。

やけどの手当て

① できるだけ早く冷水で冷やす。水をためた中に患部をつけ、水道水をゆっくり流すか氷を入れる。

② 15分以上冷やす。30分くらい冷やすと度数が一度軽くなるという。

③ 衣服を着ている場合は脱がない。無理に脱がすと皮膚がやぶける。

④ 薬品を使用しない。

⑤ 清潔なガーゼか布を当てる。

⑥ 広範な場合は、ショックの予防として毛布をかけ、ショック体位をとる。

命の危険がある熱中症

地球温暖化の影響でしょうか、猛暑の夏が続いています。そして熱中症で倒れる人も増えてきました。ところが学生は夏、スポーツをしないというわけにもいきません。とくに部活動は夏休みが絶好のトレーニング期間です。みんな、炎天下、またはクーラーのない体育館で汗を流すことになります。プールの水もお湯になるくらい、温暖化は加速してきました。

熱中症は、熱で体温が上昇して様々な状態になるものの総称です。日射病と熱射病はよく聞く名前だと思います。日射病は一番軽い状態、熱射病は一番重い状態だと思って下さい。この間に、熱けいれん、熱疲労があります。

(1)日射病

炎天下で帽子をかぶらなかったりすると、頭が日光で熱くなって、頭痛やめまいを起こし、一時的に意識がなくなったりします。水分補給だけでもよいのですが、涼しい所に寝かせて頭を冷やしてあげると楽になります。この状態の時は体温調節機能はしっかりしています。

予防としては、外ではかならず帽子をかぶり、こまめに水を飲むことです。

(2)熱けいれん

あまりに多く汗をかいて塩分が体外に出てしまうために、筋肉がけいれんを起こすものです。

塩分は、ナトリウム（Na）と塩素（Cl）ですが、体内では電解質といっています。意識があったら、スポーツ飲料をたくさん飲ませますが、意識がボーッとして、あまり飲めないようなら、一刻も早く救急車を呼んで病院で点滴をしてもらうことです。

⑶熱疲労

熱けいれんと同様、汗をかきすぎて脱水になった状態ですが、もっと重症で意識がありません。体温も38℃を超えるので、どんどん体を冷やして救急車を待ちます。頭、首、腋の下に氷のうを当てると早く冷えます。

⑷熱射病

高温、多湿な環境にいて、汗による熱放散ができないとうつ熱状態になり、体温が40℃を超えてしまいます。

脳が障がいされ体温調節機構が破綻してしまうので、どんどん体温が上がっていきます。高温で脳も体の臓器も障がいされてしまうので早急な対処が必要です。

意識がないので水を飲ませることができませんが、救急車が来るまでの間、周りの人達が必死で体を冷やし、救急車が来たらすぐ点滴と

熱中症の見分け方

	深部体温	発生条件	脈拍	皮膚	中枢神経系	その他	治療
日射病	37℃以下	炎天下での頭頂部の日光直接照射	頻脈	蒼白、冷たく発汗	頭痛、めまい、一過性意識障がい		飲水
熱痙攣	38℃以下	大量発汗に対して塩分補給不充分	頻脈	発汗著明	めまい、不穏、意識混濁	痛みを伴う筋肉のけいれん	塩分補給、補液
熱疲労	40℃以下	大量発汗による脱水	頻脈	蒼白、発汗著明	頭痛、めまい、意識障がい	全身倦怠	冷却、補液
熱射病	40℃以上	高温多湿な環境でのうつ熱状態	頻脈	紅潮、乾燥	頭痛、けいれん、意識障がい	出血傾向	冷却、補液、酸素吸入

酸素吸入をしてもらいます。倒れて30分が命の分かれ目といわれているので、軽くみてただ寝かせておいてはいけません。はじめ意識があっても、だんだん意識がなくなることがあるので、重症を想定して対処して下さい。

熱中症の見分け方の目安に体温を書いておきますが（89ページ）、これは直腸で測ったもので、腋下では汗で濡れていてあてにはなりません。様子が変だったら遠慮しないで救急車を呼んで下さい。熱中症での死亡が加速しています。運動をする時は、全員が危険を充分頭に入れて、水分や氷を用意してこまめに水分補給をすることです。

夏の合宿や練習では、キャプテンやコーチがみんなの監督をしっかりして、熱射病の悲劇を起こさないよう注意して下さい。朝早くと夕方の練習に重点をおいて、日中は昼寝をして英気を養うなど、工夫して楽しくスポーツをしましょう。炎天下で仕事をする作業員も熱中症に気を付けましょう。

第3章

血液と血液が原因の病気

①血液のしくみと病気

血管の中を流れている液体を「血液」といいます。血液は赤いと考えられていて、実際に見ても赤くドロドロとした液体ですが、本当は、水のように透明な血漿の中を、赤い赤血球がたくさん流れているので赤く見えるのです。

試験管の中に血液を入れて何時間か放置しておくと、重い血球成分が下に沈んで、上の少し白みがかった透明な液体部分との2層に分かれます。液体部分は、血清といいます。血漿から血液凝固に関わるフィブリノーゲンがフィブリンになって分かれた残りの部分です。血球成分には、赤血球の他に白血球と血小板が存在します。順番に働きを説明していきましょう。

血清は栄養や老廃物の運搬役

血清は様々な物質を溶かし込んで体の中へ栄養や老廃物を運搬しています。小腸の壁から吸収された栄養素を、肝臓や筋肉へ、そして体中のすべての細胞に運びます。

細胞では栄養素を燃やしてエネルギーを作り出しますが、その時に、私たちが外で焚き火をするのと同じく、二酸化炭素と灰にあたる老廃物ができます。血清は、それらを溶かし込んで、二酸化炭素は肺へ運び呼気で外へ出し、老廃物は腎臓へ運び尿として外に出して体をきれいに保つのです。

血液の組成と働き

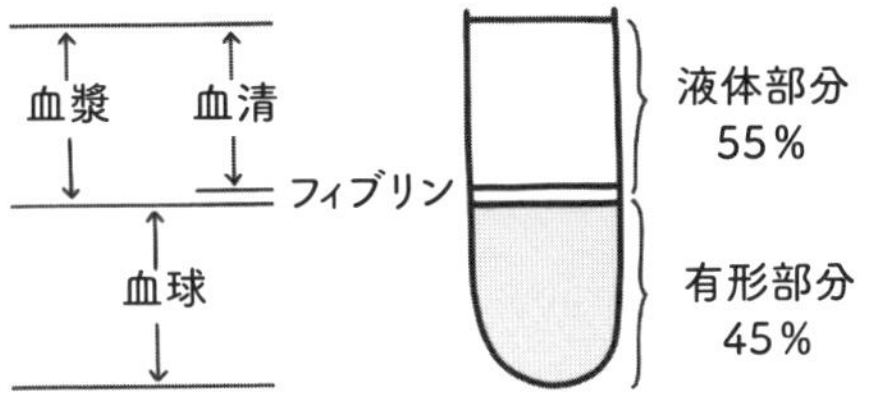

- 血液
  - 血漿
    - 血清（栄養素、老廃物、CO_2、ホルモン、免疫物質などを運搬）
    - フィブリノーゲン（血液凝固因子）
  - 血球
    - 赤血球（O_2 運搬）
    - 白血球（感染防止、異物除去、免疫）
    - 血小板（血液凝固、止血）

血液凝固のメカニズム

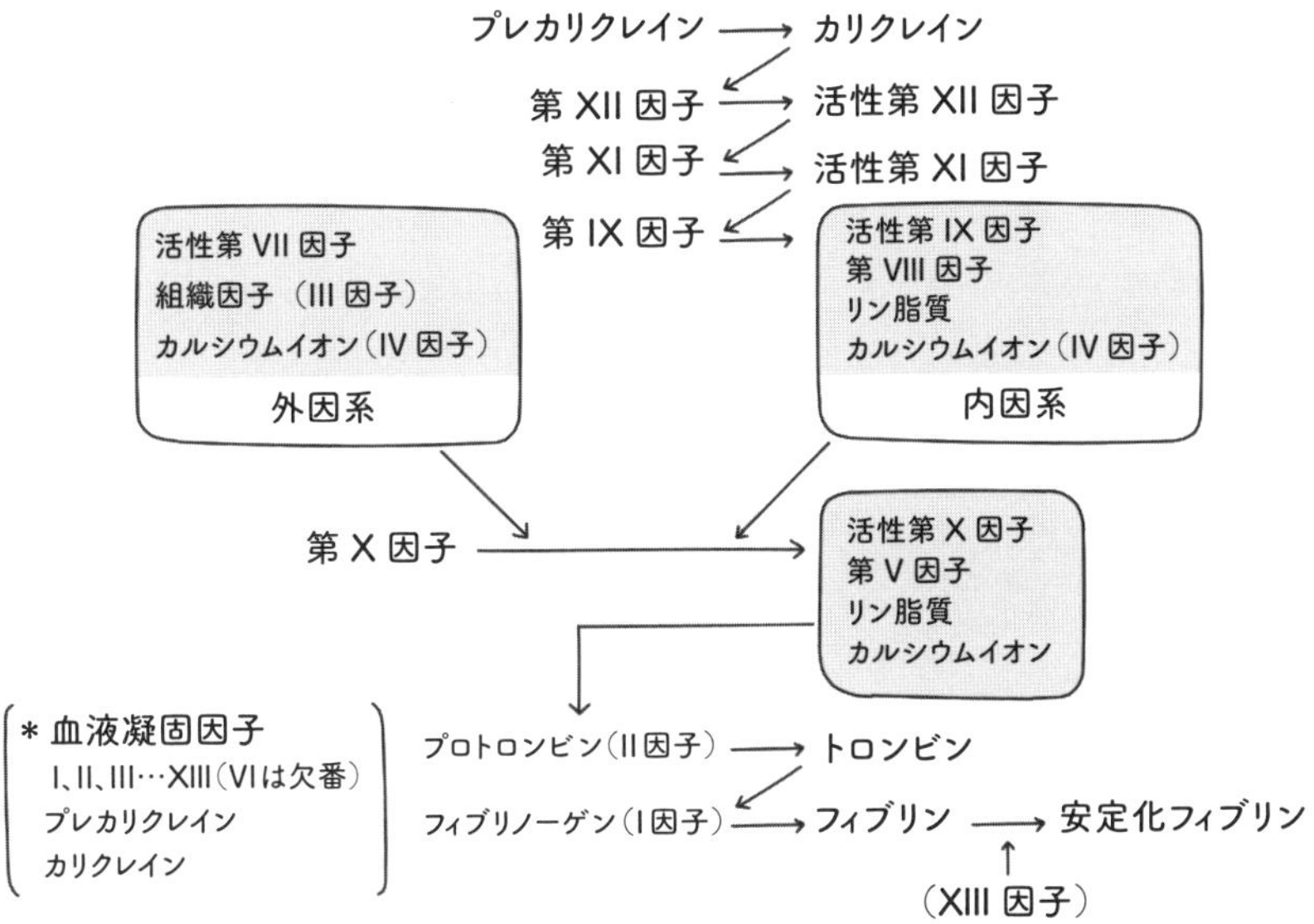

（『新臨床内科学』第7版　医学書院　1999 年より）

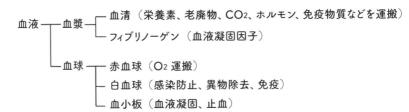

その他ホルモンや免疫物質も必要とする場所へ運びますし、私たちが飲む薬も吸収されると血清によって運ばれます。

フィブリンは血を固めるセメントの役目

フィブリンは血漿の中に溶けている血液凝固因子です。怪我をした時、血が止まるとカサブタと呼ばれる血の塊ができますね。血管が破けて血が流れ出した時、止めるシステムがないと血液が全部外へ出てしまうので、穴を塞いでしまわなくてはなりません。血を固めるセメントの役目をするものがフィブリンです。

フィブリノーゲンがフィブリンという形になった時、血液が固まるのですが、血管の中で固まっては大変なので、何重にも安全弁があって、12の凝固因子がすべて働いて、やっとフィブリンができあがります。

この反応はドミノ倒しのように順々に反応していって、最後にできたトロンビンがフィブリノーゲンをフィブリンに変えて血液凝固は完結です。たくさんの因子が関わることによって、むやみに血が固まらないようになっていますが、逆に1個の因子が足りないだけでも血液が固まらず困ることがあります。代表的な病気は血友病です。

血友病の遺伝形式

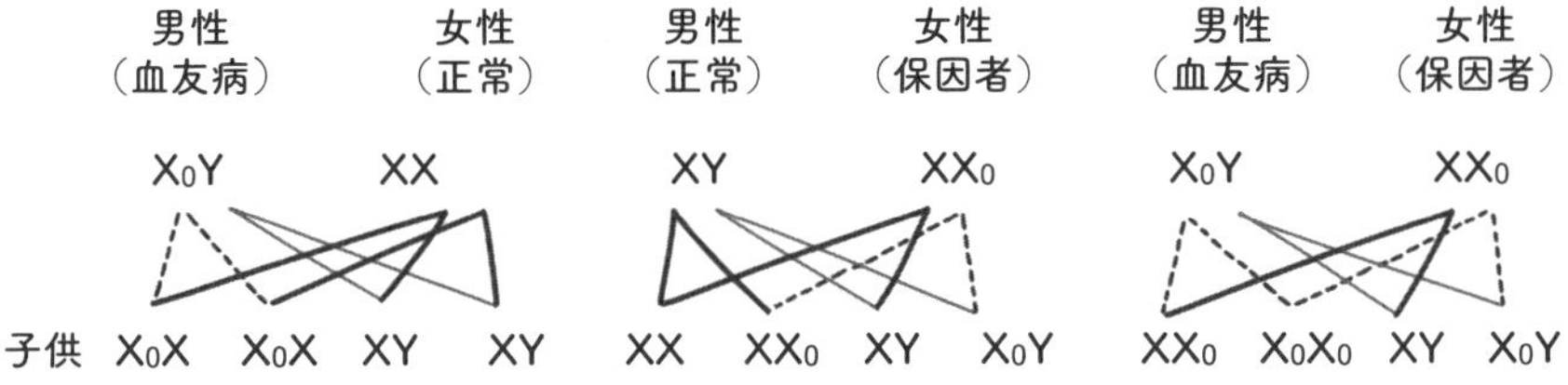

X_0 →血友病遺伝子を持っている
X_0Y →発病　X_0X →保因者　X_0X_0 →女性血友病（大変まれ）

エイズで知られるようになった血友病

血友病はエイズとの関連で有名になりました。血液凝固因子の1個が先天的にないために血液が固まりにくくなる病気です。第Ⅷ因子が欠如または機能の異常を示すものを血友病Aといい、男児出生数の1万人に1人がこれにあたります。また第Ⅸ因子が欠如していたり、機能の異常を示すものを血友病Bといい、Aの1/5〜1/8です。

性染色体Xとともに遺伝するので、男性だけ症状が出ます。性染色体にはXとYがあり、女性はXX、男性はXYをもっています。親からもらったX染色体に血友病の遺伝子があった場合、女性はもうひとつのXで補えますが、男性のもうひとつはYなので補えず発病してしまうと説明されています。女性は血友病にならなくても保因者となり、生んだ男児の50％が発病し、女児の50％は保因者となります。血友病の男性と正常な女性との組み合わせでは、血友病の遺伝子は男児に行かず、女児が全部保因者になるなど、遺伝形式の通りに子孫に伝わっていくのです。

▼なぜ血友病患者がエイズになったのか

血友病は、全く凝固反応が進まずフィブリンができないものと、少しは反応する場合との程度の差はあっても、ひとたび出血すると、外から凝固因子を補わない限り止血できません。ほんのちょっとの傷でも血が止まらなくなります。また転んだりすると内出血の青アザになります。関節の中には大きな血腫ができて、関節が曲がらなくなったりします。頭の中に出血すると命にかかわることにもなるので、血液から作った凝固因子製剤を注射などで補わなくてはなりません。

人の血液から作った血液製剤の中には、様々なウイルスが混じり込みます。１９８１年にアメリカでエイズが報告されましたが、日本人の危機感は稀薄でしっかりした対応を取らなかったため、エイズウイルスをもった人の血液から作った製剤で血友病の患者さんが感染してしまいました。日本で初めてのエイズ患者さんは、医療の不備のために、感染させてしまったのです。

今は、エイズウイルスが熱に弱く、60℃で死滅することがわかったので、加熱した血液製剤を使用していますから、血友病の人たちが感染することはなくなりました。

赤血球は酸素を運ぶトラック

赤血球は直径７㎛、厚さ２㎛の円板状の赤い細胞です。細い血管の中でも、くねくねと形を変えて通り抜けていきます。血液１㎜^{3}中に、男性は平均４７０万個、女性は平均４３０万個も含まれるので、血液が赤く見えるわけです。赤血球は骨の中にある骨髄で作られて血液中を回り、１２０日たつと、その寿命を終えて肝臓や脾臓や網内系と呼ばれる組織で分解されます。
赤血球は、体の中で唯一核のない細胞で、ヘモグロビン（Hb）がびっしり詰まっていて、Hbに含まれている鉄原子が肺から取り入れた酸素を運びます。Hbが足りなくなる病気を貧血といいますが、これは体中が酸欠状態になるものです。

バカにしてはいけない！ 貧血

血液中の赤血球またはHbが、何らかの原因で少なくなって酸素運搬能力が低下した状態を「貧血」といいます。

一般の人は、貧血と、立ちくらみを起こす脳貧血を混同しがちですが、このふたつは全くの別物です。貧血は体全体に赤血球とHbが足りないことで、体も脳も、慢性酸素欠乏状態といえます。一方、急に立ち上がると目の前がまっ白になってめまいがするのは、一時的に脳の血流が低下する起立性低血圧（脳貧血、立ちくらみ）によるものです。

Hbは酸素を運搬するトラックと考えて下さい。トラックが足りないので、体の中に酸素を充分供給できず、臓器や組織の酸欠状態によるいろいろな症状が出てきます。貧血は女性に多い症状です。

ヘモグロビンの構造

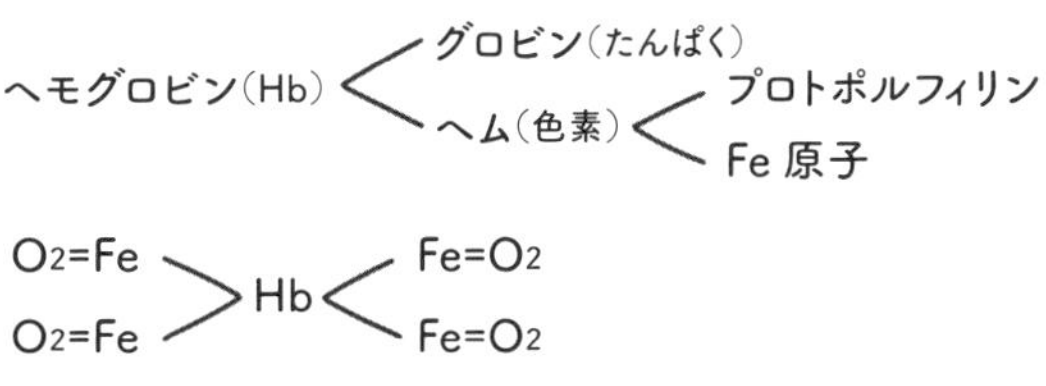

Fe 1原子に O_2 1分子がつく、ゆるやかな結合

赤血球

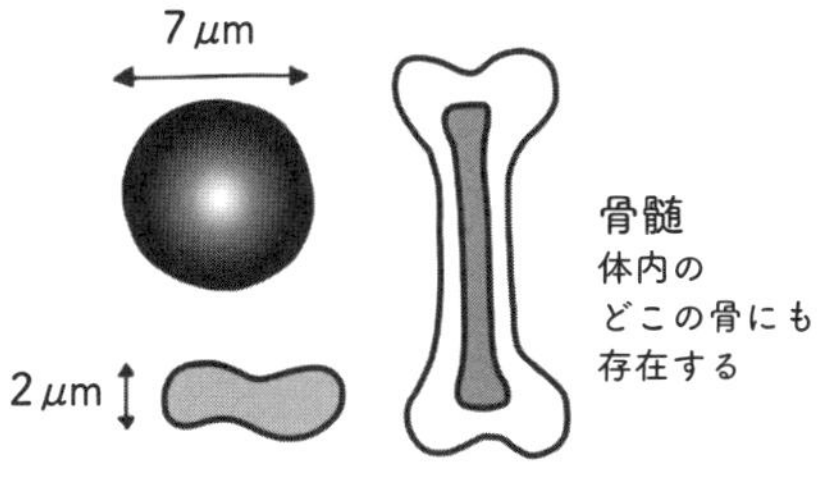

▼貧血の症状

①筋肉の酸欠（だるい、疲れやすい）

運動をすると筋肉は大量のエネルギーを必要とします。そのために筋肉の細胞の中ではＴＣＡサイクルを回して、エネルギーの素になるＡＴＰをたくさん作り出しています。ＴＣＡサイクルは酸素がなくては回らないので、吸い込んだ酸素をHbにくっつけて補給するのですが、Hbが少ないと酸素が筋肉に行かないので、すぐにエネルギー切れを起こして、疲れやすく、足もだるくなってしまいます。

一番わかりやすいのは階段でしょう。長い階段だと、昇っている途中で足が動かなくなって立ち止まってしまいます。患者さんは、年のせい等と思っているのですが、貧血が治ると上まで駆け上ることができるようになるので、みんな、びっくりします。

②脳の酸欠（眠け、めまい、頭痛）

脳細胞にも酸素が行かないので、頭の回転も悪くなります。集中力が低下し、すぐ眠くなります。これは試験勉強などにはとても不利なことで、せっかくの実力が発揮できません。

意外と多い症状は頭痛で、いろいろな頭

鉄欠乏性貧血

Hbの基準値
女性は 11.5 ～ 15.0g/dL
男性は 13.5 ～ 17.5g/dL

・症状　①筋肉：だるい、疲れやすい
　　　　②脳：眠け、めまい、頭痛、集中力低下
　　　　③循環器：動悸、息切れ
　　　　④皮膚：蒼白、くすみ

・原因　①食事の鉄、たんぱく質の摂取不足
　　　　②出血　急性…事故、怪我、病気
　　　　　　　　慢性…子宮出血（子宮筋腫）、
　　　　　　　　　消化器出血（潰瘍、がん、痔）、
　　　　　　　　　血尿（結石、腎炎、がん）

・予防　①適正な食事
　　　　②出血の原因を取り除く

・治療　鉄剤を飲む

痛薬を飲んでも治りませんが、貧血がなくなるとウソのように消えてしまいます。

③心臓と肺の症状（動悸、息切れ）

酸素を運搬するトラックが足りないわりですから、1往復で済むところを2往復して酸素を届けようとするので、心臓が何回も収縮して頻脈になり、症状としては心臓がドキドキする動悸を感じます。肺はたくさん酸素を取り込もうとするので、すぐハアハアと息切れがするのです。

④皮膚の酸欠（蒼白、くすみ）

Hbの鉄が血液の赤色のもとになっているので、Hbの少ない貧血は血も薄くて皮膚は白くなります。美白ならよいのですが、くすんだ不健康な白なのでいただけません。ひどくなると皮膚は白より黒っぽい土気色になり、美しさとかけ離れたものになります。

▼貧血の原因

①食事の不適正

貧血の種類の大部分は鉄欠乏性貧血といわれるものです。Hbの材料となる鉄が少なくてHbが減った状態です。とくに思春期の女性は、急激な身体発育と生理による出血によってたくさんの鉄分を必要としているのに、ダイエットや偏食で鉄やたんぱく質の摂取が足りず、貧血になりやすい状態の人が多いのです。

②慢性の出血

怪我や手術、胃潰瘍の大出血で起こる貧血はすぐわかるので医師が対処してくれますが、じわじわと出血していて起こる慢性の出血は本人も気付かないことが多く、長い間、様々な症状に苦しむこと

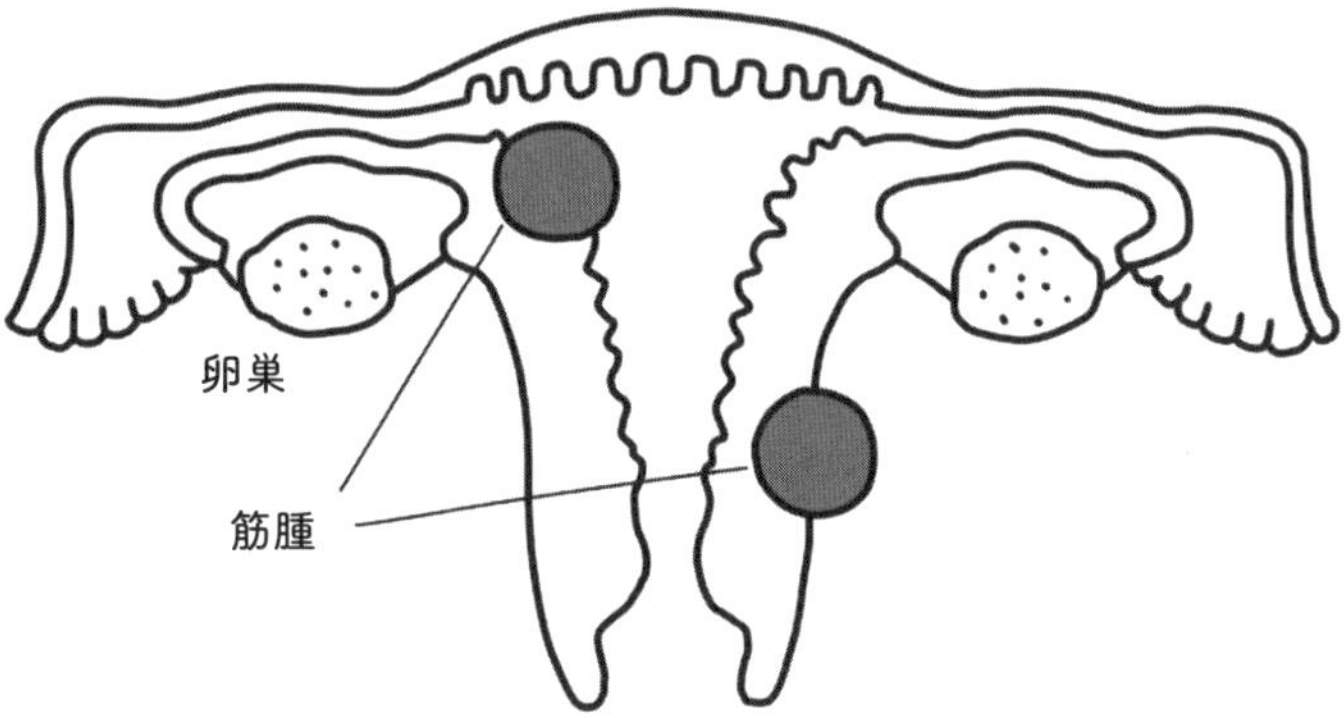

になります。じわじわと出血していても気付かないのは、生理の多出血、消化管からの便に混じった出血、尿路系の出血の3種類がこれにあたります。

生理の出血——出血量には個人差がありますが、子宮筋腫という病気になると、毎回の出血量が多くなって、だんだんと貧血になっていくことがあります。子宮筋腫とは、子宮の筋肉にコブのような良性の腫瘍ができる病気です。それ自体は命に関わることはありませんが、大きくなると、妊娠、出産の妨げになったり、貧血がひどくなります。

生理の出血は1日目から2日目までは多いのですが、1時間ごとにナプキンを取り換えても漏れてしまったり、便器が毎回まっ赤になるほどの出血が3日も4日も続いたら異常です。婦人科で診てもらって下さい。

消化管出血——便に血が混じっても少量だとわかりません。肛門近くの出血は赤いのでわかりますが、肛門より上の胃や腸の出血だと便に混じり込んでしまうので、潜血反応の検査で調べないとわからないのです。出血量が多くなると、黒っぽい便になるので、毎日自分の便の色はチェックすべきなのですが、洋式便器だとわかりにくく困ります。胃潰瘍や胃がん、大腸がんや潰瘍性大腸炎などがこの出血の原因になります。

尿路系の出血――尿も少量の出血ではわかりません。腎臓や膀胱に石ができて、粘膜を傷つけて出血していたり、慢性腎炎で少量ずつ出血すると貧血になっていきます。もちろん尿路のどこかにがんがあっても徐々に出血していくので、これらは定期的な健康診断で見つける他はありません。

▼予防

①適正な食事

まず、Hbの材料となる鉄分とたんぱく質の多い食物をたくさん食べること。消化管からの鉄の吸収は、食べた量の1/10なので、必要量の10倍を食べる必要があります。

昔、貧血にはレバーがよいといわれていましたが、現在の動物の肝臓には化学物質がたくさんたまっていますから、たまに食べるのはよいかもしれませんが、貧血を治そうとレバーばかり食べるのは危険です。脂身のない肉や魚、ひじき等の海草を食べて下さい。

②出血の原因を取り除く

検査で貧血が見つかったら、まず、原因となるような病気があるかを徹底的に調べてもらい、病気があったら治療してもらう必要があります。

一般に、貧血は軽い病気と考えられていて、真剣に取り組まない人が多いのですが、本当は酸素不足で体の各機能が低下するため、自分の能力が１００%発揮でき

鉄分の多い食品（100g 当たり）

ココアパウダー…14mg、削り節…9.0mg、しじみ…8.3mg、ひじき…6.2mg、焼きあゆ…5.5mg、牛レバー…4.0mg、あさり…3.8mg、切り干し大根…3.1mg、牛ヒレ肉…2.5mg、ほうれん草…2.0mg

ず、とても損な状態です。

オリンピックのマラソン選手が、高地トレーニングでHbを増やして本番に臨むのでもわかるように、Hbが少ないとスポーツでも勉強でもハンディになります。高地トレーニングまでしなくてもいいですが、ふだんから毎日の食事のバランスを考えて食べる習慣をつけて下さい。そして定期的な健康診断を受け、自分の体のコンディションを保つよう心がけると素晴しい人生になるでしょう。

▼特殊な貧血

①球状赤血球、鎌状赤血球貧血

遺伝的に赤血球の形が丸かったり、鎌のような形だったりするので、血管を流れている間に壊れやすく貧血になります。日本人には少ないタイプです。アフリカと地中海沿岸に多い鎌状赤血球貧血は、かえってマラリア感染に強いので、何が幸いするかわかりません。

②行軍ヘモグロビン尿症

戦争中、兵士達が長い道のりを歩いた後、血尿が出たことからこの名前が付きました。まっ赤な尿は、赤血球が壊れてヘモグロビンがたくさん尿から出たことによるものです。歩き続けるうちに、踵の骨の下を流れる赤血球をつぶしてしまい、貧血になります。

今は、兵隊ではなくスポーツをする人たちに多い貧血です。剣道やバレー、バ

1日に必要な鉄分の量

思春期女性　1.0 ～ 2.0mg /1 日、
妊娠期女性　2.0 ～ 4.8mg /1 日
成人男性　1.0mg /1 日
→吸収するのは 1/10 なので、食品はこの 10 倍食べる必要がある。鉄分の吸収にはビタミン C も必要。

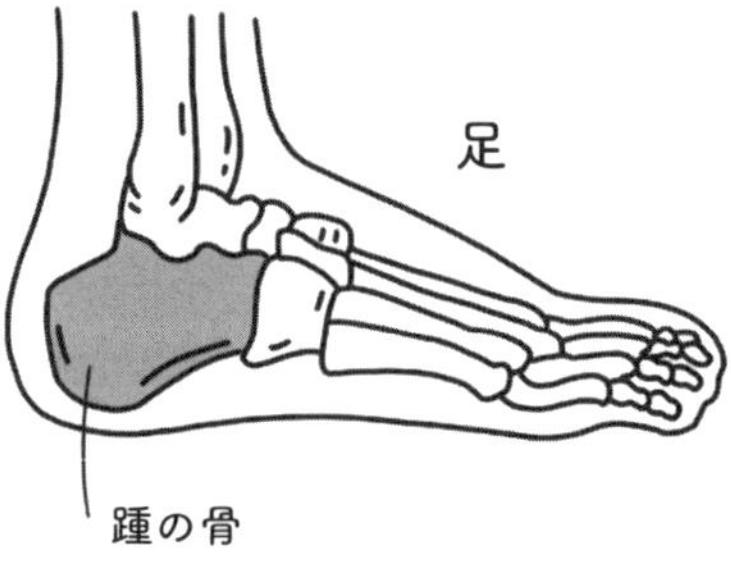

スケットなど、踵を強く打つスポーツでなることがあります。一時期、私の教えていた女子高のバレー部に貧血が続出しました。不思議に思っていろいろ問いただしてみたところ、その当時のコーチが、ジャンプする時、踵をトンとついて飛べと指導していたことがわかりました。健康によいと思っているスポーツで病気になることがあるのです。

白血球の働きと白血病

白血球の数は血液１㎣中、３３００～９０００個含まれていて、寿命は３～21日くらいです。赤血球のように一定でないのは、細菌感染などがあるとたくさん増えて、戦って負けると死ぬため、数も寿命も変動するからです。

白血球の働きは警察にたとえることができます。パトロール警官や刑事の役をするリンパ球、機動隊のような働きをする顆粒球、単球もあって、まるで人間世界のようです。私たちが知らないうちに、外部からの敵と戦って体を守ってくれているのです。詳しい働きはアレルギーの章でお話しします。

▼白血病は白血球のがん

病という名前がついていますが、ただの病気ではなくて白血球系のがんのことです。がんはおおむね中年以降に多い病気ですが、白血病は、小児や中学生、高校生にもみられます。時々ドラマにも出てきますし、現実に友達が白血病ということが

白血球の種類

- 白血球
  - 顆粒球（色素に染まる顆粒を持つ）
    - 好中球
    - 好酸球
    - 好塩基球
  - リンパ球
    - T細胞
    - B細胞→形質細胞
  - 単球→血管外に出るとマクロファージ（食細胞）

あります。白血病は白血球ががん細胞化してしまうものです。血液なので塊にはなりませんが、がん細胞ですからどんどん増えて、白血球は何万、何十万にもなります。白血球の働きは警察官と似ているといいましたが、白血病の細胞は正常な働きをしないので、何万、何十万いても、細菌感染などに弱くなり、患者さんの死因はほとんどが感染症です。

骨髄性、リンパ性、単球性等があります。

▼白血病の原因

原因は、放射線、化学薬品、ウイルスが考えられていますが、すべてわかったわけではありません。ただし、放射線被爆とは因果関係があると考えられています。広島、長崎の原爆被爆後や、ウクライナ共和国のチェルノブイリ原子力発電所の事故の後、白血病が増えました。がんは原因となるものが体に作用してから、１㎝くらいの塊になるまでに20年ほどの年月を要しますが、白血病は5年くらいで発病します。チェルノブイリの事故では、近隣の住民が多量に被爆したため、９ヶ月で発病した子供がいました。

▼白血病の症状

急性で起こる時は、発熱から始まることが多いので、かぜかと思ったりします。長引いておかしいと思い、血液検査を受けると見つかる場合が多いのですが、慢性の場合はあまり症状がなく、健康診断で見つかったり、脾臓が腫れてきてわかったりします。

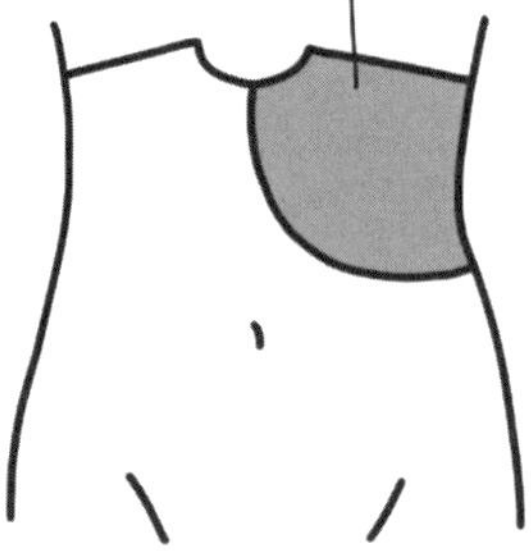

急性の場合、発熱して、白血球が増多、または減少します。また慢性の場合は脾腫が起こり、白血球が増多します。

▼白血病の治療――骨髄移植が白血病患者の命を救うようになった

がんの一種ですから放っておいたら死んでしまいます。普通のがんより、化学療法つまり抗がん剤が効きますが、効かない場合は骨髄移植が行われるようになりました。成功すればすっかり治るので普及が望まれています。

白血球は全身の骨の中にある骨髄で作られています。その元にある細胞ががん化して、正常な白血球ではなく白血病細胞を作り出してしまいます。このがん化した細胞をやっつけたいのですが、そうすると今度は正常な白血球も作れなくなるので、他人の骨髄細胞をもらって、新しく白血球を作ってもらおうというのです。そんなにうまくいくかなと考えるかもしれませんが、白血球の血液型のタイプ（ヒト白血球型抗原 ＨＬＡ human leukocyte antigen）が似ていると成功率が高くなります。

具体的な方法は、まず白血病の患者さんの骨髄のがん細胞を殺すために、全身に放射線をかけます。放射線でまたがんになるのでは？　と思われるでしょう。たしかにその心配はありますが、普通の細胞よりがん細胞の方が放射線に対する感受性が強いので、がん細胞を殺して正常な細胞は殺さない線量を探します。

その後、白血球の血液型がなるべく合う人から骨髄を提供してもらうのですが、提供者（ドナー）の骨盤に太い針を刺して骨髄液を抜くので、痛みがあり麻酔が必要です。この骨髄液を患者さん（レシピエント）の腕の静脈から点滴で入れると、ちゃんと骨髄の中に入って血球を作り始めるのです。

その骨髄細胞が排除されないように免疫抑制剤も使います。骨髄細胞が正常な血球を充分作り終えるまで1ヶ月くらいの間、細菌感染を起こさないように無菌室で過ごします。患者さんは放射線を浴びたり、副作用の強い免疫抑制剤を投与されたりするので、とても辛い1ヶ月ですが、それを乗り越えて元気になった人はたくさんいるので、骨髄移植を希望している人はとても多いのです。

ところが、骨髄は提供してくれる人が少なく順番を待ちきれずに死んでしまう患者さんが後を絶ちませんでした。そこで、生まれたばかりの赤ちゃんの臍帯血を使おうということになりました。臍帯血には、赤血球や白血球、血小板の元になる造血幹細胞が豊富に含まれています。臍帯は捨ててしまうものなので、親の了解を得て使われます。

私が女子高で教え始めてすぐ、1人の女子高生が白血病で亡くなりました。3年ほどの闘病生活のあとでした。15年後、授業で白血病の話をしたら「私は骨髄移植で助かったのです」といった生徒がいました。この時ほど、医学の進歩をありがたいと思ったことはありませんでした。

血小板は血管の穴を塞いでくれるブロック

血球成分の最後の説明は血小板です。血小板は血管に穴が空くと、即座に集まってきて止血をします。まず穴に集まりますが、それだけでは血液の流れに押し出されてしまいます。そこで血小板から凝固因子が出て、血液凝固の反応がスタートします。フィブリンができると、血小板もそこにいる赤血球も白血球もまとめて固めてしまい、しっかり穴が塞がります。血球がレンガ、フィブリンがセメントと考えればよいでしょう。凝固の反応は93、94ページで勉強しましたね。

採血をしたり、血管注射をする時、血管に針を刺しますから穴が空きます。終わった時「よく圧迫しておいて下さい」といわれると思いますが、こわごわそーっと押さえていると、後で青アザになってしまいます。これは皮膚の外までは出血しなくても、血管の穴からじわじわ血液が漏れて、内出血した状態になるためです。皮膚の上から見ると、赤い血液はなぜか青く見えるので、青アザになり、皮下に出てしまった血液を白血球が処理してしまうまで、1週間くらい消えません。青アザにしたくなかったら、血小板が集まってフィブリンが固めるまでの間、しっかり押さえておいて下さい。1分半くらいで、だいたい止まりますが、止まりにくい人もいるので3分間圧迫しておけば大丈夫でしょう。

腕に針を刺した後の血管からの出血

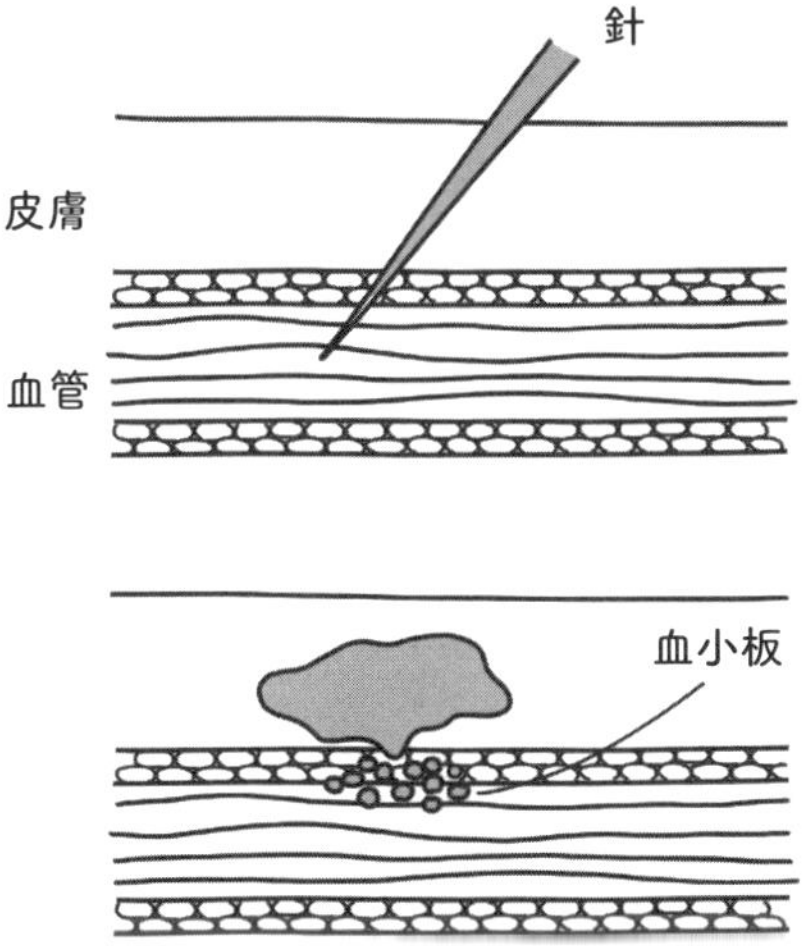

血小板の数は、1㎣に約20万個、寿命は3~5日です。

②エイズ

アメリカで発見されたエイズ（ＡＩＤＳ Acquired Immunodeficiency Syndrome）。後天性免疫不全症候群ともいわれます。

ほぼ全世界で減少傾向ですが、依然として東南アジア、アフリカでは増え続けています。ＷＨＯ、医学関係者、各国政府の努力、啓発にもかかわらず、なかなかブレーキがかかりません。

エイズはセックス（性交）で感染することが多いので性教育に関連して教えられがちですが、エイズウイルスが感染するのは血液中のリンパ球であり、病気の原因は免疫系の破壊なので、血液を理解したところで話を聞いた方がわかりやすいと思います。

1981年、人類は初めてエイズを知った――エイズの歴史

エイズはとても有名な病気となりましたが、初めて世界中から注目されたのは１９８１年です。アメリカで、カリニ肺炎という病気で死亡したケースが医学会で報告されました。カリニ肺炎というのはカリニ原虫による肺炎で、現在はニューモシスチス肺炎と呼ばれています。原虫とは、細菌と寄生虫の中間くらいの大きさの病原体の呼び名です。カリニ原虫は今ではカビ（真菌）の一種ではないかといわれていますが、人やイヌなどにいて、通常は、誰も病気にもならないほどの弱い病原

体です。その病気で死んだ人が出たというので、世界中の医療関係者はびっくりしました。しかし、5人の患者がすべて男性同性愛者（ホモ・セクシュアル）だったため、これはきっと特殊な例だろうと片付けられました。

ところが翌年、もっと多数の死者が出て、患者も男性同性愛者だけではなくなったので、医師たちもやっと本腰で取り組み始めましたが、その間にエイズウイルスは爆発的な勢いでアメリカ全土に広がったのです。

日本で最初にエイズが報告されたのは１９８５年3月でした。血友病の治療に使われる血液製剤にウイルスが混入していて、血友病の患者さんがエイズになってしまったのです。

エイズのウイルスは１９８3年、フランスのパスツール研究所が発見して、ヒト免疫不全ウイルス（ＨＩＶ Human Immunodeficiency Virus）と名付けられました。

感染の経路の3本柱

ＨＩＶは、血液、精液、膣分泌液に存在し、接触によって人から人へ感染します。傷のない健康な皮膚に触れただけでは感染しませんが、粘膜や皮膚の傷から入り込みます。

セックスが一番大きな感染経路ですが、注射針を取り換えずに使った旧ソ連の小児病院では２５０人あまりの小児がエイズを発病しましたし、麻薬の回し打ちでも感染しました。

血液そのものの輸血や血液製剤での感染は医療機関の検査によって極力抑えようとしています。ウイルスに感染すると血液中に抗体ができますが、その抗体が現れる前だった血液を輸血されて移った人もいます。

お母さんがＨＩＶをもっていると、出産の時に赤ちゃんの体につく細かい傷から感染します。なるべく帝王切開でその感染を防ぐようにしますが、胎盤を介する場合もあるようで、母子感染の感染率は３割です。

エイズウイルスは免疫の司令塔を狙う――症状と経過

エイズウイルスに感染すると、高熱、咽頭痛、リンパ腺の腫れといったかぜのような症状が出る人がいますが、２～３週間もすると、すっかり治って忘れてしまいます。

その後２～10年、無症状の時期がありますが、エイズウイルスはその間もリンパ球のヘルパーＴ細胞の中で増殖して細胞を破壊していきます。

ヘルパーＴ細胞は免疫系の司令塔なので、数が減ってくると免疫系がうまく働かなくなっていき、ついには、病原性の弱い細菌やウイルス、カ

エイズの経過

HIV 感染

↓ 数ヶ月～数年無症状

エイズ関連症候群

↓ 1ヶ月以上続く発熱、下痢をくり返す
10％以上の体重減少

エイズ発病　感染から２～10年（平均８年）

〈起こる病気〉
ニューモシスチス肺炎
重症カンジダ症
難治性ヘルペス
カポジ肉腫
難治性結核
これらを含めて 23 の病気が挙げられている
（1994 年 エイズ・サーベイランス委員会）

ビに体を冒されるようになると、エイズを発病したとみなすのです。ニューモシスチス肺炎や水ぼうそつのヘルペスウイルスによる難治性ヘルペス、カンジダというカビの一種が口から食道までびっしりはえる重症カンジダ症、今は少なくなったと考えられている結核の再燃、皮下にできるカポジ肉腫という悪性腫瘍。それらを含めて23の病気は、いずれも普通の人だったら軽く済むようなものばかりですが、エイズ患者には命取りになるのです。

ＨＩＶは、CD_4という受容体を持った細胞に取りつきます。リンパ球のヘルパーＴ細胞が最初に入り込まれるのですが、最後は脳のグリア細胞に取りつき、エイズ脳症という状態になり精神障がい認知症をおこしていきます。

血液を調べて、通常は１mm^3中１０００個以上あるCD_4リンパ球が２００個を切る頃からエイズを発病します。その少し前から不明な発熱や下痢、体重減少が起こってきますが、それらは別の病気でも起こることなので検査をしない限り医者でもわかりません。発病する前をＨＩＶ感染者、発病したらエイズ患者と分けて呼びます。

エイズが恐れられたのは、はじめの頃、感染したら死に向か

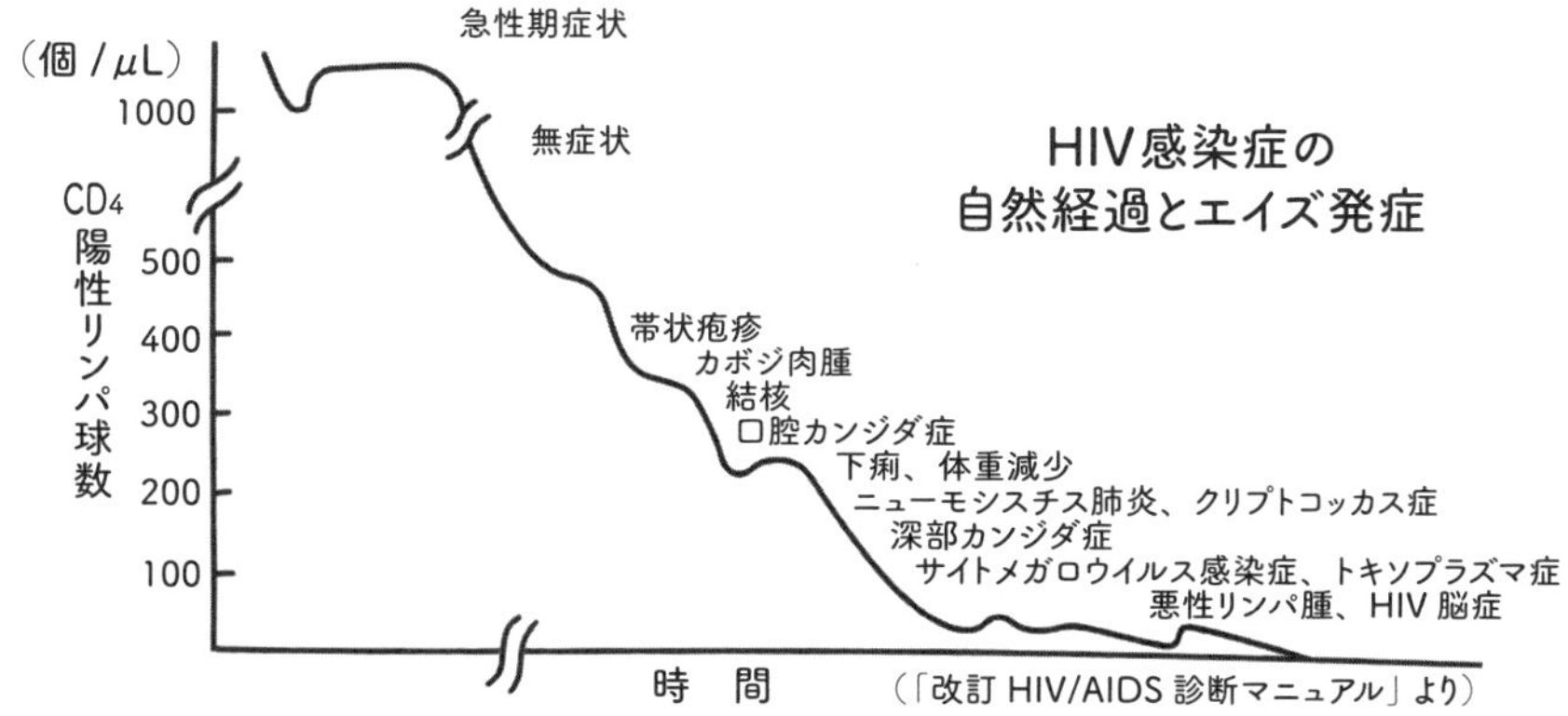

（「改訂HIV/AIDS診断マニュアル」より）

う病気だったからです。感染しても発病しない珍しい遺伝子を持っている人が稀にいることがわかってきましたが、自分も大丈夫か？などとは、けっして思ってはいけません。そういう人は非常に少ないのです。（免疫系は１１９ページの図参照）

難しいエイズの治療

ウイルス自身は思いのほか早く見つかったのに、40年たっても、まだ決定的な治療法は見つからず、世界中の感染者はゼロになりません。

次々と新しい薬が開発され、エイズを発症しないＨＩＶ感染者の時期に多剤併用療法によって血中のウイルスを押さえることで、発症を遅らせることはできるようになりました。合併症にも有効な薬が見つかり、死期を延ばすようになりましたが、まだそれだけです。なぜ、これだけ医学が進歩しているのに、ＨＩＶを閉じ込めることができないのでしょうか。

ＨＩＶはＲＮＡ（リボ核酸）の形ですが、逆転写酵素というものを持っていて、人の細胞の核のＤＮＡ（デオキシリボ核酸）の中に

DNAとは？

デオキシリボ核酸（deoxyribo nucleic acid）のことで、細胞の核の中にあり、二重らせんの糸についている４つの塩基（アデニン、チミン、シトシン、グアニン）の配列で、遺伝情報を伝える。46本の染色体に折りたたまれた糸の長さは2m、30億の塩基対の３つずつの配列によって、アミノ酸を作り出す。30億のうち、人に有用な塩基対は３万個といわれている。

RNAとは？

リボ核酸（ribonucleic acid）のこと。DNAを設計図とすると、その必要な部分のコピーにあたる。一部をコピーして細胞質のリボゾームに持って行って、アミノ酸を作らせるのをメッセンジャーRNA（mRNA）とも呼ぶ。DNAは二重らせん構造だが、RNAは一本のくさり。塩基も、チミンがウラシルに置き換わっている。

入り込みます。ほとんどのウイルスはＤＮＡの形で自分と同じ構造を作らせて増えていきますが、ＲＮＡウイルスは、一度ＤＮＡに写し換えて自分の複製を作らせるので、レトロウイルスと呼んでいます。ウイルスは、人の細胞の核の中に入り込んでいるので、やっつけようとすると細胞を破壊しなくてはなりません。

今までウイルスから身を守るために、人類はワクチンという手段を使ってきました。弱毒化したり、死滅させたりしたウイルスを体に入れて、それに対する抗体を作るように免疫系に覚え込ませると、次に本物のウイルスが入ってきた時に、すぐ抗体を作ってウイルスをやっつけるので病気にならないのです。

最初にワクチンを作ったのはジェンナーで、天然痘の予防のために、それに近い牛痘を自分の息子に植えつけた話は有名です（使用人の子供という説もありますが）。その後、たくさんのウイルスによる病気が、ワクチンによって予防されています。

ところがエイズウイルスは、抗体があっても共存してしまいます。また、非常に早く形を変えるので、どこを攻撃してよいかわからず、人類は苦戦していますが、いつか決定的な治療法や予防法を見つけることでしょう。

絶対に油断してはいけない――エイズの予防

予防の一番難しいところは、セックスを介して移ることです。

大好きなボーイフレンドに誘われた時、彼がＨＩＶを持っているかどうか、見ただけではわからないので、その時はどうしたらよいでしょう。疑って嫌われないかと考えて、言い出しにくいかもしれませんが、感染予防のために、ぜひコンドームを付けてもらって下さい。もし、それをやってくれる優しさのない人だったら別れた方が身のためです。そして結婚する前には血液検査を2人で受けてほしいと思います。

東南アジアでコンドームを付けずに遊ぶのは日本人男性が一番多いそうです。かつてタイの売春婦の75％は感染者だという報告がありました。貧しくて娘を売るタイの農村の実状もありますが、それを助長させる日本人も非難されるべきでしょう。

勇気を出して血液検査を

自分が感染したかもしれないと思ったら血液検査を受けて下さい。私の診療所にも不安で夜も眠れないといって来る人たちがいますが、検査を受けるのはとても勇気を要します。

医者は患者さんを診察して何らかの病気を疑った時、患者さんの許可を受けずに、いろいろな検査をしてしまうことがあります。しかしエイズだけは、本人の許可なく勝手に検査をしてはいけないと法律で決まっています。エイズ予防法といい、１９８８年に法案可決、１９８９年から施行されている、感染者のプライバシーを守る法律です。

１９８１年にアメリカで報告された時は、男性同性愛者の病気とされていましたが、その後、異性間のセックスでも感染が確認されたので偏見が生まれました。そして感染すればかならず死ぬというので恐怖心が高まり、アメリカではあちらこちらでパニックが発生しました。血友病の治療で感染した子供が通っていた中学では、その子以外の全生徒が登校拒否をしました。隣に座っても移るのではと心配した親が学校へ行かせなかったのです。エイズ患者のいる家が焼き打ちにあうという事件まで起こりました。世界で一番の先進国と考えられているアメリカでこの騒ぎでした。

検査を受けたいと思ったら保健所へ行きます。そこでは名前を言う必要はありません。市町村によっては医師会が協力して、夜間や休日に検査をしてくれる所もあります。国の補助が出ているのでほとんど無料です。検査結果はしっかり封をされて、誰にも内容はわからないように本人に渡されます。

この場合、調べるのはＨＩＶに対する抗体です。人の体はウイルスに感染すると、抗体を作るのでＨＩＶ抗体をチェックします。しかし、抗体は感染から6～8週間後でないと現れないので、感染したかもしれないと思われる時点から、12週以降の方が確実だといわれています。心配している人にとって、3ヶ月も待つのは針のむしろに座っているようですが、仕方がありません。

この抗体は、稀に別の病気で陽性と出ることがあります。偽陽性といいますが、プラス（＋）であるということは重大なので、次は病院へ行き、確認検査としてウイルス本体の検査をしてもらいます。はじめからウイルスの検査をすればよいのですが、とてもお金がかかるので、希望者全員にすることができないのです。

感染していた場合は、早くから薬を服用するほど発病を遅らせることができるといわれているので、早くに検査を受けてもらいたいのですが、それより感染の機会を持たないことが大事です。

HIV感染者への思いやり

エイズは性感染症の分類に入るので、どうしても社会から偏見を持たれがちです。しかし、ウイルスが侵入する経路はどうであれ、病気になってしまったら、がんや昔の結核のように不治の病となるので、当人の悩みや苦しみは大変なものです。命の期限がわかってしまう悲しみに加え、世間の冷たい目にも耐えなくてはならない辛さを背負わなくてはなりません。誰もその人と同じ苦しみを感じてはあげられませんが、不幸にしてウイルスに感染した人や患者が近くにいたら、そっと見守ってあげて下さい。闘病を見守ってくれている人がいるとわかるだけでも、大きな心の支えになると思います。

エイズの将来

エイズウイルスはあまりにも突然に人間社会に広がったため、その起源は様々に憶測されて、アメリカの生物兵器の研究所から誤って広まったのだろうというサスペンス映画のような説も出ました。アフリカ起源説が出た時は、会議の席でアフリカの学者たちが怒って総退場する場面もあったのですが、エイズウイルスのＤＮＡを調べたら、アフリカのサルが持っていた免疫不全ウイルス（ＳＩＶ）が突然変異して人への感染力を獲得したのだろうということになりました。１９７０年代のアフリカ人の血液からも分離されています。風土病だったのが、世界各地の交流が活発になって広まったのかもしれません。サルの肉がスーパーで売られるようになった時期と一致するという学者もいますが、真偽のほどはわかりません。

ネコのエイズが騒がれたことがありましたが、種が離れていると人に移る確率は低くなります。サルとは種が近いので移りやすかったともいえるのです。今、ペットブームで、様々な野生動物を飼うようになりました。医者からみると、どのペットにも病原体がいて感染する可能性があって恐いのですが、サルだけは飼わないでもらいたい、というのが内科医の私の願いです。エイズ以外にも、サルから感染する恐ろしい病気はいくつもあるのです。

エイズはセックスや血液を介して伝播するということが人類にとって悲劇でした。セックスを介すると、梅毒が１００年で世界中に広まったように、伝染速度は急速です。しかし、考え方によっては、空気感染するよりずっと対策がとりやすい相手です。ワクチンもまだできていないので、空気感染だったら人類は滅びただろうといった専門家がいますが、私もまったく同感です。

感染経路を絶つために、不特定多数の人とセックスをしないこと、絶対安全とわからない限り、セックスの際はコンドームをつけること、薬物に手を出さないこと、医療現場も厳重な管理をして医療に

サルから感染する恐ろしい病気

- **マールブルグ病**
  サハラ砂漠以南のアフリカのサルの持つウイルスから起こる。ドイツのマールブルグで輸入サルから発病。発熱、下痢、嘔吐、出血傾向。死亡率 20%。
- **エボラ出血熱**
  スーダン、コンゴのサルやコウモリの持つウイルスから起こる。症状はマールブルグ病と似ている。死亡率 50 ～ 80%。
- **B ウイルス病**
  アカゲザルに咬まれた後、10 ～ 20 日後に発熱。下肢から上へ麻痺。脊髄炎、肺炎、肺虚脱で死亡。致死率が高い。このウイルスで死んだウイルス学者の名前 Dr.Brebner から名付けられた。

よる感染を絶つことで食い止めなくてはなりません。

エイズウイルスは非常に変異が早いのでそのうちに自滅してくれないかと、淡い期待を持っていますが、逆に強力に変異されては大変なので、そうならないことを祈っています。

最近では、エイズウイルスの増殖を抑える薬を飲み続け、平均寿命近くまで生きる人も出てきました。

③アレルギー
アレルギーで悩む人は総人口の50%以上

エイズは免疫系の司令塔を破壊してしまうので、元気な時なら抑えられるような感染症にも負けてしまう、免疫機能の低下による病気です。逆にアレルギーは、免疫系が過剰に反応しすぎて体の中でいろいろな弊害が起こるものです。

免疫系は血液の中の白血球がその役割を担っていて、外部から細菌、ウイルス、異物などが入ってくると、それをやっつけて体を守っています。そのシステムは、とても精巧にできていて複雑なので、医者の中でも勉強するのを敬遠する人がいるくらいですが、この免疫系の過剰反応であるアレルギーで病気になっている人が日本の総人口の50%以上にも達しています。簡単な知識をもつことは誰にとっても必要になってきました。

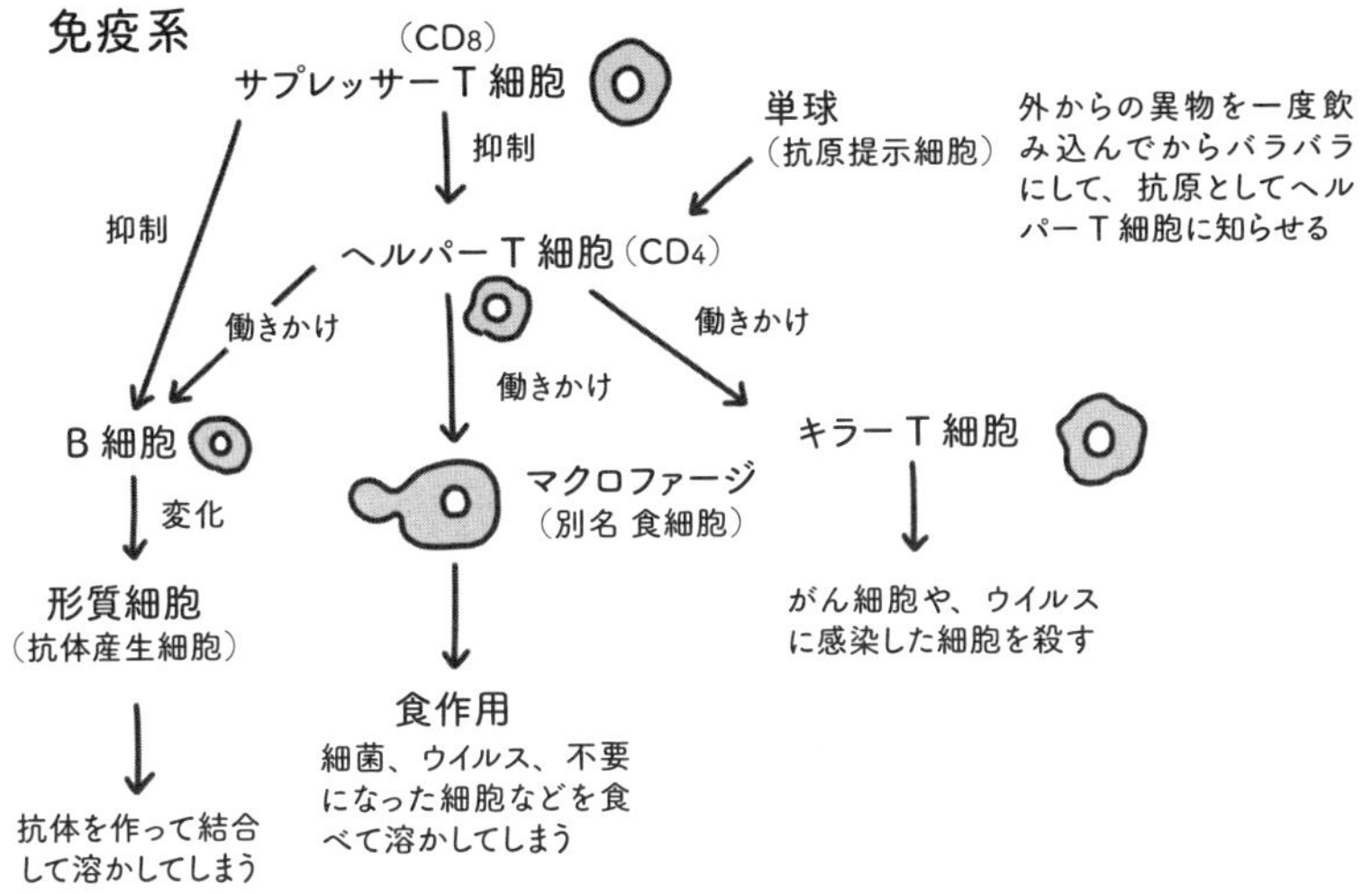

白血球警察の過剰反応——生体防御のしくみ

生体には外から様々な微生物や物体が入り込んできますが、それらを放置していると微生物に体を乗っ取られたり、様々な物質が体に詰まってしまって機能が損なわれます。そこで、自分の体に備わっているもの（自己）以外は、すべて非自己とみなして攻撃をしかけ、それを排除します。非自己と認識されるものを抗原といいます。その一連の働きに参加するものを免疫系と呼んでいて、白血球の中のリンパ球が主体です。白血球の種類については103ページを見て下さい。

リンパ球のT細胞の中のヘルパーT細胞は免疫系の司令塔ですが、単球（抗原提示細胞）によって抗原を知ると、キラーT細胞に殺させたり、マクロファージに食べさせたり、B細胞に抗体を作らせて、抗原と結合させることによって溶かしたりします。どれも効かない結核菌は、たくさんのマクロファージが取り囲み、閉じ込めます。やりすぎを防ぐために、サプレッサーT細胞が常にコントロールをして全体を調整しています。

免疫系は警察組織に似ています。刑事（抗原提示細胞＝単球）が怪しい人物を見つけると、警視総監（ヘルパーT細胞）が命令を出して、警官（食細胞）が行ってつかまえたり、拳銃で撃ったりします（キラーT細胞）。B細胞の作る抗体は、さしずめ機動隊の催涙ガスや化学兵器といったところでしょうか。サプレッサーT細胞は、その上の大臣と考えれば、面倒くさい免疫系も身近に感じられることでしょう。

エイズは司令塔のヘルパーT細胞をやっつけてしまうので、怪しい者がはびこり、体が無法地帯と化してしまうのですが、アレルギーは、警察にあたる免疫系があまりにも過敏に反応して毒ガスを撒き散らすので、一般市民が被害を受ける状態と考えて下さい。

自己、非自己という言葉を使いましたが、どのようにして識別するのでしょうか。生まれてまもなく、免疫系は自己を全部インプットして記憶し、それ以外のものを非自己とするといわれています。T細胞は、胸骨の下にある胸腺という組織で教育を受け、自己を攻撃しない細胞だけが外へ出ていきます。胸腺は警察学校といったところですね。一般市民を守る教育を受けるわけです。

ところが、たまに間違って自分の細胞を攻撃してしまうことがあります。すると人はいろいろな病気になってしまいます。これを自己免疫疾患といい、全身性エリテマトーデス、リウマチなどの膠原病、バセドウ病、橋本病、重症筋無力症、血小板減少症、溶結性貧血、交換性眼炎、糸球体腎炎、クローン病、I型糖尿病、インスリン抵抗性糖尿病などがあります。なぜ、平和に暮らしている身内を攻撃してしまうのかは、まだよくわかっていません。

身近にいっぱい、アレルギーで起こる病気

アレルギーは、その成り立ちによって、I型からⅣ型に分けられます。詳しいしくみを覚える必要はないと考えますが、こんな病気もアレルギーによるのだと思ってもらえればよいでしょう。

この中で、一番多いのがI型の気管支喘息、アレルギー性鼻炎や結膜炎、アトピー性皮膚炎です。若い人の中でも、これらで悩んでいる人はかなりいると思います。

I型の抗原は、ハウスダスト、ダニ、カビ、花粉、イヌやネコのフケ、卵、牛乳、大豆、穀類、エビ、カニ等々。それらが体に入ると、アレルギーの人は、これらのひとつまたはいくつかに対して抗体を作ります。本来は、抗原と抗体が付くと、抗原は溶かされてしまうのですが、あまりにも多くの抗原抗体結合物が作られてしまうと、溶けないうちに血液中を流れていって、気管支や粘膜、皮膚について、そこの細胞から出る種々の化学物質（サイトカイン）で異常反応を起こしてしまいます。

気管支は、慢性炎症によって狭窄や過敏状態になって発作的に収縮するので、咳が出て、呼吸も苦しくなります。気管支喘息といわれる病気です。鼻の粘膜や眼の結膜について、かゆくなり涙や鼻水が出るのがアレルギー性鼻炎と結膜炎です。皮膚について かゆくなり、掻くと湿疹化するのがアトピー性皮膚炎です。これら3つの病気は症状は別ですが、

アレルギーによる病気

Ⅰ型：	じんましん、気管支喘息、アレルギー性鼻炎、アレルギー性結膜炎、アトピー性皮膚炎、アナフィラキシーショック（アレルギーの過剰反応、死ぬことがある）
Ⅱ型：（自己免疫型）	バセドウ病（甲状腺機能亢進症）、橋本病（甲状腺機能低下症）、自己免疫性溶血性貧血、不適合輸血、重症筋無力症、男性不妊（精子に対する抗体を作る）
Ⅲ型：	ペニシリンアレルギー、過敏性肺臓炎（カビに対するアレルギー性肺炎）、糸球体腎炎
Ⅳ型：	結核、接触性皮膚炎（接触によるかぶれ）

体の中では抗体の過剰産生という同じことが起こっているのです。

アレルギーのない人でも、スギ花粉などは同じように入ってくるのに、抗体を作らないでどうやって処理しているのだろうと疑問に思われるでしょう。抗体は適当に作って、残った抗原はマクロファージが食べたりして処理しています。

魔の3月〜4月――スギ花粉症

アレルギー患者は、昔よりずっと増えています。

江戸の昔、スギ並木の街道を「下にー、下にー」と大名行列が通っても、クシャミばかりしていたという記録はありません。そんな昔でなくても、私の子供の頃、スギ花粉症という言葉は聞きませんでしたし、医学部でも軽く習った程度でした。しかし今は、日本人の50%以上がアレルギー性鼻炎です。その中でスギ花粉に反応する人が多いので、2月中頃〜4月中頃まで、メディアが「スギ花粉情報」を出すくらいになりました。

戦後、スギを植林したのはよいのですが、手入れをしなかったので花粉が多くなったということです。でもそればかりではないようです。

日光のスギ並木の近くのふたつの小学校で、山の中の小学校の児童よりも、自動車の多く通る道路近くにある学校の児童の方が花粉症が多い、と校医（開業医でもあった）が発表してから、排気ガスも関係するのではないかと考えられました。東大で、マウスに花粉だけを吸わせたグループと、花粉と

アレルゲン一覧表

吸入性アレルゲン	**イネ科植物**	ブタクサモドキ	ビャクシン(属)	クラドスポリウム	ウシ皮屑
	カモガヤ	ニセブタクサ	ニレ(属)	ムコール	ヤギ上皮
	ハルガヤ	オオブタクサ	オリーブ	ボトリチス	ヒツジ上皮
	ギョウギシバ	ニガヨモギ	クルミ(属)	ヘルミントスポリウム	家ウサギ上皮
	オオアワガエリ	フランスギク	カエデバスズカケノキ	フザリウム	ブタ上皮
	ヒロハウシノケグサ	ヘラオオバコ	ヤナギ(属)	ステムフィリウム	鶏羽毛
	ホソムギ	シロザ	ハコヤナギ(属)	リゾプス	ハトのふん
	アシ	オカヒジキ(属)	トネリコ(属)	オーレオバシジウム	ガチョウ羽毛
	ナガハグサ	オナモミ(属)	マツ(属)	フォーマ	アヒル羽毛
	コヌカグサ(属)	アオゲイトウ	ユーカリ(属)	エピコッカム	**室内塵**
	セイバンモロコシ	ハマアカザ(属)	アカシア(属)	トリコデルマ	ハウスダスト1
	コスズメノチャヒキ	イソホウキ	ペカン	カーブラリア	ハウスダスト2
	ライ麦	ヒメスイバ	クワ(属)	**動物**	**職業性**
	シラゲガヤ	ヒカゲミズ(属)	**ダニ**	ネコ皮屑	オオバコ種子
	オート麦	イラクサ(属)	ヤケヒョウヒダニ	イヌ皮屑	絹
	小麦(属)	**樹木**	コナヒョウヒダニ	イヌ上皮	イソシアネート TDI
	オオスズメノテッポウ	スギ	アシブトコナダニ	セキセイインコのふん	イソシアネート MDI
	スズメノヒエ(属)	ヒノキ	サヤアシニクダニ	セキセイインコの羽毛	イソシアネート HDI
	雑草	ハンノキ(属)	ケナガコナダニ	セキセイインコ血清たんぱく	エチレンオキサイド
	ブタクサ	シラカンバ(属)	**真菌(カビ)**	モルモット上皮	無水フタル酸
	ヨモギ	コナラ(属)	カンジダ	ハムスター上皮	
	カナムグラ	カエデ(属)	アルテルナリア	ラット	
	アキノキリンソウ	ハシバミ(属)	アスペルギルス	マウス	
	タンポポ(属)	ブナ(属)	ペニシリウム	ウマ皮屑	

食物性アレルゲン	**卵**	**魚介類**	米	ブラジルナッツ	パセリ
	卵白	サバ	ソバ	アーモンド	メロン
	卵黄	アジ	ライ麦	ココナッツ	マンゴー
	牛乳	イワシ	大麦	**果物/野菜**	バナナ
	ミルク	イカ	オート麦	トマト	洋ナシ
	α-ラクトアルブミン	タコ	トウモロコシ	ニンジン	モモ
	β-ラクトグロブリン	カニ	キビ	オレンジ	アボカド
	カゼイン	エビ	アワ	じゃが芋	タケノコ
	チーズ	タラ	ヒエ	さつま芋	**その他**
	モールドチーズ	ムラサキイガイ	**豆類/ナッツ**	イチゴ	ゴマ
	肉	サケ	大豆	ニンニク	ビール酵母
	豚肉	マグロ	ピーナッツ	タマネギ	グルテン
	牛肉	ロブスター	エンドウ	リンゴ	マスタード
	鶏肉	**穀類**	インゲン	キウイ	麦芽
	羊肉	小麦	ハシバミ	セロリ	カカオ

カビファルマシアダイアグノスティックス株式会社「アレルギー検査項目」より抜粋

ディーゼルエンジンの排気ガスの中のスス（微細粒子状物質）を一緒に吸わせたグループで実験をしました。するとススと花粉を一緒に吸わせたマウスが「クシュン、クシュン」と花粉症になったのです。都会に住む人の方が花粉症が多いのですから、マウスと一緒です。一種の公害病といえるでしょう。

体の中にたくさんの花粉が入ると免疫系は翌年もっとたくさんの抗体を作るようになります。免疫系が衰えるのは80歳過ぎですから、吸い込まない工夫が必要です。

▼スギ花粉から身を守る方法

花粉の飛ぶ時期は、外に出る時フィルター付き不織布マスクを付けて下さい。ガーゼだけのマスクでは花粉が通り抜けてしまいます。薬局で簡単に使い捨てマスクが買えますので必着です。雨が降っている時は花粉が飛びませんが、晴れた風の強い日は、日本国中飛ばない場所はほとんどないそうです。また、春は風の強い日が多いのも花粉症の人には気の毒です。ゴルフ場や山へ行くと、濃厚に吸い込んで重症になります。

目が悪くない人でも伊達メガネが必要です。本当はゴーグルのようなメガネがよいのですが、普通のメガネでも飛び込んでくる花粉をかなり防止できます。

外から建物の中に入る前に、洋服についた花粉を叩きます。もちろん、マスクとメガネをかけたままです。花粉症の人のいる家では、春の晴れた日は窓を開けられません。洗濯物や布団を外に干したら、よく叩いて花粉を落とさなくてはいけません。叩く人が花粉症だったら、やはりマスクとメガネを着用して下さい。症状のひどい人は、その時期外に干さないのも防衛手段です。

眼がとてもかゆくなるので、花粉症の人は「目玉を取り出して洗いたいくらい」といいますが、けっして眼をこすってはいけません。角膜に傷がつくと、最悪の時は角膜移植をするしかなくなります。コンタクトレンズも、その時期は装着しないでメガネにするように勧められています。コンタクトの裏側に入った花粉で角膜に傷がつくそうです。また、あまりに強くこすったり、叩いたりすると網膜剥離を起こして失明してしまいます。目に手が行った時は、「網膜剥離、角膜移植」ととなえて我慢して下さい。それでも我慢できない時は点眼薬をつけましょう。

▼スギ花粉症の治療

花粉症には、点鼻薬、点眼薬がありますが、抗アレルギー剤の内服薬を使わないとおさまらない人も多く、花粉の飛散期間中飲み続けることになります。ところがこの種の薬は、眠けが強いという副作用があり、それでなくても眼はショボショボ、鼻はグズグズして集中できないのに、薬を飲んで眠くなってしまっては勉強や仕事どころではありません。

最近は眠くならない薬も出ましたが、スッキリしない季節ではあります。

花粉症の治療法のひとつに、花粉を２０００倍に希釈した液を注射して、体を花粉に慣らす減感作という療法があります。しかし、液の不純物でショックを起こす危険が稀にありますし、週２回、１年から２年注射に通わなくてはならないのであまり普及していません。

注射１本で１シーズンＯＫという注射がありますが、とても高単位のステロイドホルモンです。何十年も打ち続けると副作用の恐れがあるので、できたらやめて下さい。花粉の舌下療法もできました。こちらの方が効くようです。

とてもつらいアトピー性皮膚炎

アトピーの人も、ひどくなるとてもつらいです。ハウスダストとダニに対して抗体をたくさん作る人にとくに多いのですが、食物でアトピーになる人もいます。

ダニは、本の上をモゾモゾ動いているような大きさではなく、つい近年まで光学顕微鏡では見つからなかったほどの小さなダニです。通気性の悪いビルやマンションの、じゅうたんや畳の中に隠れていて、6本の足でハウスダストに乗って部屋の中を飛び回っています。これを吸い込むと血液中に抗体ができて、抗原抗体結合物は皮下に付着します。その刺激でヒスタミンなどのかゆみを感じる物質が人の細胞から出るので、掻いているうちにどんどん湿疹化していくのです。

▼アトピーへの対応

アトピーの場合はスギ花粉症と違って窓を開けて風通しをよくします。布団はよく陽に干してダニを干物にしてしまいます――15分間日光に当てると、ダニは殺菌されるといわれています。

しかしダニの死骸を吸い込んでも抗体はできてしまいますから、よく叩かないといけません。布団に掃除機をかけるとダニが減ります。身近な物は、ぬいぐるみでも何でもよく洗濯をして下さい。

ダニは湿気を好むので、間違っても加湿器をつけないこと。湿度が40%を超えると、ダニは倍々に増えていきます。湿度40%というのは台所でお湯をわかしていて、窓ガラスがくもるのが目安です。かならず換気扇を回しましょう。

ダニ取り掃除機を使って、こまめに掃除をして下さい。ホコリも少なくしなくてはなりません。アレルギーのある本人が掃除をする場合は、やはりフィルター付きマスクを付けた方が安心です。布団を叩く時も、マスクを忘れないで下さい。エアコンのフィルターも陽に干したり、掃除機をかけたりして下さい。お金がかかりますが、畳をフローリングに換えるのも効果があります。

診療所に、体中アトピーの若い男性の患者さんが来ていました。いくら治療してもよくならなかったのですが、ある時から急に治り始め、すっかり綺麗な肌になりました。びっくりして聞いてみたら、古いアパートから新築の木造アパートに引っ越したとのことでした。その人はハウスダストとダニが強陽性だったので、古いアパートはよほどホコリだらけ、ダニだらけだったのでしょう。

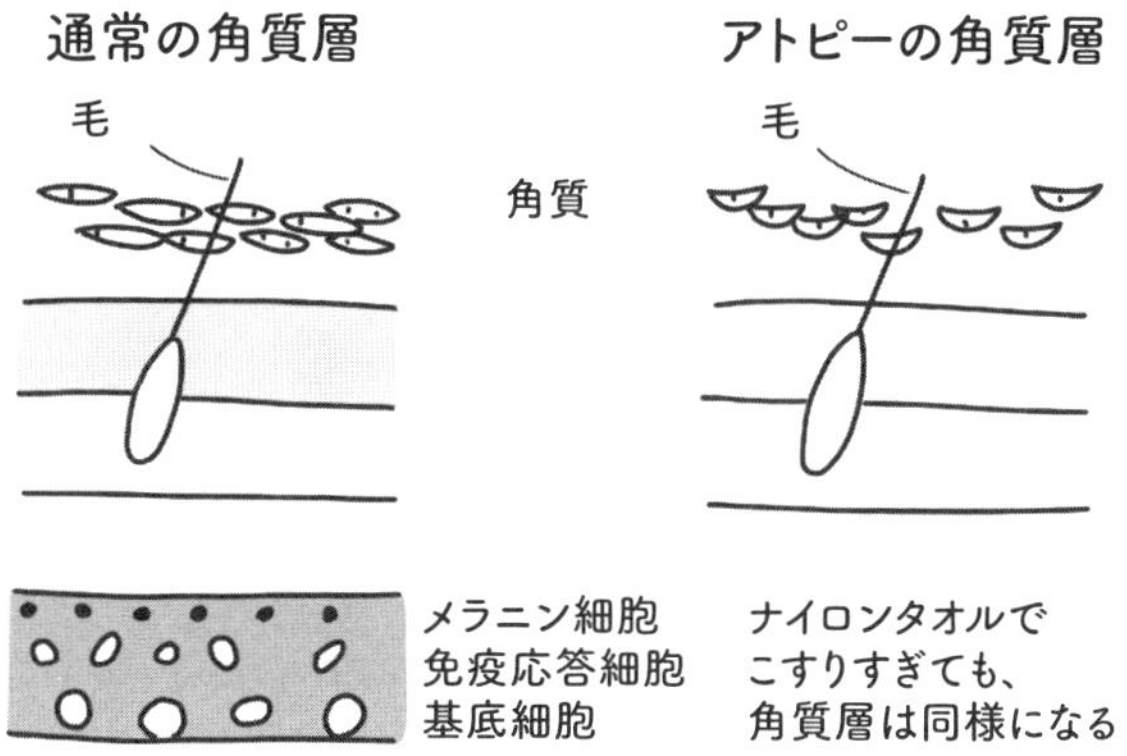

▼アトピー性皮膚炎の治療

徹底的に掃除して、ホコリやダニを減らすのは大切なことですが、皮膚炎がひどかったら治療が必要です。

アトピーの人の肌は、表面の角質層がめくれていて水分が逃げてしまうので乾燥しています。乾燥するとかゆくなるので、ぬるめのお風呂にゆっくり入り、出たらすぐ保湿クリームを塗りましょう。湿疹のひどい所はステロイド入り軟膏を塗ります。ステロイド入りの軟膏は、マスコミが騒ぐほど副作用は強くなく、ひどい所は塗って早く治してしまった方がよいというのが、現在の皮膚科学会の考え方です。ただ顔に塗ると長い間に皮膚が薄くなって毛細血管が浮き出てくるので気をつけなくてはなりません。アトピーの人はステロイドを怖がるあまり、民間療法に走ってかえって悪くなる人が多いので、皮膚科医は結束してそれらに対抗することにしたそうです。

化学物質である食品添加物をたくさん摂取しているとアトピーを助長するという説があります。食品添加物は、現在非常にたくさん使われているので、スギ花粉とディーゼルエンジンのススのように簡単に因果関係が証明できないのですが、なるべく農薬や添加物は体の中に入れないように気をつけた方がよいかもしれません。現代は、人間の周りにあまりにもたくさんの化学物質が氾濫しているので、体も変調をきたしている可能性がないとはいえません。

▼ナイロンタオルの害も知ってほしい

読者の方々も入浴時にナイロンタオルで体を洗っているかもしれませんね。教室で手を上げさせても半数、患者さんに聞いても使用している人は沢山います。

強くこすると角質層がめくれて、アトピーの皮膚のようになりますから、水分が蒸発して乾燥した肌になってしまいます。

背中などの皮下脂肪の少ない所だとメラニン細胞が刺激されてまだらな黒いしみを作ります。

漆塗りの器はやわらかい布でそっと拭くのに、大事な自分の肌をゴシゴシ強くこすってミクロの傷をつけないで下さい。

肌の表面の皮脂は細菌感染の防御膜でもあります。皮脂の取りすぎはお城の外堀をうめるようなもの。ナイロンタオルで傷つけてお城はボロボロです。綿のタオルで固形石けんを使い、大事に洗うことをお勧めします。

死ぬこともある気管支喘息《ぜんそく》

喘息の抗原もハウスダストとダニによることが多いのです。気管支喘息は肺へ空気を送る気管支が連続的に収縮します。気管支の内腔に炎症もあるので咳が止まらず、非常に苦しくなる病気です。咳は発作的に起こることが多く、とくに夜間が多いので、救急車で病院に行った経験のある患者さんも少なくありません。

昔、喘息では死なないといわれていたのですが、喘息での死亡者も増えていて、けっしてあなどれない病気です。つい忙しくて病院に行かず治療が中断していたり、苦しくても我慢して手遅れになったケースが多いので、専門医とよく連携をとってコントロールしてもらいたい病気です。

▼気管支喘息治療の最前線

ハウスダストやダニを体内に入れないのが最重要ですが、無菌のクリーンルームで一生過ごすこともできませんので、発作を抑えるのが治療の主眼です。気管支拡張剤や抗アレルギー剤も使われますが、現在は、ピークフローメーターという機械を使って自分の呼吸の状態を自分で測定し、ステロイドホルモン入り吸入器を使って自分で治療をするのです。

▼両刃の剣――ステロイドホルモン

ステロイドホルモンというと、みんなとても怖がります。使い方を誤ると重大な副作用が起こるので、たしかに難しい薬です。しかし効果も抜群で、この薬でどれほどの人が命を救われたかしれません。たとえば、新型コロナウイルスの重症者にステロイドホルモンが使われ、救命率を上げました。

副腎皮質ホルモンの別名で、体の中では腎臓の上にある副腎から分泌され、人の体が危機に瀕した時に出てきて体を支える役目をします。ステロイド環の構造をしているのでステロイドホルモンともいいます。人工合成できるようになり、内服薬や注射、アトピーに使う軟膏やクリーム、喘息の吸入薬にも入っています。これは炎症を抑え、アレルギーをコントロールしますが、その効果はすごいものです。リウマチで痛くて歩けない人が、1錠飲むとスタスタ歩けるようになりますし、花粉症の人はあっという間に鼻水が止まり、アトピーの人は数日で皮膚の湿疹が消えてしまいます。

この薬が合成された時、医師たちは、もう怖いものはないと思ったものでした。しかし、これは両刃の剣だったのです。1年以上服用していると、顔は満月様にふくれ（ムーン・フェ

アレルギーの治療

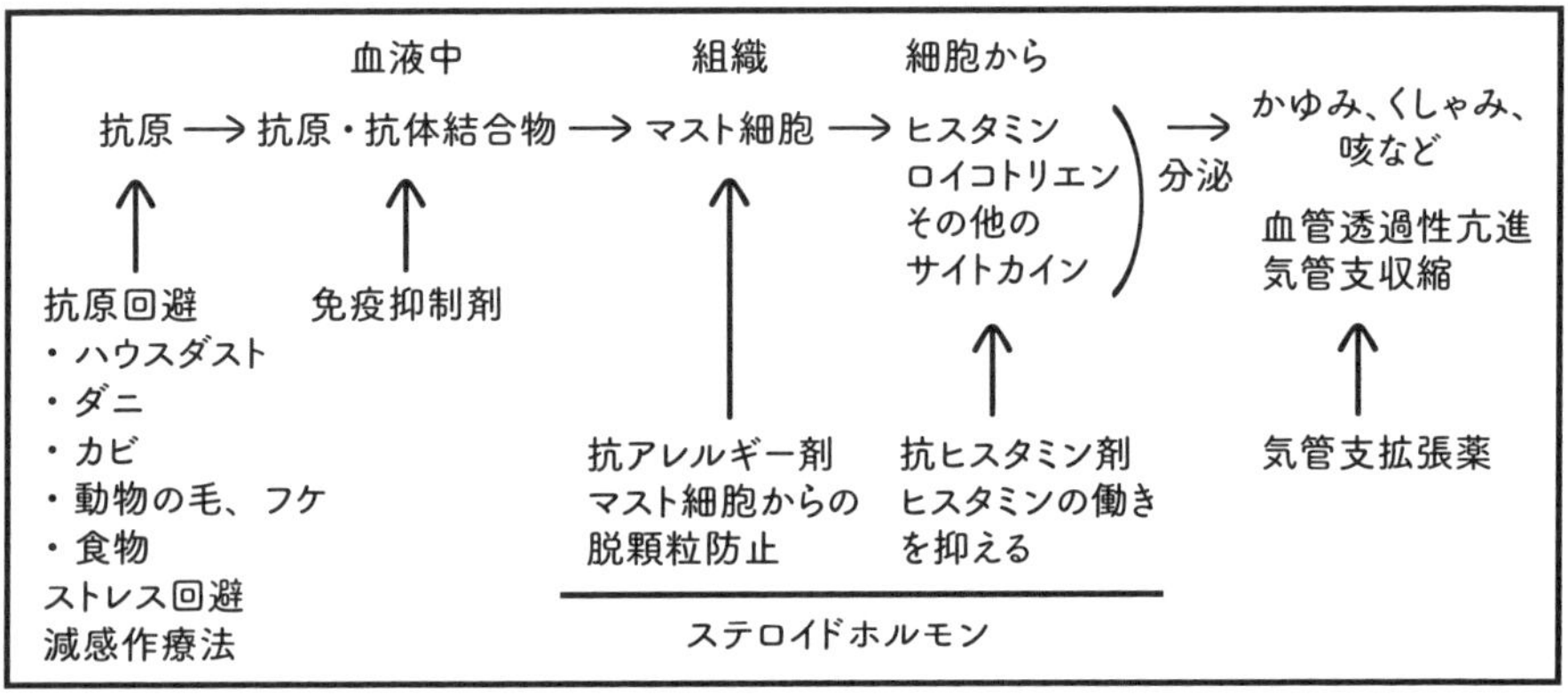

イス）、胃潰瘍ができたり、骨が脆くなったりします。そして自分の副腎がなまけてホルモンを出さなくなるので、薬を止めると、リバウンドして病気がとても悪くなるのです。

今では、医者は内服薬をとても注意して使っています。喘息の吸入用ステロイドは構造を工夫して、体の中に吸収しにくい形にしたので、ほとんど副作用を心配しなくてもよいといわれるようになりました。専門医とよく相談して正しく使って下さい。

▼アレルギーに対する自己防衛

どうしてこんなにアレルギーの人が増えてしまったのでしょう。先進国それも大都市に住んでいる人に多いという統計があります。乳幼児期の細菌感染が少なくなったから、とか、寄生虫がいなくなった為に免疫系が変わってしまったという説がありますが、全部説明できるわけではありません。

アレルギーは、小児喘息のようにポッと治ってしまうこともありますが、どんどんひどくなるアレルギーマーチの状態になる場合もあるのです。将来は、免疫抑制剤が進歩して、特定の抗原に対する抗体だけ抑える薬が出るかもしれません。そうすればアレルギーの治療も、ずっと楽なものになるでしょうが、現段階ではまだ医学が免疫系をコントロールできるところまで行っていないので、アレルギーの症状が出たら血液検査を受けて自分が反応する抗原を知って、そこから遠ざかって下さい。今は、それが一番の防衛策です。

ちなみに、胃の中にいるピロリ菌は胃がんになるというので除菌しますが、ピロリ菌を持っている人のほうがアレルギーにならないという統計もあります。

まずエイズ。1981年にアメリカで発表されてから瞬くうちにパンデミックとなり人々を恐怖に陥れたのは先に勉強した通りです。2021年時点ではワクチンの開発に至っていませんが、治療薬ができてウイルスを抑えられるようになり、日常の生活ができるようになりました。薬を中断すると瞬くうちにウイルスが増殖するので、一生飲まなくてはなりませんが。

そして新型コロナウイルス。SARSの仲間ですが、不顕性感染（感染しても症状が出ない）があり、発病前にも人にうつし、しかも重症化して死に至ることもある、なんとも難儀なウイルスです。2020年にワクチンができました。ただ、ペストの時代は4億5000万人だった世界人口が、2021年には78億7500万人。ワクチンを打つのも時間がかかります。

地球の温暖化が進むと熱帯地方の蚊が日本までやって来ることも予想されます。マラリア原虫を持つハマダラカに刺されるとマラリアに感染します。マラリアはかなり手ごわく、2021年の現在もまだワクチンがなく、薬も耐性になりやすいため、子供を中心に世界で1年間に40万人以上が死亡しています。マラリアの流行地では、日本からは消えてしまった蚊帳をつるして寝ています。まだまだ感染症との戦いは手を抜けないですね。

ワクチンは人類が持つ強力な武器のひとつです。副作用が心配で打ちたくないという人もいますが、素手で戦うより鎧（ワクチン）を着て刀（薬）をもって戦うほうが生き残る確率は格段に高いでしょう。

COLUMN ①

感染症の歴史

人類の歴史は感染症との戦いといっても過言ではありません。土着の病気はエンデミックまたは風土病と言い、ある地域の流行をエピデミック、世界的流行をパンデミックと言います。

中世で大流行したのはペスト第2波。皮膚が黒くなって死ぬので黒死病ともいわれました。14世紀から17世紀まで続き、イングランドとイタリアの人口の8割、中国の人口の5割が死亡したと伝えられています。テトラサイクリン系抗生物質が効くようになり治療すれば死亡は10%に抑えられますが、治療しなければ90～100%死亡する病気で、いまだに撲滅できていません。

天然痘も感染力が強く死亡率も高いですが、ジェンナーが牛痘からワクチンを作り、死から免れるようになりました。世界中の子供にワクチン接種をして、1980年にWHOは根絶宣言を出しました。

ハンセン病は、顔や手足が崩れていくので非常に恐れられました。隔離され、一生施設から外に出られないとされる病気でしたが、1943年にライ菌に効く薬が発明されました。

結核は昭和の中頃まで日本では死に至る病気でした。血を吐けば本人も周りも死を覚悟したものでした。1943年にワックスマンによりストレプトマイシンが発見され、その後いくつもの薬の多剤併用療法によってかなり治る病気になりましたが、途上国ではまだ猛威を振るっています。ワックスマンは財団を作り、日本でも医学の研究者を支援しています。

1928年、イギリスのフレミングが世界初の抗生物質であるペニシリンを発見してから、人類は沢山の種類の抗生物質という武器を持ち、もう怖いものはないとさえ考えるようになりました。

今まで人類を苦しめてきたのは、天然痘を除くと細菌（細胞膜を持つ）だったので抗生物質が効きました。ところが、次にウイルス（遺伝子のみで感染する）による病気が出てきました。

MEMO

第4章

消化器の病気と危険な食べ物

①消化器とは、消化に関わる臓器のこと

消化器とは、食べた物を細かく砕いて、体の中に吸収するための臓器の集まりのことをいいます。たとえば、食道、胃、腸などです。病気が多いので、親しみやすい部分でもあります。

人が活動するためにはエネルギーが必要です。食べ物はその燃料になるものです。その燃料と酸素を使って細胞のミトコンドリアでエネルギーを作っています。

食した物を小腸で吸収するためには、とても小さな単位まで分解しなくてはなりません。食べた物を栄養素の最小単位まで分解することを「消化」といいます。

「吸収」というのは、最小単位にまで分解した栄養素を血管やリンパ管の中に取り入れることです。「代謝」は、肝臓に運ばれた栄養素を人間の体に合うように作り変えることです。牛肉を食べたからといって、牛の筋肉がそのまま体についてしまっても困るからです。

口腔は食べ物の旅の入口

人は食物を口に入れると、歯で細かく噛み砕きます。これは飲み込みやすくするため、そして唾液が混ざりやすくなるようにするためです。しかしここではまだ、吸収できるほど小さくはなりません。

消化器を構成する器官

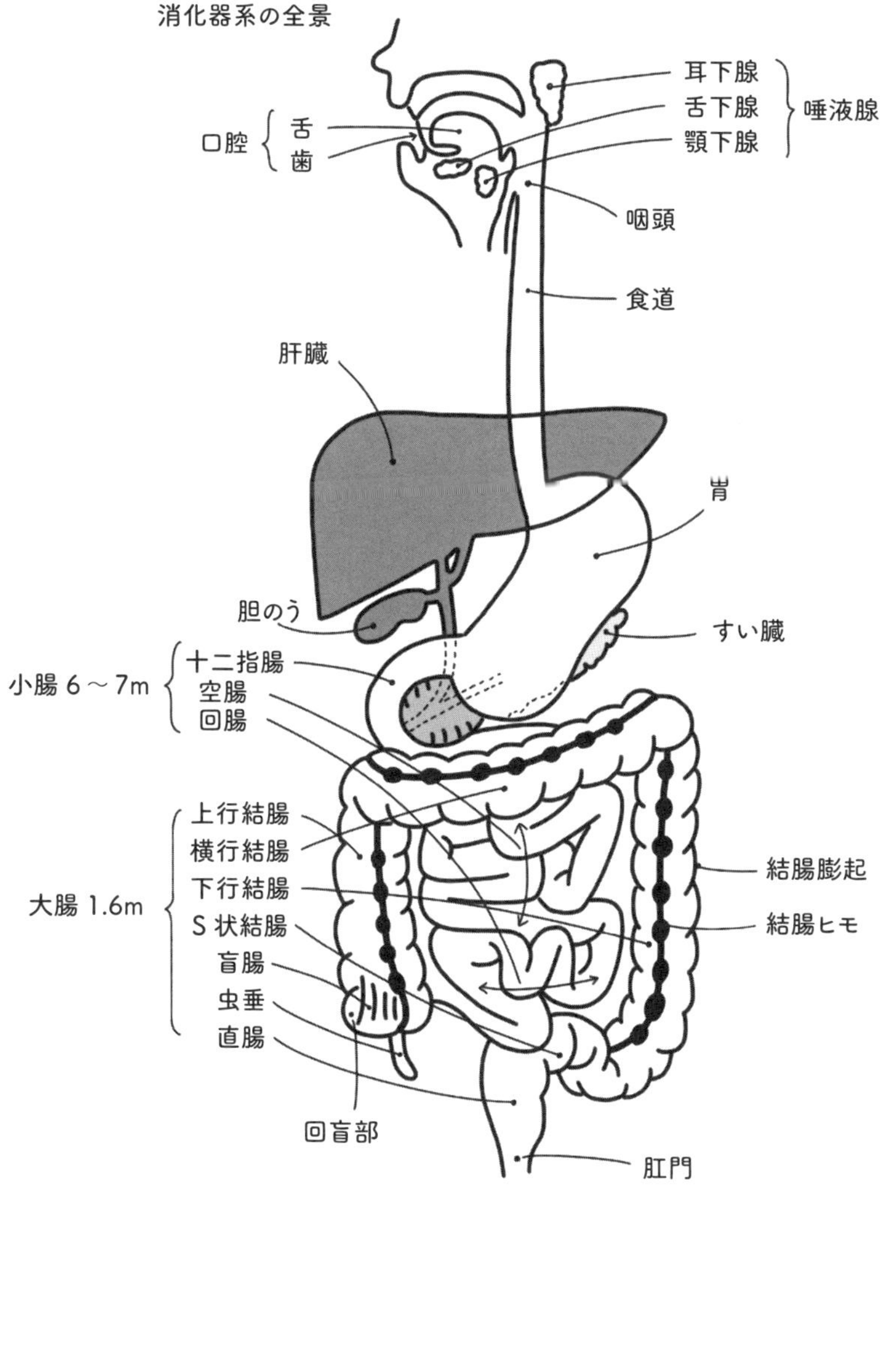

消化器系の全景
耳下腺
舌下腺
顎下腺
唾液腺
口腔
舌
歯
咽頭
食道
肝臓
胃
胆のう
すい臓
小腸 6～7m
十二指腸
空腸
回腸
大腸 1.6m
上行結腸
横行結腸
下行結腸
S 状結腸
盲腸
虫垂
直腸
結腸膨起
結腸ヒモ
回盲部
肛門

▼唾液の働き

1日に分泌される唾液は、1500mL。ムチンという粘液とプチアリン（唾液アミラーゼともいう）が含まれています。プチアリンは、炭水化物の消化酵素で、でんぷんをデキストリンやマルトースという少しだけ細かい単位に分解します。でんぷんとは、ご飯、パン、めん類、トウモロコシ、芋類などに多く含まれ、人類が主食としているものです。

昔は、食べ物を良く噛むようにと教わりました。昔の人は、麦やヒエ、玄米といった消化の悪い穀類をよく食べていましたが、よく噛んで、唾液アミラーゼの働きを最大限に活用する方法を、知らず知らずのうちに実践していたのでしょう。

噛めば噛むほど、唾液は反射で出てきます。頭の中で食べ物を想像しても唾液は出ますすね。酸っぱい梅干しを思い浮べたり、おいしそうな物を見ただけで「よだれが垂れる」のは、脳に伝えられた情報から唾液腺が刺激されるからです。これはよく経験していることです。大脳から、脳幹部の唾液分泌中枢、自律神経を伝わって、左右の耳下腺、顎下腺、舌下腺から唾液が出ます。耳下腺は、小さい時にかかる「おたふくかぜ」で腫れる場所です。おたふくかぜはウイルスが耳下腺に感染して起こる病気で、正式には流行性耳下腺炎といいます。

唾液分泌の経路

大脳に伝えられた情報
口内の刺激
→唾液分泌中枢（脳の延髄）
→自律神経→唾液腺→唾液分泌

唾液腺
- 耳下腺
- 顎下腺
- 舌下腺

▼パブロフの犬

脳からの刺激で唾液が出ることを最初に発見したのは、ロシアのパブロフ博士でした。犬にベルを鳴らして食べ物を与え続けていたら食べ物がなくてもベルの音を聞いただけで犬が唾液をたくさん出したのです。パブロフの条件反射といい、条件づけた犬をパブロフの犬といいます。

▼出ないと困る唾液

唾液は物を食べていない時も、少しずつ分泌されていて、口の中を潤しています。これは思ったより大事なことです。「シェーグレン症候群」という唾液と涙が出なくなる病気がありますが、食べ物が飲み込みづらく、舌も乾き、しゃべるのもままならず口内炎もできるので、いつもお茶や水を飲んでいないととても苦しみます。

最近はでんぷんも精製されてとても消化がよくなりました。そして食事の内容は、たんぱく質や脂肪が多くなっています。唾液にはたんぱく質と脂肪を消化する酵素はないので、唾液の出番がなくなってきたように思われがちですが、唾液にはまだ解明されていない部分もあって、ある種の発がん物質を抑えるという報告もあるので、やはりよく噛んだ方がよいでしょう。

食道は食べ物の通り道

食べ物を噛んでゴクンと飲み込むと、食べ物の塊や水は食道へと流れていきます。

食道は単なる食べ物の通り道です。消化器系の臓器は横隔膜の下の腹部にあるので、肺と心臓のある胸の部分を通り抜けなくてはなりません。

食道は約25㎝。筒のような形の外側には、縦と横に走る筋肉があって、順番に収縮して食べ物を胃へと送ります。たとえ無重力の宇宙でも、ちゃんと胃へ送ってくれるから助かります。食道と胃の境目には輪状筋があって、逆流しないようになっています。

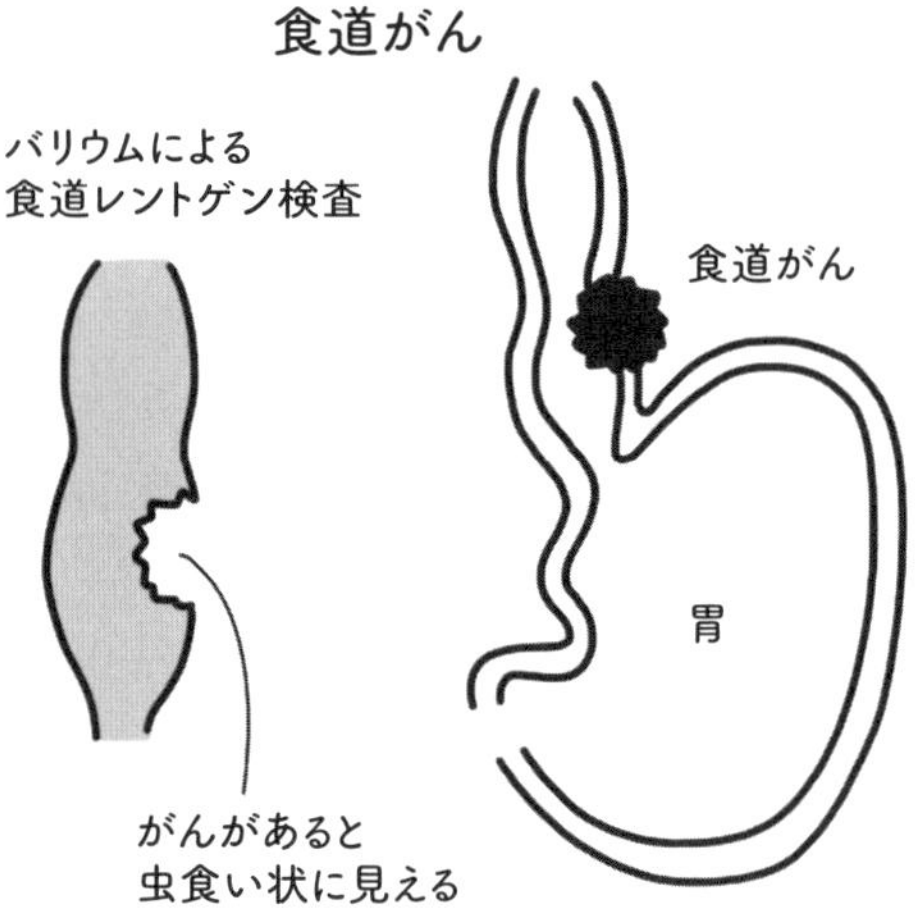

▼食べ物が通らなくなる食道がん

食道にはがんができやすく、大きくなってしまうと大手術になるので、早いうちに見つけてしまうことが重要です。

食道は物が通過する道ですから、がんの塊ができると物がつかえてしまいます。水分は通るけれど硬い物を食べるとつかえた感じがすると思ったら、すぐ医者へ行って下さい。

食道にできたがんの塊は、バリウムを飲んでレントゲン写真で見ると、その部分が虫食い状に見えます。バリウムというのは、胃の検査の時に飲む白いドロドロした液体です。レントゲン写真は骨などの硬い組織は写りますが、内臓は写らないので、バリウムでコントラストをつけるのです。おいしい物ではありませんが、体で吸収されないのでノーカロリーです。早期の食道がんには、内視鏡検査が必要です。

▼食道がんが大きくなると手術が大変

見つかったがんが早期であれば、口から入れた内視鏡につけたレーザーで焼いたり、内視鏡で見ながらがんの部分だけ取ることができます。じきに食事ができますし、入院も数日という短さです。

ところが大きいがんだと大手術です。胸を開いて、食道をがんと一緒に切り取って食道の代わりに小腸を持ってきて繋いだり、胃を持ち上げたりします。その際、小腸で作った食道を中に入れてしまうより、胸骨の外に出しておいた方が、何かトラブルがあった時に楽なので、皮膚の下に食道を再建する場合があります。物を食べると胸がモクモクと膨らんで、つっかえたら手でさすって降ろします。

胃はおなじみの袋状の臓器

食道を通過した食物は胃の中に入ります。胃は袋状になっていて、食物を攪拌して一部を消化し、少しずつ腸へ送る働きをします。

▼胃液はたんぱく質を消化する

胃で消化されるのはたんぱく質です。胃からは3種類の物質が分泌されます。主細胞がペプシノーゲンを、壁細胞が塩酸を、副細胞腺細胞と粘膜上皮細胞が粘液を分泌し、これらが胃液の主成分となり、1日に1500～2000mL分泌されます。

たんぱく質を分解するのは、ペプシンという酵素です。分泌された時はペプシノーゲンという前段階の状態です。ペプシノーゲンは壁細胞から分泌された塩酸の働きで活性化され、ペプシンとなってたんぱく質の消化を始めます。たんぱく質は肉、魚、卵、乳製品、大豆などに多く含まれていて、アミノ酸がたくさん結合したものですが、小腸で吸収するためには、ひとつひとつのアミノ酸に切り離さなくてはなりません。胃では、アミノ酸がいくつかついたプロテオース、ペプトン、ポリペプチドになります。

塩酸が分泌された時は、pH（ピーエイチ、水溶液中の水素イオン濃度を表わす）が1という強酸性の状態で出てきます。pHというのは、酸アルカリの度合いを示す指数で、pH7が中性、数字が上がるほどアルカリ性、下がるほど酸性です。

pH1というのは非常に強い酸性です。化学の実験の時にpH1の塩酸を手のひらに落としたら、「ジュッ」と音がして白い煙が上がって皮膚はやけどしてしまいます。では、なぜ、胃の中では大丈夫なのでしょうか。胃液で薄まってpH2～3になりますが、それでもかなりの酸性です。胃の壁が守られているのは、副細胞等から分泌された粘液が、胃の粘膜の表面にべっとり付着しているためなのです。

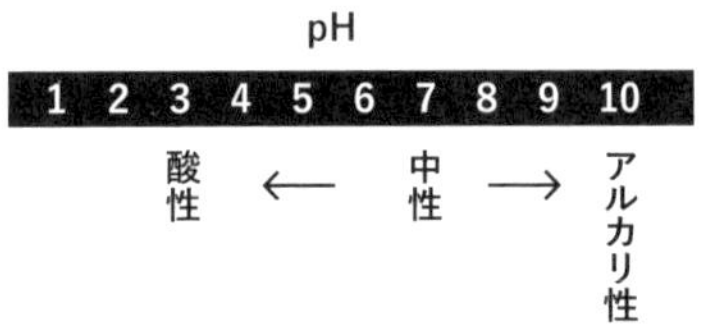

▼塩酸の働き

塩酸は胃の中で3つの働きをしています。

①ペプシノーゲンの活性化

ペプシノーゲンを酵素のペプシンに変化させます。ペプシンになってはじめて、たんぱく質を消化することができるようになります。

②肉や塊等を消化しやすくする

胃の中に入ってきた食物を腐食して軟らかくし、消化酵素を働きやすくします。

③殺菌をする

pH3というのはレモンジュースくらいの酸っぱさですが、食物についている雑菌は死んでしまいます。汚ない手でパンを食べたりしても、意外にお腹をこわさないのはこのおかげです。しかし食塊の中までは殺菌できませんから、菌が多いとそのまま腸へいって下痢をすることはあります。その意味では、よく噛んで細かくした方が安全ですね。

食中毒も防げるかというと、これは菌の数が多すぎるので殺菌しきれません。また、コレラ等の伝染病は菌が強すぎて殺菌できないので、やはり食品の衛生には充分注意した方がよいのです。

胃液は唾液と同様、食べ物が胃に入ると分泌されますが、脳がおいしいと感じても、反射的に分泌されます。お腹が空いている時に、おいしいものを見たり、においを嗅いだりすると、グーッとお腹が鳴るのは、胃液が出て胃の運動も高まるせいです。

バリウムによるレントゲン透視撮影

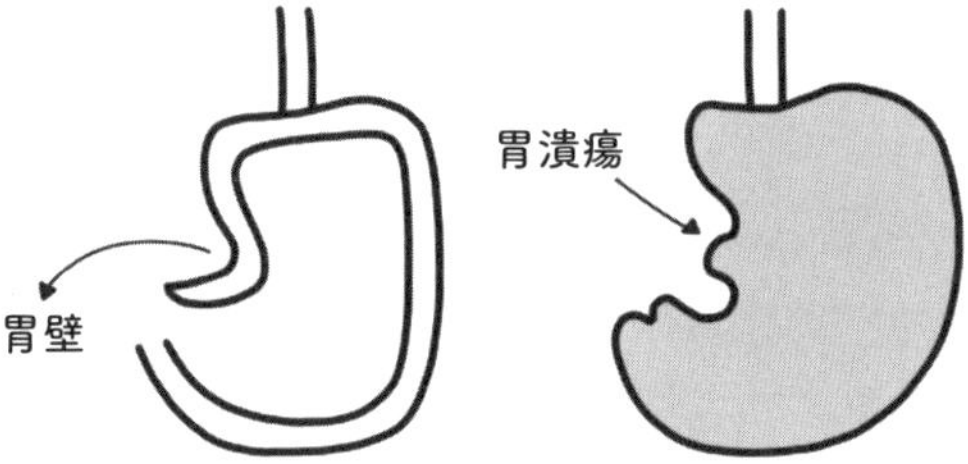

若者にも多い胃潰瘍《かいよう》、十二指腸潰瘍

潰瘍という言葉は、皮膚や粘膜がえぐれた状態の時に使われます。胃や十二指腸の粘膜にクレーターのような穴が開いたものを胃潰瘍、十二指腸潰瘍と呼んでいます。併せて消化性潰瘍ともいいます。

▼胃潰瘍

胃液の中のペプシンはたんぱく質を消化しますが、胃の壁はたんぱく質でできています。塩酸も腐食する性質があるので、胃の壁は常に消化される脅威にさらされています。ペプシンや塩酸は純然たる化学物質ですから、「アラッ、これは私の胃だわ！　消化するのは止めておきましょう」とはいってくれません。

粘液が常時分泌されて胃の壁を保護していても、何らかのトラブルで、この防御機転が壊れると胃の壁は消化されて穴ができます。

穴が粘膜に留まっている時はびらんといいます。びらんがたくさんできると、「胃がただれていますね」といわれて、病名は胃炎となります。

この穴がもっと深くなって、筋肉の層までいった時に、潰瘍と呼ばれるようになります。物を食べると胃液がしみて、とても痛みを感じます。

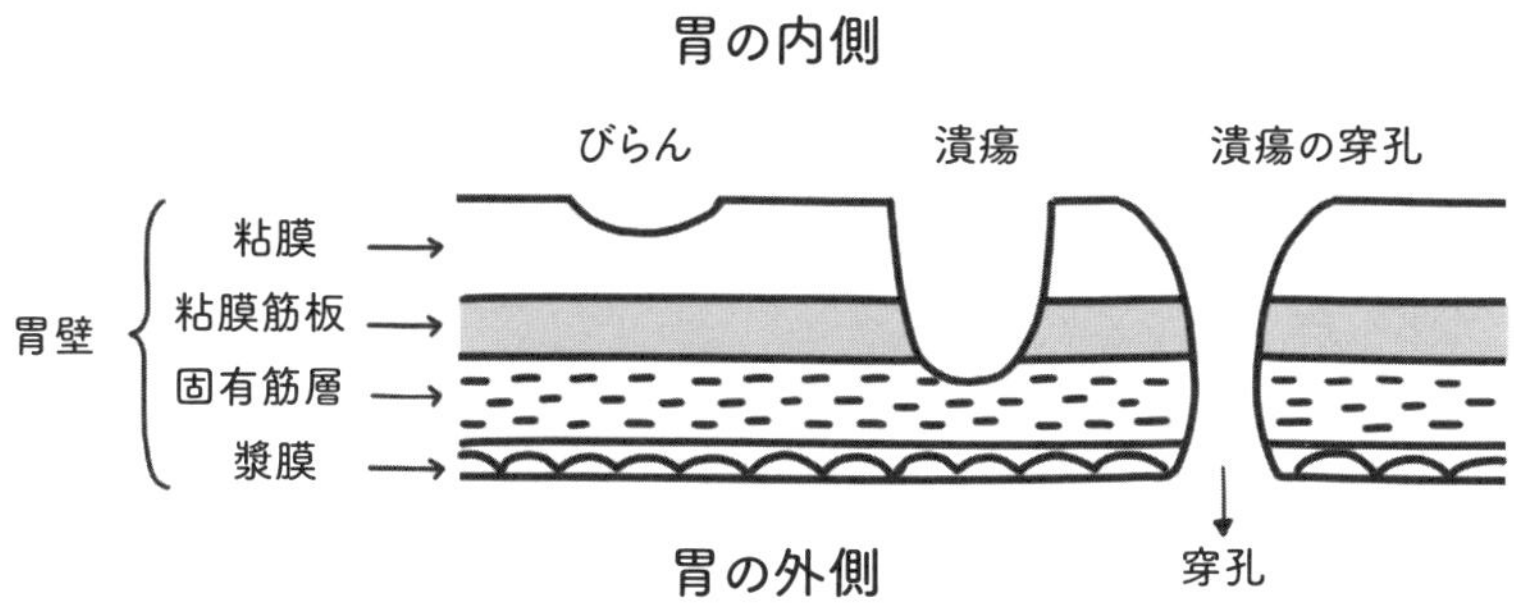

食後すぐから数時間胃が痛い場合は、胃潰瘍の疑いが濃厚です。昔は手術をして、穴のあいた胃を切り取ってしまいましたが、今は胃酸をピタッと止めてしまう薬があるので、それを飲み続けて潰瘍が自然に治るのを待ちます。

ところが、あまり治療をしなかったり、急激にできたりすると、胃の壁を突き抜けるほどの、深い穴が開いてしまうのです。これを穿孔《せんこう》といいます。突き抜けてしまうと、胃の内容物はお腹の中にばらまかれてしまうので、腹腔に細菌が増えて腹膜炎という病気になります。こうなると、医学の進んだ現代でも死に至ることがあるので緊急手術です。穴の開いた胃の部分を切って縫い合わせ、お腹の中を温めた生理食塩水で何回も何回も洗うのです。

テレビのコマーシャルや広告で、胃の薬はたくさん宣伝されています。裏を返せば、それだけ胃の病気が多いということでしょう。暴飲暴食やストレスで胃を悪くするとよくいわれますが、どうして粘膜の防御が破綻してしまうのでしょうか。

▼胃潰瘍の原因——消化？　ストレス？　ピロリ菌？

①消化説

ペプシン、塩酸という胃を消化してしまう攻撃因子が強くなったり、胃を守る粘液が少なくなったりするアンバランスによって起こるという説です。

年をとると血液の流れが悪くなります。粘液は、胃の壁を流れている血液を材料にして作られているので、流れが悪くなると粘液が減ってしまいます。タバコのニコチンも血管収縮作用があるので、粘液が少なくなってしまいます。

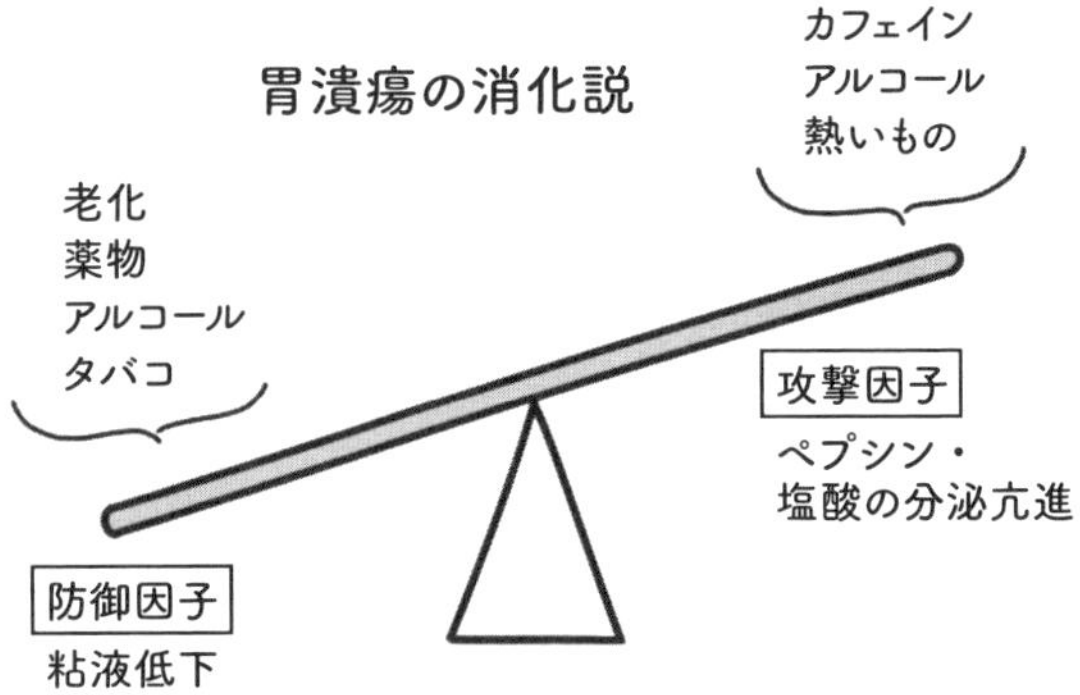

カフェインやアルコールは、胃を刺激して攻撃因子を増やします。タバコを吸いながらコーヒーやお酒を飲みすぎると、強靭な胃でもただれてしまいます。

②ストレス説

ストレスがあると胃が痛むとは、よく聞く話です。どうしてストレスで胃に穴が開いてしまうのでしょうか。

ストレスが体に加わると、自律神経を介して胃の血流が障がいされて、粘液の量が減ります。つまり防御因子が劣性になるのです。ホルモンのバランスも崩れて攻撃因子が増え、潰瘍が発生すると説明されています。

大きなストレスが加わって５～６時間で、胃に巨大な穴が開いた患者さんはたくさんいます。私が産業医をしている会社の社員が２人、立て続けに入院しました。

１人は６階の非常階段の踊り場で倒れて救急車で病院へ運ばれました。胃に大きな潰瘍ができて、そこがたまたま大きな血管のある場所だったので、大出血して血圧が下がって倒れたのでした。あまりにも大きいので縫い合わせることもできず、胃を切り取られました。その人は背が高い人だったので、もう50㎝、階段の手すり近くに倒れたら下まで落ちてしまっただろうと、みんなびっくりしたのでした。一生懸命手がけていた商談が破談になったのがストレスの原因だったと、後でわかりました。

もう1人は、いっぱい血を吐いたのですが手術をするほど潰瘍が大きくなかったので、数週間の入院で済みました。これからは英語もしゃべれなくては困るからと、英会話を習い始めたのがストレスだったようです。

ストレス、ストレスと何げなく使っている言葉ですが、嫌だなと思うものは全部ストレスになります。自分の好きなことだけやっていればよいのですが、世の中そうもいかないので、ストレスが溜まったなと思ったら、パッと発散してしまうことです。ただし、大酒を飲んで発散しようとすると胃にきてしまいます。

③ヘリコバクター・ピロリ説

これは細菌の名前です。胃の中にはpH1の強塩酸が分泌されているので、いかなる細菌も殺菌されてすみつけないというのが定説でした。ところが1983年、ロビン・ウォーレンとバリー・マーシャルが胃粘膜感染を実証し、人の胃の中に細菌がいるという報告を出しました。「嘘だ」「本当だ」と議論が繰り返されましたが、やっとしっかり証明されて、ピロリ菌という名が付いたのです。その後2005年、このふたりはノーベル医学生理学賞を受賞しました。

ピロリ菌は、ウレアーゼという酵素を持っていて、自分の周りにアンモニアを作り出して胃の中の酸を中和して自分の身を守ります。そして粘液の下の粘膜の中にもぐり込んですみついてしまうのです。ピロリ菌の作り出すアンモニアや活性酸素が、胃をただれさせているといわれています。

ピロリ菌による粘膜障がい（仮説）

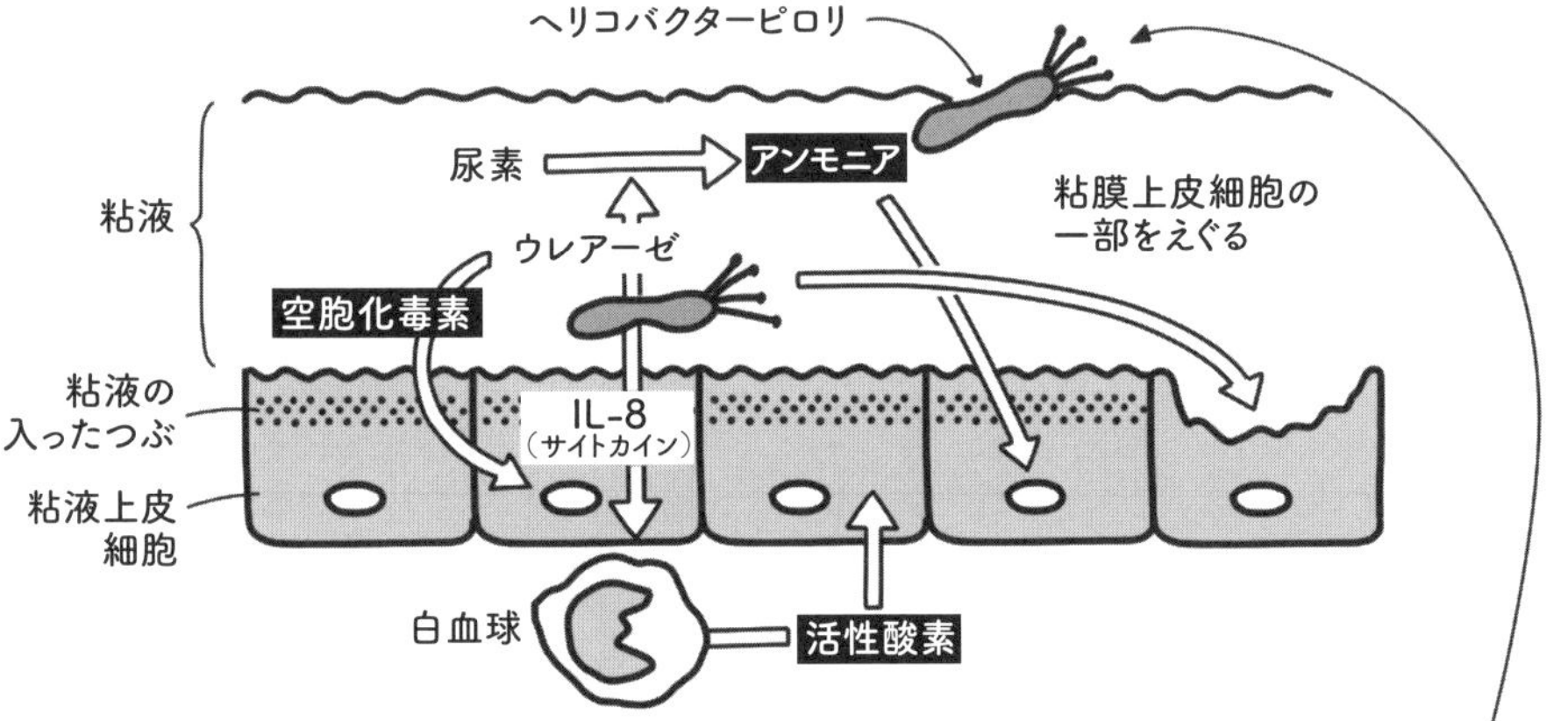

ウレアーゼという酵素でアンモニアを産生し、強酸性の環境から身を守りつつ胃粘液の下に逃げ込む。べん毛は1秒に100回転。アンモニア、空胞化毒素、活性酸素による粘膜障がいや直接的障がいが考えられている。（参考 武田薬品工業提供の図）

途上国の人達は、生まれてすぐに胃の中にピロリ菌がいるそうです。日本人も60歳以上の人のほぼ¾は持っていますが、年齢が若くなるほど感染率は低くなっています。欧米諸国で白人は感染率が低いのですが、とくに富裕層には少ないので、衛生状態によるものかとも思われます。井戸水やゴキブリが感染源ではないかと疑われてもいますが、まだはっきりしません。大人での感染だと排除されますが、幼児期の感染で胃にすみつくといわれているので、親から感染する説が有力です。

繰り返し胃潰瘍になる人は、胃内視鏡検査を受けた時に組織を採ってピロリ菌がいるか調べてもらうとよいでしょう。ピロリ菌の存在は、血液や尿、呼気でもわかります。

ピロリ菌をやっつけるには、2種類の抗生物質と胃酸を止める薬（PPI　プロトンポンプインヒビター）を一緒に、1週間服用します。除菌に成功するとピタリと痛くなくなるという人も多いので、ピロリ菌が潰瘍の原因になっているのは確かのようです。ピロリ菌胃がん説が証明されたので、除菌してもらう人も増えています。2000年11月から保険適用になりました。

▼十二指腸潰瘍

胃に続いた部分を十二指腸といいます。レントゲンで見て胃の出口に隣接したおにぎり状の三角形に見える所を球部といいますが、ここに潰瘍ができます。

胃が空になると胃液が十二指腸に流れ込み、十二指腸の粘膜を消化して潰瘍を作ります。胃に食べ物がある間は、胃液が中和されて十二指腸に悪さをしませんが、空腹になると強い胃液が十二指腸に入ってしまいます。十二指腸には胃のように守る粘液がないので、胃液分泌の多い若い人によくできる病気です。空腹になると上腹部が痛み、何か食べると治るというのが特徴です。1日5～6回食事をすると楽になります。

私の親友は3歳の時からピアノを始め、中学では、全日本コンクールで1位になりました。でも、あまりに神経を使いすぎたのか中学生の時に十二指腸潰瘍になってしまいました。午前と午後、食事の合間に何か食べるように医者からいわれたのですが、当時中学生は、お昼以外に物を食べてはいけないとされていました。特別に許可をもらって、空き部屋でサンドイッチを食べたのですが、1人では嫌だというので付き合わされてしまいました。私は病気ではないので食べるわけにもいきません。すごーくうらやましかったので、高校に入ってから20分休みと昼休みの両方で食事をしたら、胃の丈夫な私は太ってしまいました。

今は十二指腸潰瘍も胃潰瘍と同じで、胃酸を止める薬を飲むと治ります。

▼日本人に多い胃がん

日本人のがんのうち、胃がんはずっと1位を占めていましたが、患者数は減り続けて、１９９８年には、肺、気管支のがんに抜かれて2位になりました。

しかし、これは国をあげて胃がん検診に取り組んで、早期の胃がんを手術してきて死亡率が減ったわけで、まだとても多いがんではあります。

胃がんを増やしているのは日本人の好きな食塩

がん化は単純な原因で起こるのではなく、複数の因子が加わって起こると考えられています。細胞の遺伝子ＤＮＡに傷をつける物質を発がん物質（イニシエーター）、がん細胞へと発育させる物質を促進物質（プロモーター）、どんどん増殖させる物質を増殖促進物質といっています。

胃がんの場合、発がん物質は食物の中に入っている様々なＤＮＡを傷つけるものや、唾液に溶けたタバコの発がん物質等です。これはどの国でも共通のものが多いのですが、なぜ日本人だけ胃がんが多いのか、がんを研究する世界の学者達の関心の的でした。

戦前、多くの日本人がハワイや南米に移民として移り住みました。ハワイの日系人の死因は比較的よく調べられています。一世は、日本に住んでいる日本人と同じ胃がんで死ぬ人が多かったのですが、二世、三世になるにつれてアメリカ人と同じ大腸がんが増えました。消化器のがんは食べ物に密接に関係するわけですが、ハワイの日系一世は、苦労して味噌や醤油を手に入れ、ご飯、漬物、味噌汁の生活をしていたそうです。でも、二世、三世は、スープ、ステーキ、ハンバーガーといった洋風の食事になっていったことがわかりました。

日本でも、胃がんは日本海側の東北地方と北陸に多くみられます。その地域は、塩分の摂取量の多い地方です。そこで塩分がいけないのではないかと思いあたりました。

発がん物質で実験的に胃がんを作ったネズミを50匹ずつの2つのグループに分けて、一方はエサと真水を与え、他方はエサと食塩水を与えました。ネズミが食塩水を飲むだろうかと思われるかもしれませんが、薄い食塩水だと、私達がごはんの時にお汁を飲むようによく飲むのです。

ところが、食塩水のグループのネズミはがんの発育が早く、どんどん死んでしまいました。そこで塩分はがんの促進物質であることが突き止められ、塩漬けのおかずの多い日本人に胃がんが多いのも納得されたのです。

では、最近の胃がんの減少は何によるものでしょうか。最大の功績は、家庭の冷蔵庫や、冷凍倉庫、冷凍ケースなどのコールド・チェーンの発達です。昔のように食物を塩漬けで保存しなくても腐らなくなったからです。欧米風の料理が好まれるようになったのも一因でしょう。しかし塩分は少なくても脂肪の多い食事は大腸がんになりやすいので、今度は日本人がハワイの日系二世、三世への道を辿っています。

すい臓は強力な消化液製造所

胃から十二指腸に送られた食べ物は、十二指腸に出てくるすい液と胆汁とに混じって小腸へ送られて、栄養素の最小単位まで分解されます。すい液は胃の後ろのすい臓で作られて、すい管を通って十二指腸に出てきます。胆汁は胆のうで濃縮された肝液が胆管を通ってやはり十二指腸に出て、脂肪の消化を助けます。すい液は、三大栄養素といわれる、炭水化物、脂肪、たんぱく質を分解する強力な消化酵素を持っています。

▼すい液の消化酵素

①すいアミラーゼ（炭水化物消化酵素）

でんぷん（炭水化物）は唾液で少し小さな単位のデキストリンやマルトース（麦芽糖）に分解されますが、すいアミラーゼは単糖類のひとつ手前のマルトース、ラクトース（乳糖）、シュクロース（しょ糖）にまで分解します。

②すいリパーゼ（脂肪消化酵素）

脂肪を脂肪酸とグリセロールに分解します。

③たんぱく質消化酵素

トリプシン、キモトリプシン、カルボキシペプチダーゼなどの酵素が、胃のペプシンで小さく分解したたんぱく質をポリペプチドやジペプチドの形にします。

ポリ（poly）とは多いという意味、ジ（di）とはふたつという意味です。つまりアミノ酸がいくつかついた形にまで分解するのです。

▼ものすごく痛い急性すい炎

すい臓はあまり病気の多い臓器ではないので、胃ほど有名ではありません。しかしすい臓が溶けてしまう急性すい炎は、猛烈な腹痛を起こし、診断がつかないと死ぬこともありますから、知っていた方がよいでしょう。

すい液は、たんぱく質と脂肪を消化する強力な消化酵素を持っています。すい臓はたんぱく質と脂肪が豊富な臓器なので、何かの原因ですい管が詰まってすい液が逆流すると、消化が始まってし

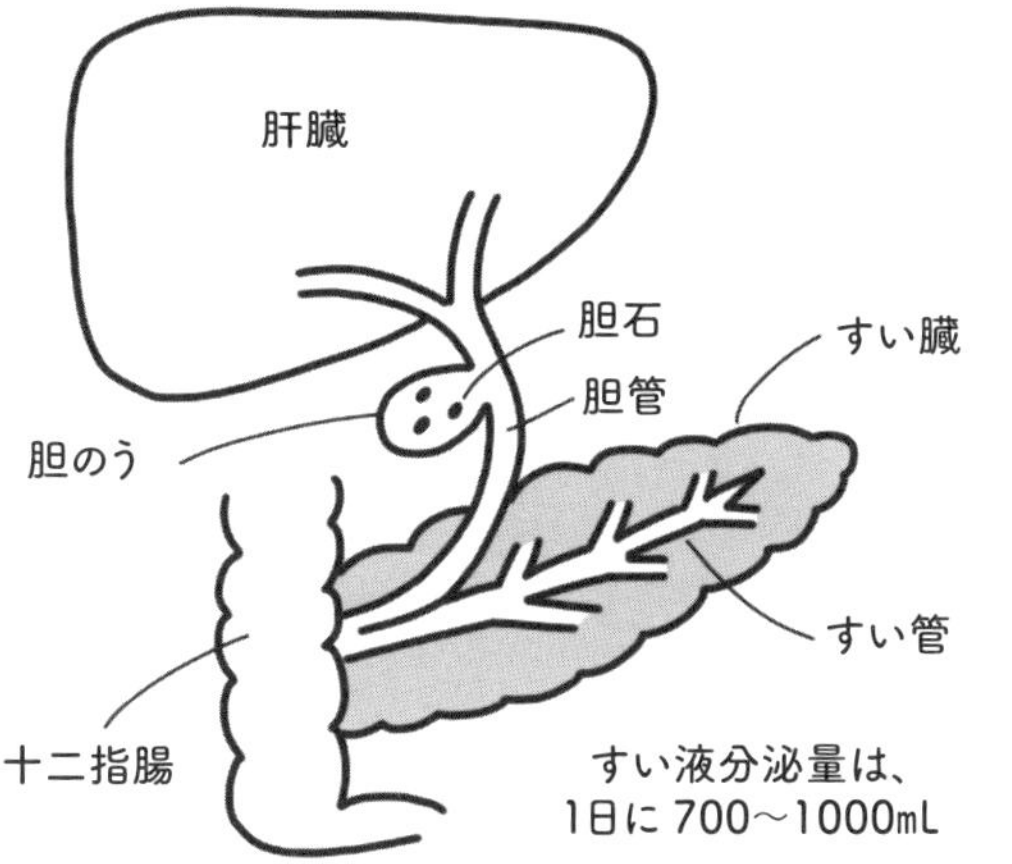

まいます。そうしたらただちに入院です。絶食をしてすい液を止める点滴を受けます。食べると反射ですい液が出るので、何も食べられません。おさまるまで数週間かかります。

胆石がすい管に詰まった場合は、口から入れた内視鏡を十二指腸まで進め、すい管に詰まった石を内視鏡の先の機械で取ることもあります。

お酒を飲みすぎて、血液中の中性脂肪値が上がりすぎてもすい炎が起こることがあります。中性脂肪の正常値は30〜149mg／dL以下ですが、1000を超えてしまうと危険です。

炎症が慢性化した人は、すい臓が硬くなってすい液の出かたが悪くなるので、食物が消化不良になりやすく、下痢をしたりお腹が張ったりする症状が続きます。症状の軽い人は脂肪の多い食事を制限して、食事のたびに消化剤を多めに飲むとお腹の調子がよくなります。すい炎が慢性化するとすいがんになりやすいので、毎年定期検査を受けましょう。

胆のうは胆汁濃縮袋

胆のうは肝臓の下にあるナスのような形をした袋状の臓器です。

肝臓から分泌された肝液は、胆のうにいったん入って約10倍に濃縮され胆汁となります。1日の分泌量は、500～600㎖です。

十二指腸に油っぽい食物が入ってくると、胆のうが収縮してすい液と胆汁が一緒に十二指腸へ。胆汁は脂肪を乳化して、消化酵素のリパーゼが働きやすいような形にします。

乳化というのは、水と油がくっついた状態で、エマルジョンともいいます。普通、水と油は溶け合わないので「水と油のように相性が悪い」と表現されますが、これがついた状態になると消化しやすくなります。身近なものではマヨネーズですが、卵の黄身がサラダ油の油とお酢の水をくっつける役目をしています。

▼女性に多い胆石

胆のうは肝液を約10倍に濃縮するので、石ができやすい場所です。石は成分によって、コレステロール結石、ビリルビン結石、両者の混ざった混合石に分けられています。ある成分が飽和濃度以上になると結晶ができてくるためです。

①コレステロール結石

胆汁中にコレステロールが増加して石になったものです。血液中のコレステロールの多い人は、肝臓から分泌される量が多くなるのでコレステロール結石ができやすくなります。女性が多い理由ははっきりしませんが、ケーキやアイスクリーム、油っぽい物を好む人は要注意です。日本でも1974年頃から急に胆石が増えてきたそうです。1960年代の後半から日本人の食生活が欧米化してきたためと考えられています。

②ビリルビン結石

ビリルビンは胆汁中の色素の名前で、黄色い色をしています。便が黄色いのは胆汁が食べ物と混ざって、ビリルビンが黄色く染めるためです。もし白い便が出たら、胆汁の通る道に閉塞が起こっているわけで、重大な病気の場合が多いですから、すぐ病院へ行った方がよいでしょう。

胆のうの中に寄生虫が卵を産みつけたり細菌感染があったりすると、それらを核にしてビリルビンとカルシウム（Ca）が結合して石ができます。昔の日本ではこの型が多かったのですが、最近は少なくなりました。

③混合石

コレステロールとビリルビンが混ざって層状になった石です。

▼簡単になった胆石の手術

胆石を持っている人で、右の上腹部が急に痛み出すのを胆石発作といいます。胆石が胆のうから外へ出かかった時に、胆のうが強く収縮して石を外へ押し出そうとするための痛みです。しかし胆管は細いので、また、何かのはずみで胆のうの中に収まれば、痛みは消失します。だいたい2～3時間でおさまるようですが、昔「癪《しゃく》をおこす」といわれたのは、この胆石発作であると考えられています。

大きな胆石を持っていても症状がない人がいます。定期検診で見つかったり、死後、解剖してわかる人もいます。これをサイレント・ストーンといいます。

たびたび発作を起こす人は「手術でとってしまいましょう」ということになりますが、サイレント・ストーンの場合は、日本では積極的に手術を勧めるわけではありません。しかしアメリカでは、がん

胆石の術後の傷跡（昔）

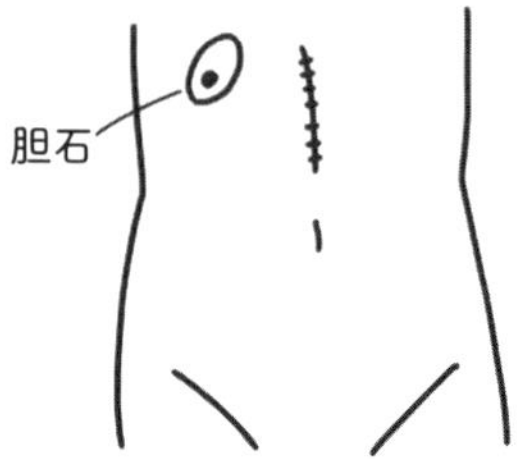

腹腔鏡下胆のう摘出術（今）

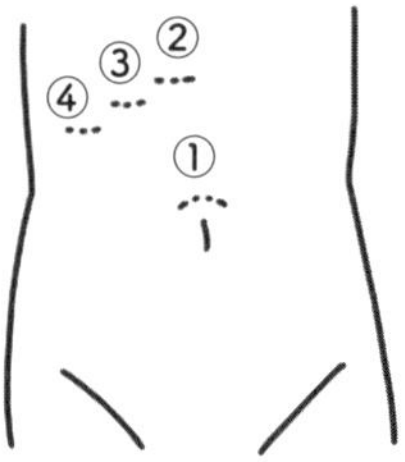

1. ①を 1.2 ～ 1.5cm 切開し、内視鏡を入れる。
2. ②③④をそれぞれ 0.5 ～ 1cm 切開し、鉗子、電気メス、吸引機を入れる。
3. 切除した胆のうは①から取り出す。

医療機関によっては穴は3つ、または臍の穴1か所だけの場合もある。

になりやすいとして即手術をされてしまいます。胆のうが収縮するたびに、中で石がコロコロ転がって壁を傷つけるし、胆汁酸は発がん促進物質だから胆のうがんになりやすいというのです。日本の医者の手術派は半数くらいだそうですが、心配な人は早めに手術してもらった方がよいかもしれません。

昔、胆のうの手術というとお腹を縦一文字に切って入院も1ヶ月かかったものでした。長い間石の詰まった胆のうは、もう収縮もしなくて使いものになりませんから、胆のうごと取ってしまいます。

しかし今は、内視鏡を使って取る手術が増えてきて、4日間で退院できるほどで患者さんにとって楽なものになりました。お腹に4ヶ所穴を開けて、内視鏡で見ながらレーザーメスで胆のうを切り離し、その胆のうはお臍の穴から取り出してしまいます。お臍の穴は修復しますし、上の3つの穴は小さいので傷はほとんどわからないくらいです。

内視鏡手術は、様々な場所で行われています。心臓でさえも胸を開かずに手術してしまう外科医もいます。そして21世紀はロボットが行う手術が主流になってくると考えられています。

ロボット手術

外科医はテレビモニター画面を見ながら遠隔で手を動かすと、ロボットアームが体の中で手術をする。日本の第一号ロボットの名前は「ダ・ビンチ」。

小腸の長さは6～7m

十二指腸から、空腸、回腸へと続く小腸は6～7mの細い管です。実際には、生体では収縮しているためもう少し短いのですが、すい液や胆汁と混ざった食物は、その長い小腸を通りながら分解された順に小腸の壁から吸収されていきます（管内消化）。小腸からも腸液が出て消化を助けます。現在、10種類以上の物質が小腸で消化に携わっていることがわかっています。また、小腸の壁の内側の細胞（内皮細胞）に取り込まれてもまだ分解されるので、それを膜消化といい、小腸内腔で分解される管内消化と区別しています。

ふたつのステップで分解されたブドウ糖とアミノ酸は、門脈という血管に入って肝臓に運ばれます。脂肪が分解されてできたトリグリセライドはリンパ管に入って心臓へ行き動脈をぐるっと回ってから肝臓へやってきます。

ビタミン類も小腸で吸収されますが、水溶性のB_1・B_2・B_6・C等は門脈へ、脂溶性のA・D・E・K等は脂肪のミセルの中に入ってリンパ管へと吸収されます。

小腸にも病気はあるのですが、稀なので、吸収された栄養素が行きつく肝臓へと話を進めていきましょう。

肝臓はお腹の中の大化学工場

小腸から吸収された栄養素は、小腸の血管が集まって1本になった門脈を通って肝臓に運ばれます。肝臓は右の横隔膜の下にあり、重さは約1200～1400g。首から下では一番大きな臓器です。大きな予備力があり、¾を切除されても生きられ、数ヶ月すると元の大きさまで再生される便利な臓器でもあります。人間の体の中で、トカゲの尻尾のように元通りに再生される臓器は肝臓だけです。

しかし、非常に重要な働きをしているので、肝硬変のように肝臓全部の細胞がやられる病気になると、肝臓移植をしないと生き続けることはできません。昔の人が「肝心（腎ともいった）かなめ」とか「肝要」とか言ったように、体の中でとても大切な臓器です。

▼大化学工場なみの働きをする肝臓

①栄養素の貯蔵と加工

肝臓では、小腸からやってきた栄養素を貯蔵したり、たんぱく質や脂肪を人間の体に合うような形に作り変えたりします。牛や豚の肉を食べても牛や豚にならないのは、20種類あるアミノ酸を使って人間の体に必要なたんぱく質に変

肝臓の働き

①栄養素の貯蔵と加工	炭水化物	→ ブドウ糖	→ グリコーゲンの形にして貯蔵。血液中の糖が足りなくなるとブドウ糖に変えて、全身へ送り出す。
②解毒作用	たんぱく質	→ アミノ酸	→ 人の体が必要とする形のたんぱく質に再合成する。
③胆汁の生成	脂肪	→ グリセリン 脂肪小球	→ 一部貯蔵するが、大部分を全身の脂肪組織へ送る。
④血液凝固作用物質の産生			
⑤身体防御作用			
⑥血液量の調節			

えるからです。

このほか、ビタミンやホルモンの貯蔵、放出も行っています。

②解毒作用

体の中で作られた老廃物や、体外から取り入れられた有害物質を分解したり、無毒化して胆汁や尿から体外へ排出して体を守ります。この働きがうまくいかないと血液中に有害物質が多くなり、体の具合がおかしくなってしまいます。

お酒も、肝臓で分解される物質です。肝臓のアルデヒド脱水素酵素がアルコールの中間代謝物質であるアセトアルデヒドを酢酸に変え、最後は無害な二酸化炭素と水にまで分解するのですが、この代謝が途中で停滞すると、有害なアセトアルデヒドが血液中に溜まって悪酔いしてしまいます。アセトアルデヒドは、発がん性も指摘されています。

アルデヒド脱水素酵素のいくつかあるタイプのうち、主に働く2型を、日本人の約半数が持っていません。完全欠損の人はウィスキーボンボンでも倒れてしまう人。部分欠損なら少しは飲めますが、すぐ赤くなって気分が悪くなるお酒に弱い人たちです。

ところが、欧米系の人たちの90%以上はこの酵素を持っているので、酒豪が多いようです。フランスやドイツは水が悪いので、子供の頃からワインやビールを飲ませてしまっているようですが、肝硬変になる人たちもまた多いのです。

アルコールパッチテストでまっ赤になる人は酵素がない人とされていますが、酵素を持っている人でも、肝臓の代謝の速度を上まわる速さで飲むと酔ってしまいます。イッキ飲みはその意味でもよくない飲み方ですし、生命の危険があるので絶対にやらないで下さい。

アルコールの分解

アルコール脱水素酵素　アルデヒド脱水素酵素
↓　↓
アルコール⟶アセトアルデヒド⟶酢酸⟶二酸化炭素と水

③胆汁の生成

肝臓で胆汁の元である肝液を作ります。胆汁酸、ビリルビン、コレステロール等が入っています。食物中の脂肪を乳化して、脂肪を消化するすいリパーゼの働きを助けます。

④血液凝固作用物質の産生

血液凝固因子の中のプロトロンビンやフィブリノーゲンを作ります。これらは血液中を回り、凝固の引き金がひかれると、反応が次々と進んで、フィブリノーゲンがフィブリンになって固まり、血管の穴を塞いで止血します。肝硬変になるとこれらの物質が作られなくなるので、出血傾向が起こってしまいます。

⑤身体防御作用

免疫グロブリンを作っています。免疫グロブリンは自己、非自己を認識して抗体を作り、異物、細菌、ウイルス等が体の中に入ってくると、それらを排除して体を守るのです。免疫グロブリンには5種類が知られ、IgG（イムノグロブリンG）、IgA（イムノグロブリンA）、IgM（イムノグロブリンM）、IgE（イムノグロブリンE）、IgD（イムノグロブリンD）等です。

⑥血液量の調節

肝臓は非常に大きな臓器なので、血液を貯蔵したり古くなった赤血球を壊したりして全身を流れる血液の量を調節しています。

肝臓の働きはとても複雑なので、代替しようとすると一大化学工場を作るほどになるそうです。肝臓が壊れてしまったら、今は肝臓移植しか方法がないので予防が大切です。

肝臓にはいろいろな病気がありますが、日本人に多いのはウイルス性肝炎です。

東南アジアには肝炎が多い

肝臓が炎症を起こすのを肝炎といいます。原因別に、ウイルス性、薬剤性、中毒性、アルコール性などに分けられます。

(1)ウイルス性肝炎はA、B、C、D、E、G型

いろいろなウイルスで肝臓が障がいされますが、主な原因になるのは肝炎ウイルスと呼ばれる種類です。A型、B型、C型、D型、E型、G型が見つかっています。F型も一時見つかったといわれたのですが、どうも間違いだったようで、Fの次はGになっています。

1985年頃は、まだA型とB型が見つかっただけで、それ以外で黄疸の出る肝炎は、一括して、非A非B型ウイルスによるものと説明されていました。ところが1990年代に、非A非B型はD型、E型、C型が見つかり最後にG型が見つかりました。医学の進歩に医者も追いつくのが大変です。

①A型肝炎

A型肝炎ウイルスに感染して起こります。日本では昔、ほとんどの人がこのウイルスに感染していたといわれています。水や食物を介して伝染しますから、患者の排泄物で汚染された下水と飲み水が接触する場合に感染しやすいのです。日本は戦前、ほとんどが井戸水を使い、トイレも溜め置きで、

肝炎の発症経過

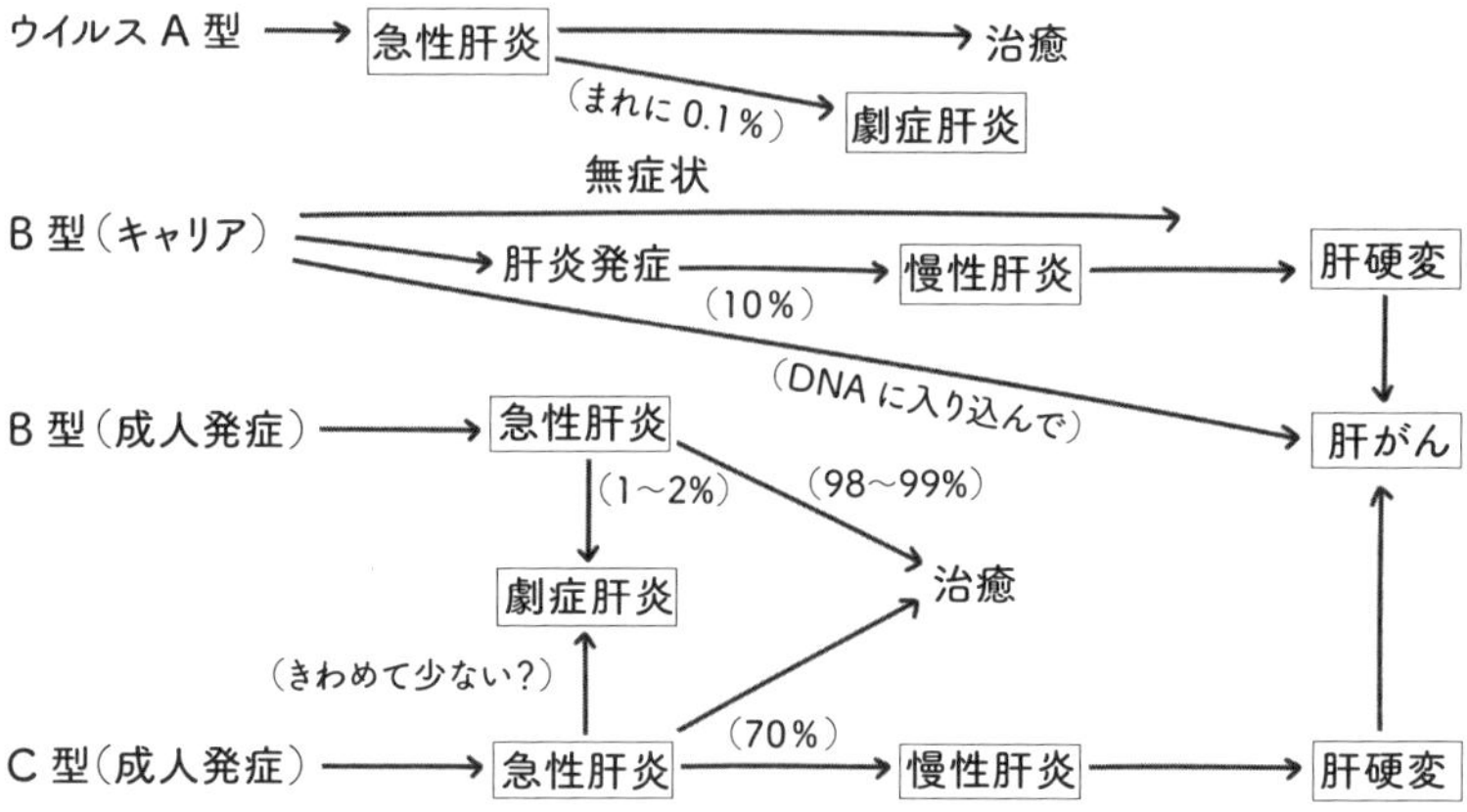

（％は日本医師会雑誌　第119号3号　1998年より）

それを畑に撒いたりしていたので、赤痢やコレラと同様にまん延していたのです。

戦後、上下水道が普及してくるにつれて国内では激減しました。A型肝炎に感染するのは、戦前の日本と同じような衛生状態の悪い国へ旅行した時です。稀に、外国へも行かないのに黄疸になってA型とわかると医者が首を傾げたりします。

A型肝炎の症状

急に熱が出て体がだるく、何も食べられなくなり、そのうちに体中がまっ黄色になります。最初はかぜかと思う人が多いのですが、黄色くなったら肝炎に間違いありません。

体が黄色くなるのを黄疸といいます。肝臓の細胞が壊れて胆汁に排出していたビリルビンが血液中に多くなり体中を黄色く染めてしまうのです。みかんを食べすぎてもてのひらが黄色くなったりしますが、これと黄疸との見分け方は、白眼の部分がみかんでは黄色くなりませんが、黄疸ではまっ黄色になるという点です。

A型肝炎の治療

A型肝炎はまれに劇症になる人もいますが、幸いなことに慢性化しません。はじめの数週間はとても辛い思いをしますが、食べられない間は点滴を受けて、じっと寝ていれば1～2ヶ月で治ります。ウイルスに効く薬はまだないので治るまでひたすら寝て待つのです。

A型肝炎の予防

A型肝炎で1ヶ月以上寝るのは絶対に嫌だという人は、予防注射を受けるとよいでしょう。海外、とくにA型肝炎の多い地域に行く人は、受けてから行くと安心です。しかし、初回、1ヶ月後、6ヶ月後と、3回受けて体の中に抗体を作らせるので、すぐに効果は期待できません。

急ぐ人には、免疫グロブリンという注射があります。ほとんどの日本人は、昔A型肝炎にかかっていたので、その人たちが持っている抗体を借りるのです。しかし、他人の抗体は3ヶ月で消滅しますし、免疫グロブリンは2回目以降の注射でアナフィラキシーショックになる人がいるので、あまりお勧めできません。

②B型肝炎

B型肝炎のウイルスは血液で感染します。このウイルスがまだ検査できなかった頃、輸血を受けるとすぐ黄色くなるというので「黄色い血」という言葉が流行しました。日本人は貧しかったので、自分の血液を売る人が多く、輸血体制にまだ不備があった頃の話です。その後、血液検査でB型肝炎ウイルスがチェックできるようになり、B型肝炎はぐんと減りました。

大人になってから感染した場合、稀に劇症化することがありますが、ほとんど慢性化せずに治ります。ところが、出産時にお母さんからウイルスをもらってしまうとやっかいなことが起こってきます。

B型肝炎ウイルスの母子感染——なぜ「キャリア」になるのか

生まれてすぐにウイルスが体に入った人は一生涯、何の症状も出ずに生活します。しかし人に感染させる危険があるので、ウイルスを運んでいる人という意味で「キャリア」と呼ばれています。

大人でウイルスに感染すると黄色くなるのに、キャリアの人は黄疸にならないのはどうしてでしょう。人の体には免疫系というシステムがあって、外から入ってくる異物に対して、いろいろな形で攻撃をしかけて体を守っています。A型やB型の肝炎ウイルスが感染して黄疸が出る急性肝炎は、肝細胞の中に入ったウイルスをやっつけようと、免疫系が肝臓の細胞を壊してしまうため肝炎になります。

家の中に犯罪者が立てこもったと考えて下さい。警察官はこの犯罪者を捕まえるためには、家のドアや窓を壊さなくては入れません。そして、家になだれ込んだ警察官と犯罪者が争うことになるので家の中はメチャクチャです。家は肝細胞、犯人はウイルス、警察官は免疫系にあたります。ウイルスが肝臓を壊すように考えられがちですが、そうではありません。稀に免疫系があまりにも強く肝臓を攻撃することがあります。すると肝臓は全滅してしまいアッという間に死んでしまいます。劇症肝炎といって恐れられています。

免疫系は普通、自分の細胞には攻撃をしかけません。生まれてすぐに、自分の体をすべて覚え込んでそれと比較して違うものを他者と見なすからです。ところがお産の時、赤ちゃんの皮膚の細かい傷にお母さんの血液がついて、そこからB型肝炎のウイルスが入り込むと、免疫系はウイルスも「自己」だとインプットし

B型肝炎ウイルス、キャリアの注意点

①自分の血液は自分で始末する。
②歯ブラシを他人と共用しない。(食器などはよく洗えばうつらない)
③結婚する相手にはB型肝炎ワクチン接種をしてもらう。
④医師にかかる時は、はっきりいう。
⑤重い肝臓病になることは少ないが、定期的にチェックする。

てしまうので、一生攻撃をしなくなるのです。ウイルスは肝細胞の核のDNAの中に入り込んでヌクヌクとすみ続けます。そして肝細胞の中で増えて血液中に出ていくので、キャリアの血液は感染源になります。キャリアの人は、他の人に移さないように注意しなくてはなりません。

キャリアの人は症状が出ないなら問題はないと考えるかもしれませんが、2000年で300万人いるキャリアの10%が慢性肝炎になり、非感染者より多い確率で肝がんになることがあるので問題になっています。子供の時の予防接種の針で回し打ちした為に、B型肝炎になった人には国の救済制度があります。

B型肝炎母子感染の予防ができるようになった

予防には、B型肝炎のワクチンを使います。ワクチンを作ったのは日本大学の教授でした。B型肝炎のウイルスはゴリラにしか感染しないので、1頭数百万円するゴリラを輸入して研究を重ねました。今では、ゴリラは絶滅種に入ってしまったのでそういった研究はできないかもしれませんが、ワクチンのおかげで、もうこれからはキャリアになる人はいなくなるでしょう。

生まれた赤ちゃんのお母さんがB型肝炎ウイルスを持つキャリアの場合、すぐに予防処置を取ります。生まれてすぐ、赤ちゃんにまずB型肝炎の抗体を持っている人の血液から作った免疫グロブリンを注射して、ウイルスが肝臓に入り込むのを阻止します。ワクチンは出生直後、生後1ヶ月、生後6ヶ月に注射して赤ちゃんの体に抗体を作らせ、免疫グロブリンが効かなくなる3ヶ月後からは、自分の抗体でウイルスに対抗する二段構えの予防で、母子感染は0.1%以下になりました。1985年6月から実施されています。

このワクチンは大人にも有効です。針刺し事故などで感染しやすい医療関係者は受けるようにしています。私や家族も受けました。アメリカの大学に留学する場合は、ほとんどの大学で義務付けるようになりましたので、一般の人も受けるようになってきました。

③肝がんになる率が高いC型肝炎

B型ウイルスを完璧に排除しても輸血後に肝炎になる人が後を絶たなかったのですが、やっとそれがC型ウイルスによるものであるとわかりました。

子供の予防注射の針や、麻薬の針の回し打ちなどでも感染したようです。1970年代のはじめ頃は、地方によっては針を取り替えずに子供に予防注射をしていた所も多かったのです。

C型はB型と違って慢性化することが多く、肝硬変から肝がんになる率も高いので、感染しないような注意が必要ですが、まだワクチンができていないので、感染がわかったら入院してインターフェロンと抗ウイルス剤等の治療を受けます。ただ、インターフェロンは、発熱や脱毛などの副作用もあり、タイプによっては無効のものもあって万全ではありませんが、2015年、アメリカのギリアド・サイエンシズ社が、ハーボニーという薬を作り、ほぼ100%ウイルスを消滅させることができるようになりました。

C型肝炎では母子感染やセックスによる感染は稀だとされています。現在医療体制を整えて感染を防ぐ努力をしています。

④D型肝炎

このタイプはB型ウイルスと一緒でないと肝炎を起こさないとされているので、今のところは問題ないと考えられています。

日本にはないとされているのですが、妊婦が感染すると劇症化して命の危険があります。野生動物の生肉や豚生レバーを食べるとまれに感染しますから、注意しましょう。

⑤E型肝炎

⑥G型肝炎

今、研究中ですが、「問題とする派」と「しない派」が現在論争中です。

⑵薬剤性肝炎

薬が合わなくて肝臓を壊す場合で、肝炎といわず肝障がいといいます。体質的に薬と合わないので、場合によっては死に至ることがありますから、医者は常にそういったことを念頭において薬を出さなくてはなりません。

⑶中毒性肝炎

農薬を飲んでしまったり、誤って劇物が体に入った場合に起こる肝障がいです。

⑷アルコール性肝炎

お酒を飲みすぎて肝臓を壊すものです。日本人の約半数がアセトアルデヒド脱水素酵素2型を持っていないのでお酒に弱い人が多く、肝臓を壊すほどの大酒飲みは欧米ほど多くはありません。

しかし、近年は日本でもアルコールの消費量が増えてきたので、ヨーロッパのようにアルコール性肝硬変の人が多くなってくるかもしれません。

アルコール20gをお酒別に比較すると

今、ワインがブームです。とくに赤ワインはポリフェノールが動脈硬化によいというので売れています。しかし、毎日ワインを3杯以上飲むと肝臓を悪くすることがわかっています。フランスでは動脈硬化で死ぬ前に、アルコール性肝硬変になってしまうのですから、むやみに真似をするのはどうかと思われます。お酒は楽しく嗜む程度に、アルコールは1日40gまでなので、日本酒なら2合まで、ビールなら中ビン2本まで、ワインはグラス3杯までにして、なるべく1種類だけ飲むようにしましょう。

さらに脂肪性肝炎もあります。ここから肝がんが出てくるようになりましたから、肥満による脂肪肝は要注意です！

肝臓病の終着駅――肝硬変

肝臓は非常に再生力のある臓器です。90％障がいされても治ってしまいます。しかし炎症が持続すると、壊れては直し壊れては直しを繰り返すうちに、だんだんに硬くなって、ついには石のように硬く小さくなる肝硬変になります。

肝硬変では、肝臓がおこなっている代謝や解毒といった働きがおこなわれなくなってしまうので、徐々に体の具合が悪くなっていきます。門脈からの血液が硬くなった肝臓を通り抜けられなくなってきて、お腹に水が溜まってきます（腹水）。こうなると薬では治らず肝臓移植しか手はありません。

肝硬変になる手前で生活を改め、悪くしないよう自分でも努力する必要があります。とくにC型肝炎は、お酒を飲む人ほど肝硬変になる率が高いことがわかっていますので、若い人でC型肝炎といわれたら断酒して下さい。または、高価なC型抗ウイルス薬を飲むかです。

大腸は食べ物の旅の終わり

消化器系の最後は大腸です。小腸で栄養素を吸収された残りの食物残渣と、食物の中で人体に吸収されない食物繊維が水分と一緒に大腸へやってきます。この時の水分は、食物中の水分が１０００mL、飲料水が１０００mL、そして消化液が７０００mLで、合計９０００mLになります。

大腸は長さ１·６m、小腸より太く、やってきた残渣を大腸菌で発酵、腐敗させて、ドロドロの粥状の便（粥状便）にします。そして左半分で水分を吸収して、便の水分を１００～１２０mLくらいにするのです。水分はまた再吸収して体の中で使うのですから究極のリサイクルといえます。

大腸の働き

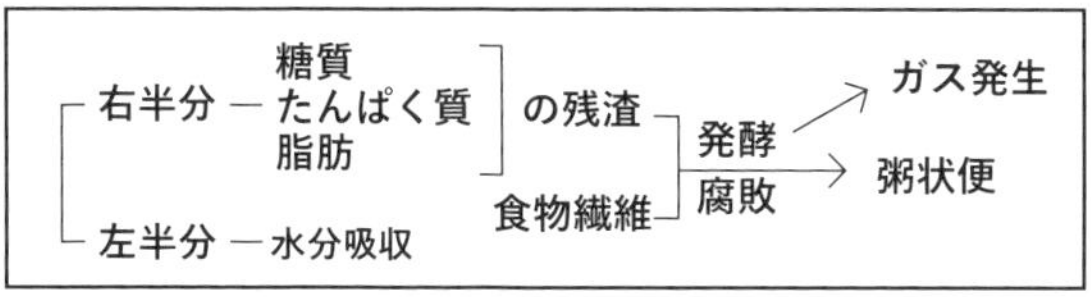

▼お腹に傷ができてしまう虫垂炎

小腸から大腸に入るところを回盲部といいますが、そこに小さな小指ほどのソーセージのような形の虫垂がついています。免疫系の働きをしているという説もありますが、とってしまっても何の異常も起こらないので、どうもなくてもよいもののようです。

虫垂に細菌感染が起こって腫れ上がって痛くなった状態を虫垂炎といいます。細菌だけでなくウイルスの場合もあるようですが、虫垂の入口が詰まって起こるといわれています。

48時間以内に手術をしないと、虫垂が破裂してお腹の中に汚ない大腸の内容物が散らばって腹膜炎になってしまいますから、早急な診断と治療の必要があります。最近は抗生物質で軽いものは抑えてしまうこともありますが、手術となるとお腹に傷が残ります。

虫垂炎の症状は、食欲がなくなり、ムカムカと吐き気がして、最初胃のあたりが痛くなります。だんだん、右下腹部に痛みが集中するようになったら、急いで医者へ行って下さい。血液検査で、白血球数が1mm^3あたり1万個を超えたら手術を考えます。

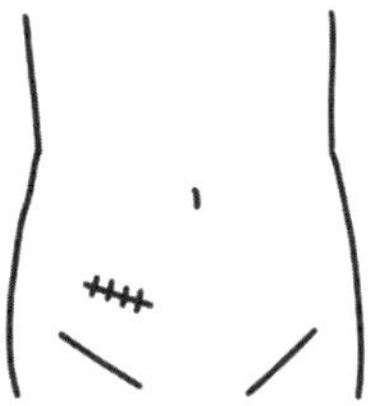

手術後

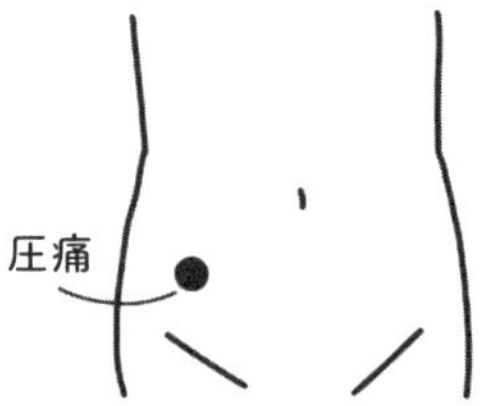

虫垂炎の症状

▼女性が悩む便秘

だいたいの人は朝1回排便します。数日に1回でも規則的に出ていると便秘とはいいませんが、大腸内に内容物が停滞して糞便の水分量が低下すると便秘とみなされます。

消化管は口から肛門まで続いているので、食べ物を食べるとトコロテンのように便が押し出されてくると一般の人は考えがちですが、そうではありません。

排便は胃結腸反射で始まる

胃の中に食物が入るとその刺激で大腸が動き出し、大腸壁の筋肉が順に動いて、内容物を下行結腸の方へ運びます。大腸のことを結腸ともいうので、この一連の動きを胃結腸反射といっています。

直腸に便が溜まると、脳に信号が行って、初めてトイレへ行きたいと感じるのです。そして、トイレでいきむと便が出るというしくみです。

胃結腸反射は胃の中が空っぽの時間が長いほど、そして胃の中にずっしりと食物が入るほど強くなります。なんといっても夜中が何も食べない時間が一番長いので、朝ごはんを食べた後、排便する人が多いのです。

では昼まで食べなければもっと強くなるかというと、そうでもありません。体の中には交感神経と副交感神経があり、交感神経は腸の動きを止め、副交感神経は腸の動きを活発にしています。一歩家から外に出ると交感神経が緊張してしまうので、後でしようと思っても、うまく出なくなってしまいます。

便秘の原因

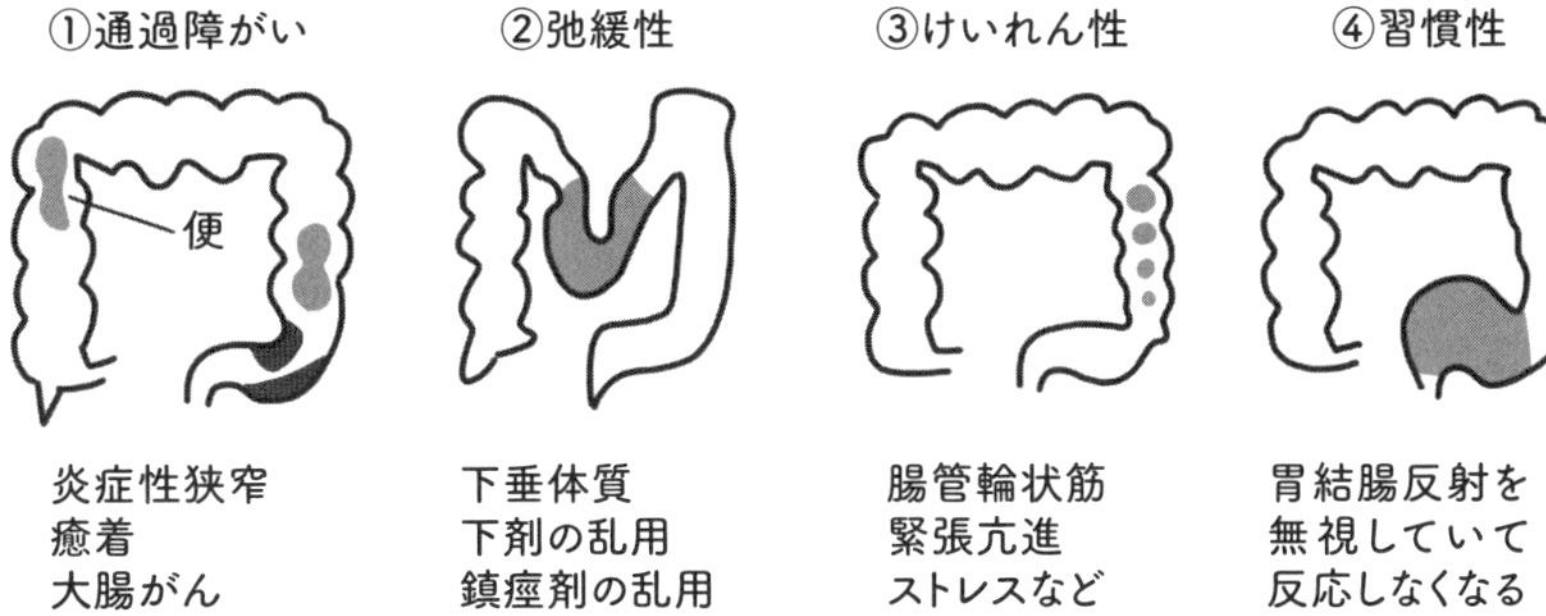

▼便秘の種類

①通過障がい

便の通過する大腸のどこかに細い部分があると起こるものです。赤痢などの重症の炎症を起こした後とか、手術後や、虫垂炎を抗生剤で散らした後の癒着とか、がんによる場合等です。炎症や癒着は長い間、便秘で苦しみますが、よく出ていた人が急に出が悪くなったら、大腸がんも疑って下さい。

がんはどこにでもできますが、肛門のすぐ上の直腸と、その上のS型に曲がったS状結腸の部分が一番多く、大腸がん全体の70～80％を占めています。がんはとても硬いので出口を締めつけて細い便になります。自分の便を見て、細い便の周りにまとわりつくような形で血がついていたら、ほぼ100％がんと考えて間違いありません。

②弛緩性便秘

大腸の筋肉の緊張がゆるんでダラッと垂れてしまい、便が直腸までいかず、まん中あたりで溜まってしまいます。直腸に便が来ないと、いくらお腹の中に便がいっぱいあっても排便したいという気にはなりません。

女性で痩せている人は胃下垂が多いのですが、大腸も下垂していることが多く、このタイプの便秘になりやすいのです。

また、下剤を飲み続けたり、逆にお腹が痛い時や下痢をした時に飲む鎮痙剤を連用してもなりやすいので、なるべく薬に頼りすぎないようにして下さい。

③けいれん性便秘

大腸壁の筋肉が緊張しすぎて、便が同じ場所に停滞するので、水分だけ吸収されてコロコロの石のようになってしまうタイプです。「うさぎの糞のよう」と表現されます。

便秘では食物繊維を多く摂るようにと指導されます。食物繊維は小腸で吸収されないので大腸の内容物が多くなり、腸管を刺激して動かすためです。しかしけいれん性便秘では、よけい緊張してしまうので逆効果です。かえって繊維の少ない下痢の時の食事のような残渣の少ない物を食べて下さい。

しかし落ちついてきたら繊維の多い物もよいでしょう。ストレスなどが誘因とされているので、安定剤を飲むとよくなる場合もあります。

④習慣性便秘

慢性便秘の中で圧倒的に多いのがこのタイプです。そして男性には少なく、ほとんどが女性です。排便は、胃結腸反射が朝食後に一番強く起こります。直腸に便が溜まると、脳がシグナルを察知して「トイレへ行こう」と考えるのです。しかし、この時に遅刻しそうだからと家を飛び出してしまうと交感神経が緊張して排便を忘れてしまいます。そういうことを繰り返しているうちに、直腸にいくら便が溜まっても、信号を脳へ送らなくなってしまうのです。女性は朝がとても忙しいので、ついつい排便を我慢してしまいがちで、このタイプの便秘に陥りやすいということもあります。

▼習慣性便秘の対策は子供の時から

①朝食をしっかり食べる

朝食を抜くと、胃結腸反射が起こらないわけですから、しっかり朝ごはんを食べなくてはなりません。しかし、夜、寝る直前まで食べ続けていると胃がもたれて朝あまり食べられませんから、夜は、少しお腹が空き加減で寝て下さい。ダイエットにも有効です。

②朝食後30分以上家でゆっくりする余裕を持つ

胃結腸反射があっても、横行結腸や下行結腸の便が直腸に来るまでに少し時間がかかります。便秘がちの人は、家から出たら交感神経が緊張して、もう排便は無理と考えた方がいいでしょう。30分早起きして、まずごはんを食べてから、身支度をしながら待って下さい。

「先生、それでは私4時半に起きなくてはなりません」といった教え子がいました。八王子から2時間以上かけて通学している生徒でした。遠くから通っている人に便秘が多い傾向はあります。

③幼児期に排便のくせをつける

大人で便秘の人はもう間に合いませんが、幼児期に毎朝、排便の習慣をつけておくと、ごはんを食べてから排便までの時間が早くなります。毎朝、排便してから家を出るように習慣づけることです。学校に入ってからでは、1時間目を全部遅刻すると進級にかかわることになりますが、幼稚園であれば、遅れても親が事情を話せば大目に見てくれるでしょう。親になったら、子供にしっかり習慣をつけてやって下さい。

④食物繊維をたっぷりと食べる

習慣性便秘では、食物繊維をたくさん摂って下さい。便秘がちの人は便の中の発がん物質が停滞するので大腸がんになりやすいといわれています。食物繊維は排便を促すとともに発がん物質も吸着してくれます。

▼下痢は便秘の逆

下痢は便秘とは逆に、1回の便の中の水分量が200㎖以上とされています。しかし、いちいち水分など測ってはいられません。水状または、泥状の便を下痢といいます。

大腸には、便とともに唾液・胃液・すい液・腸液と摂取した水分が合わさって1日に約1万㎖（10L）の水がやってきます。そのうち9900㎖（9.9L）を吸収するのは大腸の左半分です。早く便が通過して水分吸収が間に合わなかったり、何らかの原因で粘膜がただれて、水分吸収が悪くなると下痢になります。

一生に一度も下痢をしたことのない人は稀なくらいポピュラーなものですが、とても嫌なものでもあります。あまり激しい下痢の時は気分が悪くなって倒れてしまうこともあります。

下痢には急性と慢性があり、急性は1日から数週間でじきに治るもの、慢性は1ヶ月以上、数年から一生続くほど長引くもの、と分けています。

(1)急性の下痢

(i) 炎症によるもの

①ウイルス性

腸管ウイルスによるものは、一般にかぜがお腹に入ったといわれ、かぜ症状を伴い熱が出たりします。でも軽症が多いので、食べ物に気をつけていれば治ります。

大人はかなり脱水に耐えるので、おかゆやうどん等の消化のよいものを食べ、温かいお茶やスポーツ飲料を飲んでいるくらいでよいのですが、子供はすぐ脱水になりますから、皮膚をつまんでみて、たるむようだと危険な状態です。急いで点滴をしてもらわなくてはなりません。

乳児の体は80％以上が水分なので、脱水にとても弱いのです。小児は70％、大人になると65％くらい、高齢になると50％くらいになり、しわが増えてきます。

生ガキを食べた時、ノロウイルスによる食中毒で下痢をするのも、このウイルス性下痢です。

体の水分量の目安

乳児	80%
小児	70%
成人	60～65%
老人（60歳以上）	55%

②細菌性

赤痢、コレラ、食中毒がこれにあたります。赤痢は赤痢菌、コレラはコレラ菌による伝染病ですので、入院隔離の上、抗生剤や点滴でしっかり治療する必要があります。昔は死んだ人もたくさんいた病気でした。日本の衛生状態がよくなってからはみかけなくなりましたが、東南アジアやインドではまだ多いので、旅行の時は生水や生物を飲食しないように充分注意して下さい。

食中毒は、気温の高い時期に食物の中に食中毒菌が増えて、それを食べて発病します。たくさん死者が出たO‐157（病原性大腸菌）は、注意していてもまだ時々発生しています。体力が落ちると重症になるので、若くても自分の体に過信は禁物です。とくに夏場は睡眠不足、過労にならないように注意しましょう。

(ii) 機能性下痢

これには「神経性下痢」と「反射性下痢」があります。

神経性は、テストや試合、ストレスなど、精神的に緊張することからくる場合で、反射性は、冷たい物を飲んだり食べたりした後、急にお腹が痛くなるような場合です。スーパーの冷凍ケースを開けただけでなる人もいて、個人差があります。

⑵慢性の下痢

(i) 過敏性腸症候群

機能性下痢の慢性化とでもいいましょうか。ストレス等が引き金といわれています。下痢や便秘、腹痛が起こります。

下痢型、便秘型、下痢と便秘の交互型の3タイプがあります。医者はストレスを除くよう指導しますが、それができない人が慢性化しているのでなかなか難しい話です。

朝お腹が痛くなり、通勤や通学の途中で便意を催す等、本人にとってはとても辛いものです。牛乳や冷たい飲み物、食物繊維を減らして、あまり神経質に考えすぎないようにしてみて下さい。

(ii) 潰瘍性大腸炎

原因がまだはっきりわかりませんが、免疫系の過剰攻撃が考えられています。症状的には過敏性腸症候群の重症型と考えればよいでしょう。慢性に経過します。腹痛、下痢がひどく大腸から出血するので便は粘血便になり、貧血にもなります。

サラソピリンという薬が効く場合もありますが、重い人はステロイドホルモンを飲み続けなくてはならない場合もあります。免疫系の異常が考えられるので、血液中の白血球の中のリンパ球や顆粒球を取り除いたり、免疫抑制剤で効果のある人もいます。以前は大腸を全部切除したりもしましたが、現在は生物学的製剤（抗体医薬）が特効薬として使われています。

昔は非常に稀な病気と思われていたのですが、最近は多く見つかってきました。ストレスが誘因になるようですが、詳しいメカニズムはまだわかっていません。欧米に多い病気といわれていましたが、日本でもとても増えてきました。

(iii) 慢性すい炎

すい臓は消化酵素を作っている臓器です。慢性すい炎は長い間かけて、すい臓が炎症のために硬くなり消化液が出にくくなるので、食べた物の消化が悪くなり下痢をします。

この場合は、消化剤を通常の倍量、毎食後に服用すると楽になります。この病気は意外に多いのですが、医者もそう思って検査をしないと見落とすこともあって、下痢止めばかり常用してかえってお腹が張って苦しんでいる人もいます。

原因不明の場合もありますが、アルコールによることが多く、慢性すい炎の男性の70％はアルコールによるものといわれています。お酒は肝臓を壊すと条件反射のように考えられてきましたが、すい臓もかなり障がいされることがわかってきました。昔の大酒飲みはほとんどが男性だったので、慢性すい炎も男性が多かったのですが、最近は女性もお酒を飲む人が増えたので、将来、この割合は違ったものになってくるでしょう。

腸内細菌はお花畑

昔、人間の体の中にはほとんど菌はいないと考えられていました。ところが無菌だと思われていた胃の中にピロリ菌がすみついていることがわかり、また毎日歯を磨いているのに口の中には５００～７００種もの細菌がいることがわかってきました。そして大腸にはなんと、人体の細胞の37兆より多い細菌がいることがわかったのです。

１００兆近い１０００種類の腸内細菌が人の体の働きに深く関与していることがわかってきて、ある研究者は「人は腸内細菌に牛耳られているようだ」というくらいです。女子高で教え終わってから研究が進んできましたので追加で入れさせていただきます。

▼お花畑とは

調べてみると大腸には実に沢山の菌が共生していて、その状態は様々な植物が群生しているようだということで、腸内フローラと名付けられました。フローラとはローマ神話に出てくる花と春と豊穣をつかさどる女神です。便からはほど遠いイメージですが、だからこそ名前をつけたのでしょうか。

▼腸内細菌は3歳までの食事が大事

赤ちゃんが生まれた時、大腸には菌がいませんが、あっという間に増えていきます。母乳、人工乳、離乳食、兄弟の有無、ペットの有無、生活環境などで個人差が出てきます。

善玉菌、悪玉菌といわれますが、日本食や地中海食のような食物繊維が多く、植物性たんぱく質、野菜、果物が豊富な食事だと善玉菌が増えるといわれています。一方欧米のような高脂肪食や、動物性たんぱく質、糖分、塩分、食品添加物、抗生物質で悪玉菌が増えることがわかっています。

悪玉菌はいろいろな病気とも関係していることがわかってきました。

▼様々な病気に関与

潰瘍性大腸炎は日本に少ない病気でしたが、２０１６年には16万人となりました。肉食で野菜の少ない食事のせいだといわれ、腸内細菌叢《そう》が深く関与していることがわかってきました。

大腸がん、肝臓がんも腸内細菌が重要な役割をしていますし、糖尿病、肥満は腸内細菌叢を変えるとよくなることもわかってきました。

もちろん免疫系にも関与！　病気を予防する腸内細菌を特定して治療薬として投与する研究も進ん

でいます。

▼腸⇕脳は相関

昔からストレスを感じるとお腹が痛くなるとか、脳とお腹の関係は薄々わかっていましたが、腸内フローラの異常が消化管内腔の粘膜細胞から迷走神経下神経節を通り延髄孤束核、視床、大脳皮質に伝わることがわかっています。神経だけでなくホルモン伝達、サイトカイン伝達など脳と腸は実に密接なのです。そこで今、腸活花盛りです。

▼腸内細菌の縄張り

通常の大人の腸には、善玉菌2割、悪玉菌1割、日和見菌が7割いるといわれています。日和見菌は善玉優勢だと善玉菌に加勢して、悪玉優勢だと悪玉菌に加勢するそうです。ですから常に善玉菌を増やさなくてはなりません。ヒト社会の縮図のようですね。

▼腸内環境を整えて元気に過ごすには

企業各社はそれぞれ自社で開発したヨーグルトの売り込みに余念がありませんが、1種類でよいというものではないので、自分の善玉菌を常に元気にしなければなりません。

食物繊維とオリゴ糖は腸内細菌の餌です。毎日摂取しましょう。しかしゴボウは繊維が多いからとゴボウばかり食べていると、ゴボウの好きな菌ばかりになってしまいます。善玉菌も多様性が大事なのです。

納豆、味噌、ぬか漬け、チーズ、ヨーグルトなどの発酵食品は、「通過菌」と言って5日くらいしか腸にいられませんが、善玉菌を元気にするそうなので加えるのはいいことです。

世界の食事と比較しても、日本食は実に多彩な食材を使っています。洋風のメニューも加えながら日本食をベースにするのがいいでしょう。ユネスコ無形文化遺産になった所以でもあります。

②危険な食べ物——食品衛生

消化器の病気は食べ物や飲み物と共に体内に入ってくる病原体で起こる場合が多いので、この章の終わりに食品衛生としてまとめました。経口伝染病、食中毒、寄生虫についてお話ししましょう。

忘れていた経口伝染病がグローバル化で復活

伝染病とは、人から人へ伝染する病原体によって起こる病気です。食物や水を介して人の口から入り、主に消化管に病変を起こすものを経口伝染病といっています。

日本では、昔から第二次世界大戦直後までこのグループに属する病気がとても多く、

食べ物、飲み物によって起こる消化器の病気

経口伝染病	赤痢、コレラ、腸管出血性大腸菌O -157 など
食中毒	細菌型、毒素型、自然毒によるもの、ウイルスによるもの
寄生虫	野菜から、肉から、魚から

命を落とす人もたくさんいました。戦後、上下水道が完備し、衛生環境がよくなるにつれて激減してきています。ところが、東南アジアや他の新興国では、戦前の日本と変わらない衛生状態の地域がまだ数多くあるので、それらの国へ旅行したり住んだりした時のために、知識を持っている方がよいと思います。

⑴ 赤痢

赤痢菌によって起こり、昔は日本でも多数の死者が出ました。赤痢菌のついた食物や水が体に入った後、体内で赤痢菌が増えて、2～3日後から腹痛、下痢が始まります。赤痢とは下痢に大量の血液が混じるので、赤い下痢という意味でつけられた名前です。

最近の東南アジアでの赤痢は、昔日本で流行した赤痢菌ほど強力でなく軽症化していますが、それでもとても苦しいので、抗生物質で治療し、脱水を防ぐために点滴をしてもらわなくてはなりません。

医者のいない地域でかかったらどうしたらよいでしょうか。持参した抗生物質を服用し、スポーツ飲料を飲むとよいでしょう。スポーツ飲料は、重たくないように粉を持ち歩くことがありますが、汚ない水で溶かしたらもっとひどくなりますから、水をよく煮沸して下さい。

スポーツ飲料というのは激しいスポーツの後、喪失した電解質を補うために作られた飲み物ですが、軽いスポーツくらいでは電解質はそんなに失われることはありません。しかし、下痢をした時は電解質が下痢便と一緒にどんどん体外へ出てしまいます。電解質は体の機能を調節していて、電解質のバランスが崩れると死に至ることもあります。今の若者はファッションのようにスポーツ飲料を飲みますが、腎機能が正常なら電解質は尿と一緒に出てしまいます。しかし、一番必要なのは下痢をした時です。

(2)コレラ、別名はコロリ

インドネシアのバリ島に旅行した日本人観光客が何人も下痢をしました。日本に帰って調べたらコレラ菌が検出されて大騒ぎになりました。日本では、海外からコレラ菌が入らないようにかなり厳重に警戒しているのです。ところが怒ったのはバリ島の人たちです。自分たちは全然、下痢なんてしないのだから、コレラではないというのです。コレラ騒ぎが起こると観光客がパッタリ来なくなってしまうので、死活問題です。

調べてみるとあまり強くないコレラ菌だったので、バリ島の人たちは少しずつ体内に入っていて、免疫ができていたようです。今、日本は環境が無菌的なので、すぐまいってしまったのでしょう。ちなみに、東南アジアの人が、1ヶ月くらい東京で生活してから帰ると下痢をするそうです。腸管免疫は、じきに消えてしまうからです。日本人もバリ島に長く住んでいれば、慣れてしまうかもしれません。

それはさておき、日常的にコレラ菌がたくさんいるのは、アジアの中でもインドです。

コレラ菌が人の口から入ると体内で増えて、1～2日で下痢が始まります。この下痢は、白っぽい色をしているので「米のとぎ汁様」と表現されています。あまりに頻回に下痢が起こるので、インドの病院では、ベッドのまん中に穴が開いていて、そこに寝かせ、下のバケツで下痢便を受けるようになっています。そのベッドはコレラコットという名前がついていますが、トイレへ行ったり来たりするのが間に合わないほど、下痢をするためです。

昔は死ぬ病気と恐れられました。コレラにかかるとコロリと死ぬので「コロリ」といわれたものです。幸い菌も弱毒化して、効く抗生物質もできたので、昔ほど怖くなくなりました。抗生物質と脱水を防ぐ点滴で治療できます。スポーツ飲料はインドのコレラにかかった子供の生命も救いました。

インドに旅行する時にコレラワクチンを注射していく人もいますが、あまり有効ではないので、生水、生魚等には注意して下さい。帰りの飛行機で出された氷も気をつけた方がよいでしょう。飛行機に乗るとつい安心してしまいがちですが、現地の水で作られた氷かもしれず、凍っても菌はすぐ死なないので要注意です。すべて加熱して、それをすぐに食べれば安心です。

(3) O‐157は法定伝染病

O‐157は1996年、大阪の堺市や岡山市、その他で多発した給食による食中毒事件で有名になりました。この年、全国で患者数9226人、死者7人。医師たちがプロジェクトチームを組み、重症者には人工透析や血漿交換を行い、治療しました。

はじめは食中毒として扱われていましたが、菌数が50～100個と少なくても発病して重症化するということで、法定伝染病となりました。

O‐157の正式名は腸管出血性大腸菌といいます。アメリカでは、1982年にオレゴン州のハンバーガーで26人が死亡して有名になりましたが、日本では、埼玉県の幼稚園児が幼稚園の井戸水を飲み、2人が死亡した以外は、1996年までは流行しませんでした。

本来O‐157は、牛の腸にいる大腸菌です。人の腸にも大腸菌はいますが、これは人に害を与えず、消化を助けたり、ビタミンKを産生したりとよいことをしてくれます。しかし、牛の大腸菌が人に入ると大変なことになります。O‐157は、下痢を起こすだけでなくベロ毒素を出して、腸管壁を壊して血便が出ます。重症では腎臓を壊すので、尿毒症になって死に至ります。

O‐157は牛の腸から、どういう経路で人の口に入るのでしょう。

肉から

まず牛を解体する時に腸を切りますので、内容物が肉の表面についてO‐157が運ばれます。牛肉のステーキをレアで食べても大丈夫なのは、細菌は肉の表面についているので、外側をしっかり焼けば菌が死んでしまうからです。ところが、ハンバーグは肉を細かくして混ぜ合せますから、菌が中まで入ってしまうのです。アメリカ人は、ハンバーグも焼き具合をレアで食べるのを好むので、感染者は日本よりずっと多く、毎年2万人ずつ患者が出て、250人ぐらいずつ亡くなるそうです。生焼けのハンバーグはやめておいた方がよいと思います。

焼き肉も、生の肉を触った箸で焼いた肉を取って食べないようにしましょう。焼き肉店で見ていると、結構やっているのでご注意下さい。細菌はとても小さくて目に見えないのです。O‐157に限らず肉はよく焼けたものを食べた方が安心です。

レバ刺しで感染した人もいます。医者の私からいわせてもらうと、レバ刺し等という食べ物は、いくら新鮮でもO‐157も怖いし、寄生虫も感染するかもしれない危険なシロモノです。ぜひ止めてもらいたいのですが、日本人は好きでよく食べるようです。

野菜から

牛の糞尿で汚染された水が、畑に入って野菜につく場合も考えられています。

０‐１５７は、どんなに怖いといっても細菌ですから、しっかり火を通せば死んでしまいます。生で食べる野菜の場合は、充分に洗うと少しは予防になるでしょう。

食中毒は知識を持って予防

食中毒は、食中毒菌によって起こります。

細菌はとても小さくて、何億いようと人の目には見えず、また食中毒菌は腐敗菌と違って、食物の味も色もにおいも全く変化させないので、人は気付かないのです。腐敗菌は増えると味が酸っぱくなったり、色が変わったり、ツーンと鼻をつくにおいがしたりします。ご飯等は納豆のように糸を引いたりしますから、注意していればすぐわかります。

さて、敵が姿を見せないで身近にいる場合は、知識を持って身を守らなくてはなりません。食中毒には、細菌によるもの、細菌の出す毒素によるもの、自然毒によるものがあります。ウイルスによるものも見つかってきました。

⑴細菌型

主な症状は嘔吐と下痢です。原因食品を食べて半日くらいで始まります。

①サルモネラ（菌）食中毒

日本では、ずっと腸炎ビブリオによる食中毒が大半を占めていましたが、１９９１年から、サルモネラによる食中毒が多くなり、食中毒の⅓を占めています。

サルモネラ中毒はお弁当やお菓子で起こる食中毒です。主にネズミから伝播するものと、ニワトリが持っていて卵の殻に付いてくるものがあります。

ネズミが撒き散らす経路としては、お弁当のおかずやお菓子を作って置いてある上を、ネズミが通って、サルモネラ菌を落とした場合です。網などを被せても下に落ちて、食べるまでに時間がかかると、食中毒を起こすのに充分なほど菌が増えてしまうのです。最近は冬でも暖房が効いているので、四季を問わず、発生するようになりました。ゴキブリも怪しいといわれています。

卵の殻にサルモネラが付いていると、殻を割る時に白身に付着してきます。すぐ食べてしまえばよいのですが、加熱しないで使ったりすると食中毒が起こります。イタリアのデザート、ティラミスで食中毒事件が起こりました。ティラミスは卵を使いますが加熱しませんので、作ったのち時間がたって食べると危険なことがあります。

サルモネラ食中毒を防ぐために、ニワトリに予防注射をするところもあります。ネズミについては保健所がやっきになって汚染を防ぐ指導をしていますので、少なくなることが期待されます。イヌやネコ、ミドリガメも、サルモネラ菌を持っているそうなので、飼っている家は、食物が汚染されないよう注意して下さい。様々な対策で減ってきました。

②カンピロバクター

最近まで、食中毒菌としてはほとんど無名の菌でしたが、知らないうちに増えてきました。

1998年まで、年に20件たらずでしたから無理もありません。それが急に増えた原因はよくわかっていませんが、鶏肉の3～4割がこの菌に汚染されているそうなので、鶏肉を生に近い状態で食べると起こります。よく加熱して食べることです。その他、生の牛や豚肉からも感染します。鶏のから揚げも、中までよく火が通っているか確かめましょう。イヌ、ネコ、小鳥などのペットからも感染するようです。症状は頭痛、発熱、下痢、腹痛です。

③ウェルシュ菌

昔からその存在は知られていましたが、急に増えてきました。肉から感染します。

後に述べるボツリヌス菌と同様、酸素を嫌う嫌気性菌です。熱に強い芽胞という形になって、加熱した後空気に触れない所で生き残ります。大鍋で大量に作るカレーやシチューの中の方は空気に触れないので翌日までおくと食中毒が起こることがあり、別名「給食病」ともいわれています。この菌による食中毒の予防法は、カレーやシチューをよく混ぜて、空気を送り込むことです。

胃から小腸に入ったウェルシュ菌はまた芽胞の型になる時、エンテロトキシンという毒素を出し、下痢が起こります。

④腸炎ビブリオ（菌）食中毒

腸炎ビブリオは、浅い海の海水中にいる菌です。水温が高くなって16℃以上になると増殖を始め、25～30℃でとても多くなり、魚や貝について陸に上がってきます。

日本人は魚貝類を生で食べることが大好きな国民なので、どうしてもこの食中毒は多くなります。とくに夏は「口がまずいから、さっぱりしたお寿司やお刺身がいい」という人が多いのです。

腸炎ビブリオ食中毒にかかっても、下痢を10～20回すると2日くらいで治ってしまい、ほとんど死ぬ人はいません。しかし、お腹は痛いし、暑いのに下痢をしてあぶら汗をかくのは嫌だという人は、6月から9月まで、お寿司やお刺身を食べないことです。どうしても食べたかったら、水でよく洗って刺身にして下さい。でも、洗ったお刺身というのは、まずくなりますね。この時、絶対に塩水で洗わないようにすること。腸炎ビブリオは塩水が大好きなのです。

魚をさばいたまな板で他の物を切って、それに付くことがあります。家のまな板はよく洗えば大丈夫ですが、ときどき料理店で、思いがけない料理で腸炎ビブリオ食中毒が発生しています。

(2) 毒素型

細菌が作り出した毒素で起こる食中毒です。

①ブドウ球菌毒素

ブドウ球菌を培養すると球型の菌がぶどうの房のような形で増えるので、このような名前がつきました。人の皮膚や唾液の中にもいますが、健康な時は増殖を抑えています。手を切って化膿すると、その傷の中にブドウ球菌がたくさん増えて毒素を作り出します。

2000年6月、加工乳で1万5000人以上がこの食中毒になった事件で、大きな企業が倒産しました。古くなった牛乳のパックを手で開けてタンクに戻していましたが、誰かの手から、ブドウ球菌が牛乳の中に入ったのでしょうか。なにしろ牛乳は菌が増えるには好都合な材料なので、たくさん増えて毒素を産生したようです。企業側は、加熱するから安心だと思っていたようですが、この毒素は耐熱性なので分解しません。

家庭でも手に傷がある人が料理すると起こりうるので、注意が必要です。この食中毒の症状は、吐き気、嘔吐、下痢です。

②ボツリヌス菌──毒性の強さはサリンに負けない

ボツリヌス菌は、嫌気性菌というタイプの菌。今、地球上では、酸素があると増える「好気性菌」が大多数を占めていますが、太古の時代に海の中の藻類が光合成を行って酸素を作り出す前は、酸素がなくても増える「嫌気性菌」がたくさんいたといわれています。酸素が増えるにつれて、好気性菌に取って代わられてきましたが、今でも生き残りが土の中や深海にすんでいます。

ボツリヌス菌は土の中にすんでいて、何かのはずみで食物中に紛れ込み、毒素を作って人を殺すのです。ボツリヌス毒素は、１mgで１０００tのネズミを殺すことができるほどで、サリンに負けないくらいの強い毒性があります。ネズミではピンとこないでしょうが、人にあてはめると、１gで１００万人を死なせることができるといわれています。驚異的な毒です。

１９８４年、カラシレンコン事件というのがありました。九州の会社が全国から注文を受けて、真空パックのカラシレンコンを発送しました。その年、東北、関東、九州などでボツリヌス中毒が発生して、31人が発病して死者は９人になりました。ハスの穴の中に、土の中にいたボツリヌス菌が紛れ込んでいたのでしょうか。人は真空だと細菌が増えないと信じて安心するのですが、酸素の嫌いなボツリヌス菌には好都合の条件だったのです。

日本で昔から有名なのは、東北や北海道の「いずし」です。寿司飯と魚、野菜を何層にも重ねて、上から押しをして、何ヶ月もたってから食べる保存食です。ボツリヌス菌による食中毒が初めて報告されたのは１９５１年、いずしが原因でした。いずしで死者が出たとは知らず、集った通夜の客に、家人がいずしをふるまい、11人死亡した事件がありました。家人もいずしが原因とは、もちろん知らなかったのです。

欧米では、肉の自家製ビン詰めや缶詰で起こっています。肉の缶詰の中でボツリヌス菌が増えている場合は、発酵して丸くなるのでパンパンに丸くなった缶詰は買わない方がよいといわれています。

この食中毒の場合は、通常の食中毒のように、下痢等の消化器症状はありません。神経が障がいされ、眼筋が麻痺して、物が二重に見えたりします。眼科で診てもらっているうちに、呼吸麻痺、心臓麻痺が起こり死んでしまいます。死亡率は75％ですから、大変恐ろしい毒です。でも、唯一救いなのは、この毒が80℃の加熱で分解することです。心配な人は、何でも加熱して食べて下さい。ボツリヌス中毒と診断がつけば、抗毒素血清で助かります。

(3) 知っているけどつい食べてしまう自然毒

① ふぐ（テトロドトキシン）

「ふぐほどおいしいものはない」と、昔から日本人の大好きな魚ですが、毒を持っているということも、ほとんどの日本人は知っています。毒の名前はテトロドトキシン。「ふぐは食いたし、命は惜しし」ということで、毒を知りつつふぐを食べ、1970年代までは、年間150～300人がふぐの毒にあたり、100人ずつ亡くなっていました。

この毒は、中枢および末梢の神経に作用して、筋肉も麻痺し、最後は呼吸麻痺で死亡します。意識は、かなり最後までしっかりしているので「アー、オレはふぐで死ぬのか」と思いつつ死ぬことになります。食べてから、20～30分で舌や指先がしびれてきたら危なくて、4時間以降の発病なら治療で助かるといいます。輸液と神経麻痺を抑える薬と人工呼吸管理で、体内の毒が消えるのを待つのです。

1990年代には、調理師免許の徹底と救急医療体制の充実で、患者数は年間40～50人、死亡は数人になってきました。それでもゼロにならないのは、素人が勝手に調理して食べたり、料理店に行って内臓を食べたがるからです。肝臓と卵巣に毒が多く、とくに5月から7月の産卵期に一番多くなるので危険です。人の致死量は、テトロドトキシン2㎎、フグの肝臓20g分です。

②**アサリ**

ときどき有毒化します。その毒はベネルピンとされていますが、その発生機序は未だにはっきりとわかっていません。赤潮の毒を集積するという説もあります。

アサリは50個以上食べなければ問題ないと思われます。スパゲッティにのっているムラサキイガイも毒を持ったことが報告されています。症状は下痢です。

③**キノコ**

年間200～300人がキノコの毒にあたり、10～20人が死亡しているようです。

ツキヨタケ、イッポンシメジ、ニガグリタケ、テングタケ、ドクスギタケ等、毒キノコの名前は知っていても、実際はとても素人には見分けがつきません。色あざやかなのは毒があるとか、縦に裂けるのはよいとか悪いとか、古くからの俗説はあまり当たらないそうですから、キノコ狩りに行ったら、その土地のキノコに詳しい人に見てもらうのが一番確かです。以前、ツキヨタケを採ってきて食べた一家が中毒を起こしたニュースがありましたが、シイタケによく似ていて一家もシイタケと思って食べたようです。

④**じゃが芋の芽**

じゃが芋を冬越しさせると、春にニョキニョキと芽が出てきますが、その新芽にはソラニンという毒があります。家庭科で、芽はよくくりぬいて調理するように習っていると思いますが、どんぶり1

杯分食べると、胃腸障がいがひどくなります。じゃが芋2～3個分でも、気分が悪くなりますので、料理をする人は、やはり芽をしっかり取って作るのがよいでしょう。

⑤青梅

梅雨前の青梅は、アミグダリンという青酸の一種の毒を持っているといわれています。噛んだらコリコリとおいしそうなので、梅酒や梅干しを作る時につい食べたくなりますが、多食すると食中毒を起こします。長く漬けておけば毒は分解するので、食べたい人は梅酒の梅を食べて下さい。

(4)ウイルスによるもの――カキ

人が好んで食べる生ガキによる中毒は、ノロウイルスによるものであることがわかりました。最近、生ガキとワインの組み合わせが流行していて患者が増えています。症状は下痢、吐き気、発熱など。ウイルスですから特効薬はありません。加熱すれば問題ありませんが、どうしても生で食べたい人は、たくさん食べない方がよいでしょう。症状の強さは、食べた個数に比例しているようです。しかし近年、ノロウイルスは強毒化して、数個食べてもあたるようになりましたから要注意です。

ノロウイルスは人の吐物や便を介しても感染します。2006年頃から冬に大流行して、レストランやホテル、旅館の閉鎖が相つぎました。細菌性食中毒より件数はずっと多くなっていますが、年によって流行に波があります。

忍び寄る寄生虫

▼寄生虫の話を聞いてもらいたいわけ

第一の理由

日本や先進諸国は、寄生虫の感染率が低いのですが、東南アジアや中東、アフリカ、中南米などの途上国では、まだ戦前の日本と同じくらいに寄生虫がまん延している地域があるのです。そういった場所へ旅行したり、転勤で住むことも、今後ますます増えていくと思われますから、知識があった方がよいと思います。

第二の理由

今、日本はグルメブームです。通常のご馳走では飽き足らなくて、珍しい物を食べたがります。テレビで食べ歩きの番組を見ていると、思わず「アッ、やめて！」と叫びたくなるものを、パクッと食べてしまったりしています。私の声は届かないので、そこに寄生虫がいなかったことを念じるばかりです。感染のチャンスが多くなっているのが、第二の理由です。

第三の理由

寄生虫にすみ込まれると被害が予想以上だからです。寄生虫はいろいろな食物について人の体に入り込みます。人間の体には免疫系というシステムがあって、細菌、ウイルス、異物などが、体の中に入ってくると、抗体を作って攻撃して排除してしまいます。ところが寄生虫は、この攻撃を避ける術を身につけているらしく、太古の昔から人に寄生して栄養を吸い取ってきました。段々に痩せてひからびてしまいます。

(1)野菜から入ってくる寄生虫

①回虫

糞尿を肥料とする地域に多い寄生虫です。長さは20～30㎝。まっ白い太めのミミズという格好です。虫の卵がついた野菜を食べると、食道から胃、十二指腸に降りていって、その間に幼虫になります。幼虫は小腸の壁から血管に入り、門脈を伝わって肝臓へやってきます。肝臓を通り抜けて、心臓に達すると今度は、肺動脈に乗って肺にやってきて、気管を逆行してのどまで上ってきます。何かゴロゴロするなと飲み込むと、また、食道、胃、十二指腸へと降りていって、小腸にやっとすみつくのです。体の中をグルグル回るので回虫という名前が付いたのです。小腸に居を構えた成虫は、どんどん卵を産んで増えていきます。あまりにも増えすぎて、腸に詰まってしまった人もいました。

戦前の日本人はほぼ100％持っていた寄生虫ですが、戦後、アメリカ軍の指導で人糞を畑にまくことをやめ、化学肥料を使うようになって激減しました。いままた有機農法のニーズが高まってきたので、人糞を肥料に使うと、復活する可能性があります。

②蟯虫《ぎょうちゅう》

大腸の入口の回盲部に寄生する8～13㎜の小さな寄生虫です。糸ミミズのような、とでもいいましょうか。よほど大量にならなければ症状はありません。しかし、産卵の時には肛門から出てきて卵を産みつけるので肛門のまわりがかゆくなります。まっ暗な腸の中で、どうして昼と夜がわかるのか不思議ですが、出てくるのは夜です。

かゆいのでかくと爪に卵がついてきます。パジャマや敷布にもついて塵となって散乱し、家族内感染が起こるので、掃除、洗濯をよくして、家族一斉に駆虫しないと撲滅できません。いまは減ってきた為に、2016年4月から、小学校低学年での定期検査は廃止されました。

⑵肉から入ってくる寄生虫

①牛肉の無鉤条虫は長さ6m

長さは3~6m、10mに達する虫もいます。牛肉からの感染ですが、日本人も生の牛肉を食べる人が増えて感染者が増加しています。

日本では解体時に牛肉の中に虫を見つけたら、1頭全部廃棄処分すると聞いたことがありますが、冷凍で死滅するので冷凍肉なら大丈夫でしょう。外国ではどうしているかわかりませんので、タルタルステーキや牛刺しは、虫がいるかもしれないと思って下さい。

症状はあまりなく、たまに腹痛、下痢くらいです。しかし、虫のちぎれた体節が肛門から出て来て、いつも下着に付き、不快このうえないそうです。

②生焼けの豚肉から有鉤条虫

長さは2~3mで、加熱不充分な豚肉から感染します。

日本では、たくさん豚肉を食べる沖縄に多かったのですが、外国での感染も含め、感染者が増えているそうです。

虫自体はあまり悪さをしないのですが、嚢虫《のうちゅう》という袋状の状態の時、寄生する場所によっては大変なことになります。皮下ですと小指頭大のこぶになりますが、脳に入るとてんかん様発作、けいれん、麻痺、精神神経障がいなどを起こし、ＣＴやＭＲＩ検査等で脳腫瘍と間違えられることもあります。眼球に入ると失明します。いずれにしても重症になるので、豚肉はしっかり火を通して食べることです。

③クマの肉を食べて旋毛虫症

とくに欧米での患者が多く、高熱、筋肉痛、浮腫（むくみ）が起こり、重症の場合は、貧血、心不全、肺炎を併発して死ぬ人もいるので恐れられている寄生虫です。

クマの肉に多く、日本では１９７０〜80年代に料理店でツキノワグマやエゾヒグマの刺身を食べて発病した人が何十人も出ました。幸い軽症で済みましたが、私たち医者は、どうしてそんな物を生で食べるのかと、ハラハラしてしまいます。

これ以外にも野生動物には恐ろしい寄生虫がいっぱいいるので、どうしても食べたい時はよく火を通してから食べて下さい。今、ジビエといって野生動物の肉をレストランでも出すようになりました。あまりレアな状態はおすすめできません。

(3)魚から入ってくる寄生虫

日本人は刺身が大好きなので、なんでも生で食べたがりますが、淡水魚には寄生虫が多いことを知っていて、昔から川魚はよく火を入れて食べていました。ところがその知恵を伝える人が少なくなっています。そのうえグルメブームが拍車をかけて、今、日本の食生活は危うい状態です。海の魚には、意外と寄生虫が少ないのですが、いないわけではありません。どちらも生で食べると寄生虫を呼び込む危険があります。

①広節裂頭条虫

長さ10m、平打ちうどんの様な形をしており、別名サナダ虫とも呼ばれています。真田幸村が作った真田紐に似ているからだそうです。

サケ、マスの生食で感染することがあります。サクラマスといわれる種類に多く、普通のサケにはあまりいないといわれていますが皆無ではありません。最近は、寿司屋もサケのにぎりを作るようになったので、あたってしまったら大変です。

あまり症状は出ませんが、肛門から長い節が出てくるという嫌な虫です。症状がないといっても貧血、めまい、下痢、腹痛などがありますので、健康感がありません。

欧州の有名なオペラ歌手マリア・カラスが、痩せる目的で卵を飲んだという話は有名ですが、日本のサナダ虫はあまり痩せないそうですから、お勧めではありません。サケやマスを生で食べたい人は、マイナス20℃以下で24時間以上冷凍すれば死ぬので、冷凍物を食べて下さい。

②有棘顎口虫は皮下を歩く

体長は1～3㎝で、大きな虫ではありませんが、人の体内に入ると消化管をつき破って皮下を遊走します。ある日、突然、皮膚が赤く盛り上がって痛がゆく、何だろうと思っていると、数日で別の場所へ移動します。

どじょうや雷魚（カムルチー、ライヒー）にいるのですが、日本より韓国、台湾、中国に多い寄生虫です。最近どじょうは輸入しているので危険です。どじょうの料理は、ゴボウと煮て卵でとじる柳川鍋が有名です。これはよく煮るので心配はありません。問題なのは「おどり食い」という食べ方です。沸騰している鍋の中に、生きているどじょうを入れます。どじょうは苦しがって飛び上がるところを箸でつまんで食べるという残酷な食べ方です。これだと、中まで火が通らないので、有棘顎口虫がいた場合は感染してしまいます。

③胃に食い込むアニサキス

海のいろいろな魚が持っている寄生虫です。タラ、サバ、マアジ、サンマ、イカ、カツオなどにいます。タラ、サバ、サンマは生で食べることが少ないので、注意するのはイカやカツオです。

この寄生虫は人に長くすみつくことはできないのですが、幼虫は胃や腸の壁に食い込むので、すごく痛くなります。白い糸のようなので、とくにイカだとわかりにくく、イカの刺身で感染する人が多いのですが、食べてから1～8時間くらいして、急に胃が痛くなったら、救急外来で内視鏡検査を受けて下さい。胃だったら取れますが、腸までいってしまうと、手術をするか虫が死ぬまでひたすら耐えるということになります。

1年間に2000～3000人がアニサキスに感染するといわれています。私は医学生の時、寄生虫の実習でイカにアニサキスがたくさんいるのを見て以来、今日までイカの刺身を食べられません。マイナス20℃の冷凍で死ぬので、とりたての近海物よりも、冷凍物の方が安心です。アニサキスアレルギーの人は、生でなくてもじんましんになったりします。

危険な食べ物から身を守る方法

① 腸炎ビブリオ食中毒になりたくなければ、6月から9月までは、刺身、寿司を食べないこと。
② ふぐは食べなければ、それにこしたことはない。肝臓、卵巣はどんなことがあっても食べない。
③ イカとサケの刺身は冷凍ものを。
④ 豚肉は、よくよく火を通して食べる。
⑤ 淡水魚を生で食べない。東南アジアではとくに注意。
⑥ 肉、魚を切ったまな板や包丁は、すぐに熱湯をかける。
⑦ 古くなったものや作ってから時間のたったものは捨てる。

MEMO

第5章

なくては困る泌尿器系

小さな臓器の大きな働き

泌尿器系とは、尿を作る左右2個の「腎臓」と、できた尿を膀胱に流す2本の「尿管」、尿をためておく「膀胱」、排尿時に外に流す「尿道」からできています。

普段は膀胱から脳に尿を出したいという信号が来るまで、だれも膀胱のことを気にしていません。膀胱は女性３００～３５０mL、男性は５００mLくらいの尿が溜まるとトイレに行きたくなり、膀胱外側の平滑筋（排尿筋）が収縮して尿を出します。１日５～６回から７～８回。３回以下とか10回以上は何か問題がある可能性があります。

腎臓は１分間に２～３mLコンスタントに尿を作り、余った水分や電解質、たんぱく質の代謝産物などを外に排泄しているのです。１個の重さはたったの１３０ｇですが、中の毛細血管の塊（糸球体）は広げると2個分でテニスコート１面分にもなり、血液から老廃物を効率よく漉し取っています。

▼なくなってはじめてわかるありがたみ

様々な病気で腎臓は壊れていき、ついに尿を生成できなくなって、体に老廃物がたまった状態を「腎不全」と言います。そのままだと多臓器不全となり死んでしまうので、腎臓の働きを機器や人の腎臓で肩代わりしなくてはなりませ

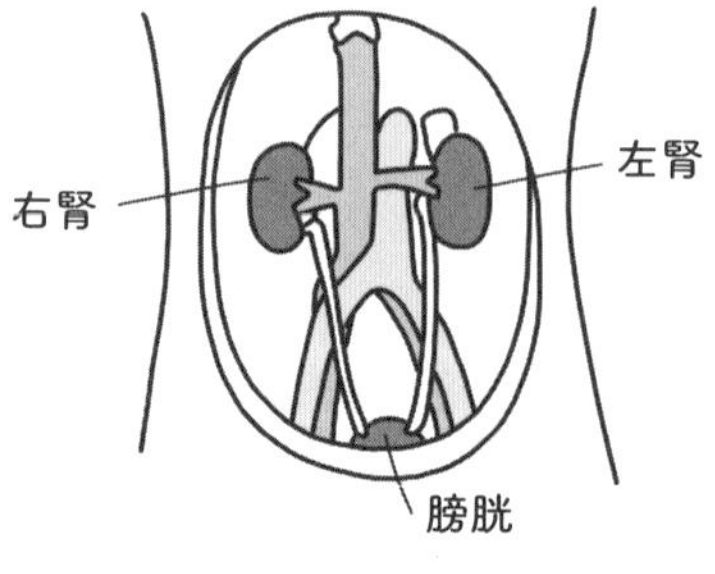

腎臓は、横隔膜の下で、一番背中の近くに位置するそら豆状の臓器。2個あり、1個130g。毛細血管の塊で、血液から老廃物をこしとっている。飲む水分量にもよるが、1日の尿量は約1500mLである。

ん。機器で肩代わりするのを人工透析、人の腎臓をもらうのを腎移植といいます。いつも気にしなかった腎臓が壊れた代償は大きいです。

▼人工透析で何十年も生きられる時代になった

腎臓の代わりに機械が肩代わりする人工透析ですが、たった260gの腎臓の働きをさせるためには机1個分くらいの大きさが必要なので持ち歩くわけにはいきません。はじめは週2回、重症になると週3回5時間ずつクリニックや病院に通います。

腕の血管の動脈と静脈をつなぎ合わせるシャントを作り、そこに針を刺して血液を抜き取り、半透膜に流して老廃物だけ抜き取るのです。気の弱い人は嫌がりますが20年以上寿命が延びるので我慢です。

▼腎臓をもらえたらとてもありがたい

日本人は死ぬと火葬するのでその前に腎臓をと思うのですが、くれる人は少ないので家族が2個ある腎臓の1個を提供する生体腎移植があります。

1個でも移植すると次の日から尿が出て、その感動は忘れられないと患者さんはいいます。ただし移植というのは一卵性双生児から以外では、異物として拒絶するので、免疫抑制剤を一生飲むことになります。

腎不全にならないうちに腎臓を大事にしよう

だんだんに腎臓を壊す病気がわかってきていますから、それらの病気にかからなくすること、またはかかっても進行させないよう養生することが大事です。

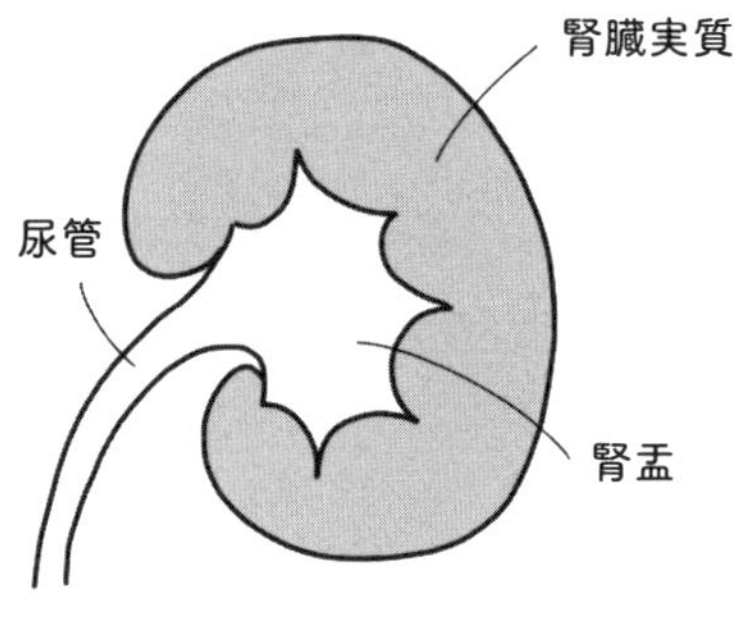

① 腎炎

昔はのどかぜをひいてから腎臓を悪くした子供が沢山いました。溶血連鎖球菌に感染したあとアレルギー反応でできた抗体が腎臓を攻撃したために起こりました。

私も5歳の時にかかり、数ヶ月間塩分抜きで寝かされていました。今はのどに感染した時点で、抗生剤を5～10日くらい服用すれば防げます。

そのほかにもネフローゼ症候群とか慢性化する腎炎があります。昔は透析の原因第1位でしたが、糖尿病に抜かれて第2位になりました。

② 糖尿病

糖尿病にはⅠ型とⅡ型があり、Ⅰ型はウイルス感染の後、すい臓のランゲルハンス島β細胞が全滅し、インスリンが出なくなることが原因のため、一生インスリン注射が必要です。

Ⅱ型には、カロリーの高いものばかり食べることでβ細胞が疲れてインスリンが出なくなるタイプと、太りすぎて内臓脂肪からインスリンの働きをブロックする物質が出て血糖が上がってしまうタイプがあります。太らないこと、食後運動して血糖を上げないことが大事です。ある程度なりやすい体質が遺伝するようですから、家系に糖尿病の人がいたら気を付けましょう。

血液が高血糖になると、血管壁がボロボロになり毛細血管がやられてしまいます。腎臓は毛細血管の塊なので、腎不全になってしまうのです。かなり前から透析の原因第1位は糖尿病性腎症です。

③痛風

遺伝的に尿酸の処理ができにくい家系に多い病気です。細胞の遺伝子を構成している塩基が分解してプリン体になりますが、そこから尿酸になり関節に沈着すると痛風発作を起こして苦しみます。風が吹いても痛いとか、痛い風が吹き抜けるようというのでこの名前がつきました。

肉や魚やレバーなどの高プリン食を避けましょう。アルコールも痛風発作を誘発します。帝王の病気といわれていました。ご馳走三昧はいけません。

この尿酸が腎臓に目詰まりして腎機能が悪くなります。痛風性腎症は透析の原因第3位です。

尿管や膀胱にも身近な病気が

①外科医の持病？　尿管結石

尿管に石が詰まって起こります。腎臓からはコンスタントに尿が流れ出てきますが、せき止められると腎臓の腎盂《じんう》がパンパンになり、それは痛いのです。

病院で尿管を開く薬を入れた点滴をしてもらい、石が膀胱に落ちたらケロッと治ります。尿道は太いので大体の石は流れ出るのです。

尿管結石の原因のひとつは尿酸です。そのほかホウレンソウに多いシュウ酸、ビタミンＣも原因になります。尿は水溶液です。飽和濃度を超えると結晶になります。尿が濃縮しないように水をたくさん飲んで下さい。

外科医に尿管結石が多いのは、長い手術の時はトイレに行かれないので、前の日から水分を飲まないようにするためだといわれています。

②女性に多い膀胱炎

1時間に何回もトイレに行き、排尿後すごく痛みを感じたら多分膀胱炎でしょう。医療機関で尿の細菌を調べてもらいましょう。

尿1㎖あたり10万個以上菌がいると、膀胱粘膜がただれて炎症を起こします。膀胱は上から尿が落ちてきて膨れてくる途中で痛むため、排尿したいと感じるのです。膀胱の筋肉が収縮するとまた痛いので、排尿の途中で止まってしまいます。尿が残った感じです。頻尿、排尿痛、残尿感が、膀胱炎の3大症状です。

軽ければ水をたくさん飲んで菌を流してしまいましょう。治らなかったら抗生物質を処方してもらいます。膀胱炎を繰り返すと耐性菌になりますから、しっかり治るまで薬を飲んで下さい。

膀胱炎は熱が出ません。高熱が出たら細菌が腎臓の腎盂まで上がり、腎臓から血液中に広がった証拠なので、入院が必要です。

第6章

がん

2人に1人が「がん」になる

がん（癌）は、1981年から日本人の死亡原因の第1位を占めています。昔の人は結核や肺炎の感染症で死亡し、その後、脳出血や脳梗塞といった脳血管障がいが1位になりましたが、21世紀になってもがんは1位の座を守り通しています。

日本人のがん死は増え続けていて、4人に1人から3人に1人の割合になりつつあります。ですから、周りにはがんになった人がたくさんいるわけで、おじいさんは肺がんだったとか、お母さんが乳がんの手術をしたとか、お父さんが検診で胃がんだといわれた等と聞くようになったのです。死ななくても2人に1人ががんになる時代になりました。

「保健」は、体の構造や働きを知って、一生涯を健康に過ごせるように、病気の予防知識を勉強する科目です。エイズや生活習慣病にならないための予防知識も含まれます。ところが、日本人の⅓ががんで死ぬ時代に、「がん」について特別の授業枠を設けていなかったのは、発生の解明がすっかりなされていなくて、予防について教えにくかったからかもしれません。

近年、イギリス、アメリカ、日本等のがんを研究する学者たちの努力によって、がんの要因の⅔は、生活習慣によって起こってくることがわかってきました。

がんは、遺伝子（ＤＮＡ）のキズから始まります。ただ、がんになりやすい遺伝子を持っていても、環境が揃わなければ発病しないので、若いうちに予防知識を持つことは絶対必要だと私は考えています。

がんになるのはお年寄りが多いので、若い人は自分にあまり関係がないと考えていると思います。年をとってくると、ＤＮＡの傷の修復にエラーが起こりやすいので、年を重ねるほど、がんが起こりやすくなることは確かです。ところが、１個のがん細胞が誕生してから１ｇのがんになるまでに約20年かかるのです。40歳くらいでもがんになる人がいることを考えると、若いうちに勉強しておいて早すぎることはありません。

各章で個別のがんの話をしましたが、ここでは全般的ながんの話や予防についてまとめました。ちなみにがんは、日本語では癌、英語はcancer、ドイツ語はKrebs。すべてカニの意味です。がんの浸潤の形が、カニが足を伸ばしたように見えることから、この名前がつきました。

中学の時に母親をがんで亡くした生徒がいた学年では、その子に「大丈夫？」と聞きましたら知りたいというので授業は続けました。

意外と知らないがんの定義

「がん」という言葉を知っていても、正しい知識を持っている人は少ないと思います。敵から身を守るためには、敵の本態を知らなくてはなりません。

がんを定義するのは難しいことですが、一口にいうと「細胞の遺伝子（ＤＮＡ）の機能異常によって起こる病気」ということになります。「機能異常だなんて、なんだかさっぱりわからない」となりますが、ごく簡単に説明しましょう。

体の細胞は、分裂を繰り返しながら、欠けた所を埋めたり、一定の時点で死んで新しい細胞と入れ替わったりしますが、元の大きさでストップして、それ以上増え続けることはありません。

子供はどんどん大きくなりますが、しかし一定の年齢になると成長は止まり、空まで届くほどの巨人になる人もいません。それらは全部、細胞のＤＮＡの中にプログラムされていて、非常にうまくコントロールされているのです。ところが、細胞ががん化すると、そのプログラムが狂って分裂が止まらなくなり、腫瘍と呼ばれる塊になります。つまり、細胞の機能が異常化した時、がんという病気が始まるわけです。

「腫瘍があります」と医者にいわれることがあります。腫瘍＝がん、と考えがちですが、これには良性と悪性があります。どちらも細胞が分裂を繰り返して大きな塊になっていくのですが、この２つの決定的な違いは、悪性腫瘍は転移するということ。良性腫瘍はどんなに大きくなっても他へ拡がらないので、その部分を取ってしまえばよいのですが、悪性腫瘍は別の場所へも飛び火して、そこでまた大きくなって、最後は体中が腫瘍細胞に乗っ取られてしまうのです。

悪性腫瘍には「がん」と「肉腫」があります。これは発生の段階で、上皮性由来と非上皮性由来とで区別した専門的な分け方です。大まかにいえば、上皮性はたどっていけば外界に通じる臓器に発生したということで、それをがんといいます。皮膚はもちろん、消化器も外界と通じていますし、肺や腎臓、膀胱も外界と通じる臓器なので、できた腫瘍は皮膚がん、肺がん等と呼びます。

ところが肉腫は、骨や血管、筋肉といった、外界と隔離された部位にできた腫瘍で、骨肉腫とか横

腫瘍の分類

腫瘍
- 良性腫瘍
- 悪性腫瘍
  - がん（上皮性細胞由来）
  - 肉腫（非上皮性細胞由来）

紋筋肉腫等という呼び方をします。肉腫の方が悪性度が高いことが多く、骨肉腫等は10代、20代でも起こります。
悪性リンパ腫はリンパ腺の肉腫、悪性黒色腫はホクロが悪性化したものです。足の裏と手のひらのホクロは常に刺激を受けているので悪性化しやすいのですが、テレビでこの話が出るとホクロのある人は皆、心配になって医者のところへ飛んできます。急に大きくなったり、境界が不鮮明なのは要注意です。

悪性黒色腫

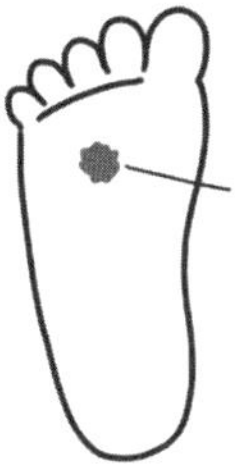

脳腫瘍は、良性でも悪性でも同じ呼び方をしますが、これは良性といってもあまりに大きくなると頭蓋骨の中で脳を圧迫して命の危険が出てくるので、悪性と良性の区別なく手術するからでしょう。

がんが体を滅ぼすまで20年

体の中にがんが見つかると人によっては数年で亡くなってしまうので、がんの寿命は短いという印象がありますが、1個のがん細胞が誕生してから、見つかる1gぐらいの大きさになるまでに約20年かかることがわかってきました。この20年という数字は、細胞分裂からも職業がん（ある職業に就いている者に多発するがん）からも証明されています。細胞分裂は30回で1gになるのですが、計算すると約20年かかります。また、ある種の発がん物質が体に入ってから20年以上たってがんになった例もこれを証明しています。

第二次世界大戦の時、日本軍はひそかにマスタードガスという毒ガスを製造していました。これはずっと秘密にされてきましたが、携わった人たちの名簿は残っていて、20年後から肺がん、胃がんが多発したので研究者の間で有名になりました。マスタードガスはその後、製造を中止しましたが、何かに使えないかと化学者が構造をいじくっているうちにナイトロジェン・マスタードという抗がん剤として生まれ変わりました。しかし毒性は強いので、毒をもって毒を制する類の治療法ではあります。

戦争中と戦後によく使われた血管造影剤トロトラストも、20年以上たって肝がんや胃がんを多発させました。戦争で負傷した人の足を切断するかどうか決めるために、血管に注入してレントゲン写真を撮り、血流があるかどうか調べるのにたくさん使われたのです。当時は医師たちも知らなかったので仕方がなかったのですが、治してもらおうと受けた医療でがんになってしまいました。

放射線に発がん作用があることは今では有名ですが、はじめのうちはわからなくて、足の水虫に照射したりしていました。もちろん水虫は全くきれいに治りましたが、20年後にその部位に皮膚がんが発生して中止されました。

がん細胞の分裂回数

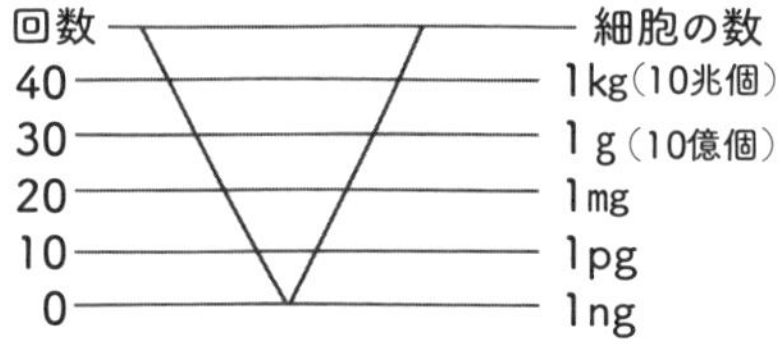

がん細胞の一生は20年

- 第二次世界大戦中に日本でマスタードガス製造に関わった人
  → 20年〜30年後、68％の人に肺がん、胃がん
- 血管造影剤トロトラスト→平均27年後に肝がん、胃がん
- 広島、長崎の原爆→5〜9年で白血病、20年後に他のがん
- イギリスの紙巻きタバコと肺がん→20年の間隔で並行して上昇
- アメリカの喫煙率低下→20年後にがん発生が減少

広島・長崎に原爆が投下された時、当然影響は予測されたので、詳細に被爆者達の追跡調査がされました。白血球のがんである白血病は早く、5年後から始まり、固形がん（白血病以外の塊を作るがん）はやはり20年後から増えました。しかし、1986年に起こったチェルノブイリの原子力発電所の事故ではあまりに強い被爆で、子供たちは9ヶ月目から白血病が出始め、甲状腺がんも2年で発生しています。

人の一生は約80年です。20年は¼にあたりますが、ネズミの実験でも同じことがいえるそうです。ネズミの寿命は約2年ですが、実験的にがんを作ると約半年ほどで死んでしまうそうで、やはり¼といえるようです。

がんは1個の細胞から出発する

DNAは細胞の核の中の染色体に折りたたまれて入っている紐状の二重らせん構造をしていて、A（アデニン）、T（チミン）、G（グアニン）、C（シトシン）という塩基からなったものです。1個の核の中のDNAを全部ほぐして伸すと2mになり、塩基配列は30億対になります。

縦の配列は様々ですが、横の結合はかならず決まっていて、AはT、GはCと手をつないでいます。そして2mの糸についている縦の塩基配列で文章を作っていると考えてよいでしょう。30億というと、朝日新聞の朝刊の文字にあてはめると25年分になるそうですが、

DNA

1953年、アメリカのワトソン博士とイギリスのクリック博士がDNAの二重らせん構造を発見した。

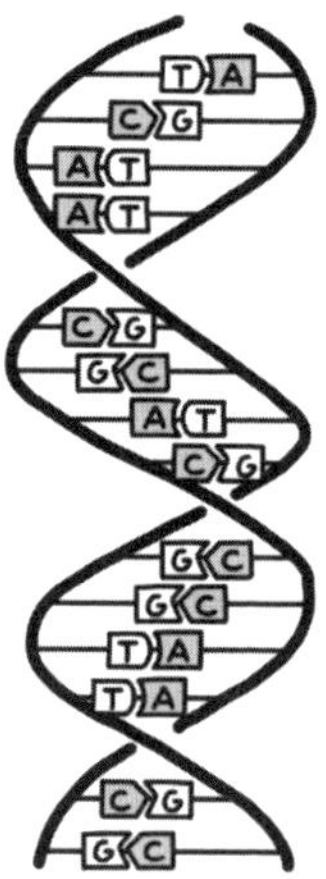

実際に人間の体の構造や機能に関係しているのは3万個だといわれています。その部分の3つの塩基の組み合わせを、1個の単語と考えるとわかりやすいのですが、人間の体ではその単語はアミノ酸です。アミノ酸はたんぱく質を作る基になるものですが、人では20種類です。メチオニンはATGで、トリプトファンはTGGで、というふうにして作られたアミノ酸が、体の中でいろいろな働きをするので私たちは生きていけるのです。

今、人のDNAの塩基配列（ゲノム）解読がなされ、どこが狂うとがんになりやすいかがわかってきました。その部分はがん関連遺伝子と名付けられ、2022年までに約100個見つかっています。そこに傷がついて塩基が欠落したり、修復ミスで別の塩基になると、分裂が止まらなくなってしまいます。それを抑制する抑制遺伝子が遺伝的にない人もがんになりやすく、子供にできる「神経芽細胞腫」や、「遺伝性大腸がん」の家系も抑制遺伝子の欠落によることがわかってきました。

ゲノム

ヒトの全塩基配列をゲノムという。2000年、全世界の研究者が総出で解読、日本も加わった。

がん多段階発がん説

DNAのある部分に傷がつくと細胞ががん化することはわかりました。ところがDNAに傷をつけ

発がん説

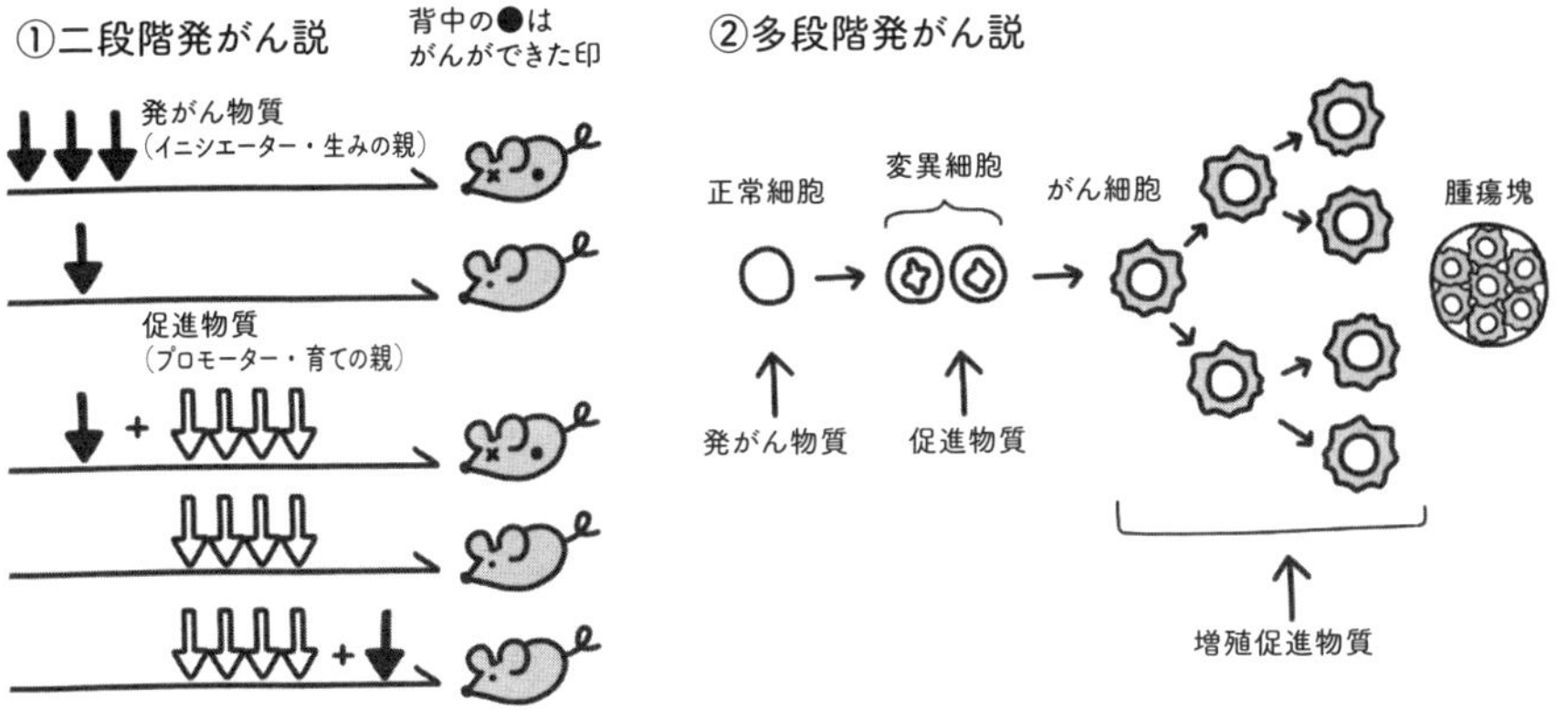

発がん物質としてはタバコに含まれる多環芳香族炭化水素を週２回、５週間与える。促進物質にはクロトン油（ハズ油）を週３回、3～４ヶ月与える。止めるとがんが消え、続けると発生する。
（末舛恵一監修『最新がん全書』世界文化社、1991 年より）

る物質は人間の周りにゴマンとあり、いちいちがん化していたら、命がいくつあっても足りない勘定になります。傷がついても修復したり、がん細胞になってもリンパ球が食べて、人が知らないうちに消滅するものがたくさんあるようです。血液中では１個のがん細胞に１００個のリンパ球が攻撃をかけるとやっつけられるのです。

　がんが大きくなると無敵にみえますが、小さいうちは意外に軟弱で、守ってやらないと育たないのです。そこで登場したのが、がんの二段階発がん説です。

　ＤＮＡに傷をつけるものを発がん物質（イニシエーター）といいます。非常に多くの発がん物質が一度に作用すると、それだけでがんができます。がん細胞がたくさんできて、免疫系の攻撃をすり抜けて育つものが出てくるのでしょう。

　少ない量の発がん物質だとがんはできません。ところが、そこに促進物質（プロモーター）が加わるとがんができてきます。促進物質だけではできないし、逆に、発がん物質があとになってもできないのです。ＤＮＡに傷がついて細胞が変異してから、それをがん細胞に育てる物質がないと育ちにくいということです。

発がん物質と促進物質になるものはたくさんわかってきました。しかし、増殖を促す物質もあるのだろうということで、現在、がんは発がん物質、促進物質、増殖促進物質が働いて立派ながんになっていくという、がん多段階発がん説で説明されています。増殖促進因子はまだすっかりわかっていないものもありますし、がんは様々な仕組みで増殖していくこともわかってきましたが、ここでは予防に使える発がん物質と促進物質について勉強しましょう。

がんの生みの親（イニシエーター）

▼放射線と紫外線には強い発がん作用

物理的因子としては放射線や紫外線があります。

放射線の発がん性は誰もが知るところです。放射線があたった細胞の中の水を分解してフリーラジカルという形にして、それでＤＮＡを傷つけると考えられています。あまりに強い放射線が当たれば細胞は死んでしまいますが、死なない程度でがん遺伝子の部分が傷つくとがん化が始まります。

紫外線は実験的に細胞をがん化させる時に使われます。短波長の紫外線は細胞を死滅させるので殺菌灯に使われています。昔は、洗面所の出口で手を殺菌するのに使われていましたが、今は姿を消しました。皮膚がんの心配があるからです。

地球に降り注ぐ紫外線は、３２０㎚（ナノグラム）までの、短波長と中波長の部分が成層圏のオゾン層で吸収されて、地表には生物に毒性のない長波長の紫外線が届いていました。オゾン層のおかげで生物は地表で生活できるようになったのです。しかし、人類がフロンガスを多用したため、オゾン層が薄くなってきました。極地ほど薄くなっています。オーストラリアでは、小学校で子供たちに日焼け止めクリームの塗り方を指導しているほどです。昔は、まっ黒に日焼けするのは、バカンスに行くお金持ちの象徴でしたが、今は危険です。日焼けサロンも、あまり焼きすぎると危ないと考えられています。

▼生物因子

生物因子としてはウイルスがあります。動物にがんを起こすウイルスは早くから見つかっていましたが、人間でもウイルスで起こるがんがだんだんわかってきました。

イニシエーター

物理因子：	放射線、紫外線
生物因子：	ウイルス
	ATL ウイルス → 成人 T 細胞白血病
	EB ウイルス → アフリカ　バーキットリンパ腫（ミドリサンゴがプロモーター）
	中国　鼻咽頭がん（クロトン草がプロモーター）
	アメリカ　伝染性単核症
	B 型肝炎ウイルス → 肝がん（キャリアから）
	C 型肝炎ウイルス → 肝がん（慢性肝炎から肝硬変を経て）
	ヒトパピローマウイルス→子宮頸がん、陰茎がん
化学因子：	コールタール（ジベンゾアントラセン、ベンツピレンなど）→ 陰のうがん他
	マーガリンの発色剤（バター・イエロー）→ 肝がん
	消毒薬（アミノアゾトリオール）→ 肝がん
	ワラビ（プタキロサイト）→ 食道がん
	ピーナッツのかび（アフラトキシン B_1）→ 肝がん
	タバコ（ニトロソアミン他 200 種以上）→ あらゆるがん
	肉や魚の焦げ目（ヘテロサイクリックアミン）→ 胃がん？
	ディーゼルエンジンの排気ガス（NO_x、ニトロピレン、微細粒子状物質）→ 肺がん
	枯葉剤（ダイオキシン）→ さまざまながん、先天異常
	ソテツ（サイカシン）
	ふきのとう（フキノトキシン）

①母乳と一緒に飲んだウイルスで成人T細胞白血病——ATLウイルス

成人T細胞白血病を引き起こすのが、ATL（acute T cell leukemia）ウイルスです。エイズウイルスと同系統ですが、母乳を介して母親から子供に感染して子供が30歳くらいになってから白血病を起こすウイルスです。

母乳で移ることがわかったので、妊婦にウイルスの検査をして、陽性の場合、生まれた赤ちゃんは人工栄養で育てて、ウイルスの経路を断つようにしています。ウイルスを持っている全ての人が発病するわけではありませんが、発病すれば白血病ですから、経路を断つことによって、何代か後に根絶することを期待しています。

日本とカリブ海周辺諸国に多く、日本では九州と四国の南西部に多く見られます。

②忍者のようにいろいろに化けるEBウイルス

EBウイルス（Ebstein-Barr virus 発見した研究者2名の頭文字から命名）は、いろいろ悪さをするとして世界で話題になっているものです。

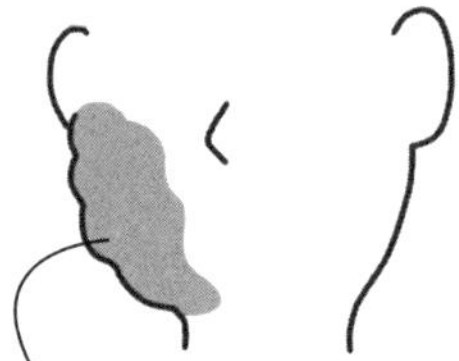

バーキットリンパ腫

アフリカで子供がかかるバーキットリンパ腫という悪性腫瘍があります。バーキット博士によって報告されたのでこの名がつきました。首のリンパ腺が短期間に腫れます。

アメリカで多い伝染性単核症という病気もEBウイルスによるものとわかっています。この病気は体中のリンパ腺が腫れて高熱が出るので、たいていは入院することになります。血液を調べてみると白血病のような異常細胞が出ているので、医者もびっくりしますが、1ヶ月くらいで治ります。バーキットリンパ腫は死に至りますが、伝染性単核症は治って元気になります。

中国ではEBウイルスに感染すると鼻咽頭がんになる人が多いといいます。では、日本人はどうなのでしょう。今まで日本人はEBウイルスに感染しても、何事も起こりませんでした。ただ、最近では若者がアメリカナイズされたのか、伝染性単核症にかかる人が増えました。

どうして民族でこのような差がでるのでしょう。医学では「コッホの3原則」を感染症の基本と考えていて、同じ病原体に感染したら同じ病気になることが大前提とされてきました。

コッホの3原則とは、①特定の感染症は特定の微生物によって起こる。②特定の感染症から特定の微生物を取り出すことができる。③特定の微生物を実験的に感染させて、特定の感染症を再現させる。こういったものですが、EBウイルスはこれに当てはまらなくなってしまいます。

アフリカでのバーキットリンパ腫は、EBウイルスに感染した後、ミドリサンゴという植物がプロモーターになってがんが起こることがわかりました。日本人の研究グループの成果です。アフリカの赤道直下の地帯では、傷にミドリサンゴの汁を塗り、熱や腹痛にはミドリサンゴの木の皮を煎じて飲むなど、万病の薬として多用しているそうです。ウイルスに感染した後、ミドリサンゴの成分の何かがプロモーターとして働き、リンパ腫を起こしたものと思われます。

中国では、鼻とのどの奥の境目のあたりにがんができやすく、ここでもクロトン草という植物を漢方薬として飲んでいます。この中の何かがプロモーターになったと考えられます。

日本では、なぜ何の症状も出ないのでしょう。これは2歳以下でかかると、不顕性感染で、症状が出ないのだといわれています。環境が不潔だったためかどうかわかりませんが、日本人にはこの不顕性感染が多かったのです。大きくなってかかると伝染性単核症になります。ちなみに伝染性単核症はキスで移ることが多いのでキス病ともいわれています。

ＥＢウイルスは、がんがイニシエーターとプロモーターによって起こることを証明しています。どちらか一方ではがんにならないのでミドリサンゴやクロトン草を服用しないようにすれば防げます。

③Ｂ型肝炎ウイルスとＣ型肝炎ウイルスは肝がんの引き金

どちらも肝臓にがんを起こすことがわかっていますが、起こり方は両者で少し違います。

Ｂ型肝炎は第４章の肝臓の項で勉強したように、成人で感染した場合は急性肝炎を起こすのみで、ほとんど慢性化しないことがわかっています。しかし、母子感染では免疫系がまだ未熟なうちにウイルスが体内に入るので、ウイルスの遺伝子は肝臓の細胞の核のＤＮＡに直接入り込んでしまいます。これがある時期から細胞をがん化させるらしく、40～50歳くらいになってがんが見つかることが多いのです。この場合は、母子感染をブロックすればよいので、Ｂ型肝炎ウイルスワクチンを赤ちゃんに使って予防しています。

Ｃ型肝炎ウイルスは輸血や注射針などから感染しますが、成人ではかなりの数が慢性化して、だんだん肝臓が硬くなって、肝硬変になると肝がんが発生します。

Ｃ型のワクチンはまだないので、感染後、以前はインターフェロンと抗ウイルス剤で治療をしました。この治療は、２～４週間入院して連続注射し、その後６ヶ月は週３回注射を続けるというものです。発熱、食欲不振、脱毛、うつなどの副作用があります。肝臓の項で書いたように、２０１５年に特効薬ができました。ウイルスが消えればがんになる心配はありません。

④ヒトパピローマウイルス

子宮の入口にできる頸がんの原因と考えられています。とても若いうちからセックス（性交）をする女性や、不潔な環境で生活する女性が子宮頸がんにかかりやすい傾向にあることがわかってきました。ヒトパピローマウイルスが入り込みやすいせいかもしれません。世界ではヒトパピローマウイルスのワクチンを中学生くらいまでに打っています。日本では副反応が疑われる症状が出たということで、接種の勧奨は中止されましたが、ワクチンの有効性などを考えて、２０２２年から新しいタイプのワクチンの勧奨が再開されることになりました。

▼化学因子

①世界初の実験がんは日本人が作った——コールタール

世界で一番最初に動物で実験的にがんを作り出したのは日本人で、１９１５年のことでした。１００年も前から、がんについては世界中で研究が行われていましたが、まだ誰も実験的に作ることはできなかったのでした。３ヶ月くらいで実験を諦めてしまったからですが、山極勝三郎博士とその弟子の市川厚一氏は、毎日毎日、うさぎの耳の内側にコールタールを塗り続けて、ついに6ヶ月目にがんを作ることに成功しました。

コールタールを選んだのは、イギリスの煙突掃除夫に陰のうがんが多いのは陰のうにタールが付着することが原因だと、１７７5年に外科医ポットが報告したことが頭にあったからでしょう。当時はまだ、発がん物質の考え方もなかった２００年以上も前に、患者をよく観察して原因を突き止めたのですからたいしたものだと思います。

煙突掃除は、体の小さい子供が煙突の中に入ってススだらけになって掃除します。貧しいので毎日風呂に入るようなことはしないため、陰のうのヒダの中にススが入り込んで、長い間にがんを作り出したようです。イギリスの煙突掃除夫は、小さい時は暗い煙突の中で毎日ススにまみれてこき使われ、30歳くらいになるとがんで死んでしまうという不幸な一生でした。開業医であったポットは、それらの人たちに、毎日風呂に入って体をよく洗うよう指導したところ、煙突掃除夫の陰のうがんはぐんと減ったそうです。

　コールタールには発がん物質が含まれているということが実験的にも証明できたわけです。山極博士はよろこんで「癌できつ　意気昂然と　二歩三歩」という句を作られましたが、残念なことに、日本は「二歩三歩」で止まってしまいました。コールタール中のベンツピレンに発がん性があることを発見したのはイギリス人で、ノーベル賞はそちらに行ってしまったのです。研究をする場合は、五歩六歩と先へ進まなくてはなりません。

　その後、コールタールからはベンツピレン以外の発がん物質も見つかってきました。食品添加物のタール系色素にも発がん性が見つかって製造中止になったものもたくさんあります。新聞のインクも刷りたての新しい時は手に黒く付くので、手を洗った方がよいですよ。朝、新聞を読みながらパンを食べている光景をよく見かけますが、私は気になってしまいます。

②バター・イエロー（ジメチル・アミノ・アゾベンゼン）

　昔、マーガリンにバターらしい黄色い色をつけるのに使われた色素ですが、肝がんを起こすということで使われなくなりました。他にも赤色2号、3号、１０５号のように、強い発がん性から禁止された着色料があります。

　今もいろいろな色素が食品に使用されていますが、いつ発がん性が見つかって禁止になるかわかりません。なにしろ、がんは20年後でなくてはわからないのですから、怪しげなものはなるべく体の中に取り込まない方がよいと思います。

③消毒薬（アミノアゾトリオール）

肝がんを起こすということで今は使われていませんが、医療用だからといって安心はできないという例です。昔、よく使われた赤チンにもアゾ色素のオルト・アミノ・アゾ・トルエンという発がん物質が入っていました。今は使用を中止しています。

④日本人の好きなワラビ（プタキロサイト）の発がん性

牛がワラビを食べすぎて膀胱がんになった、という報告があります。ワラビを食べるのは世界中で日本人くらいですが、奈良県で、熱い茶がゆとワラビのおひたしをよく食べる地方に食道がんが多いのが有名です。熱い茶がゆで食道粘膜がやけどして、ただれた粘膜からワラビの発がん物質が入るのだろうといわれています。ワラビの発がん物質は、プタキロサイトと呼ばれていますが、よく、あく抜きをして水でさらすと、発がん性は1/10くらいになるそうです。

⑤1回でも肝がん——ピーナッツのカビ（アフラトキシンB_1）

ピーナッツにつくアスペルギルス・フラブスというカビが作り出す毒素は非常に強力で０．１ｇが1回体に入っただけで肝臓にがんを作り出すといわれています。日本ではこのカビは発生しませんが、熱帯、亜熱帯地方では多いので、日本では輸入ピーナッツを調べて見つかると廃棄処分にしています。しかし、検疫の調査員の数が足りないそうで、日本人の血液中にこのカビの抗体が増えていて、少しずつ入り込んでいるようです。アメリカが干ばつの時、トウモロコシに大発生したことがありました。東南アジアからの輸入米からも検出されたことがあります。

発がん性のあるカビの種類

ピーナッツのカビ — アフラトキシンB_1
米のカビ — ルテオスキリン
漬物のカビ — ステリグマトシスチン
餅のカビ — オクラトキシン

⑥わかっているけど止められないタバコ

タバコの発がん物質の中には、ベンツピレン、ニトロソアミンといった大関、横綱級の発がん物質から、促進作用をするものまで含まれているので、タバコを吸うとそれだけでがんを産み育てることになります。

インドの噛みタバコと口腔がんの関係も有名です。WHOの医師の話では、インドでは街中の屋台で売っていて、タバコの葉で好みの香辛料やハッカを包んで丸めて口に入れ、30分くらい噛むのだそうです。噛み終ったカスが道路のあちこちに捨てられています。いくらWHOがやっきになっても、習慣性があるのでなかなか止まらず、口腔がんも全然減らないという話です。

がんの原因の30％はタバコによるものといわれていて、世界中で一斉に禁煙したら、人類の寿命は5年延びると計算されています。

⑦肉・魚などの焦げ目（たんぱく質の黒く焦げた部分）の発がん性を大根おろしが消す

たんぱく質が焦げるとアミノ酸が変質して、ヘテロサイクリックアミンという物質ができます。これに発がん性があるといったのは、当時の国立がんセンターの杉村隆博士でした。日本人は焼き魚が好きで、とくに焦げた皮は香ばしいといってよく食べますから、大騒ぎになりました。動物実験の量を人に換算すると、どんぶり1杯の焦げ目を毎日食べることになるから、少しくらいなら大丈夫だということですが、あまりに黒くなった部分は食べない方がよいようです。

ちなみに大根おろしを一緒にすると、発がん性は消えるそうです。大昔から、日本人は焼き魚に大根おろしをつけて食べていましたから、その知恵にはびっくりです。

⑧イヌにも肺がん――ディーゼルエンジンの排気ガス

ディーゼルエンジンは、主に大型のバスやトラックに使われているエンジンです。軽油で走り、燃費がよいので大気汚染の元凶となっていました。

この排気ガスの中の窒素酸化物（NO_x）。ニトロピレン、微細粒子状物質といった物質に発がん性があると騒がれています。都会の渋滞する幹線道路沿いの家に住む人に肺がんが多いですし、野良犬にも肺がんがあるという報告がありました。

２０００年、当時の石原都知事は、ついに東京を通過するディーゼル車には微細粒子状物質除去装置をつけるようにという条例を作りました。そして２０２０年から脱炭素社会を目指して、電気自動車や水素自動車などに舵を切っています。

⑨史上最強の毒――ダイオキシン

史上最強の毒といわれる物質です。ベトナム戦争で枯葉剤として使われていたので、他国の問題だと思っていた時もありますが、日本人にもすっかり身近になってしまいました。

塩素（Cl）の入っている物を低温で燃やすとできてしまいます。落葉焚きもいけないということですが、何といってもごみ焼却場から出るので、古い焼却炉は取り壊して、高温で燃やしてダイオキシンを出さない新型と換えると、ダイオキシンは出ないとのことです。

日本人が体内に取り込んでいるダイオキシンの６割は魚からということですが、それらは、１９９０年以前に、主に農村で撒いた除草剤が、川から海へ流れて魚に蓄積されたためのようです。

ベトナムではがんや先天異常が増えましたが、日本ではダイオキシンによって何のがんが増えるかは、まだ不明です。ダイオキシンを分解する微生物も見つかってきましたから、一般の人々の関心が高くなれば、政府も環境をきれいにすることにお金を使うようになるでしょう。

身近に多いがんの育ての親（プロモーター）

DNAに傷がついた細胞に働いて、がん細胞に仕立て上げる物質です。1941年、ベレンブルグという人がクロトン油を使って、プロモーター作用を証明しました。

▼サッカリン

膀胱がんのプロモーターということで、一時禁止されました。その後、失明や足の壊疽の危険のある糖尿病の患者さんに砂糖の代わりに使ってもらうことにしましたが、ホテルやレストランのテーブルの上にも置いてあるので、健康な人でもダイエットのために使う人がいます。最近、サッカリンは大丈夫という報告も出ましたが、若い人はあまり手を出さない方がよいかもしれません。なぜよいことになったかというと、発がん性がタバコの1/80だからだそうですが、ゼロではないのです。

▼胆汁酸

胆のうから出る胆汁の中に含まれていて、大腸がんのプロモーターといわれています。

胆汁を止めることはできませんが、油っこい物をたくさん食べると胆汁がたくさん出ます。胆汁は食べ物と一緒に大腸まで運ばれますが、油っこい物を好きな人は、野菜等の食物繊維が少ない傾向にあり、便秘がちになるからよけい大腸がんになりやすいのだと説明されています。

▼ホルモン

経口避妊薬や、閉経期のホルモン補充療法は女性ヘルスケアにとって有用である反面、子宮内膜や乳腺に対する増殖作用が報告されていることから、投与時には充分な観察が必要です。

▼塩分

料理にかならず使う食塩は、胃がんのプロモーターであることがわかりました。第４章の胃がんの項で説明したように、塩分の好きな日本人の胃がんが多いのはこのためであろうと考えられています。

▼高カロリー食

脂肪を多く摂るとその脂肪が体内で酸化され、できた過酸化脂質が発がんに関係するといわれています。油の多い料理を再加熱しても酸化されるので電子レンジもよくありません。昔のように作ったらすぐ食べることが少なくなったので動脈硬化やがんは増えるべくして増えていくのでしょう。

油っこい料理の時は、野菜や果物をたくさん食べて、ビタミンA・C・Eで酸化を防いで下さい。

脂肪が多いと胆汁がたくさん出て大腸がんも多くなるのは前述した通りです。

プロモーター

サッカリン	→膀胱がん
胆汁酸	→大腸がん
塩分	→胃がん
高カロリー食	→過酸化脂質を解してあらゆるがんに

▼組み合わさると発がん物質

亜硝酸と二級アミンが一緒に胃の中に入って、酸性の条件になると、ニトロソアミンという大関級の発がん物質ができます。

亜硝酸は亜硝酸塩という発色剤に含まれていますし、窒素肥料で作った野菜の中にもあります。口の中の細菌によっても作られるので唾液の中にも少しあります。この亜硝酸塩と、魚や肉の古くなった時にできる二級アミンが、胃の中の酸性の状態で反応するとジメチル・ニトロソアミンという発がん物質をつくります。二級アミンは魚の臭みの元ですから、ちょっと古くなった魚にはたくさん存在します。日本人の好きな煮魚と窒素肥料を使った野菜のおひたしでも危ないし、発色剤を使ったハム、ソーセージにもこれらふたつが入っていますから、食べると胃の中で発がん物質ができるしくみです。魚肉ソーセージは、古い魚で作られていたら危ないです。

体の中に爆弾が入ったようなものですが、ビタミンCが同時に存在すると反応を抑制することがわかっています。ビタミンCは1回に１００mgもあれば充分なので、搾りたてのフレッシュオレンジジュース1杯とか、みかん2個、リンゴ1個、または大根やピーマン等のビタミンCの多い物と一緒に食べて下さい。ビタミンCの錠剤でもいいのですが、摂りすぎは尿管結石のおそれがあります。野菜、果物の方が、発がん物質を吸着してくれる食物繊維も一緒に摂れて一挙両得です。

個人の努力でがんのリスクは下げられる

基礎研究や疫学調査から発がんのメカニズムがかなりわかってきた時点の１９７８年、当時国立がんセンターにいた杉村隆、河内卓の両氏は「がん予防の12ヶ条」を作りました（２３１ページ）。

とくにがんのような生活習慣によって発生が左右される病気は、一般への啓発が大切だと考えたからです。読んでみると、今まで述べてきたことで納得できることばかりだと思います。

偏った食事だと、そこに発がん物質が入っていた場合、体の中に蓄積されてしまいます。様々な食品を万遍なく食べると危険が分散されるのです。また、焦げ目が好きでも、ビタミンCの多いものを一緒にたくさん食べればリスクが軽減されるよう

部位別にみたがんの危険因子

口腔、咽頭がん	アルコール、タバコ
食道がん	アルコール、タバコ、茶がゆ
胃がん	米飯多食、塩辛い食品、タバコ、干物、ピロリ菌感染
大腸がん	高脂肪食
肝がん	B型・C型肝炎ウイルス感染、アフラトキシン、アルコール
胆のうがん	胆石
すいがん	高脂肪食、タバコ
喉頭がん	タバコ
肺がん	タバコ、大気汚染、アスベスト、クロム、ヒ素
皮膚がん	紫外線、X線、タール、ヒ素
乳がん	高脂肪食、高カロリー食、高齢出産、母乳を出さないこと
子宮頸がん	早産、多産、ヒトハピローマウイルス感染
子宮体がん	高脂肪食（?）、エストロゲン剤
膀胱がん	アニリン系色素、タバコ
腎がん	タバコ
甲状腺がん	放射線、ヨードの欠乏または過剰
白血病	放射線、ATLウイルス感染

（末舛恵一監修　『最新がん全書』　世界文化社　1991より一部抜粋）

に、①と②は、いろいろな食品を摂ることによって、知らないうちに、発がんのリスクが減ることを考えて書かれました。

③の食べすぎは肥満に通じるのでがんを促進します。ネズミの実験でも、痩せたネズミの方が発がん率が低いことがわかっています。この理由は、まだはっきりわかっていませんが、脂肪の多い食事は体内で過酸化脂質ができやすいし、胆汁が多く出るのも一因でしょう。総カロリーを減らすと、がん細胞の成長が抑制されることもわかってきました。

④にあるお酒は、今まで発がん性なしとされてきましたが、肝がんに促進的に働くといわれ始めています。またアルコールの分解産物であるアセトアルデヒドにも発がん性があることがわかってきました。強いお酒は、食道や胃の粘膜をただれさせ、発がん物質を入り込みやすくさせるので要注意です。とくに酒とタバコが同時だと、食道がんの確率はぐんと上がります。お酒しか飲まないから大丈夫だと思っている人がいますが、副流煙の立ちこめている所では、自分も吸っているのと同じです。

副流煙とは、火のついたタバコの先から立ち上る煙のことで、肺に吸い込む主流煙よりも体に悪い成分が多く含まれるといわれます。

⑤のタバコの害については前に述べた通りです。喫煙年数と本数が多くなるほど、発がん性が高くなります。早く吸い始めるほど、たくさん吸うほど危険になるので、１日の本数と喫煙年数を掛けたブリンクマン指数が３００を超えないようにといわれています。たとえば、１日20本を20年間吸ったら４００となります。

もちろん、ゼロに超したことはありません。副流煙の害も認識されてきたので、嫌煙権が確立して禁煙席が増えてきたのはよいことです。

⑥は抑制的に働くものです。ビタミンA・C・Eは発がん物質を軽減し、食物繊維は消化管で発がん物質を吸着するのでたくさん食べるべきです。野菜を多く食べる地方はがんの発生が少ないのです。しかし、ビタミン剤で過剰に摂りすぎると害が出てきます。過剰のビタミンAは胎児に害になりますし、ビタミンCは尿から大量に排泄されるので尿管結石になります。ビタミンEは大量ではかえって発がんを促すという報告もありますので、すぎたるは及ばざるがごとしです。

⑦の塩辛いもの、熱いものは、食道や胃の粘膜を荒らします。発がん物質が入りやすくなるので気

がん予防の12ケ条

①偏食せずバランスのとれた食事をとる。
②同じ食品を繰り返して食べない。
③食べすぎをしない。
④深酒をしない。
⑤喫煙を少なくする。
⑥ビタミンA、C、Eと繊維質のものを摂る。
⑦塩辛いものは多量に摂らない。
　ひどく熱いものは摂らない。
⑧ひどく焦げた部分を食べない。
⑨カビは食べない。
⑩過度に日光にあたらない。
⑪適度な運動をする。
⑫体を清潔に保つ。
（国立がんセンター、杉村隆、河内卓、1978年より）

アメリカのがん予防15か条

1997年、米国がん研究財団と世界がん研究基金が、3年かけて関係研究4500件を調べて作成した。米国人の生活習慣から作り出されたが日本の「がん予防の12ヶ条」とよく合う。

第1条：植物性脂肪を中心とした食事
第2条：肥満を避ける
第3条：運動の維持
第4条：野菜、果物を1日400～800g摂ること
第5条：穀類、豆類を1日600～800g摂ること
第6条：お酒は適量
第7条：赤身の肉は1日80g以下
第8条：脂肪は控える
第9条：塩分は1日6g以下
第10条：カビ毒に注意
第11条：食品は腐らないよう冷蔵庫に保存
第12条：食品添加物や残留農薬に注意
第13条：黒こげのものは食べない
第14条：栄養補助食品に頼らない
第15条：たばこは吸わない

をつけましょう。人気の激辛料理にも同じことがいえます。

塩分は胃がんのプロモーターでもあるので、できるだけ薄味にして下さい。食塩は1日10g以下に、理想は7g以下だそうです。アメリカでは6g以下といっています。

⑧はたんぱく質の焦げ目です。焦げた部分にはヘテロサイクリックアミンなどの発がん物質ができることは前述したとおりです。パンの薄い焦げ目くらいは気にすることはないといわれていますが、まっ黒に焦げてしまったのは、捨てた方がよいでしょう。

⑨にあるカビではピーナッツのカビだけでなく、米のカビ、漬物のカビ、餅のカビからも発がん物質が見つかっています。餅のカビは表面を削って食べる人がいますが、カビは中の方の目に見えない所まで入り込んでいますから少しでもカビがはえていたら捨てて下さい。

カビの発がん物質を研究した人達は、まっ先に納豆とチーズを調べましたが、そこからは発がん物質は発見されませんでした。

⑩は日光の紫外線です。皮膚がんになりやすくなります。日本人は色素の薄い欧米人ほど危険ではありませんが、免疫力も落ちるのでがんの抑制力も落ちます。今、美白が流行ですが、過度の日焼けは、がんにならないまでも皮膚の老化を促進しますので、お肌は日に当てすぎない方がよいようです。

⑪で勧めている適度な運動は、ストレスを除き体の機能を活発にします。疲れるほどのスポーツは活性酸素を発生させるのでまた別問題ですが、気分転換でストレスを発散し免疫力を高めるよう、日

ビタミンの多く含まれる食品

ビタミンA	緑黄色野菜、ニンジンや小松菜
ビタミンC	かんきつ類、イチゴ、ピーマン、パセリ、ブロッコリー
ビタミンE	ゴマ、大豆、カツオ、サバ
食物繊維	ひじきなどの海藻、寒天、カボチャ、ゴボウなどの野菜

常生活にスポーツを組み込むのはよいことです。
⑫の体の清潔さについては、煙突掃除人ほどでなくても大切なことです。環境が汚れているので、皮膚に発がん物質がついていないとも限りません。毎日シャワーを浴びたり、入浴して体を清潔にしておくと、子宮がんや陰のうがんだけでなく、いろいろながんの予防になるかもしれません。

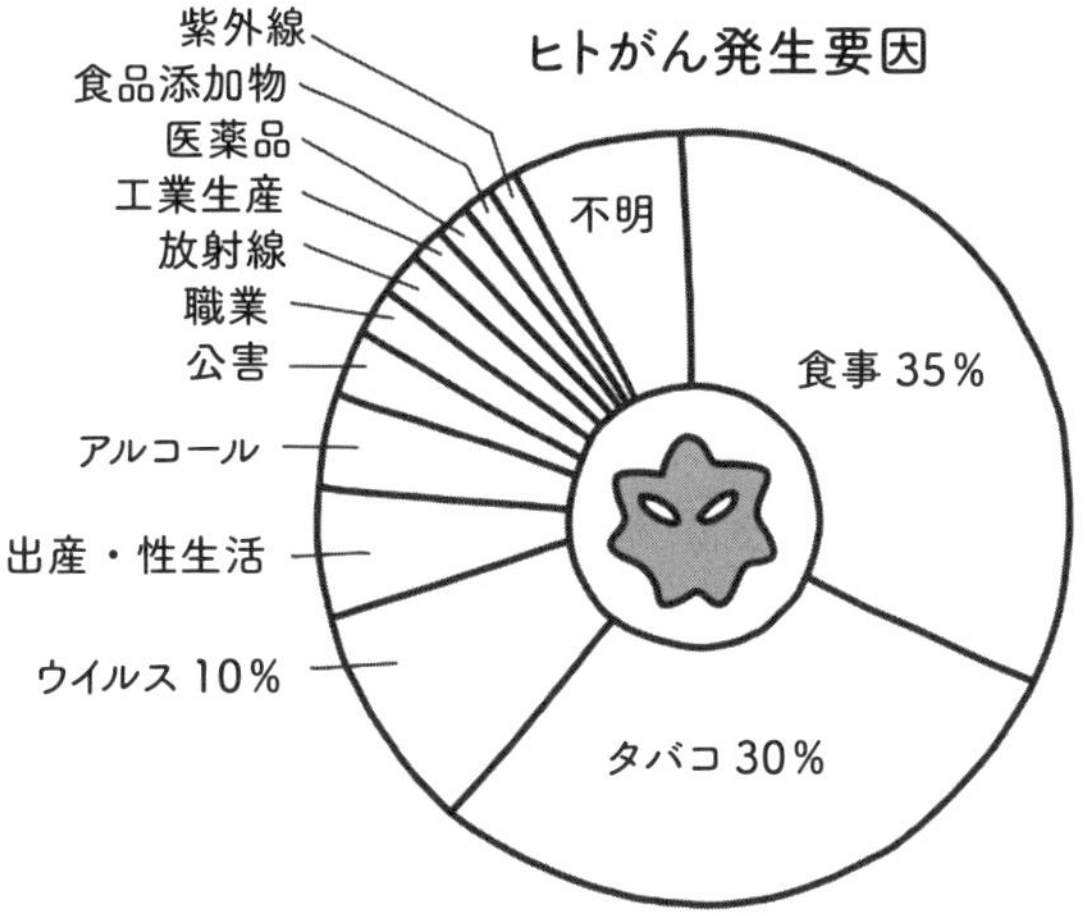

がんの原因のうち、食事が35%、タバコが30%を占める。
（Doll,R. & Peto,R., The causes of cancer 1981）

イギリスのドール博士が、アメリカ人の発がん要因を分析して、生活習慣によって70%のがんが防げると発表して世界中を驚かせました。それまでは、放射線や化学物質が主にがんの原因と考えられていたからです。でも今までの内容を読まれた方は身近なところに発がんの危険因子がいっぱい存在することに気付かれたことでしょう。

がんは遺伝子の病気なのでなりやすい家系の人もいるわけですが、予防的な生活を送ることによって、がんにならずに済む可能性が出てきたのです。

がん予防の12ヶ条やアメリカのがん予防15ヶ条を守って生活すると、がんの予防と同時に高血圧、糖尿病、動脈硬化といった生活習慣病を予防することもできます。子供の頃から習慣をつけていけば、なんの苦痛もないはずです。若い頃から気をつけて、自分が親になった時に子供の食生活を注意してやれば、健康家族が誕生することになるでしょう。

早期発見は定期検診と自己検診で

がんは自分の細胞から出発するので最初は何の症状もありません。そのうち、がんが大きくなって周りを圧迫すると、通過障がいが出たり、血管に浸潤して出血したりします。出血がわかる場所だと早く見つかるのですが、すい臓のように深い場所にあるがんは、わかった時には手のつけられない状態のこともあります。

胃や肺はレントゲン写真でわかりやすいので、1年に1回定期検診を受けて下さい。胃がんは若い人にも稀にはありますが、40歳過ぎから増えていくので会社の検診でも胃の透視検査が入ります。白いバリウムを飲む検査です。異常があると、次に胃内視鏡検査に移り、怪しい組織をとって病理診断で確定します。日本人は胃がんがダントツだったので、胃の集団検診には力を入れていて、たくさんの早期がんを見つけ成果を上げています。

肺がんでも肺の部分はレントゲン写真でわかりやすいのですが、心臓に隠れた部分、特に気管支にできるがんはわかりにくいので、胸部CT検査や痰を集めて病理でがん細胞を見つける喀痰細胞診の検査を併用すると発見率が上がります。

喉頭がんはタバコを吸う人が半年もかすれ声だったら疑って下さい。耳鼻咽喉科で喉頭鏡を入れて診てもらえばすぐわかるので早目に行くことをお勧めします。

大腸がんは便に血が混ざることが多いので、2～3日間連続の便で人の血液のヘモグロビンをチェックします。この便潜血反応検査で、早期の大腸がんがたくさん見つかるようになりました。肉眼で細くなった便の周囲に血がまとわりついているようになったら、がんは大きくなっている可能性があるので、急いで病院に行き、肛門からバリウムを入れる注腸検査や内視鏡検査をしてもらわなくてはなりません。

B型肝炎やC型肝炎のウイルスを持っている人は、半年から1年に1回、超音波（エコー）検査で肝臓をチェックしてもらう必要があります。

子宮がんは、生理でない時の出血があったら要注意です。とくに性交後の出血は早期がんのサインなので忘れないようにして下さい。子宮頸がんは若い人でもかかります。

私の同級生が30代の時に、母親の子宮がん検診に付き添っていって、そろそろ自分も受けてみようかと

がんの初期症状

消化器のがん	舌がん…治りにくい潰瘍 食道がん…嚥下困難、胸骨内側のしみる感じ 胃がん…進行するとみぞおちの痛み 大腸がん…血便、便通異常 肝がん…初期にはなし 胆道がん…初期にはなし、黄疸
呼吸器のがん	喉頭がん…しわがれ声 肺がん…持続するせき、血痰
泌尿器のがん	腎・膀胱がん…血尿
性器のがん	子宮がん…性交後不正出血
その他のがん	乳がん…乳房の中のしこり

やってもらったら、即入院となってしまいました。もちろん早期だったので手術をして30年以上元気にしていますが、その時、検査を受けていなかったら、どうなっていたでしょう。

乳がんは生理前や生理中は乳腺が張っているので、終わった後に自分で触診します。20歳を過ぎたら、1～3ヶ月に1回くらいの割合で触れて下さい。そうすれば、びっくりするほど大きくなってから見つかるということはないはずです。小さければ乳房を取る必要はありません。乳がんは20代からできるがんなので女性はぜひやって下さいね。

乳がんの自己検診は、浴槽の中やベッドに寝た時、乳房を上から、てのひらで押してみます。摘むと乳腺を持ってしまうのでかならず上から押すことです。そして小石のように硬いしこりが触れて、なお動かしても下の方にくっついて動かない時はとても怪しいです。鏡で見てその部分が凹んでひきつれているようならかなり進行しています（エクボという）。この時、女性の体だからと婦人科へ行ってはいけません。乳がんは乳腺外科または外科の領域です。

血液のがんマーカー検査も有効です。ただし初期には上がらないので陰性でも安心はできませんが、1㎝くらいからのがんは、がんマーカー高値で見つかることがあります。

PET（Positron Emission Tomography　陽電子放出断層撮影）検査も普及してきました。がん細胞はブドウ糖の取り込みが多いことから目印をつけ、全身のがんを1㎝から見つけられます。AI（Artificial Intelligence　人工知能）に胸部CTを読み込ませて1㎜の肺がんを見つけたり、線虫ががん患者の尿に集まることを利用して早期発見につとめています。

早く発見すれば確実にがんを切除できますが、遅れると転移するので手遅れになることがあります。がんの一番やっかいなところは、転移し、またそこで大きくなるということです。それを繰り返して体中にがん細胞が広がり、正常な機能が損なわれて死に至ってしまうのです。

進歩を続けるがんの治療

▼がんの治療とＱＯＬ（生活の質）

原則としてがんが見つかった時点でなるべく手術（外科的治療）で取り除きます。そのあと肉眼でわからないがん細胞が散らばっているかもしれないので、放射線をかけたり、抗がん剤でたたくのです。しかし、放射線も抗がん剤も毒性が強く正常細胞にもダメージを与えるので、非常に体がだるくなり、食欲が全くなくなってしまったりします。

末期の患者さんは、かえって何もせず、人生の最後の一日一日を大切に過ごしてもらおうとする場合もあります。クオリティ・オブ・ライフ（ＱＯＬ）といって、寝たきりで苦しむ半年より、おいしい物を食べて、家族と苦痛なく過ごす３ヶ月の方がよいという考え方です。旅行に出かける人もいます。

▼「がんです」と教えることを「告知」という

昔、日本では、がんといわれたら死の宣告と同じなので、けっして患者に知らせてはいけないというのが医学界の常識でした。

その昔、とても高名なお坊さんががんになりました。ご本人が希望したので、医者も、修行を積んだ徳の高いお坊さんだから本当のことをいっても大丈夫だろうと考えて「実はがんです」といったところ、それまでシャンとしていたその人が、すっかりガックリしてしまって、その後数週間で死んでしまったということです。悟りを開いたお坊さんでさえ落ち込むのだから、一般の人は絶対に耐えられなくて早死にするだろう、だから、けっして「がん」だといってはいけないと、私が医学生の頃から語り継がれてきました。

しかし、胃がんを胃潰瘍といったり、肺がんを肺結核だと言っても、病気はどんどん進行して悪くなっていくわけですから、患者さんは医者に不信感を持ちますし、家族も嘘に嘘を重ねてとても辛くなってしまい、次第に心が通じ合わなくなってしまいます。

欧米はキリスト教徒が多く、死後の世界を信じているためか正確に知らせてきました。個人の知る権利と、治療を自分で選択する権利を尊重して、本人に情報を全部知らせ、患者が医者と一緒に治療を決めています。これは考えてみれば当然のことです。自分の人生なのに、その最後の一番大事なところで騙されるように死んでいくのは納得のいかないことでしょう。

がんを本人に知らせることを告知といいます。もちろん、告知されると、はじめは大変なショックを受けます。それを医師、看護師、家族や周りの人達が、力の限り支えて、前向きに立ち向かうよう手助けをします。とても大変なことですが、かなりの人が人生を考え直し、家族に感謝し、知り合いに別れを告げて旅立ちます。

▼日本でも治療は自分で選択する時代になった

がんの治療は、手術、放射線、抗がん剤が三本柱になります。その他に、本人のリンパ球を取り出して培養し、ふたたび体内に戻してがん細胞を攻撃させたり、サイトカインで免疫力を高めたりする免疫化学療法。前立腺がんを女性ホルモンで抑える等のホルモン療法。がん細胞が熱に弱い性質を利用して局所を温めてがんを死滅させる温熱療法。抗がん剤をマイクロカプセルに詰めて、がんに打ち込むミサイル療法。ウイルスを使ってＰ53という遺伝子をがん細胞の中に送り込み、がん細胞を自滅（アポトーシス）させようという遺伝子治療。この他にも転移を抑える物質を研究するなど、総力を上げてがん制圧に取り組んでいます。

これらの治療を自分で選択するためには、ある程度の医学的知識がなくては、医者の話も理解できません。今は情報化時代といわれ、医学的知識も勉強できる機会がいろいろあります。しかし私が患者さんと話していて感じるのは、基本的知識がないために、恐ろしい情報に振り回されて、かえって冷静な判断ができない人がたくさんいるということです。誰もが学校の保健の授業で勉強しておくようになれば、自分や家族が大きな病気になった時に、しっかり受け止めることができるでしょう。

こにがんがあっても見えなかったわけです。コンピューターでは、腫瘍とか書かれていると精密検査となるＤやＥにランク付けしますが、抽出不能の場合は“異常なし”にしてしまうのです。

腫瘍が見えるほど大きくなったら手遅れです。すい臓がんの発見が遅れる原因の一つと思われますので、いつも「抽出不能」と書かれていたら、何年かに一回は腹部CTを受けるのがお勧めです。CTは輪切りで撮影しますから、いくら太っていてもすい臓はしっかり見えます。特にすい臓がんの家族歴のある人は、受けたほうがいいそうです。

がんは小さいうちなら内視鏡で切除できることが多いので、死ぬ病気ではありません。遺伝子を検査して適切な治療薬を使い、びっくりするくらい腫瘍が消えるような治療もできてきました。

しかしドックでも全身は診ないので、時々は脳のMRや全身のPET検査も受けるといいかもしれません。PETは、がん細胞にグルコースが取り込まれやすいのを利用した検査で、がんがあると光ります。とてもお高い検査ですが、年齢が上がってきたら旅行を一回我慢してでも受けるといいかもしれません。

がんの治療は進んできましたが、全身転移してしまったら苦戦します。ドックを上手に利用して早期発見に努めましょう。

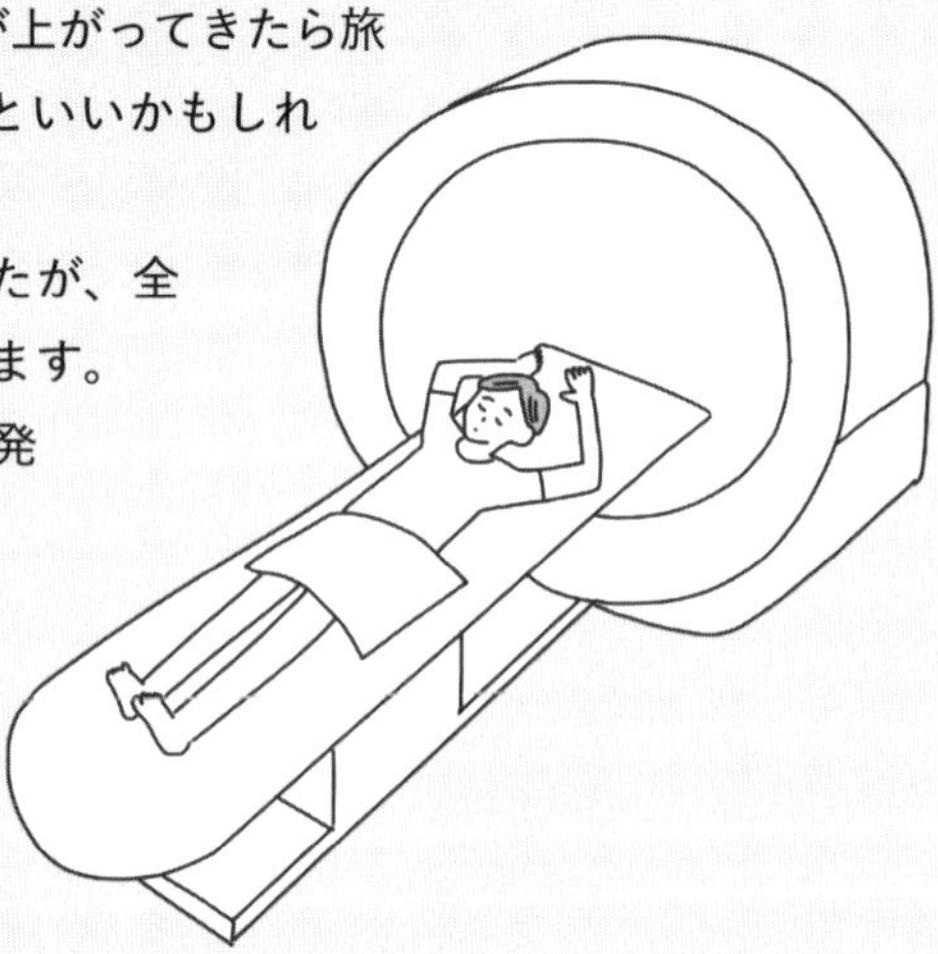

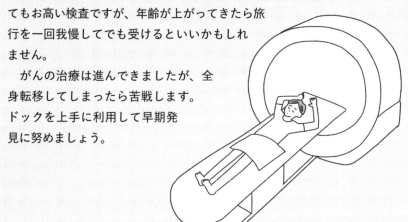

COLUMN ②

人間ドックの落とし穴

会社に勤めて40歳を過ぎると、胃の検査も含めて１年に１回は、かなり詳細な健康診断が受けられます。国民保険の人は、市区町村の成人検診があります。詳細な検査を受けたいなら、自費でオプションも入れて沢山の項目の検査が人間ドックで受けられて、様々な病気の早期発見につながっています。

さて、結果を見る時ですが、人間ドックだと医師が説明してくれますし、同じところで受けていれば過去のデータとも比較してくれます。会社に専属の産業医がいればドック並みの説明も聞けますし、異常値があると二次検査の指示もしてくれるでしょう。

しかし結果の紙だけ送られてくる場合はどう見ていいかわかりませんね。コンピューターで正常値からどのぐらい差があるのか、逸脱度合いによってA、B、C、D、Eなどとランクが付いてきます。かかりつけ医がいる場合は見てもらうといいでしょう。その場合も過去のデータと比較してもらいましょう。

２人に１人ががんになる時代ですし、やはりがんは一番心配です。胸部の肺がんはレントゲンである程度ですがわかります。胃がん、食道がんもバリウム検査や内視鏡検査で早期に発見することが可能です。検便で便潜血陽性となったら、どうせ痔だろうとか簡単に考えないで、かならず大腸内視鏡の検査を受けて下さい。

一番怖いのは、すい臓がんです。検査項目に腹部エコーが入っているとすい臓も診てくれます。エコーの検査は技師がやることが多いのですが、技術に差が出やすい検査です。すい臓は胃の後ろで、一番奥にあります。太っている人はお腹の脂肪で見にくいこともあり、「すい尾部抽出不能」とか書かれている時は要注意なのです。抽出不能とは見えなかったということです。そ

MEMO

第7章

女性の体

①女性の体のしくみ

昔は、保健といえば、性教育とタバコの害を教えて、それで青少年の非行を防ごう、と考えられていたように思います。未成年者の性交や喫煙はよくないことと決めつけていましたが、今は情報が氾濫して、大人の性の乱れなどを子供たちがいくらでも知ることができる時代です。子供にだけ一方的にだめだと決めつけるのではなく、正確な知識や危険性を知ってもらって、自分たちで身を守る、そういう教え方をした方が納得してくれると思っています。

性も生殖器も体の機能の一部であって、その異常や病気によって一生悩み苦しむ場合もある、とても重要な部分であることをわかってもらいたいのです。とくに若い時期に間違った行動をすると、取り返しがつかないことも起こりうるので、よく理解してほしいところです。

これは、男女ともに必要なことですが、とくに女性は体に異常をきたしやすいので、女子高生への授業の中でもとても力を入れて教えました。彼女たちもはじめは照れて騒いでいますが、だんだんと真剣に身を入れ始めます。「本当はこれって、大事なことジャン」といってくれるようになると、授業は軌道に乗ってきます。

子宮と卵巣は骨盤の奥にある

女性の生殖器は卵巣、卵管、子宮、膣から成り立っています。骨盤の中に位置していて、通常考えられているより小さく、お腹の上から触れることはできません。

▼子宮

子宮は受精卵が着床して、その中で成長し、出産によって外に出るまでの間、胎児を育てる臓器です。子宮の中にいる間の赤ちゃんを胎児と呼びます。

思春期の女性の子宮は、長さ7㎝、幅4㎝、厚さ3㎝ほどの、にわとりの卵より少し大きいくらいです。しかし胎児が大きくなって、出産直前の妊娠末期になると、子宮はバスケットボールより大きい長さ30㎝、幅25㎝、厚さ25㎝ほどの大きさになり、妊婦さんはお腹を突き出して歩くようになります。

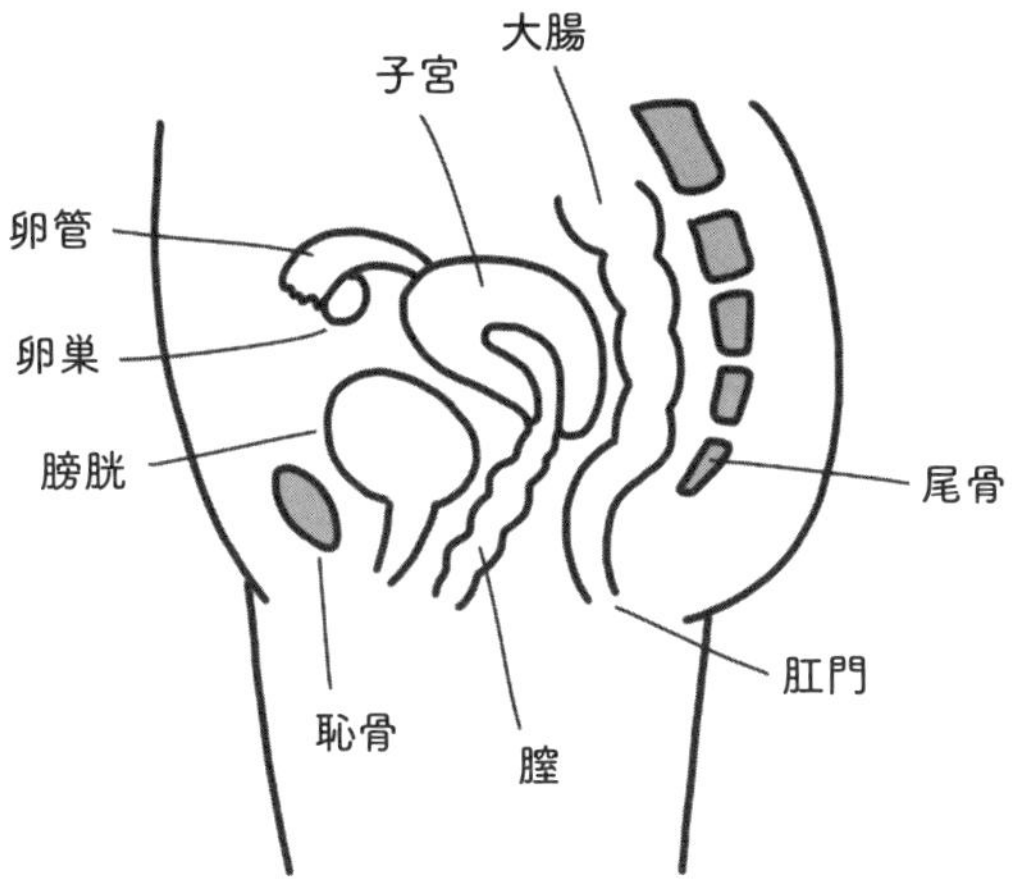

▼卵巣

卵巣は、うずらの卵くらいの大きさで、子宮の左右に1個ずつあり、一生のうちに排卵される卵子が詰まっています。卵子は原始卵の形で入っていて、女の赤ちゃんが胎児の時、すでに左右の卵巣で約200万個あります。それが生まれてから思春期までにどんどん減少して数十万個になります。そして生理が始まる頃から卵巣の中で成熟して、1ヶ月に1個ずつ、左右の卵巣から交互に排卵されていくのです。

ホルモンの働きで、原始卵には卵胞という卵の白身のようなものが周りに付き、次第に大きくなって、2週間くらいで成熟卵胞になります。成熟卵胞になってくると卵巣の表面に近づいて、卵巣の膜が破けると同時に卵胞の膜も破けて、卵子がポンと外へ飛び出します。これが排卵です。この時、わき腹がちょっと痛くなったり、膣から多少出血する人がいますが、排卵痛、排卵期出血といって、心配はありません。いつ排卵するのかがわかってかえって便利ですが、ほとんどの人にはわからないことです。残った卵胞は黄体という黄色っぽいモヤモヤしたものに変わり、排卵から2週間くらいで白体となって消滅します。

卵巣の周期

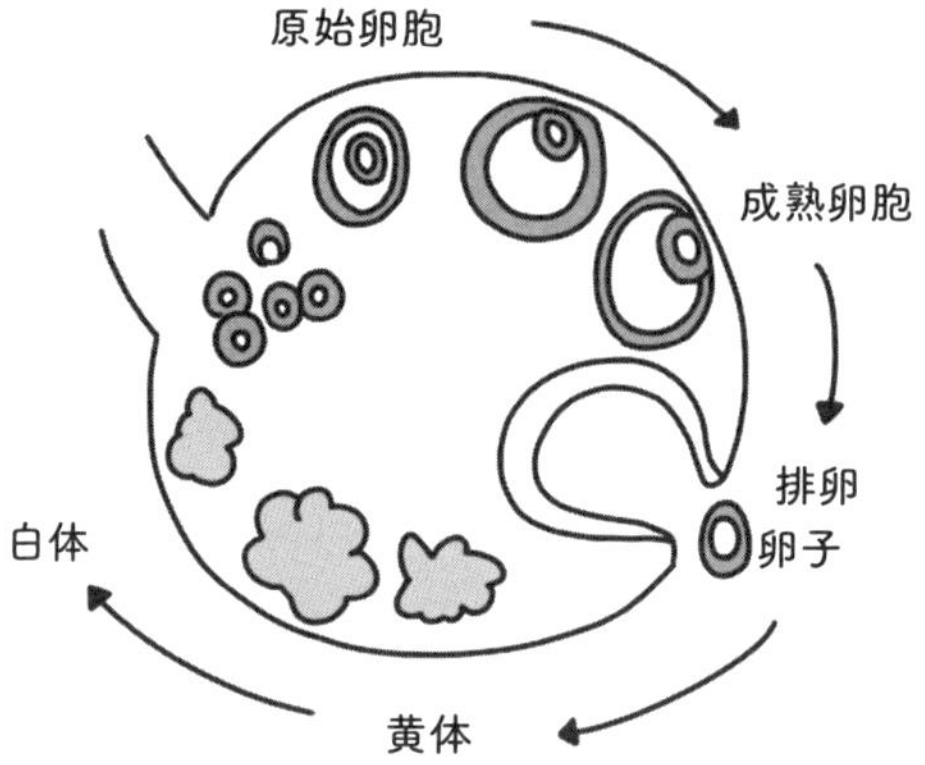

▼月経を生理というわけ

子宮からの定期的な出血を月経といいます。英語やドイツ語からメンスともいいますが「今、月経なの」というのはあまりにダイレクトなので、生理的な出血という言葉の上だけとって、「生理」が月経の代名詞になりました。月経の時に使う物は生理用品と呼ばれ、すっかり「生理」が市民権を得た格好です。

しかし、生理とは、本来は体の正常な機能、営みのことを指します。どこの医学部にも生理学教室がありますが、生理学の教授は、けっして月経のことだけを研究しているわけではありません。ちなみに、病気になった時の状態を研究する分野を病理学といいます。

女性ホルモンのサイクルで起こる生理

卵巣の中での卵子や卵胞の変化と子宮からの出血は、脳からのホルモンや、それに伴った卵巣からのホルモンの変化によって起こります。

高校の教科書では、１９９０年代前半まで女性の性周期のホルモン変化が取り上げられていましたが、ホルモンについては教える方も教わる方も大変ということなのか、だんだんに消えてしまいました。しかし、ホルモンの変化は、生理や生理不順、妊娠の継続を理解する基本なので、知ってもらわなくてはなりません。また、日本でも１０９９年から解禁になったピル（経口避妊薬）について理解する上でも必要なことです。

月経から次の月経までの変動を、女性の性周期といいます。女性の性周期は通常28日ですが、プラス・マイナス4日くらいはズレても全く問題はありません。20日以内で生理が来てしまう人、40日以上生理が来ない人はホルモン分泌のどこかに異常がある可能性があります。

ホルモンの変化は、４週間周期の人ですと、月経第１日目から２週間目の排卵までの前半と、後半で違うので、分けて考えるとよいでしょう。

まず、脳のまん中あたりにある間脳から指令が出て、視床下部から下垂体へ向けて、卵胞刺激ホルモンを放出させるホルモン（卵胞刺激ホルセン放出ホルモン）が出ます。

下垂体は前葉、後葉の２つの部分から成る小指の先ほどの小さな突起ですが、ホルモンのコントロー

子宮と子宮内膜

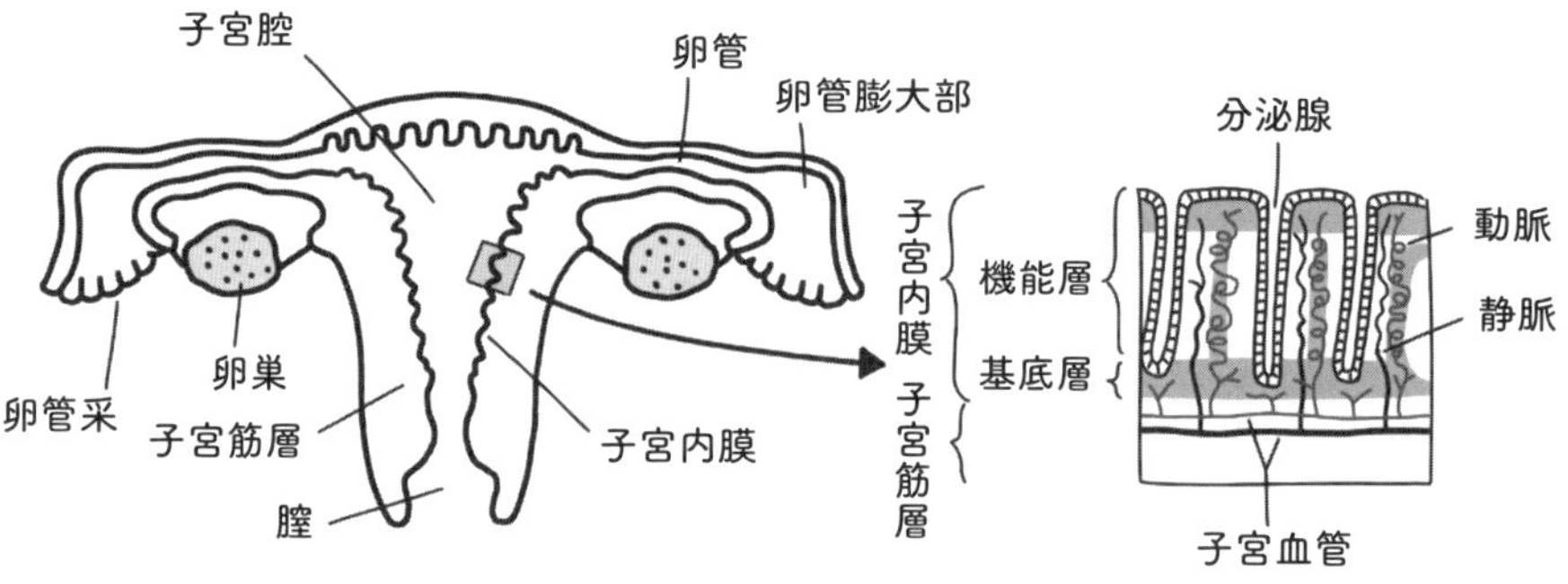

ル・タワーのような所です。前葉に卵胞刺激ホルモン放出ホルモンがやってくると、前葉は卵胞刺激ホルモンを出します。ホルモンは、体の中の様々な場所で作られて、一度、血液中に入ると、決まった臓器にやってきてそこで働くのです。ホルモンを分泌する臓器を内分泌器官、ホルモンが働く臓器を標的器官と呼んでいます。下垂体前葉から出た卵胞刺激ホルモンの標的器官は卵巣です。脳から出て、血流に乗ってお腹の中の卵巣までやってきます。卵胞刺激ホルモンはその名の通り、卵胞を刺激して大きくします。卵胞はホルモンの刺激を受けて大きくなりながら、自分でも卵胞ホルモンという別のホルモンを分泌していきます。

　排卵の少し前に、やはり間脳から指令を受けた視床下部は、黄体形成ホルモンを放出させる黄体形成ホルモン放出ホルモンを出して、下垂体から黄体形成ホルモンを出させます。排卵直前の成熟卵胞に、卵胞刺激ホルモンと黄体形成ホルモンが同時に働くと、卵胞が破けて排卵が起こるのです。

　これは非常に重要なことで、2つのホルモンが重ならないと排卵しないので、ストレス等で黄体系のホルモンが出なくなったりすると、成熟卵まで成長しても排卵は起こりません。

　排卵した後の卵胞は、黄体形成ホルモンの働きで黄体になり、同時

ホルモンによる女性生殖器の周期的変化

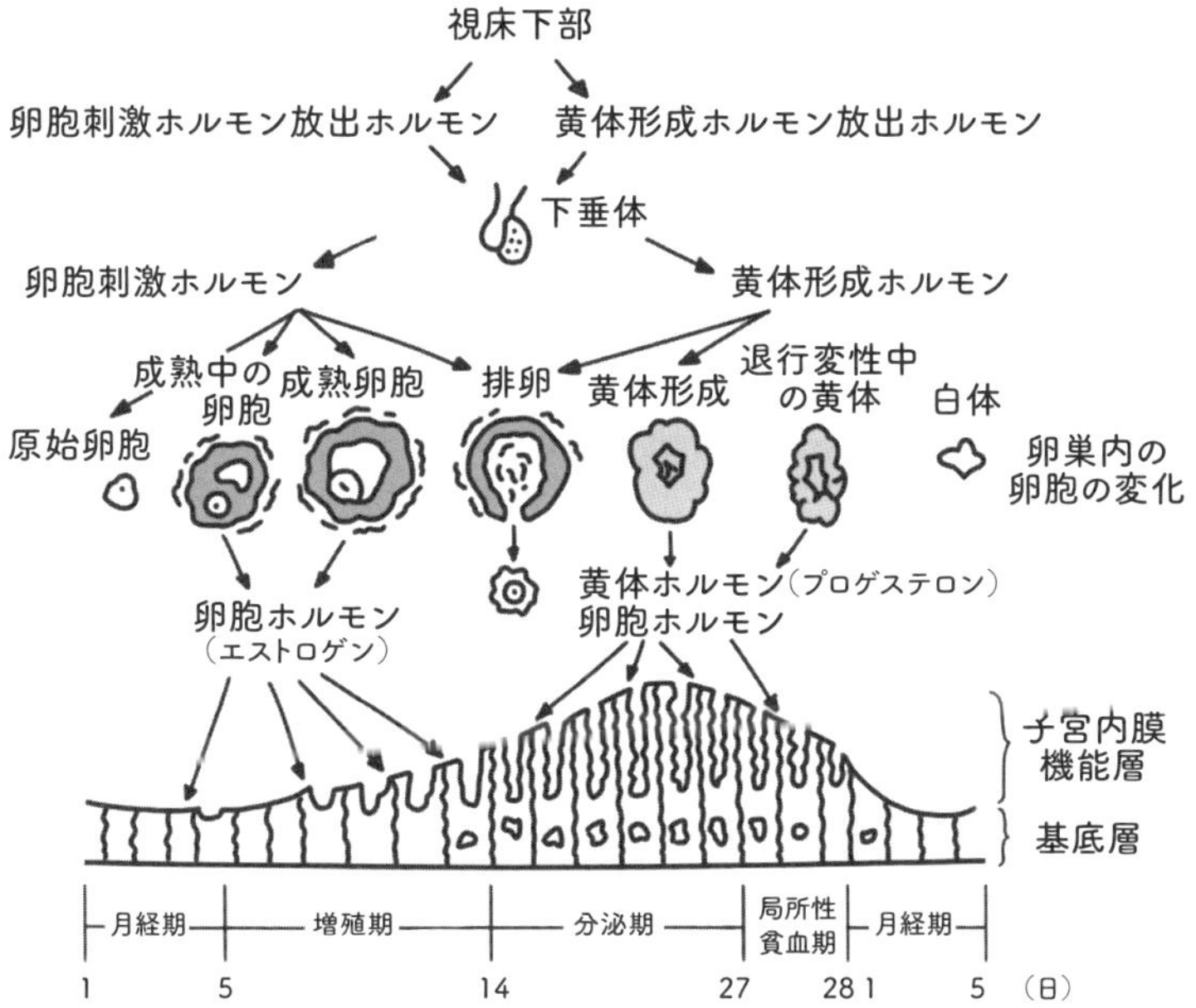

子宮内膜の1サイクル

・**月経期**

主に卵胞ホルモンの低下により、子宮内膜機能層がはがれて血液とともに排出。第1日目を剥脱期、2日目～終了までを再生期という。

・**増殖期**

卵胞ホルモンの働きで機能層が厚くなる。

・**分泌期**

黄体ホルモンの作用で内膜の充血、肥厚が進む。

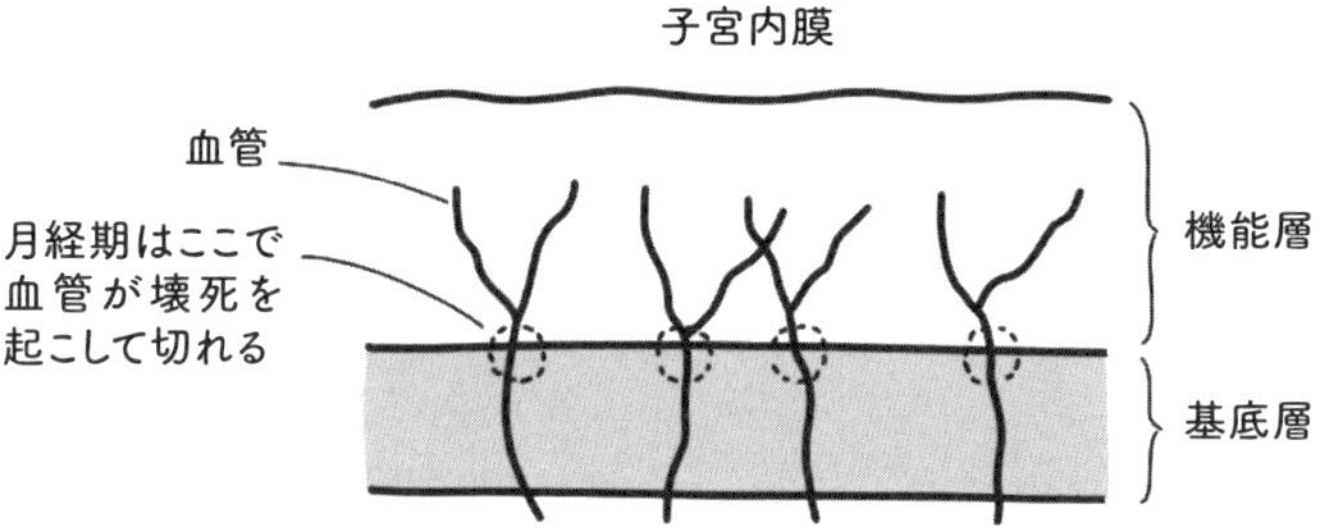

卵胞ホルモンの働き
子宮内膜機能層の再生、肥厚

黄体ホルモンの働き
子宮内膜機能層の充血、肥厚

に自分も黄体ホルモンを分泌します。

卵胞ホルモンと黄体ホルモンの標的器官は、子宮の内膜です。内膜とは子宮の内側にある粘膜のことですが、子宮だけは粘膜といわず、特別に内膜と呼んでいます。婦人科に行った時「内膜の検査をしますよ」といわれたら、子宮の中の粘膜を採取されるのだと思って下さい。ちょっと痛いのですが。

内膜は、卵胞ホルモンと黄体ホルモンの働きで厚くなります。生理の第1日目から数えて3週間目くらいが一番内膜が充実して厚くなっている時期です。卵巣の中の黄体が一番大きい時なので、黄体ホルモンもたくさん分泌されるのです。ところが、一定量以上になると間脳のセンサーが血液中のホルモン量を感知して、黄体形成ホルモン放出ホルモンを出さなくします。すると、黄体形成ホルモンが減り、黄体は小さくなって黄体ホルモンの量も少なくなります。黄体は卵胞のなれの果てでもあるので、黄体からは卵胞ホルモンも少し出ていたのですが、それも減って、やがて白体になると両方のホルモンが出なくなります。この一連のホルモンの変化を、ネガティブフィードバックシステムともいいます。サーモスタットで一定の温度になると暖房や冷房が点いたり消えたりするのと似ています。

子宮内膜は、外側の平滑筋の内部に基底層があって、その上に機能層が付いています。機能層がホルモンによって厚みを増しているのですが、2つのホルモンが来なくなると、基底層と機能層の間で血管がちぎれ、上の機能層が壊死に陥りはがれます。機能層がはがれると、血管が濾出するので出血が起こります。この血液が子宮から膣を通って外に出てくるのが月経です。生理は、血液だけだと思っている人が多いのですが、まず内膜が血液と一緒に出てくるのです。

一方の卵巣で黄体が白体になった頃、もう片方の卵巣で原始卵に卵胞が付き始め、卵胞ホルモンが出始めます。卵胞ホルモンには子宮内膜を再生、肥厚させる働きがあり、濾出した血管の上を機能層が覆い始めます。全部、被せ終った時に出血が止まるので、「生理が終わったー」とホッとするわけです。

そして、再び、卵胞ホルモンは機能層を厚くし、黄体ホルモンは中の血管と分泌腺を発育させて、排卵から1週目くらいに内膜を最高の状態にして、受精卵の着床に備えるわけです。受精卵が来ないと剥がして、次の月にまた新しい内膜で待つのですが、一生のうちに数回しか受精卵は来ないのに、いつも内膜を新しくして待っているわけで、いつ来るかわからないお客のために、毎月じゅうたんを張り替えて待っているような念の入れようです。生理は女性にとってうっとうしくて嫌なものですが、女性が子供を生む体である以上、最高の状態で受精卵を受け入れるためには、仕方のないことかもしれません。

月経の期間と量

▼期間

卵胞ホルモンと黄体ホルモンの低下によって、内膜がはがれて出血が起こります。終わるまでの期間は、3～7日、平均5日間です。3日くらいで終わってしまう人は、妊娠できないのではないかと心配しますが、次の卵胞ホルモンが早めに多く出て、機能層が濾出した血管を覆うのが早いため早く終わるのであって、異常ではありません。母親も娘も3日という人を知っていますが、女性としては楽で幸せな人だと思います。かえって、だらだらと終わらない人の方が、卵巣機能不全などという病名を付けられてしまいます。

▼量

1回の生理中に出血する量は、100～200㎖です。この中には、血液の他に、内膜や分泌液が含まれているので、血液だけの量は50～70㎖くらい。思ったより少なめですが、血の色がついているととても多く感じるものです。これらの正常量はボランティアを募って、ナプキンの出血量を測り、中の成分も分析して出したものです。正常の量を知らないと、多かったり少なかったりする病気の判断が付きにくいからです。あまりに多い場合は子宮筋腫という子宮の筋肉にコブができる病気の可能性があるし、貧血にもなるので、医者へ行かなくてはなりません。1時間ごとにナプキンを取り替えても漏れてしまうとか、便器がまっ赤になってしまうほど多いとか、それが3日も4日も続いたら正常でないと思って下さい。

▼月経血が固まらないわけ

通常、血液は血管の外に出ると固まり始めます。傷から出た血液は固まってカチカチのカサブタになりますね。血液凝固といいます。しかし、生理の血液が、膣の中で固まって出てこなくなってしまミン）の作用によるものです。

うことはありません。これは分泌液中のたんぱく分解酵素（フィブリノリジンやプラス

▼初潮、閉経

成長期で初めて迎える生理を初潮、または初経といいます。日本人は平均12歳。12歳とは小学校6年生の頃です。4年生くらいで来てしまう人もいますが、あまり早いと対応が難しくなります。

学校では、女子だけを集めてお話をしますが、いつ話すかが小学校の先生たちの頭痛のタネです。遅いと全員が始まった後になってしまって間が抜けるし、早すぎると理解できなかったり、女性の体を持つ自分を嫌悪することになっても困るのです。

生理の始まる前には、胸が膨らんできたり、陰毛が生えたりする二次性徴が起こるわけですから、それを見て、母親がまず話してやる方がよいと思います。お母さんがいない場合は、こういう点は、周囲の大人がよく気をつけてやってほしいものです。

初潮から高校生くらいまでは、女性ホルセンが体の中でもどんどん多くなってくる時期です。他のホルモンや神経系も安定せず、精神的に不安定になることから、思春期という名前が付けられたようです。悩みも多い時ですが、ホルモンが不安定なせいなのだと思って自分を責めないで下さい。そして女性ホルモンは、体に丸みを帯びさせるホルモンでもあるので、女性は細くなりたい願望はあるでしょうが、この時期、少しムッチリするのは仕方のないことなのです。

女性ホルモンと男性ホルモン

女性ホルモン：体に丸みを帯びさせるホルモン
男性ホルモン：筋肉をつけさせるホルモン
（ドーピングの時に使われる）

一次性徴と二次性徴

一次性徴：生まれつきの生殖器の違い
二次性徴：陰毛、乳房の膨らみ、体型の変化

生理が終わる時を閉経といい、平均は50歳です。今度は女性ホルモンの分泌量がストンと落ちるので、やはり神経系やホルモンが乱れて、頭痛、肩こり、イライラ、めまい、のぼせといった症状が出てきます。更年期障がいといわれるものです。老年の体に順応するまで、半年から数年かかる人もいます。高校生のお母さんの中には、そろそろこの時期に差しかかる人もいるかもしれませんので、そうしたら、少しお手伝いをしてあげて下さい。けっして「更年期なんだから、まったくー」などと悪くいわないように。自分もかならず通る道です。

女性だけが耐える生理のトラブル

(1)月経前緊張症候群

生理の始まる少し前から顔や手足がむくんだり頭痛がしたり、イライラ怒りっぽくなったりすることを総称して月経前緊張症候群（ＰＭＴ　premenstrual tension）といいます。卵胞ホルモンや黄体ホルモンの量が減るので、バランスをとっていた自律神経や他のホルモンが不安定な状態になるので起こるとされています。起こり方は更年期障がいと似ています。

ただしこれは、生理の２日目くらいから、スーッと消えてしまいます。もう一方の卵巣で卵胞ホルモンを分泌し始めるからです。

朝起きたら顔がむくんでいて、おかしいなと思っていたら生理が始まったというのは、かなりの人が経験しているはずです。少しくらいのむくみは心配ありませんが、あまりにひどい人は治療の対象になります。また、いつもは穏やかな性格の人が、急に友達にケンカを売ってきたら、生理の前かもしれません。私もよく夫につっかかっていました。

(2)乳房痛

生理のちょっと前から生理中に、お乳が硬く張って痛みを感じる人がいます。乳房には乳腺がいっぱい詰まっていて、これが硬くなるので触るとゴリゴリしてびっくりします。がんではないかと医者へ飛んでくる人もいますが、がんは石のように硬くても痛みはありません。生理が終わった後にお乳を手のひらで触ってみて柔らかくなっていたら心配ありません。

(3)倦怠感、眠け

生理中、とくに前半はだるかったり眠かったりすることがあります。女性にとって生理はとてもやっかいなことです。試験や試合など、何か大事な予定が重なると困ることがあります。

(4)ニキビ

顔のふきでものやニキビが悪化する人がいます。これもホルモンのアンバランスによるものと思われますが、よく眠って体調を整えるしかありません。

(5)生理痛——薬は原因に合わせて飲む

生理の痛みに苦しむ女性はたくさんいます。ほとんどは痛み止め等を飲んで過ごしていますが、出かけられないほど痛む人もいます。生理があるということは、女性にとって相当の負担です。その上、ストレスでも痛みが強くなりますので、メカニズムを知っていれば少しは和らぐこともあるでしょう。原因として考えられているものに、子宮後屈とプロスタグランディン過多があります。

子宮後屈

子宮は通常、前方に傾いていますが、後方に強く屈曲していると、月経血が流れにくくたまってしまいます。子宮は時々強く収縮して血液を押し出そうとするので、その時痛みを感じます。子宮の外側は平滑筋という筋肉でできていて、これが収縮するのですが、あまりに強く収縮すると痛いのです。下痢の時にお腹が痛いのも、腸の平滑筋が便を出そうと強く収縮するためで、これと同じことですから平滑筋弛緩剤を飲むと効果があります。

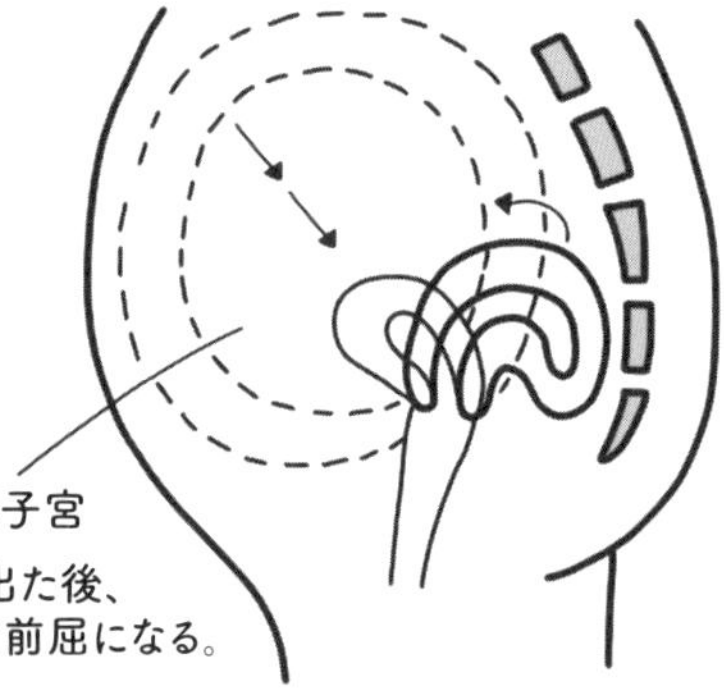

胎児が出た後、収縮して前屈になる。

子宮後屈による月経痛は、一度妊娠すると治るといわれています。胎児が大きくなるにつれて子宮も増大していきますが、後ろには背骨があるので、前に迫り出してきます。赤ちゃんが出てしまった後は収縮して小さくなりますが、何ヶ月も前屈していた癖がついて、前屈子宮になるというわけです。しかし、生理痛を治すためにだけ妊娠するわけにもいきません。

プロスタグランディン過多

プロスタグランディンという面倒くさい名前の物質は、体の中で炎症を起こした部分に出てくるものがあり、これがたくさん出ると痛みを感じます。ぶつけたり、切ったりした時に痛いのは、プロスタグランディンが出ているためです。

生理も内膜がはがれるのでプロスタグランディンが出ますが、多く出すぎる人は生理痛がひどくなりますので、分泌を抑える消炎鎮痛剤を飲みます。これは生理が始まってからでは効かないので、痛くなりそうだという時に、早めに飲んだ方が効くといわれています。分泌を抑える作用があるからです。

これで効き目が悪かったら、痛みを感じる脳の中枢の手前をブロックする鎮痛剤を組み合わせて飲み、痛みが去るのをじっと待つのが現状です。思春期の最初の数年は生理があっても排卵がない人も多いのですが、排卵性月経になってくると痛みが強くなるともいわれていて、高校生の頃は辛い人が多いようです。婦人科に相談に行っても、月経困難症といわれるほどひどい人でないと、あまり真剣に取りあってくれません。毎月薬を飲むのを心配する人がいますが、1ヶ月に1日くらいのことなので、薬の副作用はあまり心配しなくてよいかと思います。

子宮内膜症で苦しむ女性が増えてきた

子宮の内膜が本来の場所ではなく、子宮平滑筋の中や卵管、卵巣、腹腔、腸管などに付いている場合を、異所性子宮内膜症といいます。内膜は別の場所にあっても、ホルモンに反応して生理のたびに出血します。血液が外へ流れ出ることのできない場所では、そこに血液が溜まって血豆のようになり大変な痛み方をします。あまりに痛くて薬で生理を止めてしまう人もいますし、手術でその部分をとってもらう場合もあります。薬は女性ホルモンの合剤で、卵巣と子宮を妊娠したような状態にして生理を来なくさせるものなので、長く飲んでいるとムッチリと太ってきてあまりありがたくありません。

最近騒がれているダイオキシンが、内膜症を殖やす原因といわれていますが、これはまだはっきり証明されたわけではありません。

朝目覚めたら基礎体温を測る

朝、目覚めた直後の体温を基礎体温といいます。体温の微妙な変化をキャッチできるように作られた婦人体温計を口の中に入れて測ります。女性ホルモンの中で、黄体ホルモンは少し体温を上げる働きがあるので、排卵後の2週間は、排卵前より体温が高くなり二相性（低温期と高温期）になります。

通常、体温は体の中で37℃に保たれています。この温度は体の中の細胞の働きや、化学反応を触媒する酵素が一番働きやすいのです。ですから、人は食べた物の約70％をこの体温を保つために使っています。これと筋肉を動かした時に出る熱の和が、私たちが昼間測っている体温です。筋肉で作られる熱の影響を受けない基礎体温は本当は夜中が一番近いのですが、他の人に測ってもらうわけにもいきませんので、枕元に婦人体温計を置いて、朝、目覚めたら自分で測ります。

この基礎体温の変化で女性の性周期の正常、異常がわかります。そして、低温期と高温期の二相性であると排卵があるという証明になるのですが、なぜでしょうか。

基礎体温の変化

基礎体温＝ BBT（basal body temperature）
筋肉から産生される熱の影響を受ける前の、朝目覚めた直後の体温のこと。体を動かさないようにして測定する。

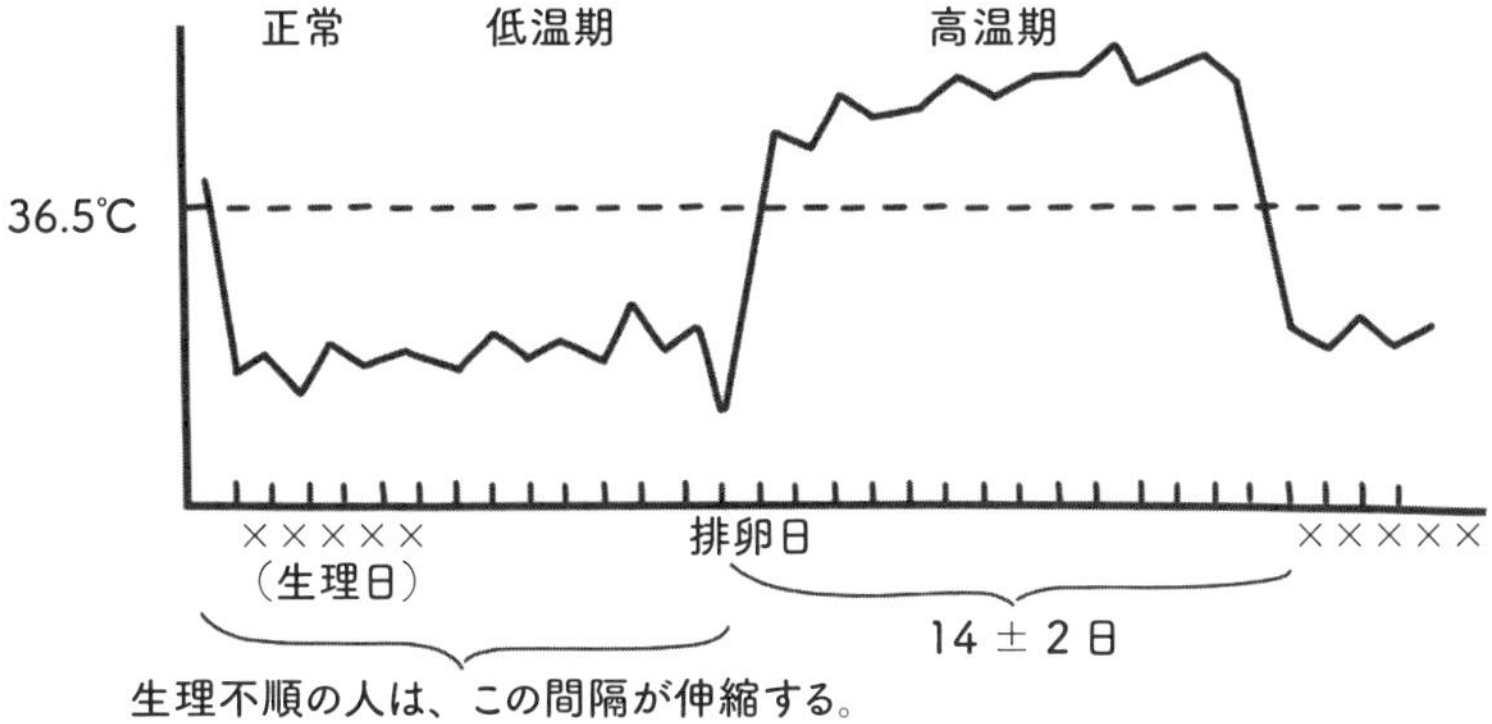

▼正常の性周期

高温期は黄体ホルモンが分泌されている証拠になります。黄体ホルモンは体温を上げる働きがあるためです。黄体ホルモンは黄体から分泌されているので、卵巣には黄体が存在すると推測されます。黄体は排卵後の卵胞からできるので卵胞もあったことになります。卵胞は卵胞刺激ホルモンで成熟し、黄体は黄体形成ホルモンで大きくなるので、これらも出ていると考えられます。この2つが重なって成熟卵胞から排卵があって後に黄体になるわけですから、排卵はあったと考えるのです。推理小説の謎解きのようですが、医学ですから、もちろんたくさんの人たちでホルモンを測って確かめています。

　高温期に移行する前日が排卵日ですが、人によっては基礎体温が一番低くなることがあります。そして排卵があると約2週間で次の生理がやってきます。

　次の生理から逆算して、14日プラス・マイナス2日が排卵日であることを発見したのは、日本人の荻野久作という医師でした。大正13（1924）年のことです。その頃は、コンドーム等の避妊用具はなかったので、これを目安に妊娠を避けるようにしていて、荻野式避妊法といいました。卵子は1日で死んでしまうので、排卵予定日から数日後からの性交では妊娠しないという考え方です。しかし一定のサイクルで次の生理が正確に来る人はよかったのですが、不規則に来る人は妊娠してしまい、失敗の多い避妊法といわれました。

▼ピルによる避妊

1999年から、日本でも女性の避妊のためにピルが解禁になりました。ピルとは、英語で丸薬という意味なのですが、日本では経口避妊薬の代名詞になっています。ピルには副作用もありますし、コンドームを使わなくなるとエイズが増えるのではないかと心配して、厚生省（2001年より厚生労働省）はずっと許可をしないできました。しかし、欧米諸国では一般的に使われていますし、女性の権利確立の波に押されて、量を日本人向きに減らしてついに認可することになりました。男性にコンドームを着けてもらうのが頼みにくかったりする場合もありますし、着けるのを拒否された時、妊娠するのではないかという心配をしなくて済むわけです。

ピルは卵胞ホルモンと黄体ホルモンの合剤です。女性が続けて飲んでいると、血液中にこの2つのホルモンが大量になり、フィードバックで下垂体が抑制されて、卵胞刺激ホルモンと黄体形成ホルモンが出なくなるので、排卵が起こらなくなることを利用しています。20日くらい飲んでお休みすると、生理の出血が起こります。女性が一方的に避妊できる利点はありますが、夫が子供を望んでも、妻が黙って服用しているケースも出てきて問題は複雑です。

ピルは病気の治療として使うと医師が判断した場合以外は、保険が適用されていないので、医師の処方箋を持って薬局に買いに行きます。費用はかなりかかるので、何十年も飲むのは大変なことです。なお、暴行を受けたなどの望まない妊娠を回避する時、72時間以内に服用する緊急避妊薬もあります。この薬を得るには、医師の許可が必要です。

▼基礎体温でわかる性周期の異常

①妊娠

妊娠期間中は黄体ホルモンが出続けるので高温期が持続します。他の病気で熱が出ても高温になりますが、3週間以上高温期が続いて、なお月経も止まっていたら、かなりの確率で妊娠と考えてよいでしょう。今は薬局で自分で測れる妊娠反応の試薬が売られていますので、産婦人科へ行く前にほとんど診断がついてしまいます。受精卵が着床すると、ゴナドトロピンというホルモンがたくさん分泌されて尿中にも多くなるので、それを測って妊娠を知るわけです。受精から3週間、つまり28日周期の人なら1週間生理が遅れた頃から、もう陽性になります。

②無排卵性月経

生理はあるのに基礎体温が一相性のものです。これは日本の医学部にスポーツ医学の講座ができて間もない頃、東京慈恵会医科大学の先生方が、ある体育大学の女子大生に基礎体温を測ってもらってわかったことです。かなりの学生に生理がなかったのですが、あると答えた人でも半分以上が無排卵性月経でした。

激しい運動やストレスで間脳の働きが抑制されて、黄体形成ホルモン放出ホルモンが先に出なくなることがわかりました。すると黄体形成ホルモンも出ないので、卵胞系は正常で成熟卵胞になっても、卵胞刺激ホルモンと黄体形成ホルモンが重ならないから排卵は起こりません。卵胞はそのまましぼんでしまうので3週間くらいで卵胞ホルモンが出なくなり、ホルモンの落差で内膜がはがれて出血します。内膜は黄体ホルモンの働きがないので血管も発達せず、出血量はそんなに多くありません。20日前後で生理になる人は、このタイプの可能性があります。

ちなみに、もっとストレスが強くなると、卵胞系のホルモンも抑制されて、無排卵、無月経になってしまいます。この調査でびっくりした慈恵医大の先生はその体育大学の女性の卒業生全員に手紙を出しました。結婚して子供ができたか尋ねたところ、結婚した人の7割以上が子供を産んでいたので、ストレスがなくなればかなりの人は正常周期に戻るのだろうと、ホッとしたのでした。

基礎体温の異常

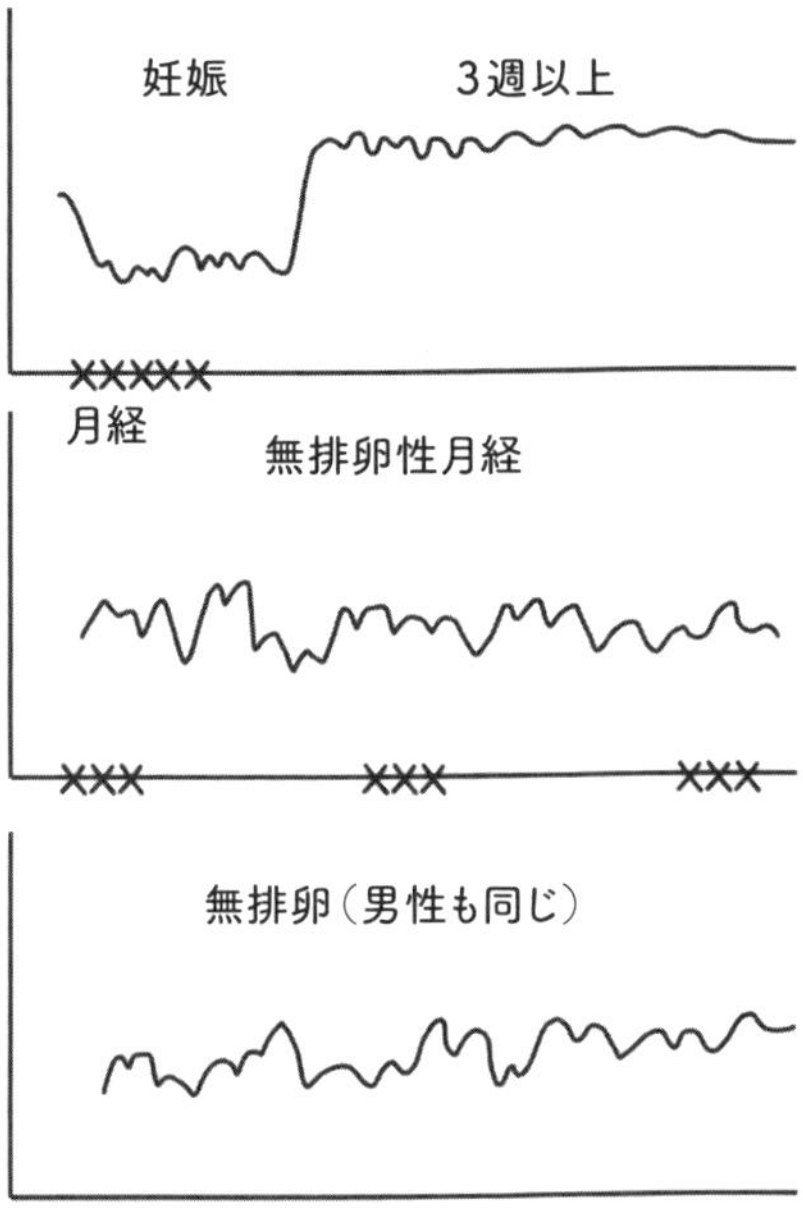

③無月経

生理がなく、基礎体温が一相性の人です。男性や老人、子供と同じパターンになります。卵胞ホルモンも、黄体ホルモンも出ていません。

今、中学生や高校生はかなりのストレスに晒されています。過激なダイエットで急激に痩せて生理が止まる人もいます。生理がないのはうっとうしくなくてよいようですが、排卵がないということなので子供ができません。ところが結婚したいと思った男性が現れた時、その人が子供好きだったらとても悲しくなりますね。なるべく正常な性周期を保つ方がよいです。

生理がないということは、女性ホルモンが出ていないということです。女性ホルモンは体に丸みを帯びさせる働きがありますが、たくさんの利点もあります。女性ホルモンが出ている間は、ケーキやフランス料理を食べても血液中のコレステロール値が上がらないので動脈硬化を予防しますし、骨にカルシウムを蓄積する働きをするので骨粗鬆症を予防します。女性ホルモンがなくなると肌は水々しさを失い、動脈硬化になり、骨も脆くなる、つまり早くおばあさんになってしまうのです。女性ホルモンは免疫系を強くすることがわかってきました。生殖期間中の女性を守る人類の進化の知恵ともいえるのです。

ダイエットは、生理が止まらない程度にゆっくりと！

若い女性にとってダイエットは関心の的です。痩せるなら生理が止まらないように上手にやってほしいものです。半年で10kg痩せて生理が止まり、女性ホルモン療法で15kg太ったけれど、まだ生理が来ないと悩んでいる患者さんがいました。こんなことになっては悲しいので、生理の止まらないダイエットの話をしましょう。

ダイエットはできることなら、卵巣機能が安定する20歳を過ぎてからの方がよいのですが、それまで待てない人は、1年に3～5kgの減量にして下さい。『10日で5kg無理なく痩せる』という広告がありますが、男性ならともかく若い女性は危険です。何のためにダイエットをするのかを忘れないように。骸骨が皮を被ったように痩せて、皮膚はカサカサで腰が曲がったようになっては仕方がありません。余分な脂肪だけ落として、肌が美しく魅力的な女性にならなくてはいけませんね。そして痩せすぎは絶対にだめですよ！　目標を決めて、健康を損なわないように注意しながらやって下さい。

ダイエットのやり方は、非常にたくさんあります。ダイエットを扱った本は本屋さんに溢れていますし、雑誌もダイエットの特集をすれば、かならず売れるそうです。しかし、あまり偏った特別の療法はしないことです。ダイエットは一生続けられるものでなくては、痩せてもすぐ戻ってしまいます。

２週間リンゴだけを1食に3個ずつ食べるとか、卵を1日9個にグレープフルーツだけとか、バナナダイエット、その他次々に新しいダイエット法が出ています。カロリーにして1日１０００キロカロリー（kcal）にもなりませんから、たしかに痩せるでしょう。しかし、これを一生続けていたら栄養は偏ってしまいますし、会社では「あの人、変！」というレッテルを貼られてしまいます。お母さんになったら、子供の食生活もおかしくなってしまうでしょう。ダイエットは基本を押さえて、一般の食事から選択して食べるのが長続きするコツです。

▼たんぱく質は充分に！

たんぱく質は１００kcal分食べると、体内で代謝が活発になって１３０kcal分燃えてくれます。脂身の少ない赤身の肉、脂の少ない魚、卵、無脂肪牛乳、カッテージチーズはたくさん食べても大丈夫！

たんぱく質を多く摂ると、血清中のたんぱくが増えます。これは脳の空腹中枢を抑えて、暴走を防いでくれるのです。あまりにもお腹が空いてもう何でもいいから食べたいと、ムチャ食いした経験は誰にでもあるでしょう。ところがダイエットをしている最中にそれをやると、体が低カロリーに合わせて代謝を落としている時ですから、あっという間に2㎏ぐらい太ってしまうのです。

10代のまだ成長期の頃は、たんぱく質は筋肉、血管、内臓を作る大事な栄養素ですから、1日の必要量である男性50g、女性45gより多く摂ってほしいのです。ちなみに50gというのは、肉や魚、そのもの重さではありません。肉や魚には水分や脂も入っているからです。目安として毎食、100g分くらいの魚か肉を、それがない時は豆か豆腐を加えて下さい。コレステロール値の高くない人なら、固ゆで卵は、お腹の持ちがよいのでお勧めです。

食品中のたんぱく質量（目安）

豆腐1丁（300g）…5g、納豆1食分（30g）…15g
鮭1切れ（80g）…30g、マグロ刺身1食分（80g）…30g
牛肉（脂身なし、100g）…20g、豚肉（脂身なし、100g）…20g
鶏肉（200g）…20g、卵1個（50g）…6g

▼肉や魚の3倍の野菜を食べる

緑黄色野菜にも少しはカロリーがありますが、胃や腸で消化するのにその分くらいのエネルギーを必要とするので、カロリーはほとんどゼロと考えてよいでしょう。しかし、芋と名の付く野菜は、ご飯やパンと同じに考えて下さい。じゃが芋大1個、さつま芋中1個、里芋3～4個は、どれかを食べたら、ご飯を1杯減らして下さい。トウモロコシは穀類です。

▼油物はなるべく少な目に！

ダイエットをする時、植物油はよいと思っている人が多いのですが、動物性脂肪はいけなくて植物性脂肪がよいのは動脈硬化での話です。ダイエットの時はカロリーが一緒なのでどちらも極力減らさなくてはなりません。マーガリンをつけたパン１枚は２枚分のカロリーに、卵を目玉焼きにするとカロリーは倍になると思って下さい。カロリー・ハーフのマーガリンならよいだろうと思っている人がいますが、マーガリンは軟らかいのでバターの３倍もつけてしまうことになり、かえって逆効果です。マヨネーズも小さじ３杯でご飯１杯分です。

甘い物を脂肪と一緒に摂ると体脂肪がつきやすいという説があります。その説に従うと、甘い物を食べたくなったら、ケーキはだめで和菓子とお茶の方がよいでしょう。

しかし、全く脂肪をカットすると、脂溶性ビタミンＡ・Ｄ・Ｅの吸収が悪くなってお肌がカサカサになりますから、野菜炒めのサラダ油少量くらいはＯＫです。体に脂肪がつきにくいサラダ油も発売されています。長期的な副作用はわかりませんが、少し利用するのはよいでしょう。

▼ダイエット中も骨のカルシウムを貯蓄すること

カルシウムは30歳までにしっかり骨に蓄えないと、老年期に骨粗鬆症になって家の中で転んでも骨折してしまいます。とくに10代のうちにカルシウムをしっかり摂って、重力に逆らった運動をするのが、骨を丈夫にするコツです。カルシウムの必要量は１日６００㎎とされています。たとえば牛乳コップ１杯（２００㎖）、ヨーグルト２００㎖、三角チーズ１切れがそれぞれ２００㎎です。どんなにダイエットをしている時でもこれ以下にしないようにして下さい。

小魚の骨でもよいのですが、乳製品のカルシウムの方が吸収がよいので、低脂肪とか無脂肪の牛乳やヨーグルトを選ぶとよいでしょう。

日光に当たりすぎは皮膚がんの心配がありますが、全く当たらないとビタミンＤが活性化しないの

骨内のカルシウム量からみた骨粗鬆症の病態

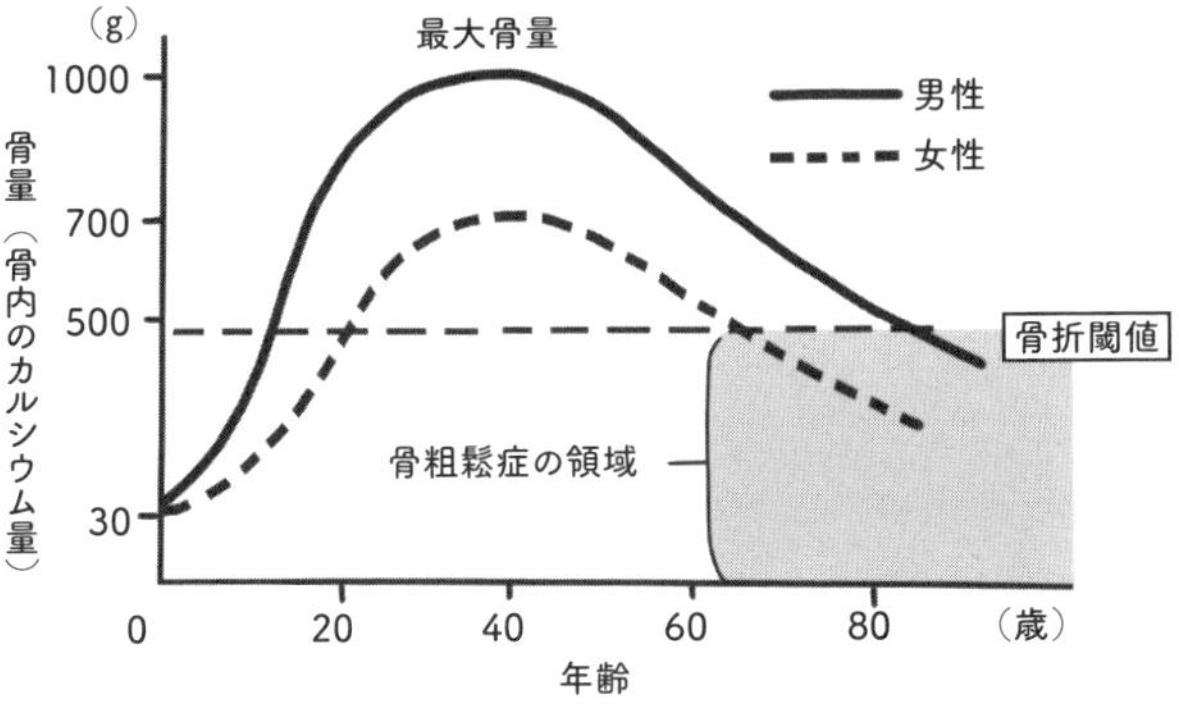

カルシウムをたくさん貯蓄しておけば、骨折閾値を下回る頃に100歳を超えられる。

(林泰史「骨粗鬆症—治療へのアプローチ③骨粗鬆症の病態と症状」日医雑誌 第124巻第9号 2000年)

でカルシウムの吸収が悪くなりますから、骨のために適当な日光浴も必要です。

▼運動は均整のとれた体にする

適度な運動はぜひやってほしいのですが、運動しているからと安心すると、ダイエットは失敗します。運動で消費するカロリーは思いのほか少ないのです。カステラを1切れ食べたら、どのくらいジョギングをしなくてはならないと思いますか。45分です。そんなに走ったら、また、アイスクリームやジュースが欲しくなってしまいます。運動は、体の余分な脂肪を落として筋肉を付け、均整のとれた体にするためのものです。食事と上手に組み合わせて下さい。

このような基本を身に付けると、時々はフランス料理のフルコースやケーキを食べても、太らない体になっていきます。ダイエットによい食事や生活スタイルは、動脈硬化になりにくく生活習慣病の予防やがんの予防にも一役買う、医学的に見ても理想的なものです。ダイエットのための12ヶ

成人のカルシウム(Ca)の1日の必要量=600mg

牛乳 200mL コップ1杯分	200mg
ヨーグルト 200mL コップ1杯分	200mg
三角チーズ 1切れ	200mg
小魚、海藻類	+α

(高校生は650mg)

条は、がん予防の12ヶ条をもじって私が作ったものですが、痩せたいと思っている人は参考にして下さい。私は女子高生の頃、一日5食食べて60kgでした。今は12ヶ条を実践して、162cm、52kgです。

ダイエットのための12ヶ条

遺伝的に太りやすい人でも、食事でコントロールできる！

① ストレスを食欲に向けない。別のもので紛らわす。
② 1日1食、または2食は太る！　食べ物が来ないと体はせっせと蓄積する。
③ 朝食を多く、夕食を少なく。寝る前3時間は食べないこと。
④ 満腹中枢が働くように、ゆっくり食べる。
⑤ アルコールは太る。たとえばビール腹。ワインも注意。
⑥ 脂肪分をカット。とくに脂肪の多いお菓子は怖い。しかし極端にはやらないように（ビタミンA、D、Eが欠乏する）。
⑦ 骨のためにカルシウムを1日600mg。ただし、牛乳は低脂肪か無脂肪のものを。
⑧ 体のためにたんぱく質を。たんぱく質は摂取カロリーの1.3倍も体内で代謝が活発になる。食欲も抑える。
⑨ 運動はした方がよいが、過信は禁物。カステラ1切れは45分のジョギングに相当。
⑩ カロリー計算をして、1日1600kcal以下にはしないこと。
⑪ 数ヶ月後、減量が止まってもあきらめない（適応現象）。ダイエットと運動を強化。
⑫ 6ヶ月で5kg以上減量しない。生理が止まったらダイエットはストップする。

②妊娠

―妊娠のしくみ―

妊娠するには男性の精子が必要

精子は精巣で作られて、精巣上体を経て精のうに蓄えられます。精巣は女性の卵巣に相当するもので2つあります。昔は睾丸といわれていました。陰のうという袋に入って体の外に下がっています。精子は低温の方が生成がよく行われるので下がっているようです。

男の子の精巣は生まれる直前に、腹腔から陰のうの中に降りて来ますが、これが降りて来ないと停留精巣といって、1歳半までに手術をして陰のうの中に降ろします。精子が作られなくては困るのと、将来、精巣がんになりやすいといわれているためです。子供ができた時、男の子だったら、お父さんかお母さんは、陰のうを触って、中に左右2つあるか確かめなくてはいけません。

精巣には精子を作る細胞があって、毎日、精子を作ります。卵巣は生まれた時に、すでに一生のうちで排卵する卵子の基を持っていますが、精子は毎日作るのが大きな違いです。ですから、腹部に当

男性の生殖器

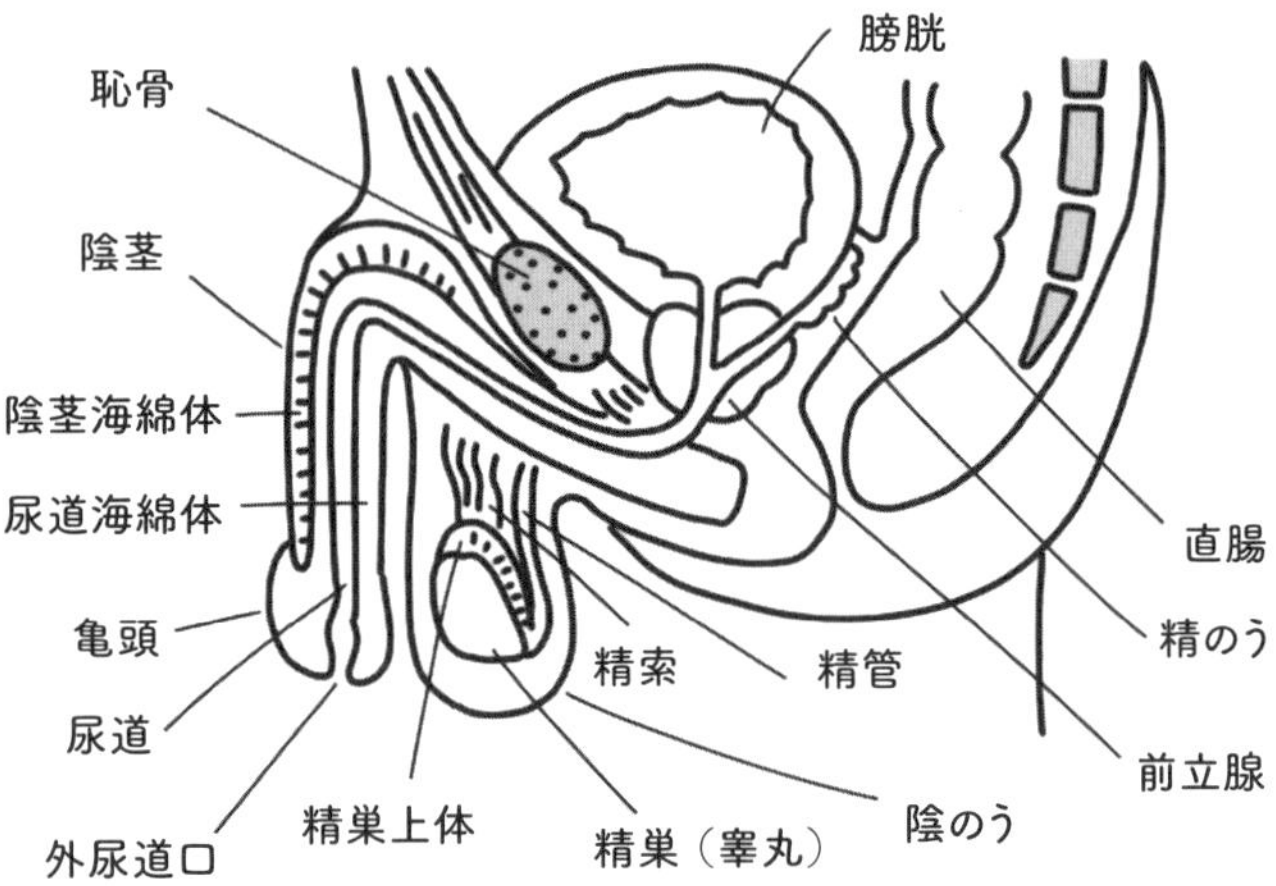

てる放射線は、男性より女性の方がより気を付けていなくてはなりません。放射線は、強さにもよりますが、卵子や精子を作る細胞を殺すほど浴びると不妊症になることもあるので、若いうちはなるべく少ない方がよいのです。

原子力発電所の事故等は稀にしか起こりませんが、日常生活で放射線を浴びる機会は、胸部レントゲン、胃透視検査、骨折や関節を診る骨のレントゲン、歯科のレントゲンなど医療用レントゲンの検査等があります。

今まで一度もレントゲン検査を受けたことがないという人は、とても少数だと思います。病気の診断をするのに非常に便利なので、医者もレントゲンを撮りすぎのきらいがありますが、子供を産み終えるまでは必要最低限にして、どうしても受ける必要がある場合は、鉛板でお腹をカバーしてもらって下さい。これは歯科での小さなレントゲン検査でも一緒です。

▼射精

男性が性的に興奮すると、陰茎海綿体に血液が充満して陰茎が硬く大きくなります。これを陰茎勃起といいます。

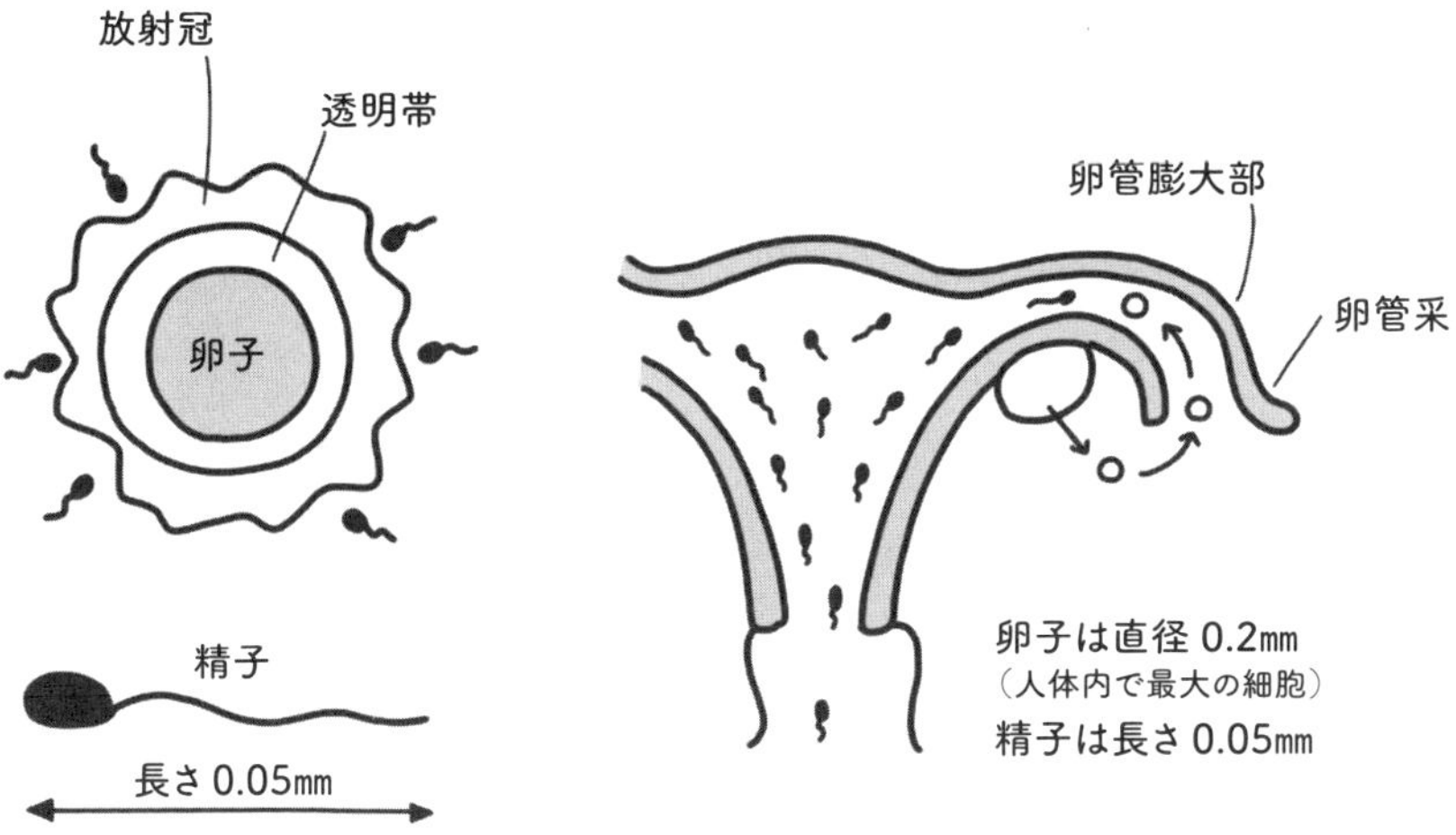

さらに興奮が頂点に達すると、精のうに蓄えられていた精子が外に出ます。前立腺を通る時に前立腺液と一緒になり、尿道から外に出るのですが、これを射精といいます。精液は、前立腺液2～4㎖と精子2～3億個からなります。

通常、射精は女性の膣の中にされるので、精子は盛んに尾を動かして、子宮から卵管へと上っていきます。この時、膣でウロウロしている精子は5～6時間で死んでしまいます。膣は弱酸性ですが、精子はこの酸性に弱いためです。

膣の中にはディーデルライン桿菌という乳酸菌の一種の細菌がすんでいて、膣の粘膜のグリコーゲンを分解して乳酸を作っています。それで膣の中は、pH4～5という酸性の状態に保たれています。これは外から侵入する雑菌に対しては殺菌的に働くので、子宮や卵管の細菌感染を防いでいる大切な要素です。

生理の時は血液が弱アルカリ性なので、中和されてしまい殺菌力が減ってしまいますから、生理中は不潔にしないよう心がけて下さい。タンポンを長時間入れっぱなしにするのもよくありません。タンポンが発売されて間もない頃、アメリカで女性が数人、敗血症で亡くなった事件がありましたが、タンポンを3日くらい、取り替えなかったのもいけなかったといわれています。敗血症とは細菌等が血液中で異常に増えてしまうものです。

膣でウロウロしている運動性の悪い精子は淘汰されて、元気な精子が卵管へやってきます。子宮と卵管は弱アルカリ性なので精子は数日間生きられますが、2～3億いた精子はここに来るまでに60～100に減ってしまっています。

▼受精は競争率2億倍

排卵日に卵子が卵巣から排卵されると、卵管采が伸びてきて、卵子を卵管の中に吸い込みます。卵子はお腹の中（腹腔）にポンと出されるわけですが、その時、卵管采が掃除機のように吸い取ってくれるわけで、卵子の化学物質に反応しているのかもしれませんが、実にうまくできています。

卵子は排卵後24時間の命です。ちょうどそこに精子がいた時、受精が起こるのです。精子の方が数日生きられるので排卵前から待っている方が確率は高くなります。

受精はおおむね、卵管采の上の卵管が少し太くなった卵管膨大部で行われます。卵子の出す化学物質に吸い寄せられて卵子の周りに精子がたくさん集まってきますが、卵子の周囲には放射冠や透明帯というバリアがあって、そのままでは入ることはできません。そこで精子は頭の先端から酵素（ヒアルロニダーゼ、トリプミン様物質）を出してバリアを溶かしていきます。最初の精子が尾を切って中に入ると、卵子は防御膜を張って、もう他の精子は入れなくなるのです。

もし2つの精子が同時に卵子の中に入ったら、どうなるでしょうか。世の中に同着ということはよくあることですが、この場合、どちらも栄光を獲得するというわけにはいかず、染色体が多くなりすぎて分裂の過程でおかしくなり、流産してしまいます。

さてここで染色体とＤＮＡについておさらいをしておきましょう。

親からのＤＮＡで自分が決まる――染色体について

成人の体は約37兆個の細胞から成っていますが、元は1個の受精卵からスタートします。受精卵には、母側からの卵子の23本の染色体と、父側からの精子の23本の染色体が合わさった46本の染色体があり、これが複製を重ねて細胞分裂して増えていき、ついに37兆個の細胞から成る人間に成長します。

染色体の中には、遺伝情報のびっしり詰まったＤＮＡが折りたたまれて入っていて、必要な情報を親から子へと伝えています。ＤＮＡは生命の設計図であり、父と母の両方から受け継がれ、髪の毛や目の色、顔つきなどの体型だけでなく、病気になりやすい体質や寿命まである程度折り込まれています。父と母の染色体の2本並んでいる同じ部分が入れ変わったりするので、親ときょうだいとも、顔かたちや性格が少しずつ違ってきます。

もし、一方の親の核をそのまま、未受精卵の核と取り換えて育てれば親と全く同じ子供が生まれることになります。親と全く同じＤＮＡを持つ子供をクローンといいますが、１９９６年、イギリスで作られたクローン羊ドリーが世界の第1号でした。ウシなどの動物でその後日本でも成功していますが、この技術は人間には応用しないようにしようと討議されています。人には、自分をもう一度生かしたいという欲求はありますが、環境によって人の成長は変わりますし、誰が育てるかも問題です。

自分で育てるとしたら、反抗期には自分が自分に反抗することになりますから、頭が変になりそうですし、他人が育てるとしたら、これもまた心配で、親は死んでも死にきれないパラドクス（逆説）に陥るでしょう。それに親からDNAをもらった時の、その後の親の年しか理論的には生きられないので、やめた方がいいですね。

▼受精の瞬間に性別が決定

人の細胞は、22対の常染色体とXXかXYの性染色体から成っています。常染色体は体の構造や機能に関与し、性染色体は性を決定します。Xは女性、Yは男性ですが、Yが1つあれば多くの場合、外形は男性になります。

　母は44本の常染色体とXXの性染色体、父は44本の常染色体とXYの性染色体を持っています。しかし、このまま合体すると88本の常染色体とXXXYの性染色体になってしまうので、受精の前に半分ずつに減らします。これを減数分裂といいます。他のすべての体細胞は染色体をコピーして倍に増やし、2つに分かれますが、生殖細胞の卵子と精子だけは減数分裂を行うのです。卵子はもう1回普通に分裂して1個だけが卵子となり、精子は分裂してできた4個が全部精子となります。この変化は卵巣の中で卵子が成熟卵胞になるまでに、精子は精巣を出るまでになされます。

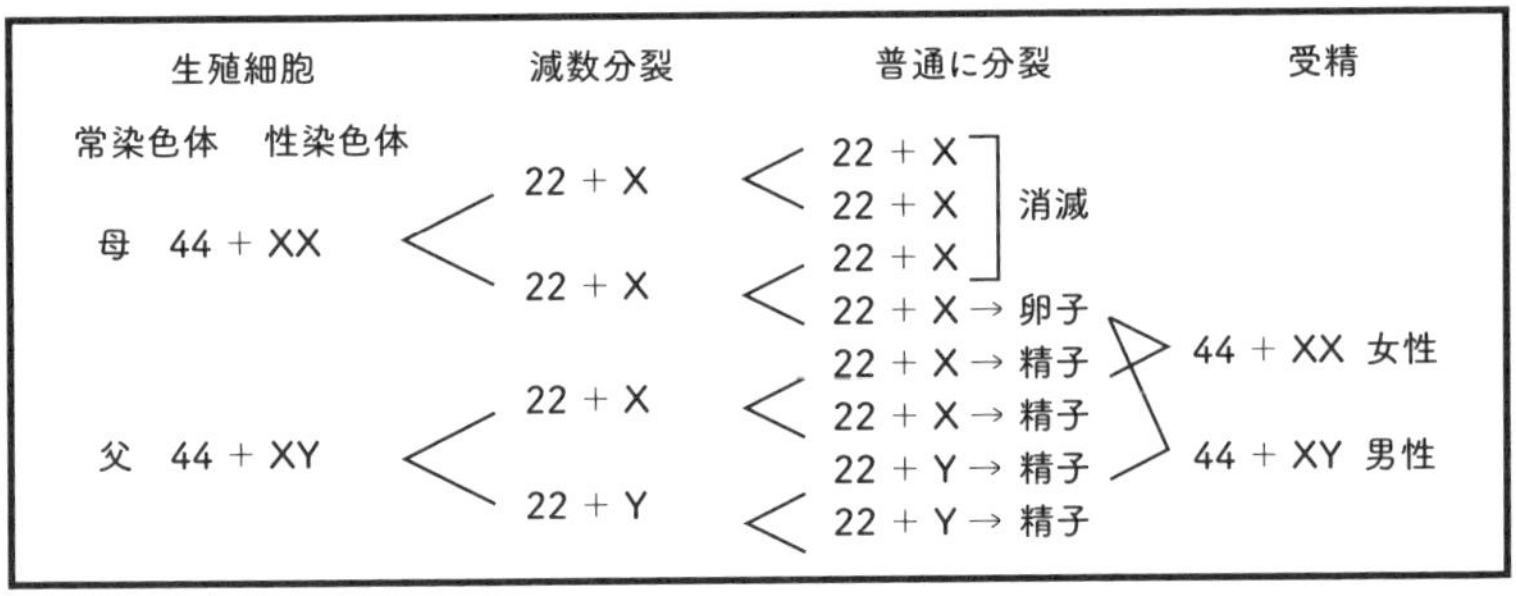

精子と卵子の発生

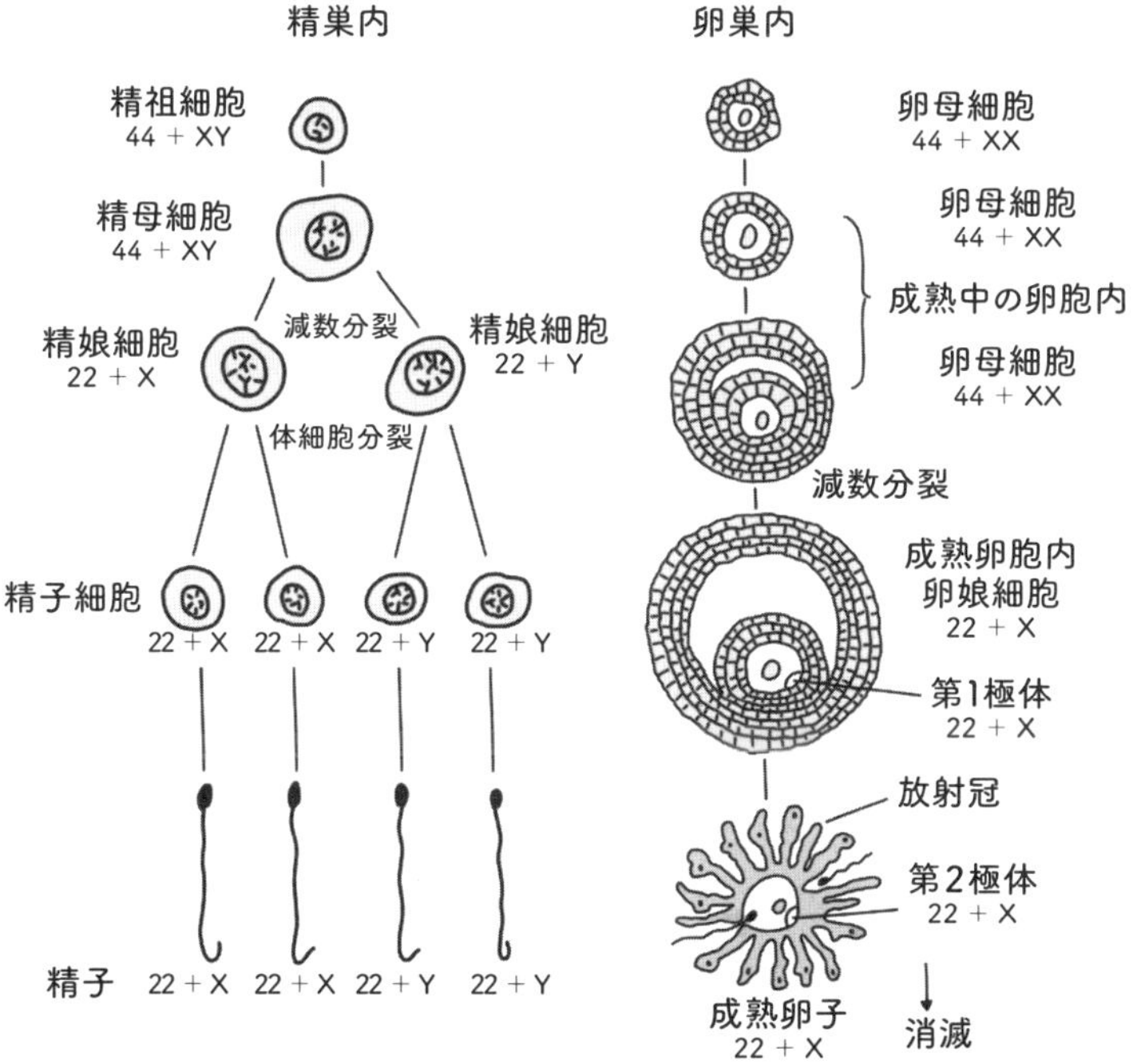

各発生段階における生殖細胞中の染色体数は
①2回の成熟分裂の後、倍数体染色体数 46 は半数体数に減少して、23 となる。
②精母細胞から4個の精子が形成されるのに反して、1個の卵母細胞が成熟して1個の卵子が生ずるにすぎない。

減数分裂

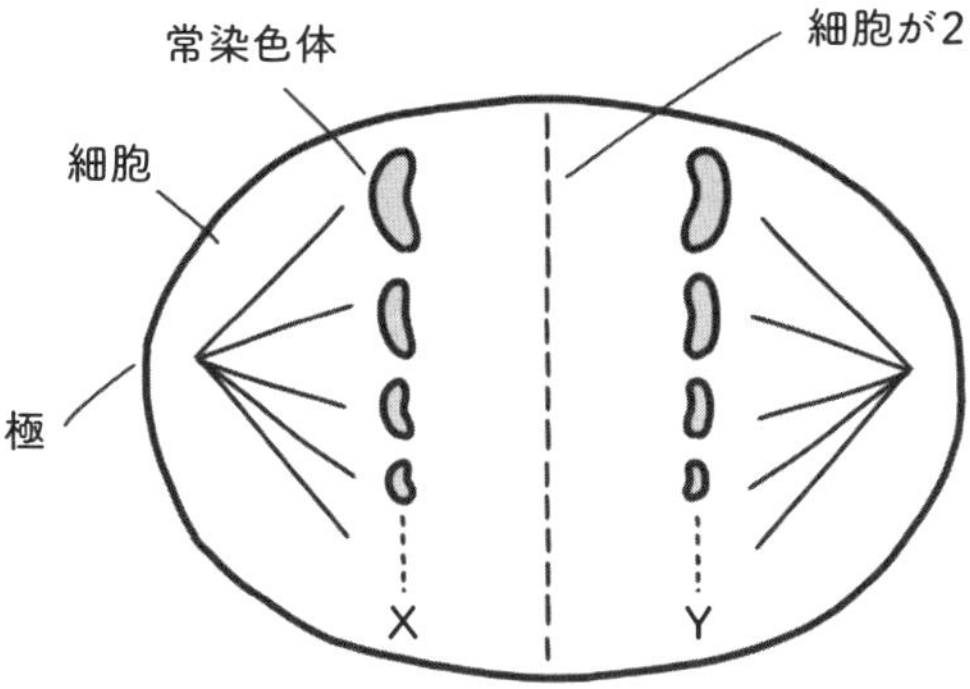
細胞が2つに分かれる

44 本の常染色体は 22 本ずつに分かれ、細胞の両極に引っ張られる。X と Y も分かれる。この時、離れないで一方に片寄ると、受精の時、染色体異常となる。

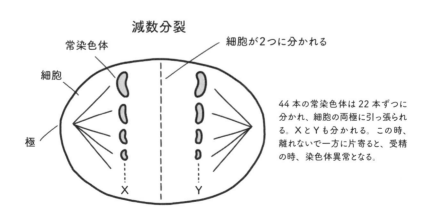

卵子の性染色体はXだけですが、精子はXを持っているものとYを持っているものがあるので、受精の時、Xを持った精子が一番に入るか、Yを持った精子が一番に入るかによって、胎児の性別が違ってきます。

▼染色体の不分離によって起こる形態異常

減数分裂の時に、性染色体が分離しないで一方に偏ってしまうことがあります。精子でも卵子でも起こりうるのですがこの組み合わせによってさまざまな異常が起こってしまいます。

①ターナー症候群

XOとは、性染色体がX1本のみのものです。ターナーが報告したのでターナー症候群といわれます。外形は女性形ですが、低身長は状況によって成長ホルモンの治療を受けます（保険適用）。

②クラインフェルター症候群

XXYの染色体を持っています。クラインフェルターが報告したのでその名が付きました。外形は男性、背が高く華奢な細い体つきで、ハンサムな人が多いそうです。検査してはじめてわかるケースが多いのですが、染色体検査をしなければ、本人も周りの人にもわかりません。500人から1000人に1人だそうですから、稀ではありません。

③ダウン症候群

常染色体にも不分離が起こります。常染色体は2本で一対になっていますが、1本だけのものをモノソミー、3本になるものをトリソミーと呼んでいます。

常染色体は大きい方から順に番号がつけられていて、大きい染色体で不分離が起こると器官形成の異常が大きくなりますので生きられなくなります。また、モノソミーは欠落ということでやはり形態異常がひどく、トリソミーの方が生まれやすく育ちやすいようです。13、18、21トリソミーがよく起こりますが、その中でも21トリソミーは身近によく見る形態異常です。本当は一番短いのに21番目と番号をつけてしまった染色体が3本あるものなので、一番軽いということなのでしょう。

21トリソミーは、1965年に、最初の報告者であるダウン博士の名からダウン症候群（ダウン症）と名前が付けられました。

どんな親から生まれても似かよった特有な顔つきをしており、小学校低学年程度の知的障がいがあります。性格はとても優しいので家族はかえって慰められ、可愛がり、家族の宝のように育てます。しかし先天性心疾患や肝障がいが出ることもあり、50歳以上生きる可能性は低いといわれていましたが、近年は、医学の進歩で60歳以上まで生きられる人もでてきました。

若い時にダウン症児を産むのは、父母のどちらかの染色体が不分離を起こすことがあるためです。2人目を妊娠した時、希望があれば羊水穿刺で羊水に浮いた胎児の細胞を取って染色体を検査します。すべての胎児に検査をすればよいかもしれませんが、子宮に針を刺すと、その刺激で流産してしまったり、細菌感染を起こしたりと危険があります。超音波（エコー）検査で胎児を見ながら針を刺しても、急に胎児が動いて傷つかないとも限らない危険を伴った検査です。やたらにはできません。

今、ダウン症の血液染色体検査が行われていますが、かえって母親が不安になることもあり、これも問題です。

35歳を過ぎてからは、原因の8割が母親、2割が父親由来といわれています。母親の原因は卵子の

ダウン症の常染色体

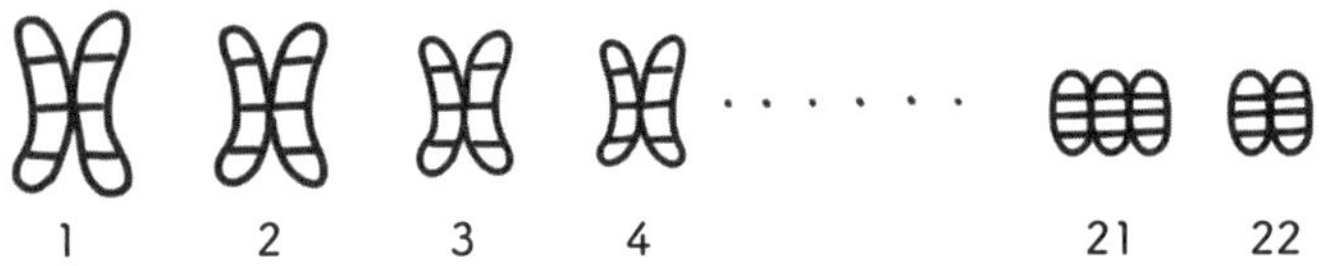

母親の出産年齢と
ダウン症児の生まれる確率

25歳以下　2000回に1回
40歳以上　100回に1回
35歳から急増

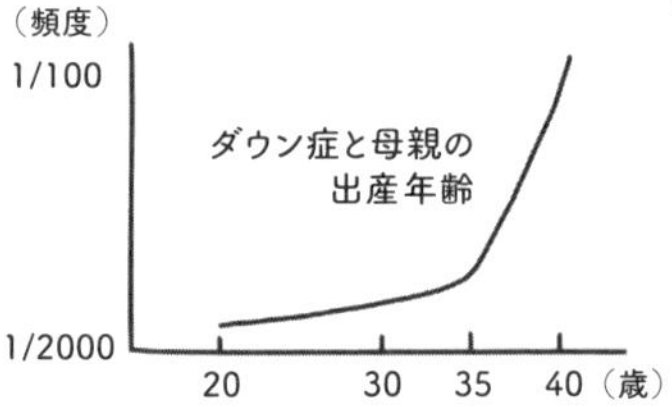

羊水穿刺

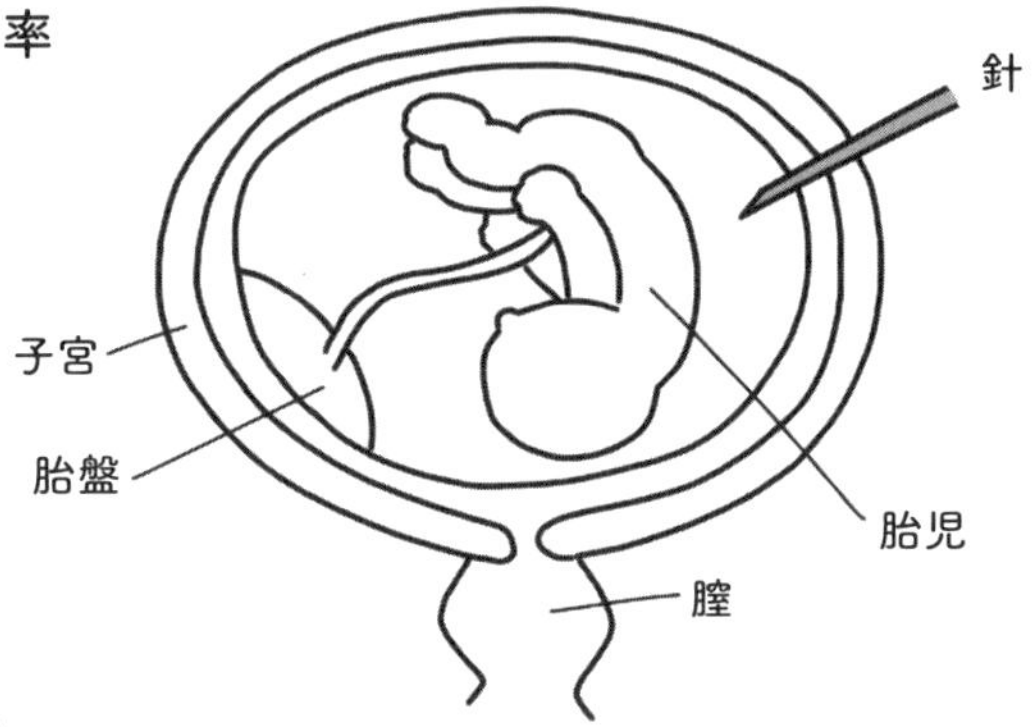

老化によって分離がうまくいかなくなると説明されています。毎月排卵する卵子はすでに胎児の時から卵巣にあるので、40年も経っては古びてしまうのは仕方のないことのようです。

ところで最近は女性の結婚年齢が高くなってきました。30歳を過ぎて結婚し、数年働いてから子供を作ろうといっているとすぐターニングポイントの35歳を超えてしまいます。高齢出産でも、出産時の危険は昔ほど心配しなくてよくなりましたが、他の染色体不分離も起こりやすくなるので、子供を欲しいと思っていたら、早めに子供を産み終えることをお勧めします。でも、あまり早く子供ができてしまうと、仕事を覚える時期に全力投球できなくて葛藤に苦しむことになります。私もそうでしたが、とても焦り悩みました。

卵管に吸い込まれた卵子は、卵管膨大部で待っていた精子と合体します。受精しない卵子は24時間で死んでしまいますが、受精卵になると新しい

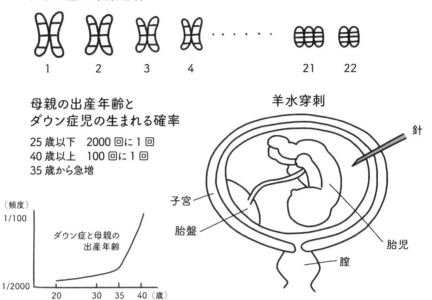

命を吹き込まれて分裂が始まります。

2細胞期、4細胞期、8細胞期と分裂を繰り返して、桑実胚といわれる状態で受精から1週間経つと子宮に到達し、内膜にもぐり込むのです。これを着床といいます。

多胎とは双子以上をいう

通常、人間の赤ちゃんは1回の出産で1人ずつ生まれますが、2人以上の時、多胎といいます。

2人を双生児といいますが、100回の出産に1回の割合なので世の中にはかなりの双子の兄弟姉妹が見つかります。双生児には一卵性と二卵性がいることは、誰でも知っていますが、受精の時の、ふとしたきっかけで起こることはあまり知られていません。

一卵性は受精卵が2分割する時「アッ！しまった、割れすぎた！」というわけではありませんが、切れて離れてしまった時に起こります。そうすると体が半分の人間ができるのではないかと心配になりますが、原始的な細胞の時期には、やり直しができて、そこから同時に2分割、4分割と始まるのです。2分割の時、染色体はコピーされて、全く同じ染色体が両方の細胞に入るので、顔かたちはもちろん、性格や病気の起こりやすさまで似るのです。もちろん性別も一緒です。

一卵性双生児の研究はアメリカでとくに盛んで、遺伝と成育環境の関係などが調べられており、興味深い話がたくさんあります。凶悪犯罪で捕まった人が一卵性双生児だったことがわかり、生まれてすぐ別れてしまった片割れを、八方手を尽くして探したところ、非常に遠くでそれに劣らぬ犯罪を

受精卵の分裂

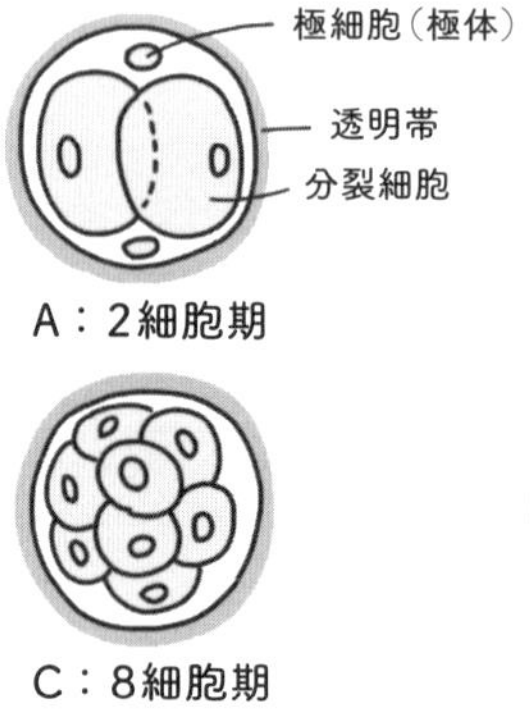

一卵性双生児の成り立ち

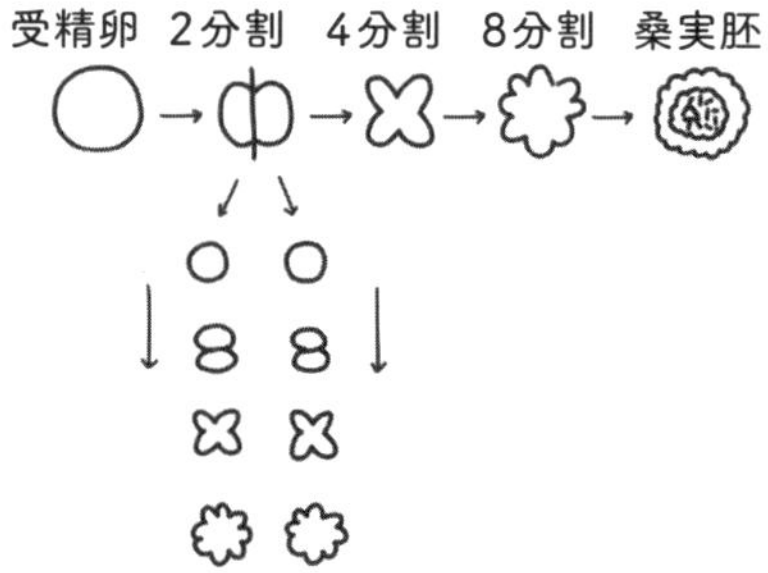

一卵性双生児は２分割時に分かれて、そこからまた分裂が始まる

犯し、すでに監獄に入っていたという話は、性格も遺伝の影響が強いという例に使われています。日本では昔活躍したマラソンの宗兄弟が有名です。走っている時、以心伝心でしかける時がわかるのだそうです。

二卵性の場合は、たまたま2個排卵して、精子がそれぞれに入ったものなので、兄弟姉妹くらいの似かたで性別もまちまちです。

人は自然に生まれるのは双生児までで、三つ子以上はほとんどいないとされています。ところが、日本でも五つ子ちゃんなど、多胎児がたくさん生まれています。なぜでしょう。これは不妊治療に使う排卵誘発剤によるものです。無排卵の女性に使うのですが、ホルモンは微量で効くので、ちょっと足りないかなと増量すると、5個、6個と一度に排卵してしまうのです。

不妊治療を希望するくらいですから、たくさん子供を授かるのは嬉しいことだと思いますが、多胎児にはいろいろな問題があります。ま

多胎

双生児	一卵性（1/3）	受精卵が２分割で分かれる	約100回に１回
	二卵性（2/3）	排卵が２つあり、それぞれに精子が受精	
三つ子以上		排卵誘発剤で多数排卵した卵子に精子がそれぞれ受精	

ず、人間の子宮は1人用なので、せいぜい4000g分くらいしか大きくなれません。そこに五つ子が入ったとすると1人につき800gになってしまいます。普通は3000g以上で生まれてくるので、このハンディキャップは大変なものです。とくに子宮の下の方に位置していた子は圧迫されてもっと小さくなるので、とても育てにくくなるのです。病院側は医療チームを組んで、ある程度大きくなって自分でミルクが吸えるようになるまで、細心の注意でケアに当たります。

家に帰ってからも大変です。ミルクをやってオムツを替えて、お風呂に入れるのも、とても1人ではできません。ミルクの時間がズレたりしたら、両親は全く睡眠がとれなくなるでしょう。経済的にも大変で、アメリカでは、妻の方が収入が多かったので、夫が仕事を辞めて育児をしている写真がニューズウィークに載っていました。

経済的に育てきれないからと頼まれて、五つ子の3人を中絶した医師が出てきて、大論議になったこともあり、不妊治療も難しい問題を孕んでいます。

不妊症の原因とエスカレートする治療法

子供が欲しいと思っているカップルが1年以上妊娠をしないと、不妊症ということになります。昔は、子供のできない夫妻はたまに見かけるくらいで、日本中には小さな子供が溢れていました。今は少子化で、子供を作れる人でも、たくさん産まなくなりましたが、それと同時に、とても子供を欲しいのに妊娠できない女性が増えてきています。現在、子供を欲しいと思っているカップルの10組に1

組が不妊症といわれており、それも増えているので身近にもそのような人はいるかもしれません。

不妊症の人は、辛い検査をたくさん受けて、またお金のかかる治療を何回も受けています。それでも妊娠しない時、とても焦ったり悲しくなったりして、死にたいと思ってしまうこともあります。そんな時に「お子さん、まだですか」というような不注意な言葉は、どんな刃物より鋭く、その人を傷つけてしまうでしょう。どういう治療を受けているのかを知るだけでも、不妊症の人たちの心理を理解できるし、たとえ自分が不妊症だとわかったとしても、情報に振り回されずに済むと思えるので、そういった点からも、私は女子高生も知っておいた方がよい時代だと思って授業で紹介してきました。


昔は子供ができないのは女性に問題があるとされて、一方的に離縁されても、女性は文句がいえませんでした。しかし、第二次世界大戦後、医学が進歩して、よく調べてみたら男性に問題がある場合も多く、その比率はほぼ50%ずつということがわかりました。ですから不妊外来は婦人科の領域なのですが、男性も一緒に行かなくてはなりません。

2022年4月からは、一部を除いて不妊治療は保険適用になりました。

▼男性の側に原因がある場合

シーア・コルボーンの『奪われし未来』が翻訳され、日本でも出版されてから、ダイオキシン等の環境ホルモン（内分泌攪乱化学物質）による精子の減少が日本でも大きく取り上げられるようになりました。

1992年にデンマークのスカケベック教授は、22ヶ国61件の論文を調べて、過去50年にわたり健常男子の精子数を比較して、50年前より42%減少していると発表。日本でも慶應義塾大学医学部産婦人科学教室で、人工授精に使った精子の数を調べてかなり減っていると報告しています。テレビでも、若い人の精子の数と運動性が減って形態形成異常の割合が高くなっている映像を流しました。

①精子を凍結保存

受精するためには、精子は1個でよいはずですが、なぜか1回の射精で1億個を切ると受精率がグンと落ちてしまうといわれています。夫の精子が少ない場合は溜めておいて、女性の排卵日を狙って女性の子宮または卵管に注入します。精子は冷凍できるので凍結保存しておきます。

②他人の精子

夫に全く精子がないか、不具合な精子ばかりの場合、または、女性の体が抗精子抗体を作って攻撃してしまう不適合の場合などは、希望によって他人の精子を使っています。そうした時、日本では提供者の名前を知ることはできません。子供が生まれた後で知って、本当の父親に会いたいということになったりして、トラブルが起こる可能性があるからです。その意味では、兄弟の精子の場合でも、将来複雑な悩みが出てきます。兄弟間の精子提供は原則行われていません。

日本では精子提供を受けても無料ですが、アメリカではビジネスになっているので、精子提供者のＩＱ（intelligence quotient　知能指数）が高かったり、ハンサムで背も高い等の条件によって、とても高いお値段になっているそうです。

世界的には出自を知る権利として、本当の親を知ることは大切だと考えられて、子供が望めば精子の情報を知ることができるようになってきているそうです。

③顕微受精

男性不妊で精子に卵子の膜を溶かす酵素が出ない場合は、女性の排卵日直前に、お腹に小さい穴を開けて、腹腔鏡で見ながら卵巣から卵子を採取して、その卵を顕微鏡で見て、医師が細い針で透明帯を破って精子を入れてやるお手伝いをします。酵素が出ないような精子では、生まれた子供に支障はないかと心配になりますが、染色体のＤＮＡには問題はないようです。顕微鏡で見ながら行うので顕微授精といっています。

▼女性の側に原因がある場合

①体外受精

両方の卵管が、精子も通れないほど狭くなっているか、または全く閉塞している場合、卵子と精子に異常がなくても、出会うことはできません。

そこで顕微授精と同じ方法で卵子を取り出して試験管の中に入れて、それに精子を振りかけます。これを体外受精といいます。１９７８年、イギリスのルイーズちゃんが世界で初めてでした。何か問題が起こらないか心配されたようですが、玉のような可愛い女の子が生まれました。１歳になった時の写真は世界中に報道され、体外受精に弾みがつきました。

卵管狭窄や閉塞は、卵管に炎症を起こした後になりやすいものです。性感染症、不潔なセックスや不潔な中絶で卵管炎を起こすことがありますから気を付けなくてはいけません。

子宮

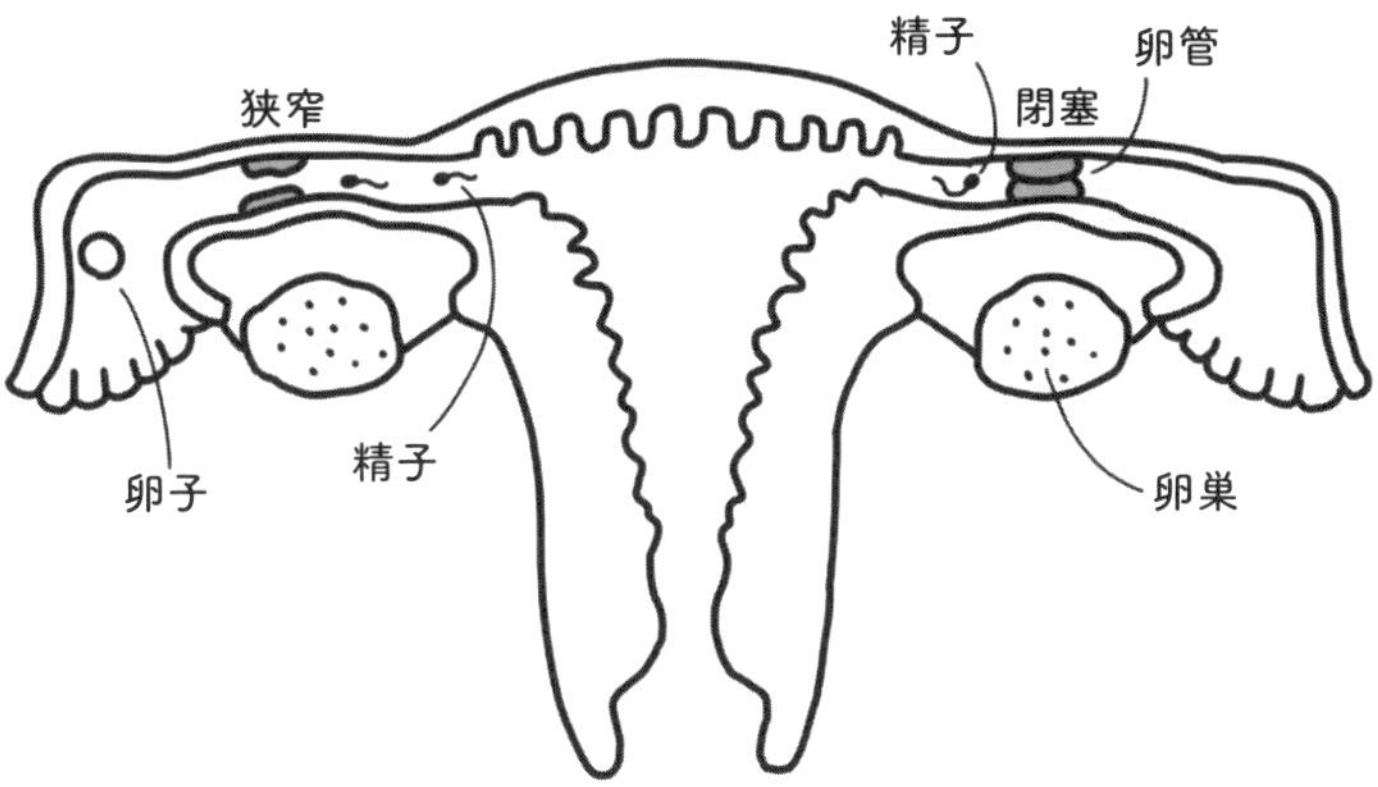

②他人の卵子をもらう

女性に排卵がない場合は排卵誘発剤を使います。女性ホルモンを組み合わせて卵胞を成熟させて排卵させるものですが、量の加減によって5個も6個も排卵して多胎児の原因になります。

いくら誘発剤を使っても排卵が起こらない場合もあります。その場合夫婦によっては、他人の卵子をもらって人工授精を希望する人がいます。医学的な理由以外、日本では卵子提供が許可されていないので、海外まで出かけて行かなくてはなりません。欧米人の卵子だと外見的に目立つので、日本人の場合、韓国の女性の卵子をもらったという報道がありました。日本でも他人の卵子を許可しようという動きもあります。精子は他人からもらってもOKなのに、卵子はダメというのは差別のようですが、卵子を採るのには卵巣に針を刺さなくてはならないし、卵子を採取しようとして使う排卵誘発剤も使い方によって危険が伴うからのようです。

③代理母

女性の子宮に異常があって10ヶ月間、胎児を育てられない場合、他人の子宮を借りる代理母という解決法があります。

日本では許可されていませんが、アメリカでは立派なビジネスです。体外受精した受精卵を代理母の子宮に入れてやると、女性の子宮は自分の受精卵でなくても寛容に育ててくれて、赤ちゃんが生まれます。不妊症でなくても、忙しいビジネスウーマンにとっては仕事を休まず子供を得られるよい方法に思えますが、大きな落とし穴があるので、ご用心！

妊娠中はたくさんのホルモンが出て、胎児の成長に関わります。その中のオキシトシンやプロラクチンなどのホルモンは母性本能を刺激する働きがあるので、代理母は自分の子供でないとわかっていても、産んだ子供がいとおしくて手離せなくなるのです。契約を結んでお金をもらっているのですが、お金を返すから子供を欲しいといい出すこともあります。裁判になれば、当然、代理母は負けるのですが、近くに住んでいると誘拐してしまうこともあるそうで、社会問題化してきています。

不妊治療はどんどんエスカレートしていて、人間関係を複雑にしています。

テレビドラマでの話ですが、妻に排卵がないということで、他人の卵子と夫の精子を受精させ、それを代理母に頼んで産んでもらうという筋立てがありました。遺伝上の母と代理母と育ての母の3人の物語です。ドラマだからなんとかハッピーに収まりましたが、本当にあってそれを子供が知ってしまったら、子供はどんなに苦しむかしれません。成長期の子供にそんな複雑な関係が耐えられるか心配です。

法律も対応が遅れています。凍結受精卵はどこの国でも保存していますが、10年経つと捨てています。代理母の子宮に入れれば育つ命です。

大富豪の夫妻が飛行機事故で亡くなって、受精卵が病院に残されていたと考えてみて下さい。相続権はあるでしょうか。過去にアメリカで裁判になったケースはそれほど大金持ちではなかったのですが、相続権はなしとなりました。常識的には、その子は生まれてこない方が幸せです。愛してくれる両親はいないのだし、財産が多ければ結局、悪人に命を狙われることになるかもしれません。しかし、代理母のお腹で育っている途中だったら等々、法律が医学の暴走（？）に追いついていません。

命を失う危険がある子宮外妊娠

子宮外妊娠には、卵管妊娠と腹腔妊娠があります。

▼卵管妊娠

卵管狭窄で精子は通れるけれど、卵子は通れないほどの隙間があった場合、精子は卵管采の方へ行って受精します。受精卵は分裂を始めますが、子宮に戻れないので卵管で大きくなっていきます。しかし卵管は細い管なので、ある程度大きくなると破裂してしまうのです。

生理が来なくなって1ヶ月くらいの間で、急に横腹が痛くなったら、とても怪しいです。救急車で運ばれた時が夜間だと、病院によっては専門外の先生が診ることがあります。医学部の授業では「女を見たら妊娠と思え」と繰り返し教えますが、授業にあまり出ずに医者になった人がいないとも限りません。右側だと虫垂炎と間違えて手術をすれば、お腹を開けた途端血がいっぱいで、卵管破裂とわかりますが、左側だと「大腸炎でしょう。薬を飲んで温めておきなさい」などといわれ、家に帰って数時間後に出血多量によるショックで死んでしまう可能性があるのです。

生理不順の人は、本人も気付かないことがありますが、「私、妊娠しているかもしれません」と一言いえば、医者も卵管破裂かもしれないと考えて対処してくれますから、命が助かります。自分が妊娠する可能性が出たら、自分の生理日は自分でかならず把握しておいて下さい。

▼腹腔妊娠

卵管狭窄がなくても、卵管で卵子を待っていないで卵巣までお迎えに行ってしまう精子がたまにいるようで、そこで受精するとお腹の下の方へ落ちたり、腸管に付いて大きくなります。ほとんどの受精卵は死んでしまうと思われますが、たまたまそこに大きな血管があって栄養をもらえると育っていきます。横腹がモクモク大きくなってきたと、びっくりして医者へ行くと、レントゲン写真に胎児の骨格が写っていて診断がつくことがあるのです。子宮のように条件がよくないので、もちろん10ヶ月は育ちません。手術をして取り去ることになります。卵管以外の場所に受精卵が着いた妊娠を一括して腹腔妊娠といいます。

COLUMN ③

妊娠中絶

妊娠中絶とは、妊娠 22 週目までに胎児の命を絶って、母体から外へ排出することです。先天異常だとわかった時や望まない妊娠の時に中絶が行われることがあります。望まなければよいのかというとそうではなく、母体保護法第 14 条の条件を満たしていないと、やってはならないということになっています。配偶者が同意し、母体保護法で定めた指定医が認める必要があります。

ついうっかり妊娠して、誰にも知られないようにヤミの中絶医を訪れる人がかなりいると聞きます。眠っているうちに１時間くらいで終わってしまう簡単なことに思われがちですが、母体には危険の多い手術です。それを知っていなくてはなりません。

中絶は子宮口を無理やり開き、子宮の中で育まれている命をつぶして外にかき出すのです。

まず、麻酔に危険があります。次に、子宮口を無理に開くので、将来、本当に子供が欲しくなった時に子宮口がゆるんで、胎児が大きくなると流産してしまう人がいます。また、不潔な環境で中絶手術を受けると感染を起こして、卵管炎などが起こり、将来の子宮外妊娠の原因にもなります。精神的にも傷ついて、あとまで尾を引く人もいますから、できることなら、一生涯のうち１回も中絶を経験しない方が幸せです。心身ともに傷つくのは女性だけですから、コンドームやピル、その他で避妊して、望まない妊娠をしないようにして下さい。

母体保護法　第 14 条

1. 妊娠の継続又は分娩が身体的又経済的理由で母体の健康を著しく害するおそれのあるもの
2. 暴行もしくは脅迫によって又は抵抗もしくは拒否することができない間に姦淫されて妊娠したもの

これらの条件をみたした者は中絶を許可される。

胎児の発育

10ヶ月で人類の進化の過程をたどる

受精卵は1週間で子宮に着床します。受精から38週、約10ヶ月の間に、1個の細胞から人の赤ちゃんまで成長するのですが、この過程は、生命が地球上に誕生してから進化してきたさまを、超スピードでたどっているといわれています。6～7週の時は、イモリも鯉もカメも人も同じ形ですが、人はだんだん、恐竜のような尾を小さくしていき、サルのような格好から、生まれる頃には人間らしい姿になっています。1個の受精卵から間違いもせず、複雑な人間の体ができ上がっていくのは、実に驚異的なことです。

胎児の発育は1週間ですっかり違ってしまうので、受精から数えた週数、つまり受精齢を使います。でも、一般に使われる妊娠週数は、最終月経の第1日目から数えたものです。いつも基礎体温を付けて、正確な排卵日を知っている人は少ないので、便宜的に使っています。性周期が正確に4週間の人は、妊娠週数から2週間を引くと受精齢になります。

妊娠したかもしれないと思って産婦人科に行くと、かならず最終月経を聞かれますから、その年頃になったら生理日をどこかにメモしておいて下さい。

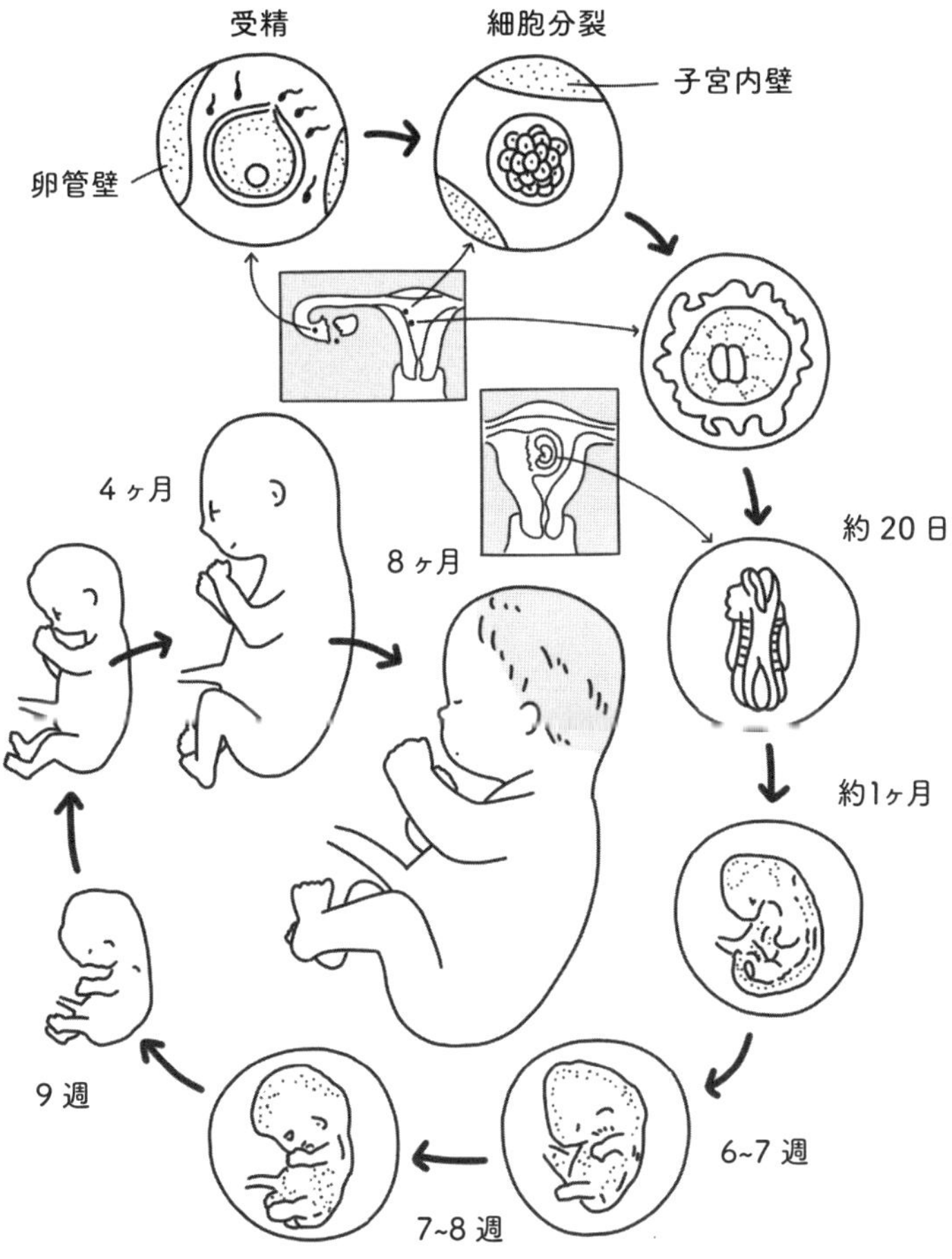

参考　Shifferes, J.J. Healthier Living 1965

胎芽期　受精齢３週～８週まで

3 週	神経管出現
4 週（7～8㎜）	心臓が動き始める 脳の形成が始まる
5 週	顔が左右から寄ってくる （寄り足りないと口蓋裂） 手足のもとができる
6 週	肝、腎原基ができる
7 週	心臓完成
8 週（2～3㎝）	眼、手足完成

胎児期　9 週～

12 週（7～9㎝）	脳完成 血液循環が始まる
16 週	尾消失 胎盤完成 性別がわかる
20 週	手足を動かす

まだ人間の子とは思えない胎芽期

受精卵は3週で脳の組織の基になる神経管ができて、4週目でその一端が膨らみ、将来そこが脳になります。その時、まん中でピクピクと心臓になる部分がもう動き出すのです。生理が2週間くらい遅れているなと思っている頃に、もう着々と人になる準備を始めています。

まだこの頃は、眼になる部分は顔の横で、つまり魚やカメと同じ位置にあるのですが、5週目になると左右から寄ってきます。同時に顔全体も寄ってくるので、正面が盛り上がって鼻になります。口も寄ってきて左右がドッキングするのですが、鼻の下が少し余るのでヒダができるわけです。

寄りすぎると目は1つになり、口は閉じてしまいます。鼻は天狗のように高くなるかというとそうではなく、額まで上がるのです。もちろん生きられません。

寄り足りない場合は口唇裂や上顎のプレートも合わさらない口蓋裂になってしまいます。口と鼻が交通してしまうので、ミルクを飲んでも鼻から出てしまいますから、生後すぐに手術をします。細い溝の場合は、左右を合わせて縫ってしまいますが、大きい溝の場合は、プラスチックのプレートをはめて縫い合わせます。

口唇裂は500人に1人くらいの割合で生まれます。私の子供の頃はよく見かけたものです。しかし、皆さんはそういった人達を今、全く見かけないだろうと思うのです。形成外科が発達して、子供のうちに手術をするので、跡形もなく治ってしまうからです。

日本人は全体に顔が寄り足りない人種です。目の離れている人は鼻も低めです。イギリス人やフランス人は、顔が細く、鼻が高くて目が寄っている人が多いですね。日本人もたんぱく質を多く食べるようになって、鼻が高くなったといわれていますが、目の間隔はあいていた方が距離感をつかむにはよいそうで、球技には向いているということです。

8週までに心臓、眼が完成しますが、非常に小さいので、この頃の傷で大きな形態形成異常が起こることがあります。4週から8週まではすべての器官の基ができる時期なので器官形成期といいますが、異常が起こりやすい時期でもあり、形態形成の臨界期ともいいます。

この時期に母体に異常を引き起こす条件が加わると、起こりやすいのです。受精齢4週ということは、生理がたった2週間延びた時です。「あら今月は遅いわね」などと考えている頃、危険区域に入ってしまいますから、妊娠する可能性が出てきたら、女性は常に注意していなくてはなりません。

形態形成の臨界期は4週からですが、3週以前はどうして入らないのかというと、侵襲が加わった時があまりに幼若な場合は、細胞が死ぬか、または、全く影響が出ないかのどちらかになるからです。

驚異的成長の胎児期

8週までは胎児といわず胎芽というのは、まだ人の形になっていないからですが、9週からは徐々に人の赤ちゃんらしくなっていくので胎児期といいます。

12週で脳ができ、血液が体内を巡り始めます。脳は形だけ完成して、脳細胞はこれから生後1年まで増え続け、140億個になります。

16週で尾が体の中に入り、外からはわからなくなります。しかし背骨の一番下の所は尾骨といって、尾っぽの名残であることがはっきりわかる形をしています。

強く尻もちをつくと尾骨を骨折してしまいます。軽ければそのまま固まりますが、あまりに大きく骨折すると、女性だと将来お産する時、赤ちゃんの頭がつかえて出てこなくなってしまうので、医者に肛門から指を入れて整復してもらわなくてはならないことがあります。

胎盤の図

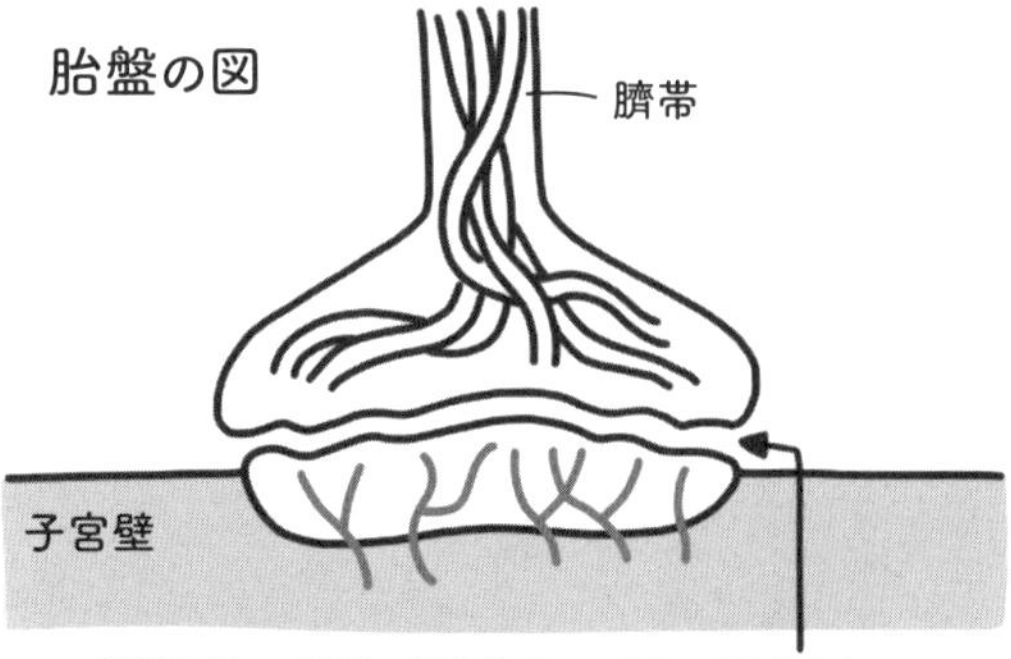

隙間を通って栄養と老廃物 O_2 と CO_2 が交換される。
胎児と母体の血液は混じらない。

▼胎盤と臍帯は胎児の命綱

16週は胎盤が完成する時期です。受精卵が子宮内膜に着床すると、子宮内膜と受精卵の両方からの細胞が増殖して胎盤を作ります。

子宮壁にしっかり付着した胎盤を通して、赤ちゃんはお母さんから栄養や酸素をもらい、老廃物と二酸化炭素を渡して母体で処理してもらいます。胎盤ができると、栄養素やガス交換が効率よく行われるようになるので、その後、胎児はどんどん大きくなっていくのです。

ここで、しっかり頭に入れておいてもらいたいことは、胎盤で赤ちゃんとお母さんの血液は混じらないということです。人間の血液型には、

血液型のしくみ

ABOの2つの因子からなる型。AかBの1つでもあれば発現する。

両親の組み合わせで子供の血液型が決まる。

A型＝AA、AO
B型＝BB、BO
AB型＝AB
O型＝OO

ABO型やRh型等、いくつかの型がありますが、一番メジャーなABO型は、両親の型を受け継ぐことで決まります。しかしタイプが違う血液は混じり合うと固まってしまうので、胎盤で混じり合わないということは重要なことです。Rh型でも同じです。

▼ツワリ（悪阻）は気を楽にして乗り切る

妊娠がわかった頃から、16週頃まで、毎日ムカムカして実に気分の悪い状態になります。感じ方は個人差が大きく、食べ物を見るだけで吐いて寝たきりで過ごす人から、休まずに仕事のできる人もいて千差万別ですが、不快な気分は誰にでもあります。私もツワリがひどい時、病院で看護師さんたちが笑い興じているのを見て、どうしてあんなに気分よく笑えるのだろうと思ったものでした。いつもは、お腹が空いた時、たまらなくおいしく感じる炊きたてのご飯のにおいが一番ウッとくるから困ります。酸っぱい物を食べるようになって妊娠が周囲にわかるのは昔からのことです。ところが4ヶ月頃から、嘘のようにツワリは消えて、モリモリ食べられるようになります。

胎児は母体にとっては半分異物なので、免疫系が少し異常反応を起こしてツワリが生じます。しかし、胎盤が完成すると免疫寛容が成立して、胎児を受け入れるようになるから、治まるのです。免疫寛容というのは、関所を手形なしで通してしまうことで腸管にも備わっています。何を食べても普通の人はじんましんなどにならないのはこのおかげです。

ツワリは胎盤完成によって消えますが、稀に出産まで続く人もいて、夫にも伝わり2人で吐いている仲のよいカップルもいます。あまりにひどい時は病院で点滴をしてもらうと少し楽になるでしょう。

ツワリで何も食べられなくて、赤ちゃんの成長に支障が出たり、死んでしまわないかと悩む人がいます。とても真面目な女性に多いのですが、しかし胎児の発育を見て下さい。8週で2～3㎝。12週でやっと10㎝くらいです。お母さんの栄養をちょっと横取りすれば、なんの問題もありません。食べられる時に食べたい物を食べて下さい。

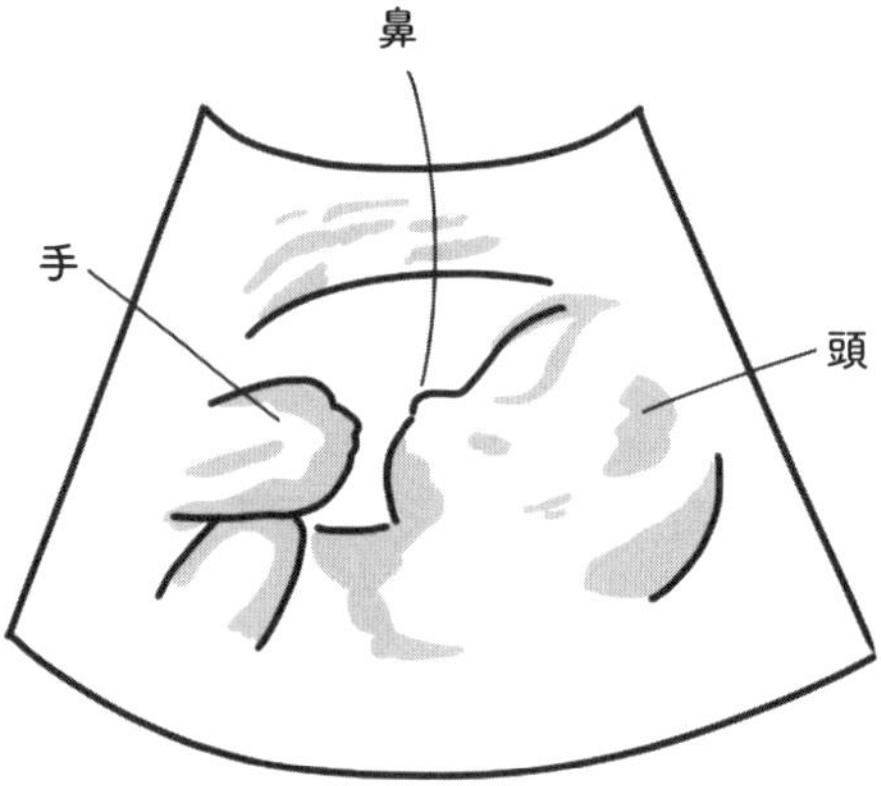

超音波検査による胎児

16週は性別もわかる時期です。超音波検査で通常ペニス（陰茎）が見えれば男の子、なければ女の子と判断されます。希望すれば教えてもらえますが、出産の時の感動が少なくなるからと教えない医師もいますし、知りたがらない親もいます。女の子が欲しかったのに男の子だったりすると、お母さんがやる気をなくしても困るからです。わかっていれば、名前も洋服も一方だけ準備すればよいので経済的ではあります。

20週から胎児が手足や体を盛んに動かすようになると、胎動が母体に伝わり、お母さんはだんだん実感がわいてきて嬉しくなるのです。受精から38週前後で出産するまで、お母さんは胎児を自分の子宮で大きく育てていきます。

▼妊娠高血圧症候群（妊娠中毒症）

妊娠の中期以降に、むくみや高血圧、たんぱく尿が出現するのを妊娠中毒症といい、胎児の早産、胎盤剥離、死産などの合併症と、母体の危険もある恐ろしい病態として扱ってきました。

中毒という言葉が不適切であるということになり、妊娠高血圧症候群と呼ばれることになりました。むくみの原因にはいろいろありますが、ひとつには、腎臓の機能が悪くなることが挙げられます。尿の出が悪くなり、血液中の水分が多くなって組織に移行すると、むくみとなるのです。むくみが必須条件ではなくなりましたが、妊婦さんはいつもむくみには注意して、おかしいと思ったら診察を受けて下さい。血圧も上がらないよう塩分の少ない食事を摂る必要があります。家庭血圧計も普及しているので測るといいでしょう。

妊娠高血圧症候群を適切に治療しないと、無事お産が終わっても、一生、高血圧や腎機能が悪く、薬を飲み続けなくてはならなくなる人もいるので要注意です。

先天異常の原因

どんな親でも、はじめは「男の子がよい」「女の子がよい」とか「オリンピック選手になるくらい足の速い子」「お腹の中にいる時から音楽を聴かせてピアニストに」などと夢を膨らませています。しかし、出産が近づくにつれて「健康なら、どんな子でもいい」と思うようになるのです。先天異常の原因の中には、４週～８週の器官形成期に注意すれば防げるものもたくさんあるので、知っていてもらいたいと思います。

頻度は統計のとり方によって差がありますが、生活や美容にあまりひどく支障をきたさない異常も入れて出生時に1～2%、1年後には倍になると出ています。目が見えない、耳が聞こえない等は生まれてすぐにはわからないからです。

感染によるもの

(1)風疹

子供の頃にほとんどの人がかかる病気です。風疹ウイルスの感染で、熱とともに体にこまかい発疹が出て、リンパ腺が腫れますが、3日くらいで治るので、3日ばしかともいわれています。子供が風疹になった場合、5000人に1人くらいが髄膜炎になる恐れがありますが、ほとんどは軽く済むので、あまり心配な病気ではありません。

しかし妊娠初期にかかると、ウイルスは胎児に移行して、目や耳、心臓に障がいを起こします。この率は非常に高いので絶対に防ぎたいものです。一度、感染していれば、体の中に抗体ができているので、ウイルスが胎児

先天異常の原因

感染
① 風疹 → 先天性風疹症候群：白内障（34%）、難聴（87%）、先天性心疾患（46%）
② トキソプラズマ → 水頭症の可能性
③ 梅毒 → 角膜実質炎、ハッチンソンの歯、聴覚障がい、口囲のパロー溝、知的障がい

化学薬品
① サリドマイド → 短肢症、腸管閉塞、先天性心疾患
② 抗てんかん薬 → 外脳症、口蓋裂

アルコール→ 胎児性アルコール症候群
（低身長、低体重、小さい脳、精神遅滞、先天性心疾患、四肢異常）

放射線→ 小頭症、頭蓋欠損、脊椎破裂、四肢の欠損などのあらゆる先天異常

糖尿病→ あらゆる先天異常の可能性、臨界期以降でもコントロールが悪いと胎児死亡

葉酸不足→神経管閉鎖障がい（二分脊椎、無脳症、脳瘤など）

の所に行く前に抗体がやっつけてくれます。抗体がない場合は高校生までに予防接種を受けて、抗体を高めておけばＯＫです。

妊娠中にたまたま感染する確率は低いだろうと、ワクチン注射を受けない人がいますが、風疹の流行年には先天性風疹症候群の発生率が高いです。たった１本の注射で先天異常を予防できるのですから、受けるべきです。

⑵水頭症と関連があるトキソプラズマ

イヌ、ネコ、キタキツネ、ブタなどが持っている原虫です。

イヌやネコの糞から感染する場合がありますが、子供も大人も感染しても、何の症状もありません。

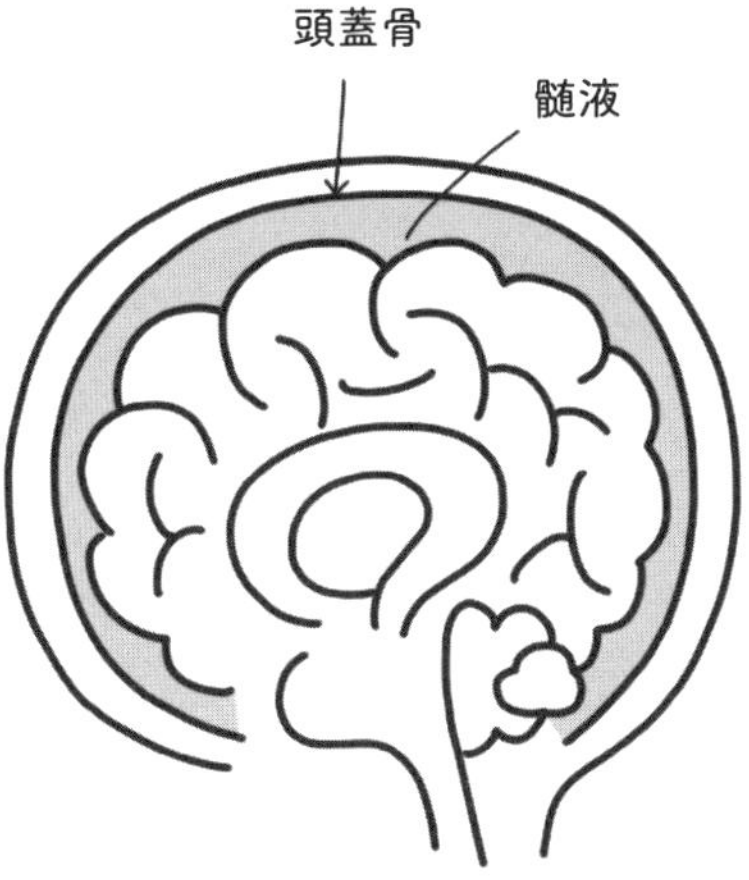

髄液は側脳室から出て頭蓋骨の内側と脊髄の周りをめぐり、静脈へ戻る

私は一人っ子だったので遊び相手にかならずイヌかネコを飼っていました。大人になってトキソプラズマ抗体はどのくらいかと測ってみましたら、１６００という高値でびっくりしたことがあります。でも私は元気で子供も無事に育ちました。

ところが形態形成の臨界期に初感染すると、迎え打つ抗体がないので、トキソプラズマ原虫がすぐ胎児の方へ移行して、胎児が死んだり形態異常を起こしたりします。水頭症とは、脳の周囲を流れている髄液の流れが堰き止められて、頭蓋骨の中に水が溜まる病気です。

乳児は頭蓋骨の割れ目が閉じていないので頭が大きくなりますが、閉じた後も溜まり続けると脳が圧迫されてしまいます。そこでチューブを頭の中に入れて、髄液を心臓の手前の大静脈に流すバイパス手術を行います。

私のように子供の時にイヌかネコを飼うのはかまわないのですが、妊娠して暇だからネコでも飼いましょうとかいって、初めて飼うのはやめて下さい。

豚肉からも移るので、手に傷がある時、豚の挽き肉をこねたりするのもやめましょう。

妊娠後期の感染でも小頭症になったという報告がありますので、トキソプラズマ抗体陰性の人は気をつけて下さい。

(3) 梅毒

梅毒は三代に祟るといわれたほど、昔は恐れられた病気でした。

しかし、ペニシリン（アレクサンダー・フレミングが、１９２８年、青カビから発見した人類初の抗生物質）の治療が功を奏して、ほとんど見かけない病気になり、若い人の中にはその恐ろしさを全く知らない人もいるくらいです。

過去の病気だということで、私も１９９０年代中頃から授業で教えるのを止めていたのですが、２０００年の冬に若い男性が診療所を訪れ、その患者さんと話すうちに考えが変わりました。

その人は、B型肝炎と梅毒の両方に感染していたのですが、東南アジアやアメリカで移されたのではなく、日本人の２人のガールフレンドのどちらかから感染したらしいというのです。そして私が驚いたのは、本人が梅毒はかぜみたいな病気で、じきに治るだろうと思っていたことです。

梅毒は、トレポネーマという病原虫が、性交を介して人から人へ感染します。3週間後、梅毒トレポネーマが感染した部位に硬いしこりができます。陰部、または唇の周りに硬いしこりができたら心配しなくてはなりません。

その後、硬いしこりは消えてしまいますが、3ヶ月後に全身に赤い発疹が出ます。バラの花の形に似ているので「バラ疹」といわれています。治療しないで放っておくと、3年後には全身にゴム腫という塊ができて、あらゆる臓器を破壊していきます。

10年くらいでトレポネーマは脳や脊髄に到達し、手足の麻痺や、統合失調症のような妄想や興奮、異常行動を起こす「脳梅毒」になり、ついには脳が破壊されて死ぬのです。今、世界中で恐れられているエイズと似ていると思いませんか。治療法が発見されるまでの500年間、世界中の多くの人が苦しんだ病気です。

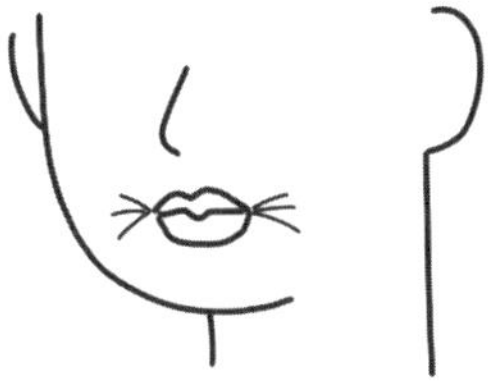

パロー溝

先天梅毒の人の口角のしわ

妊娠すると、トレポネーマは胎児に移行し、胎児が死んだり先天梅毒特有の異常が起こります。溝のある歯、口角のしわ、聴覚障がい、角膜炎、知的障がい等が特徴です。梅毒は性病ですから社会の偏見もありました。親からもらった病気が一目で他人にわかってしまうという烙印を押されて一生を送ったのです。

今は、妊娠初期の血液検査で感染の有無を調べています。陽性なら、妊婦への大量ペニシリン投与で胎児への移行を防げます。もちろん、本人の治療にもなるわけです。

化学薬品は身近な薬も注意

⑴サリドマイドは大きな教訓

サリドマイドは、１９５７年にドイツで睡眠剤として売り出された薬でした。ツワリのムカムカで気持ち悪くて眠れない人にもよく効いたので、多くの妊婦が服用しました。その後、両手、両足が短い、それまで見なかった形態異常の児が世界中で生まれ、調査をしたところ、お母さんが妊娠初期にサリドマイドを飲んでいたことがわかりました。

ドイツでは、サリドマイドが原因であるとわかってから、10日間で国中のサリドマイドを回収しましたが、日本ではその後９ヶ月間も売り続けられ、短肢症や他の形態異常を合併した子が１０００人以上生まれました。３０９人の認定患者がいます。

アメリカでは食品医薬品局（ＦＤＡ：Food & Drug Administration）の医務官、フランシス・ケルシーが、薬の副作用に関する書類に疑問があるとしてサリドマイドを許可しなかったので１人も生まれませんでした。各国の対応を比較すると、日本は恥ずかしい気がします。

その後、サリドマイド児を産む心配はなくなりましたが、薬は勝手に飲まないことという教訓になりました。現在サリドマイドはがんや難病の薬として厳しい条件の下で使われています。

母体の命にかかわるほどの病気になっても、絶対に薬を飲まないと言い張る妊婦がいますが、安全な薬もあるので医者に相談して下さい。

⑵抗てんかん薬

てんかんとは、脳の中の異常な電気的放電によって発作を起こす病気です。脳の中には常に微細な電流が流れていますが、急に大きな電流が流れると脳はパニックを起こして意識を失います。

大発作は急に倒れて体をけいれんさせます。この時どこかに頭をぶつけたり、舌を咬んだりします。ヒステリーとの違いは、どこでもかまわず倒れることです。ヒステリーは、周りの人の関心を自分に向けたいために倒れるので、倒れても、けっして怪我をしない倒れ方をするそうです。

小発作は10秒前後の意識消失で、何か動作をしていて、フッと止まり、また続けるので、周りの人にもわからないことがあります。会話をしていてもふと途切れるだけなので、相手は、何か考えているのだろうかと待っているうちにまた話し始めるのでわからないのです。

この他、瞬間的に筋肉がけいれんするミオクローヌス発作、全身を一瞬ピクンとさせる点頭てんかん等もあります。

てんかんは脳の外傷、腫瘍、脳炎の後にも起こることがあり、難産もその原因のひとつとされています。原因のつかめないものもあり、遺伝によるものは30％くらいだそうです。一卵性双児の一致率は90％だそうです。

大発作以外は怪我をしませんが、どの発作でも起こるたびに脳が障がいされるので、発作を止める薬を飲まなくてはなりません。これが抗てんかん薬といわれる薬です。本人に対する副作用はあまり問題なく、一生飲み続けて医師や教師をやっている人もいますが、妊娠中に服用すると、子供に外脳症、口蓋裂、知的障がい等、様々な先天異常が起こる可能性があるので、どうしても子供を産みたい場合は、発作を抑え、かつ異常が起こらない、ギリギリの量を模索することになります。それでも発作が起こってしまう場合は、本人の治療を優先して子供を諦めてもらうことになります。

アルコール――3杯のワインで小頭症の危険

ヘビードリンカーの母親から生まれる子供には、胎児性アルコール症候群といわれる先天異常が多くなります。小さい顔、小さい脳、低身長、低体重という全体的に小さい子供ですが、脳が小さくなると知的障がいも伴ってきます。アルコールの胎児脳への影響は、妊娠全期間にわたるといいます。アルコールは胎児にとって毒なので、子供を欲しいと思ったら、妊娠とわかる前から自粛すべきでしょう。なぜなら、受精齢の4週というのはまだ妊娠の自覚の少ない頃だからで、その時期につい飲みすぎたら大変です。そして子供が無事に生まれるまで、お酒は我慢しましょうね。

欧米ではアルコール依存症の女性が多いので、胎児性アルコール症候群の子供は1000人に1人の割合といわれています。アメリカは、アルコール依存症だけでなく、薬物依存症も多いので、先進国なのに新生児の死亡が多くなっているそうです。

日本はどうかというと、昔は女性がお酒を飲むことをよしとしない風潮があったので、先天異常の率も少なかったようですが、最近は、女性もどんどんお酒を飲むし、ワインを1本くらい平気で空にする女性もいるので、安心してはいられません。

放射線はなるべく注意

放射線が体内を通過する時、その強さによって細胞死、染色体の破壊等が起こります。臨床的には、白血球の減少、がん、形態異常の発生を引き起こし、強すぎると死んでしまうこともあります。とくに血液、生殖器、消化器の細胞は放射線に弱く、また、若い細胞ほど感受性が高い（強く反応する）ので、卵子、精子、胎児は要注意です。胎児が放射線を浴びると、その強さによって、死産、流産、そして先天異常が起こる可能性があります。

放射線

- α線
- β線
- γ線　X線
- 中性子線
- 重粒子線

放射線事故はいつ起こるのか予測はできないので予防することはできませんが、医療用の放射線、つまりレントゲンもなるべく浴びないように注意しましょう。

歯科や整形外科のレントゲンも厳密にいえば放射線が散乱するので、お腹を鉛板で防衛してもらって下さい。妊娠していない時でも、将来排卵する卵子を守るために、お腹を鉛板で遮蔽してくれる医者はよい医者です。

高血糖でも先天異常が起こる可能性——糖尿病

糖尿病は大変な勢いで増えてきています。

糖尿病には、ウイルス感染の後に急激に発病するI型（若年発症）と、栄養を摂りすぎて起こるII型（主に成人発症）のふたつがあります。I型の患者は約1万人で、II型の方は２０２０年、予備軍も入れると日本で約一千万人と圧倒的多数です。

▼I型糖尿病

風疹やありふれたかぜを引き起こすようなウイルスに感染した後などに、すい臓の中に点在するランゲルハンス島のβ細胞が破壊されて起こります。β細胞は血糖を下げるインスリンというホルモンを分泌しているので、インスリンが全く出なくなって血糖が上がってしまうのです。これは誰にでも起こる病気ではなく、遺伝的に過剰な免疫反応を起こす人がかかるといわれています。

食事をした後、小腸から吸収された糖を肝臓や筋肉の細胞に取り込む時にインスリンが必要ですが、それがないので、血液中の糖の値は異常に高くなり、脳の機能が麻痺して昏睡状態になってしまいます。

インスリンはホルモンなので、飲むと胃で破壊されてしまいますから、毎日注射で補わなくてはなりません。I型は子供の時に発病することが多いのです。たいていの子供は注射が嫌いなのに、一生続けなくてはならないのです。お父さんやお母さんがいなくなった時のことを考えて注射は自分で打つように教えます。様々な支援を受けて、全国の糖尿病協会、患者・家族会、友の会などが毎年、

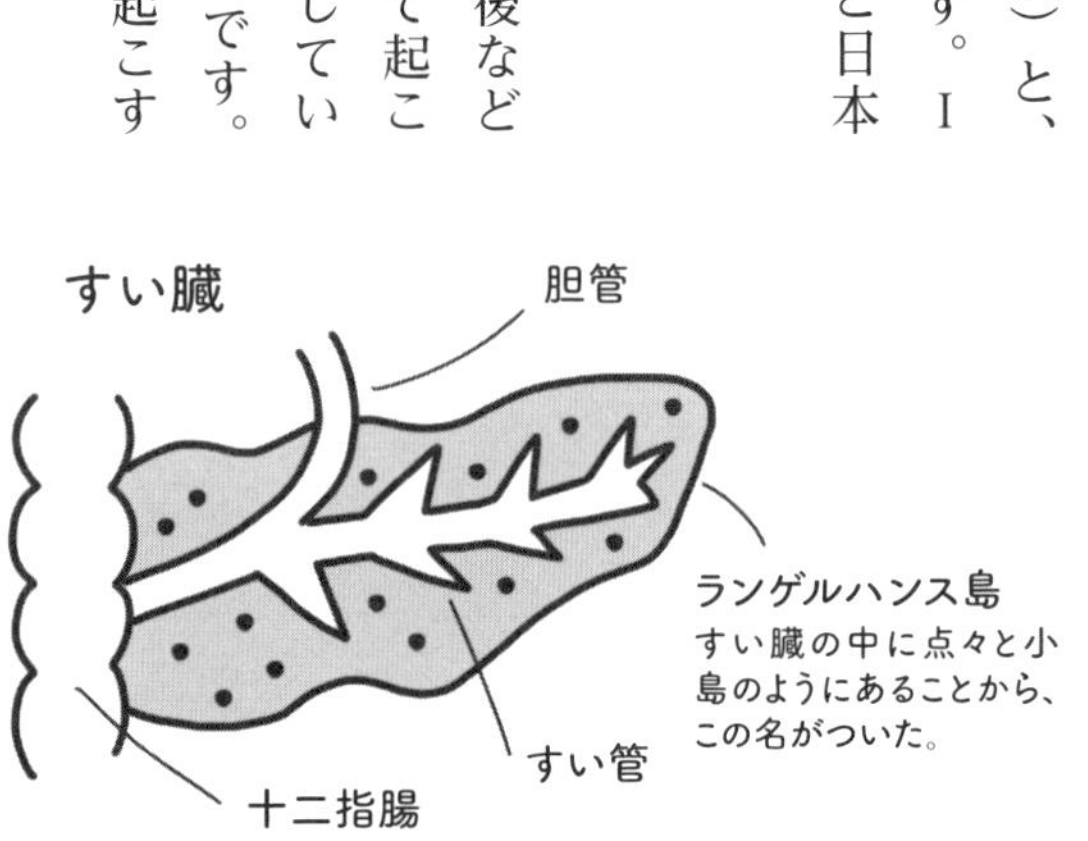

Ⅰ型糖尿病児をキャンプに集めて、励ましたりしています。「嫌なことをやっているのは君だけではないんだよ」と勇気付けて、血糖コントロールをしっかり学びます。

最近はインスリンポンプができました。体に装着して、注射しなくてもよくなってきています。Ⅰ型、Ⅱ型ともに糖尿病患者さんに朗報です。

▼Ⅱ型糖尿病

Ⅱ型はⅠ型と別の遺伝型ですが、なりやすい体質が遺伝します。カロリーの高いものを食べ続けていると、すい臓のβ細胞が疲れてきて、インスリンがだんだん出なくなってくるのです。太りすぎでも、内臓脂肪からインスリンの働きを妨げる物質が出て、高血糖になる場合もあります。これは、インスリンの分泌が減ったり、体内の細胞で働かない状態なので、インスリンがゼロというわけではありません。少ないインスリンに見合うだけの食べ物、つまり低カロリー食または低糖質食を食べ、運動をして血糖値を下げるようにします。

糖尿病が恐ろしいのは合併症です。血管に甘い血液が流れ続けているために、血管の内側がボロボロになり動脈硬化を起こします。

血管障がいが起こると腎臓は腎不全になり、人工透析や腎移植が必要になります。眼では眼底出血を起こして失明することになります。大人になってからの失明はとても不便で、あちこちぶつかって怖くてたまりません。

また神経障がいが起こると神経が砂糖漬けのようになるので、手足の末梢がビリビリしびれ、最後は感覚が麻痺してしまいます。そのため、湯タンポのやけどや小さな傷に気付かず、そこから潰瘍になって、いくら抗生物質で治療しても血糖値を下げないとなかなか治りません。血液が甘いため、細菌感染が起こると治りにくく、血管もボロボロなので足などは壊死して切断に至る場合もあるのです。

のどが渇いたり、手足がしびれるようになったら、血糖値はかなり上がっていると思って下さい。のどが渇くのは、甘い物をたくさん食べた時と同じ状態がずっと続いているからです。

自分が糖尿病になりやすい遺伝をもっているかどうかは、DNAを調べればある程度わかりますが、まだ一般的ではないので、目安としては、父母、祖父母、兄弟姉妹、おじ、おばに1人でも糖尿病の人がいたら、自分も遺伝子をもらっているかもしれないと考えてグルメに走るのはやめて、定期的に血糖値を測ってもらうとよいでしょう。


さて、本人には全く症状のない軽い糖尿病の時期でも、妊娠し形態形成の臨界期にある場合は、糖が毒として胎児に働き、先天異常の原因になることがあります。糖が高いくらいでと思われるかもしれませんが、本当なのです。

I型は子供の頃から発症することが多いので、インスリン注射で血糖をコントロールしているから、かえって安心です。遺伝的にII型になりやすい家系だと思ったら、妊娠の前に血糖値を測定してもらうのが安心だと思います。

7週を過ぎても血糖値の高い状態が続くと、子宮内で胎児が死んで、母体も危なくなることがあります。糖尿病のお母さんは、出産にも危険がたくさんあるので、個人の開業医より、いざという時に迅速な対応ができる総合病院で産む方が安全です。なるべく糖尿病を得意とする病院がよいでしょう。

幸い糖尿病が軽くて、胎児も死なず形態異常にならなくても、4000g以上の巨大児を産むことが多くなります。血糖が高めのお母さんから糖の補給が多いので、お腹の中で、毎日アメをなめているようなもので肥満児になってしまうのです。大きいから丈夫かというと、その反対で、出生前後に呼吸困難や、出産後にお母さんの糖が来ないので、低血糖の危険があります。

肥満を合併したⅡ型糖尿病の女性は、しっかりダイエットに励んで、血糖を正常に保っていれば、何の心配もなく正常な子供を産めます。知識を身につけて怖がらずに取り組んで下さい。

糖尿病の食事療法については、糖尿病学会でも長い間2派に分かれて論争が続いていました。低カロリーダイエットと低糖質ダイエットです。低カロリーダイエットは体重や重労働の仕事か、デスクワークか等、栄養士が総合的に判断して1日の総カロリーを決めます。しかし、一般の食事よりはかなりカロリーは低く、ご馳走を食べに行けず、我慢の一生になってしまいます。

一方、低糖質ダイエットとは、糖質の多いご飯、パン、めん、パスタ、芋類、トウモロコシ、甘いもの、甘い果物を少なくすれば、サーロインステーキもＯＫ！　お酒も糖質ゼロなら少しは飲んでもかまわないので、親しい人と外へ食事に行くこともできてストレスが少なく、ＱＯＬもアップします。

最近は、低糖質ダイエットの方が優勢で、企業も糖質ゼロのビールをはじめ、パン、パスタ、その他の低糖質食品がたくさん市場に出回るようになりました。

妊娠持続期間

世間一般では、最終月経第1日目から数えて、平均40週（満39週）で出産に至るので、そこを出産予定日としています。しかし、かならずその日に出産ということではなく、ズレるのはあたりまえのことです。ただ妊婦も大きなお腹で頑張るので、目標日があった方がよいし、うるさい外野も「予定日は？」「5月5日です」等というと、妙に納得してくれるので、大変便利ではあります。

16週以降、胎児の発育は著しく、22週を過ぎるとお腹も目立ってきます。

22週～36週に出産することを早期産といい、この期間に生まれる児を早産児といいます。現在は1000g以下でも育てることができるようになりましたが、妊娠の後半に、母体からの免疫物質（抗体）が胎児に移行しますので、なるべく子宮の中で長く育てた方がよいといわれています。生後6ヶ月まで、はしかやかぜにかかりにくいのは、母親の抗体が移行しているからです。

37週～41週は、いつ生まれても差しつかえない時期ということで、正期産といいます。しかし、お腹の中に長くいればいるほどよいというものでもなく、42週以降は過期産、その児を過熟児といいます。胎児が衰える場合があるので、様子を見ながら陣痛促進剤でお産を誘発します。

妊娠中の栄養と注意

16週以降は、赤ちゃんがどんどん大きくなるので、なるべくバランスのよい栄養を摂るように心がけることです。

貧血だと胎児への酸素の運搬が減るので、女性は妊娠前に貧血を治しておかなくてはなりませんが、妊娠中はとくに赤ちゃんのために鉄分とたんぱく質の多い食事を考えて下さい。しかし、レバーは動物の飼料に含まれている農薬、抗生物質、その他の公害物質の溜まる食べ物ですから、ことさら食べる必要はありません。

子宮内の胎児

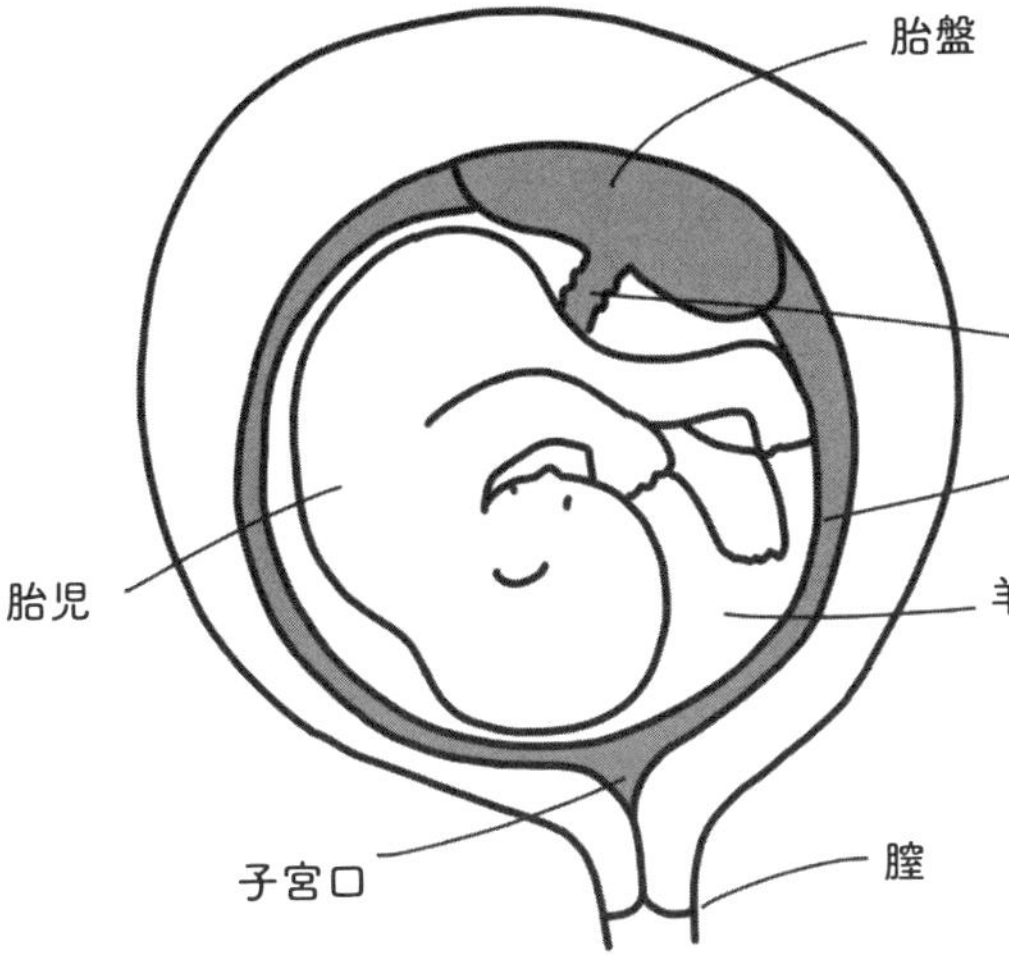

成長による重さの変化
受精卵 0.005mg → 12 週 13g →出生時 3300g

カルシウムは、なるべく乳製品から1日1000〜1200mg摂ります。牛乳、チーズ、ヨーグルト等のカルシウムは吸収がよいのですが、あまり乳製品を多く摂ると太ってしまうので、脂肪の少ないものを選んで下さい。カルシウムが少ないとお母さんの骨や歯からカルシウムを溶かして、胎児の骨格を作ります。昔は子供を産むたびに歯が欠け、背骨が曲がっていく女性が多くいました。

バランスのよい食事なら、好きな物を食べてかまいませんが、妊娠中は腎臓に負担がかかるので塩分はひかえ目にして下さい。むくみがひどくなったら、医者の注意を守らなくてはなりません。

「小さく産んで大きく育てる」のがよいとされ、妊婦の体重を制限していた時期がありましたが、胎児期の低栄養は子供が成長してからメタボリックシンドロームになりやすいことがわかってきたので、しっかり食べた方がよいことになってきました。

タバコを吸っている人は止めるべきです。一酸化炭素が血液中で多くなり、ヘモグロビンに付いてしまうと、酸素がヘモグロビンとくっつかなくなって、貧血と同じように胎児が酸素不足に陥ります。よい子を産みたいと思ったら、自分も吸わず他の人の煙も吸い込まないようにしましょう。

仕事をしている人は、体調によっていつまで続けるか決めて下さい。通勤時間が長い場合はラッシュで押されるとまずいので、早めに休職した方がよいでしょうね。9ヶ月までエアロビクスをしていた人もいますが、あくまで個人差があるので、自分で判断して下さい。ただし転んだり、お腹を強く打つことは厳禁です。刺激で流産や早産のもとになることがあります。急ブレーキなど、シートベルトでお腹を圧迫するといけないので、車の運転もなるべく止めた方がよいでしょう。

COLUMN ④

葉酸《ようさん》摂取で胎児の脳と脊椎の異常リスクを下げよう

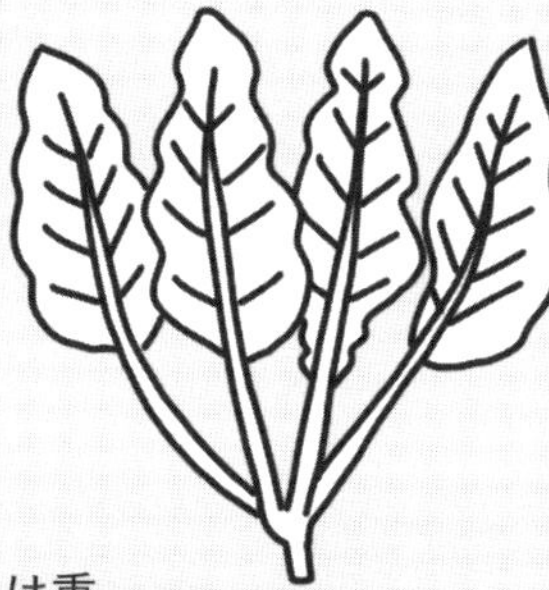

葉酸とは、水溶性のビタミンB群の一種で、1941年にほうれん草の葉から発見されたのでこの名前がつきました。

すごく欠乏した場合は貧血になりますが、通常は少しばかり欠乏しても重大な症状は出てきません。

ところが妊娠すると、胎児の発育にはとても大切な栄養源で、とりわけ神経管の形成過程には重要な働きをするとされていて、欠乏によって神経管閉鎖障がい（二分脊椎、無脳症、脳瘤など）の形態異常が起こることが報告されています。

脳が形成されなくてはもちろん赤ちゃんは生きられません。二分脊椎、脳瘤などは手術を受けることになりますが、その後の生活に支援が必要になることがあります。お母さんが少し気をつけることによって、リスクを低下できる障がいでもあります。

異常は形態形成の臨界期（受精の4週）で起こるので、子供を欲しい時期になったら、早いうちからバランスの取れた食事をすること。特に葉酸の多い食品を日常の食事で取り入れるようにしましょう。

葉酸は海苔、わかめ、干し椎茸、ほうれん草、春菊、枝豆、菜の花、芽キャベツ、大豆、ブロッコリー、アスパラガスなどに多く含まれています。

お母さんになろうと思ったら、ご自分の食習慣を見直してみて下さい。好き嫌いの多い食事の方は、この際「葉酸」という言葉をしっかり頭に入れて子供を守りましょう！

どうしても食べられない時は、サプリメントという救世主があり悩まなくてもいいのですが、将来の子供の人生も偏食にならないよう気をつけるよい機会かと思いますので考えて下さい。

―いよいよ出産―

妊娠10ヶ月になるといよいよお産が近づきます。お産は分娩ともいいます。母体に出ているホルモンが変化して子宮が収縮を始めるのですが、まだ、何がきっかけでホルモンが変化するのかわかっていません。胎児の体重が何グラムになったら、何週になったら等は全く関係がなく、早く生まれたり遅く生まれたり、体重も軽かったり重かったり、まちまちです。

慌てなくても約半日かかる分娩第一期

お産が近づくとお腹が張ってきますが、強い収縮による痛みが規則的にやってくると分娩の始まりです。出産時の子宮の収縮による痛みを陣痛といいます。しかし、1回や2回の痛みで、慌てて病院へ行かないこと。痛みが消えることもあって、病院から帰されてしまいます。10ヶ月になると、お腹も大きくて辛いし、赤ちゃんを早く見たいという焦りも出て、待ちきれない思いになるのでちょっと痛んだだけでも、いよいよかなと思って「お産が始まった！」と電話をかけ回ったりするのですが。

でも初産はとても長くかかるので、慌てなくても大丈夫です。陣痛が10分間隔になってからでも通常は半日以上かかるので、病院から遠い人以外はそろそろ出かけても間に合います。しかし、この時、絶対に自分で車を運転しないで下さい。急ブレーキでお腹を打つと急にお産が進んで動けなくなることがありますから。

陣痛は、間隔がだんだん短くなって、反対に痛みは強くなっていきます。お産がよほど軽い人以外はすぐ生まれることはないので、痛くない間に食事をします。

出産の本番——分娩第二期

第二期に入ると、分娩室で赤ちゃんが出てくるのを待ちます。そこでは医師や助産師、看護師が側にいて励ましてくれ、また、異常が起こった時、素早く対処してもらうことができます。

▼ラマーズ法

出産の時、夫またはパートナーが参加する方法をラマーズ法といいます。呼吸法で筋弛緩をはかる無痛分娩的な要素を持ち、フランスのラマーズ博士が提唱して世界中に広まりました。母親は自分で産むわけですから、赤ちゃんを自分の子供と実感できますが、父親にはそれがないから一緒に感動を味わってもらおうというものです。実際、夫婦が一体感を持てて、出産の恐

分娩の流れ

第一期
陣痛が起こり、子宮の上の方の筋肉が収縮して胎児を下へ押し出す。
規則正しい陣痛（10分間隔くらい）から子宮口が10㎝開くまで。
初産は10~12時間、経産なら4~6時間

第二期
子宮口がすっかり開いて胎児を娩出し終わるまで。
初産は2~3時間、経産は1~1.5時間

第三期
胎盤、羊膜、臍帯などの胎児付属物が全部排出されるまで。
初産15~30分、経産10~20分

怖を取り除くこともでき、その後の子育てにもよい影響が出るということです。ただ、男の人があまりにも一緒に頑張りすぎてヘトヘトになり、2回目以降はパスする人もいますが、それも微笑ましいことです。

▼赤ちゃんの産声

赤ちゃんが泣く第一声を、産声といいます。狭い産道から急に外に出て圧迫が取れるので、フッと空気を吸い込み、脳の呼吸中枢も刺激されて吐く息とともに出る声が産声です。お産を外で待っている人達にとっては、とてもホッとする場面でもあります。しかし、それ以上に医療関係者は、この声を聞いて安心するのです。

赤ちゃんが外に出ると、胎盤がはがれてきます。もうお母さんから酸素をもらえません。脳に3分間酸素が行かないと、脳の細胞は死んでしまいます。命が助かっても脳性麻痺になってしまうので医師や助産師、看護師は大忙しです。口の中に何か詰まっていないか吸引したり、逆さにしてみたり、はてはお尻をつねってその刺激で泣いてくれないかと、いろいろ試みるのです。泣いてくれた時のホッとした喜びは、お母さんとともにお産を介助する人達の大きな感動です。

「オギャー、オギャー」と泣くたびに、肺が膨らみ、自分で呼吸して酸素を取り込むようになります。この世の中で生きる第一歩です。

▼臍の緒は臍帯のミイラ

胎盤と胎児の臍を結ぶ血管の管を臍帯といいますが、胎盤ははがれてしまいますので、もう不要のものです。そこで2ヶ所を縛って、間で切ってしまいます。出べそになったのは医者の切り方が悪かったせいだと恨んでいた人がいましたが、赤ちゃん側の臍の緒は1週間くらいで腐って取れてしまうので、切り方には関係がありません。

ところで日本では、臍の緒のミイラを桐の箱に入れて大切に取っておく風習があります。これがなければ赤ちゃんが健康に育たないというわけでもないのですが、面白いことです。

▼お産の痛みはすぐ忘れる

お産はたしかに痛くて、私も医者のメンツで何とか我慢しましたが、今ではその痛みを全く覚えていません。長い年月が経ったからではありません。アッという間に忘れてしまうのです。

私が医学生の頃、産科の教授が「お産の痛みはすぐ忘れる」とおっしゃったのです。教授はおじいさんでしたし、自分が経験もしていないことです。いくら偉い教授のいわれることでも、本当だろうかと信じ難かったのです。でも、お産の後、数ヶ月経つと全く実感がなくなっているのにびっくりしました。

子供を得た嬉しさなのか、神様がそのように作られたのか、今もって謎です。でも、あれほどの痛みをずっと覚えていたら、お産はもう一生嫌だと思うでしょう。ところが、大半の女性は1年もすると、次の子はいつ産もうかと考えたりするのです。

▼無痛分娩を希望する人へ

日本人は昔から、お産の時に大騒ぎをするのは女の恥として、痛みを懸命に我慢しました。しかし、欧米の女性はお産の時、大騒ぎします。そこで痛みを感じないうちに産んでしまおうという無痛分娩が登場しました。

無痛分娩にはふたつあり、ひとつは、精神的無痛分娩。私も講習を受けましたが、腹式呼吸をしながら「お産は痛くない！」と自分に暗示をかけるもの。暗示にかかりやすい人には効くかもしれませんが、私のような「本当かな？」と懐疑的に考える人間には効果はないようです。

もうひとつは、麻酔をかけて母親が眠っている間に産んでしまうものです。これは麻酔を使うので、本当に痛くありません。眠ってしまうと子宮の収縮が弱くなるので、子宮収縮剤（陣痛促進剤）を点滴します。しかし、この子宮収縮剤は、強すぎると子宮破裂や胎児死亡などの誘因ともなり、母子共に危険があります。また、麻酔は胎児にもかかり、生まれた赤ちゃんのことをスリーピングベイビーといいます。眠くて産声に元気がなく、肺の膨らみも悪いことがあります。

麻酔による無痛分娩を希望する場合は、麻酔は軽くしてもらって、少しは痛いくらいがよいかと思います。それに、ぐっすり眠ってしまったら、赤ちゃんが生まれた時の感動も味わえません。腰椎麻酔を軽くかける場合は産声を聞けます。

分娩第三期に意外な危険

胎児が出た子宮は急速に収縮して残っている胎盤などを押し出します。赤ちゃんが生まれてしまってホッとしているお母さんは、またお腹が痛むのでびっくりします。初産は30分くらいかかりますが、

２回目からは短くて済みます。これは一期、二期にも共通しています。

胎盤がはがれるので出血しますが、子宮の収縮とともに血は止まっていきます。出血が２５０㎖までなら問題はありません。しかし、５００㎖以上は要注意で、１０００㎖を超すと母体に生命の危険が出てきますから、病院では出血をガーゼに染ませて量をチェックし、子宮収縮剤を打ったり、あまりに多量の時は輸血に踏み切ったりします。

現在の日本で、お産で死ぬということはほとんど聞かれなくなりましたが、第二次世界大戦前まではよくあることでした。江戸時代には、将軍や大名の奥方という、当時で最高の医療を受けた女性たちもお産で死ぬことがよくありました。大部分は出血に対処できなかったためです。輸血はもちろん、子宮収縮剤もなかったので、ひたすら横になって、出血が止まるのを待つしかなかったのです。

出産後の子宮内感染によって、38℃以上の熱が２日以上続く産褥熱も怖く、重症になると敗血症になり、死に至ることもありました。

日本では今、ほとんどのお産を病院か産婦人科医院いずれかの医療機関で行います。しかしアメリカでは、自然に帰ろうという運動から、自宅で夫や友人に囲まれて出産するケースが増えています。お産は99％正常に生まれるのですが、何か異常があった時、すぐに対処しないと母や子供に障がいが残ることがあります。かならず受け入れてくれると約束をした病院がそばにない時は、その危険も覚悟して産む必要があります。

痛みが和らぐといわれている水中出産も、出血量がわからなくなるので、医者から見ると心配なお産です。新生児への細菌感染の可能性も高くなり、子供がお風呂の中のレジオネラ菌に感染して死亡したケースもありました。

③赤ちゃんの育て方

―新生児期と母体の変化―

日本人の出生時平均体重は、３３００gです。２５００g未満の低体重児は未熟児といい、保育器に入れて、保温、栄養の管理や感染防御に気をつけます。今は医療技術の進歩によって、出生体重が１０００g以下でも育つようになってきました。４０００g以上の場合は巨大児といいます。

子供の呼び方としては、生後４週までを新生児、生後１年未満を乳児、生後１年以降で小学校入学までは幼児と呼びます。

新生児は、胎内から外界の生活に対応する大事な時期です。赤ちゃんの体の中では急激な変化が起こっていますが、案ずるより産むがやすしで、ほとんど心配なく育っていきます。

マタニティ・ブルーはみんなで助けよう

出産後、お母さんは、それまで体の中にたくさん出ていた妊娠ホルモンが出なくなり、マタニティ・ブルーと呼ばれる状態になります。月経前緊張症候群や更年期障害がいと機序は似ていて、ホルモンの急激な変動によるものです。涙もろくなって、うつ的気分になります。

産後は本当のうつ病や産後精神病を発病する人もいるので、日本のように、お嫁さんが産後実家に帰ってお母さんに甘えられる風習は、これらの悪化を防ぐ意味でとてもよいことだと思います。

事情があったり、実家が遠かったり、または実のお母さんがもういないなどの場合は、夫や周囲の人が支援の手を差し伸べてあげなくてはなりません。核家族になり、夫の出勤後、誰もいない家に母児だけというのは精神的にとても辛いものです。医者の私でさえものすごく不安でした。

加山雄三さんは、若い頃のことを書いた本の中で、産後数ヶ月は、普段の何倍も何十倍も奥さまに優しくしたといっていました。まだマタニティ・ブルーの概念が一般的でなかった頃によく妻の心理を理解して協力したと感心して読んだのですが、そのためか、奥さまは安心して幾人も子供を産まれたのだと思います。夫の思いやりは何にも増して強い支えになるものです。イギリスのブレア首相(当時)が育児休暇を取ったのも、大変素晴しい行為でした。

介護保険制度ができて、老人に手が差し伸べられるようになりましたが、行政は、出産後のお母さんにも、ぜひ目を向けて欲しいと思います。ゆとりがないと子供を可愛いと思えなくなり、その後の親子関係や子供の成長によくありません。お年寄りのボラ

マタニティ・ブルーと産後うつ病の比較

	マタニティ・ブルー	産後うつ病
症状	軽度のうつ状態。 抑うつ感、涙もろさなど	うつ状態（軽度～重度） 抑うつ感、不眠、希死念慮、 家事や育児の意欲・能力低下など
発症	産後３日～１週まで	産後２～５週までが多い
経過	２週間ぐらいで寛解 （一部は産後うつ病に移行）	３～６か月で軽快ないし寛解。 治療を要する
日本での頻度	9～25%	3～9%

（宮岡佳子「産後のうつ病から」日本医師会雑誌　第 124 巻第 1 号　2000 年）

ンティアが訪問して、新米ママの相談にのってあげるのも精神的負担を軽くする助けになると思うので、そういった制度ができるとよいと思っています。

ホルモンが安定してくると、お母さんも育児に前向きに取り組めるようになるでしょう。少なくとも2年くらいは、周囲の人が温かく見守り、支援してあげたいものです。

母乳を与えるか与えないかよく考えて

アメリカでは戦後、母乳を与えると乳房の形が悪くなるといって、一様に人工栄養に傾きました。しかし、その後やはり母乳のよさが見直されるようになりました。日本でも、なるべく母乳を与えた方がよいと指導しています。

人類発生以来、太古の昔から、母乳は進化とともに人の子に一番合うように変化してきているので、医学的見地から見て、消化、吸収、代謝のどれも新生児に一番負担が少なくて合目的的にできています。牛乳は、牛の仔にぴったりなわけで、そのままではたんぱく質が母乳の4倍もあって、腎機能の弱い新生児には無理です。4倍に薄めると、今度は他の栄養素が足りなくなるので、粉ミルクはそれぞれの成分を減らしたり加えたりして、母乳に近づけるようにしています。

妊娠末期には、胎盤経由でお母さんの免疫物質が赤ちゃんへ移行しますが、母乳からも移行するので、いろいろな病気にかかりにくくなると考えられています。とくに初乳には免疫物質が多いので吸わせてあげるよう指導しています。

赤ちゃんは、母乳を吸う時、お母さんの肌に触れ、お母さんの目をじっと見ています。スキンシップによって、お母さんも母としての意識が強くなっていきます。また、お金もかからず、哺乳ビンの消毒などもしなくて済み、寝ながらもやれて便利ずくめです。妊娠中、体重が増えてしまったお母さんにはダイエット効果もあるし、母乳をあげた人の方が乳がんになりにくいといわれています。

ところが、1990年頃から、母乳中にダイオキシンが高濃度で入っているといわれるようになりました。最近はかなり正確に測定ができるようになってきたので、マスコミの報道も盛んで、お母さんたちの不安をかき立てています。

ダイオキシンをはじめ環境汚染物質は脂肪親和性が高く、一度体内に入ったらなかなか出ていかないのが特徴です。しかし、初めの子供に1年間母乳を与えると、それまでにお母さんの体内に蓄積した環境汚染物質の半分が赤ちゃんに移行するといいます。2000年、国立環境研究所の米元純三総合研究官が、ごく微量でも甲状腺や生殖器に影響することをネズミの実験で確認したことが新聞で報道されました。自分の体内に少なくなっても大事な赤ちゃんに行くのは、許しがたいことです。

ダイオキシンの大人の許容量は、体重1g当たり4ピコグラム（pg、1兆分の4g）。母乳には100pg入っているので大変な量です。1年間だから大丈夫という説もありますが、外因性内分泌攪乱化学物質は、甲状腺ホルモンを攪乱して脳の発達を狂わせるという動物実験のデータもあって心配です。

どうしたらよいか悩むお母さんも多いと思うのですが、母乳は非常に重要なので、3ヶ月までは母乳を与え、その後は粉ミルク、離乳食を混ぜていくのがよいかなと、私は考えています。ちなみに粉ミルクのダイオキシン量は、母乳の1/5だそうです。人間の体の中に入ってくるダイオキシンは、日本では6割が魚経由だそうですが、牛は牧草を食べているのと毎日どんどん乳を出しているので少ない、というのがその理由のようです。

母乳が出ないお母さんが時々いて、母乳栄養のよいことを聞くと自分を責めたりしますが、今は何が危険かわからない時代ですから、出ないのなら粉ミルクでも大丈夫と思って下さい。私は娘を母乳で育て、息子は私の病気の関係で初乳だけ与えてあとは粉ミルクにしましたが、2人とも同じくらい病気になり、同じくらい大きく育ち、2人とも医師として活動しています。

乳幼児期の育て方

学校教育の学習の区分では、出産までは保健の分野なのですが、育て方は家庭科で教えています。私の教えていた高校では年によって私が育児を教えたこともあるので、私の主観の多い育て方を述べてみたいと思います。

乳幼児期の育て方にはいろいろな説があります。どうしたらよく育つのかは、どの親も一番知りたい関心事ですが、これほど科学の発達した現代でも、人間の育ち方だけは全く理論通りにはいかないのです。同じ親が同じように育てても、兄弟姉妹で全然違った性格になり、興味の対象も違ったりします。ですから、基本だけ押さえてあとはその子のよいところを見つけて伸ばしていく臨機応変な育て方がよいと思います。一番大切なことは、親が自分のために子供を育てるのではなく、子供の成長のために子供に惜しみない愛情を注ぐことです。

人間として生きるための体作り

まず、人間として生きていくためにしっかりした体に成長させなくてはなりません。離乳食を食べなくて悲しくなるお母さんがいると思いますが、グッと我慢して、無理強いをせず工夫して食べさせて下さい。

歯が揃ったら、よく噛むことを教えて下さい。噛むと脳に刺激が行きます。人間が大脳を発達させたのは、直立歩行と噛む刺激が脳に直接伝わるように頭蓋骨が変化したためだといわれているのですから、子供の喜ぶ軟らかい物ばかり食べさせていては、大脳の発育によくありません。

3歳くらいまでの味覚が一生の好みを決めるともいわれています。できることなら手作りの料理がよいのですが、作る時間のないお母さんも、なるべく多様な食べ物を食べさせて下さい。

やはり3歳までは大切

成長期の脳は、外界からの刺激で、どんどん発達することがわかってきました。とくに3歳までが大切であることは、「三つ子の魂百まで」という諺の通りであると脳生理学の研究からもわかってきています。生まれて半年くらいのウサギを目隠しして育てると、あとで目隠しを取っても目が見えないという実験や、オオカミに育てられたというインドのアマラとカマラの姉妹は、その後、言語学者が自分の半生をかけて教えても人間らしくならなかったという話は、ひとつの証明になります。孤児になって乳児院で育てられた子供が話し始めるのが遅くなるのも刺激が少ないためでしょう。

お母さんは、まだ乳児期の言葉のわからない時期でも、無意識のうちに赤ちゃんに話しかけています。「さあ、オムツを替えましょうね。ハイ、おネンネして。アラ、こんなにビチョビチョ、気持ち悪かったでしょ。さあ、さっぱりヨ」という具合にです。これがどんなによい刺激になっているか、お母さんに想像もつかないくらいです。では、保育園等に預けている人はどうしたらよいでしょう。仕事が終わって疲れているので、つい早くごはんを食べさせて寝かせてゆっくりしたいという気になりますが、仕事と育児を両立させようというお母さんは、そこで、もうひと踏ん張りです。しっかりお話をしてあげましょう。私もやっと家に帰りつくと、1日中待っていた娘は早速とびついてきて、御本読んでとか、お話ししてとせがみました。

では、何でも刺激を与えたらよいかというと、そうでもありません。脳のキャパシティを超える刺激を与えすぎると、脳はパニックを起こしてしまい、虻蜂取らずになってしまいます。早期教育が盛んですが、親はよく考えて選択しなくてはなりません。ちょうど

育て方の基本

① 体の基礎を作る栄養が摂れるように、食事の仕方や噛むことを教え、偏食にならないよう親が努力する。

② 成長に応じて適当な刺激を与える。早期に過剰に与えすぎると混乱する。

③ 幼児期に親がしつけを教える。同時に、惜しみなく愛情を注ぐ。

④ 性格と知能のバランスをとるよう、過保護にならず、放任にならず、温かく見守る。

⑤ 社会への適応は親が教えるが、外の荒波にもまれた時は、家庭が逃げ帰れる港になってやる必要がある。

子供が興味を持った時期に、上手にやらせていくのがよい方法です。たとえば、3歳前後のスピードにあまり恐怖を感じない時期にスケートやスキーを始めさせるとよい選手に育つという例もあります。

子供の発育には個人差がありますから、親が一番よくわかります。よその子供と比較せずに適切な時期を見極めるべきです。ところが親になってみるとわかるのですが、これがとても難しいことです。つい焦ってしまいます。子供の成長をグッと耐えて見守ることによって、親も精神的に成長していくのだと思います。

親がしつけをするべき

親は子供の知能を伸ばすことを優先に考えがちですが、人は知能だけでなく、人間的な性格とのバランスもとれてはじめて社会で高く評価されます。親がしつけをしないで、学校に責任転嫁をすることがありますが、社会に受け入れられる人間に育てるのは、親の務めです。

しつけは、大きくなってからしようとしても反発されるだけです。1歳前から、人として生きるためのしつけと社会で生きていくためのしつりを、愛情をこめてやって下さい。けっして楽な仕事ではありませんが、次の世代を育てるという一番大切なことです。

家庭は安らげる港でなくてはいけない

そして最後に、ぜひお願いしたいことがあります。家庭を安らぎの場にしてもらいたいのです。子供を社会へ出してやった時、そこは穏やかな波の時もあれば嵐の時もあります。社会とはもう幼稚園や保育園からと考えて下さい。外で大変な思いをした時、家庭がその傷を治せる憩いの場でないと、子供はストレスが溜まり、溜まりすぎると爆発します。外へ向かう子供は、他への暴力、いじめ、問題行動、登校拒否へ。内へ向かう子供は拒食症などへと落ち込んでいくことになります。慶應病院小児科の渡辺久子先生（当時）は、家庭が港になるべきだといっています。でもこれは、お母さんに心のゆとりがないと難しいことです。子育ては、とても難事業。母親を心身両面からサポートする父親がいないと本当に大変です。とくに中学、高校の反抗期に父親の抑えがいかに必要か、私もよく感じました。単身赴任は育児の敵だと渡辺先生はいいますが、私も全く同感です。

子供はカップルが2人で育てるもの。これから結婚相手を探す人は、子育てを手伝ってくれる相手と結婚することを勧めます。「父親の育児参加10ヶ条」をすべて満たす相手でなくても、夫が見守り支えてくれていると感じられれば、女の人は辛いことでも我慢できるものです。

子育ては大変ですが、苦しいことばかりではありません。親は子供から大きな感動をもらい、慰められ、勇気づけられます。子供の成長とともに親も勉強し、社会が広がります。親の人生はその苦労より、何十倍も豊かになるでしょう。

子育ては、仲のよい両親が揃っていて、協力しながら行うのが理想ですが、日本でもシングルマザーが増えてきました。二人でも大変な子育てを働きながら一人でやらなくてはなりません。外からではとても分からないほど精神的にも辛いものです。

だんだんと社会で支えるしくみができつつありますが、周りの人が偏見を持たずに支えてほしいと願っています。どの子も、人類の宝なのです。

父親の育児参加10ヶ条

① 妻の妊娠をねぎらい、妻の腹部に手を当て、胎児に声をかける。
② 授乳の光景をやさしく見守る。
③ 子供が生まれたら30分早く帰宅、妻に「大変だったね」と声をかけ、子供と遊んでやると、父性の確立ができる。
④ 子供が10歳までは、子供と一緒に汚れる外遊びに熱中する。
⑤ 親子で入浴。
⑥ 排せつの無理強いをしない。
⑦ 子供を真ん中に、「川の字」に寝る10年間。
⑧ 親子で楽しいゆっくりとした食生活。
⑨ 子供に合わせて外遊び、テレビ、マンガに興じる。
⑩ 妻の話の「やさしい聞き役」になり、積極的な育児参加を果たす。

（日本医師会雑誌第123巻第9号 2000年より
朋佑会札幌産科婦人科 南部春生氏が提唱）

＊かかりつけ医を持たない時

今まで医者には縁がなかったとか、転勤などで見知らぬ土地に行った時は土地の人にどの医者の評判がいいか教えてもらいましょう。

＊相性のいい医者を探す

医者も人間、患者も人間なので相性があります。どんな名医でも、怖く見える人だとそれだけで大事なことを話せないこともあり、緊張で血圧も上がってしまいます。そんな時、日本は助かります。国民皆保険制度で保険証を持てばどこにでもかかれますので、自分が安心してなんでも話せる医者を探すことが可能です。何軒かクリニックを変えることで気の合う医者を探すといいでしょう。命を預ける一生の付き合いになるのですから、これはかなりのキーポイントです。

＊生命に関わるような病気の場合は、選り好みはしない

その病気の一番の名医にかかり、怒られても我慢です。私の信頼している名医の一人によく怒鳴る医師がいますが、紹介する時は、「医療に厳格に向き合っているので、本当はすごくいい人です」といって送り出します。患者さんは帰ってきて「やっぱり怒鳴っていました」といいますが、何人命を救われたかしれません。

一番よいのは、病気にならないように常日頃気を付けることですが、病気になった時、どこに相談するかを考えておくことも大事です。

COLUMN ⑤

上手な医者のかかり方

今まで病気の起こり方や、症状、ひどくなるとどうなるかなどを勉強しましたね。では、自分や家族が病気になった時はどうしたらよいでしょう。

本当に重篤な症状の時はすぐ救急車を呼び、病院に連れていってもらいます。そうでない時は、診てくれる医師を自分で探さなくてはなりません。

昔は、どうしてよいかわからない時はすべての科がそろった大病院に行って、診てもらうことができました。ところが大病院なら何でも診てもらえて安心だと、軽い風邪でもちょっとした怪我でも行くようになり、混雑して、本当に重症の患者さんに手が回らず、問題になりました。

そこで厚労省は、大病院にかかる時は紹介状が必要であると決めました。紹介状を持たなくてかかりたい時は、法外な初診料を取るようにして、病院が本来診るべき重い病気の患者さんに医師たちが力を入れられるようにしたのです。なおここでいう大病院とは、特定機能病院や、許可病床が400床以上ある地域医療支援病院のことです。

＊病院で診てもらいたい時は、まずかかりつけ医を持つ

クリニックにかかってからその病気の専門医に紹介状を書いてもらわなくてはなりません。ところが、へき地を除き開業医は沢山いて、どの医者がよいかわからないですね。看板を見ただけでは優しいお医者さんなのか、怖い人なのか、名医なのか、やぶなのか見分けがつきません。

親代々かかりつけ医がいる人は安心です。かかりつけ医は自分の専門でなくても、調べて専門医に紹介してくれるでしょう。うちのクリニックにも相談に来る人は沢山います。自分のことだけでなく、家族親類、友人、はては友人のまた友人の心配事まで。でもそこがかかりつけ医です。なんでも聞いています。

第8章

心の問題

欲求と欲求不満を知って上手に生きよう

人は生まれてからずっと、周囲の環境の影響を受けて成長していきます。

初めは母親、続いて父親、祖父母、兄弟姉妹や、友達、教師、隣人などと関わり合いながら、試行錯誤を繰り返して精神的に発達するのです。

乳幼児期に充分な愛情を得られないと、その後の性格に歪みが生じることもありますし、児童虐待を受けた子供は、大脳皮質と大脳辺縁系が2～3割小さいとの報告もあり、発達段階の心の問題は人生を左右することがあります。

なかでも、高校生の頃はまだ精神的に未発達ですし、社会での目標がはっきりつかめていない人が大部分なので、精神的にかなり不安定な時期といえるでしょう。私が教えていた高校でも悩んでいる生徒はおり、プレッシャーに圧しつぶされて、拒食や過食の摂食障がいに陥ったり、不登校になってしまうこともありました。

学校全体で、身体的健康のみならず、精神的健康について真剣に取り組んでいくことは、絶対に必要なことです。それと同時に、授業でいろいろな話をすると、「先生、私もそれと同じです」と相談に来るので、悩みが軽い内に気持ちをほぐしてやれるというのも、保健授業の大きな意義であるといえます。

心の問題には、ストレスと欲求不満が関与しますが、発達段階には欲求不満が多いので、そちらから先に考えていきましょう。

欲求

人には何かしたいという欲求がかならずあります。禅宗のお坊さん達は俗世の欲求を断とうと修行をしていますが、道を究めたいという欲求はあるわけで、全く欲求のない人は世界に少ないのではないかと思われます。

あまりに欲求がありすぎるのも大変ですが、人は欲求があるからこそ努力するので、あながち悪いことではありません。でも、欲求が満足されずに欲求不満になると、悪い反応も起こってくるので、対処方法を知ることは重要です。

一次的欲求は生まれる前から備わるプログラム

(1)個体維持の欲求

食べる、飲む、呼吸する等の、生まれた時から教わらなくても行える行動で、大脳辺縁系にプログラムされているものです。動物共通の欲求で、生きるための欲求といわれています。

人間の赤ん坊は、生まれるとすぐ呼吸をし、お母さんの乳首を口に近づけると、すぐ口にくわえて、お乳を吸い始めます。「さあ、口を丸めてしっかりほっぺたの筋肉を使って吸いつくのですよ」などとは誰も教えません。

⑵種族保存の欲求

種族保存とは異性を求め子供を産み育てる欲求で、これは性ホルモンの高まる青年期から起こってきます。幼児はままごとで人形を抱いてお母さんごっこをしますが、本気で子供を欲しいとは思っていません。でも大人になって本当に好きな相手ができると、不思議なことに女性はその人の子供を産みたいと考えるようになるのです。一次的欲求は、個体維持の欲求にしても、種族保存の欲求にしても、本能といわれるゆえんです。

結婚しても子供をつくらないカップルが増えてきました。「DINKS（double income no kids）」といわれる人たちです。2人で働くから収入は倍。でも子供はノーというわけです。

拒食症も食べ物に対する欲求を圧しつぶしてしまうので、本能に逆らうことになります。しかし、大多数の人は一次的欲求が断たれると、それを求めてなんとかしようと必死になります。

二次的欲求は環境で異なる

⑴自我の欲求を満たして人間は成長する

独立した個人としての自分を維持するための欲求です。

独立

独立の欲求は、子供が育っていくにつれて次第に強くなります。

1歳くらいでは、ほんの少しお母さんから離れて遊びますが、すぐお母さんの所へ戻って、抱いてもらうと安心して、またちょっと離れるということを繰り返します。

3歳くらいになると、友達の家で長く遊べるようになり、小学生ともなると、よそのおうちにお泊まりができるようになります。そして高校生になると、親の顔なんか見たくもない、ということも起こってきます。独立の欲求の表れです。とくに男子は独立の欲求が強くなるのですが、今の日本では、高校生だとアルバイトくらいしかないので、なかなか親から独立できず欲求不満になります。反対に、30歳過ぎても親元から離れないパラサイト・シングルも困りものです。

愛情

愛情の欲求には、愛情を得たいという欲求とともに、愛情を与えたいという欲求があります。

乳幼児期は、たくさんの愛情で満たされて育てられなくてはいけません。両親を含め、周囲の人が惜しみない愛情を注いでやることが、人格形成に重要であるといわれています。

1960年代のアメリカでは、赤ちゃんに抱き癖がつくから、ミルクを決まった時間に飲ませたら後はベッドに寝かせて、泣いても抱いてはいけないとされた時期がありました。でもいろいろな弊害が出て、やはりスキンシップが大切だということになったのです。

赤ちゃんは抱いてやると安心しますし、お母さんも赤ちゃんを抱きしめると愛情が深まって、母子関係もよくなっていきます。女子は将来お母さんになったら、赤ちゃんを思いきり抱きしめてやって下さい。ぐずっている時は、赤ちゃんの耳を自分の左胸に押しつけるように抱くとよいでしょう。お母さんの心音は、お腹の中にいる時から聞いているので、赤ちゃんの心が安定するらしいのです。

また、子供には愛情を与えたいという欲求があり、これも満足させてやらなくてはなりません。人形でもよいのですが、動物の方がよいでしょう。動物からは愛情が返ってくるからです。ペットといっても、ヘビやトカゲではなついてきそうもありませんが、イヌやネコなら大いに慰めになることがあります。欲求のはけ口にもなり、成長過程では大切な役割をしてくれるのです。「コラッ！　だめじゃないか」とか、自分がいわれたままを犬にいっている子供をよく見ます。

成長するにつれて、両親の愛情を求めていたのが、同性の友達の愛情を、次に異性の愛情を求めるようになります。

承認

人から認められたいという欲求です。いつも認められている人は、空気のようにあたりまえになっていることなので、あまり考えたこともないでしょう。家にいればその家の子だと暗黙の承認があり、学校に来れば○年○組の生徒だと、皆が承認しているからです。

この欲求は、認められなくなった時にいかに強いものかがわかります。いじめのひとつに無視するというものがありますが、あまりの辛さに耐えきれなくて自殺した子もいました。友達のいじめの時はまだ我慢していたのですが、先生が加わった時、悲劇が起きたのです。

新しい経験

誰もが成長の過程で新しい経験を重ねていきます。この欲求は、子供の時ほど強く、何でもやりたがります。上の学校に進学したりクラブに入った時、また、初めてディズニーランドへ行った時のワクワクした気持ちなど、誰でも経験することです。年をとるにつれてこの欲求は薄れていき、全くなくなった時に人は老いたといいます。90歳になっても新しいことに挑戦している人は、まだ若いといえましょう。

自己実現

自分らしく生きるということですが、これはとても難しいことでもあります。戦前の日本のお嫁さんのように、全く自分を押し殺して生きている人はいなくなりましたが、生きていく上で全然制約のない人はいないので、様々な障壁が立ちはだかります。でも、人の一生は1回きり。なるべく自分らしく生きることを追い求めてほしいと思います。

(2)社会的欲求は社会で生きていくために必要

個人が社会の中で独立していくために必要な欲求です。環境によっても欲求の内容はだいぶ違います。東京の大都会に住んでいる人とアフリカのジャングルに住んでいる人では、考え方も変わります。

所属

誰でも、どこかに所属していると心が安定します。家族に所属している、学校に所属している、クラブに所属している、会社に所属している、等々。個人で行動して平気な人を一匹狼ともいいますが、これは、とても精神的に強い人という意味合いも込めて呼んでいる言葉です。

身近なところで、これが途切れるのは浪人生です。高校にも大学にも所属できず、とても不安定です。でも今は予備校に所属することで、所属の欲求がかなえられます。

共同

共同で何かを仕上げたいという欲求です。私の教えた高校では、クラブに所属して共同でいろいろ

マズローの自己実現の段階

生理的欲求が安心して満たされ、何らかに所属して自分が認められ、他人から愛され、他人を愛する。

↓

これらが満たされると自己実現のエネルギーを持ち、行動できる。

↓

自分で考え、自分でやってみて、その結果を自分で評価できる。この積み重ねで成長でき、自己実現に向かう。

やると同時に、学校行事もたくさんあり、それらは全て生徒達の自治に任されていますから、共同の欲求を充分に満たすことができます。入学時のオリエンテーション、6月の演劇祭、9月の運動会、10月の学園祭、学校誌の発行。全て生徒たちの中から委員が立候補し、委員長、副委員長は公選です。
とくに演劇祭は、クラス全員がひとつの劇に参加して全クラスで優勝を競うので、終った時の感動と充実感はすごいものです。勉強や運動がパッとしない生徒でも思わぬところで力を発揮することが多く、どこかに燃える場所があるということは素晴しいことです。

自尊

自分の品格を尊び、品位を保つことをいいます。慶應義塾では、福澤諭吉の「独立自尊」を旗印にしてきました。日本は明治まで下層階級は自分の品格を認められず、品位を保つためには死ななくてはならないこともあったのです。福澤諭吉はその頃、独立と自尊の精神を説いたのですが、これは今の時代でも、人として一番大切に守り、追い求めるべきことと思います。

賞讃

誰でも褒められると、とてもよい気持ちになり、もっと努力しようと思います。褒められた時「そんなこと、どーってことないよ」などと平気な顔をしている人でも、内心はいい気分になっているはずです。
子供はなるべく褒めて育てよ、といいます。もっと頑張ろうと思うからです。何もしていない時や、悪いことをした時に褒めてはいけませんが、タイミングよく上手に褒めて育てることは、とても重要なことです。これは大人にも当てはまり、人使いの上手な人は部下をうまく褒めて働かせるといいます。怒られてばかりいるよりは、楽しく働けることでしょう。

ただ、この賞讃の欲求のとても強い人は、なるべく人に知られないようにしないと「あいつはおだてると何でもやるよ」と、うまく人にのせられてしまいます。

では、シャネルのバッグを持ちたいというのは、どの欲求に入るでしょう。単に物欲の場合もありますが、シャネルのバッグを持っていると、日本ではステータスになり、賞讃の欲求が満足されます。その人の生きている社会から起こってくる欲求でしょう。

―欲求不満（フラストレーション）―

欲求が充足されると心地よい満足感と安心感が得られますが、実際はそううまくいくとは限らず、欲求不満が起こってきます。欲求を満たすのに立ちはだかるものを障壁といいます。

障壁は欲求の壁

(1)物理的障壁

何かしたいと思う時に気象や災害、土地などに阻まれることです。たとえば、友達と日曜日にディズニーランドに行く約束をして楽しみにしていたのに、ちょうどその日に台風が来て行かれない等です。

⑵個人的障壁

その人の能力、資質、病気、身体条件等に阻まれることです。アイドルを目指して頑張っているのだけど、音程が外れるのでオーディションに受からないとか、陸上の選手になりたいが、アキレス腱を痛めたことがあるので記録が伸びない等、身近にいろいろあることです。

⑶社会的障壁

人間社会で決められたことに阻まれる場合です。たとえば法律、制度、伝統、習慣、人間関係などがこれにあたります。たとえば親が自動車整備工場をやっている子供は、小さい時から自動車を触っていて、見様見真似で運転ができるとしても、18歳にならないと運転免許を取れないので路上で運転できないなどは一例です。

昔は階級が違って結婚できないとか、村の掟を破るとのけ者にされるなど、今より社会的障壁はたくさんありました。

⑷経済的障壁

お金がなくてやりたいことができないという、身近で日常よく経験することです。

欲求不満にはよい影響と悪い影響がある

欲求不満は、ないに越したことはありませんが、小さい時から何でも欲求が叶えられてしまうのも、鼻持ちならない大人になる可能性があります。かえって欲求が満足されないことで、その障がいを克服しようと努力したり、自分の能力を改めて認識したりします。社会のしくみを身に付け、我慢することを覚えたりするものです。

しかし、悪い影響もないわけではありません。欲求が頭から離れないために他のことがおろそかになり、知的能力が低下したり、感情が不安定になって些細なことで攻撃的になったり、取り乱すなどの異常行動が発現したりします。欲求不満の時、つい人に当たり散らすのは誰でも経験することです。あまりにも欲求不満が続くと、神経症、習癖や自閉などの精神的に病的な状態となってしまうので、欲求不満には上手に対処しなくてはならないのです。

―欲求不満の解決方法―　適応機制と対処行動

欲求不満が起こった時、それにどう対応するか頭の中で考えるのが適応機制、それによって起こす行動を対処行動といいます。

適応機制には様々なタイプがあり、上手に対処できる場合と、うまくいかない場合があります。これは、その人の性格やその場の環境によっても違ってくるものです。

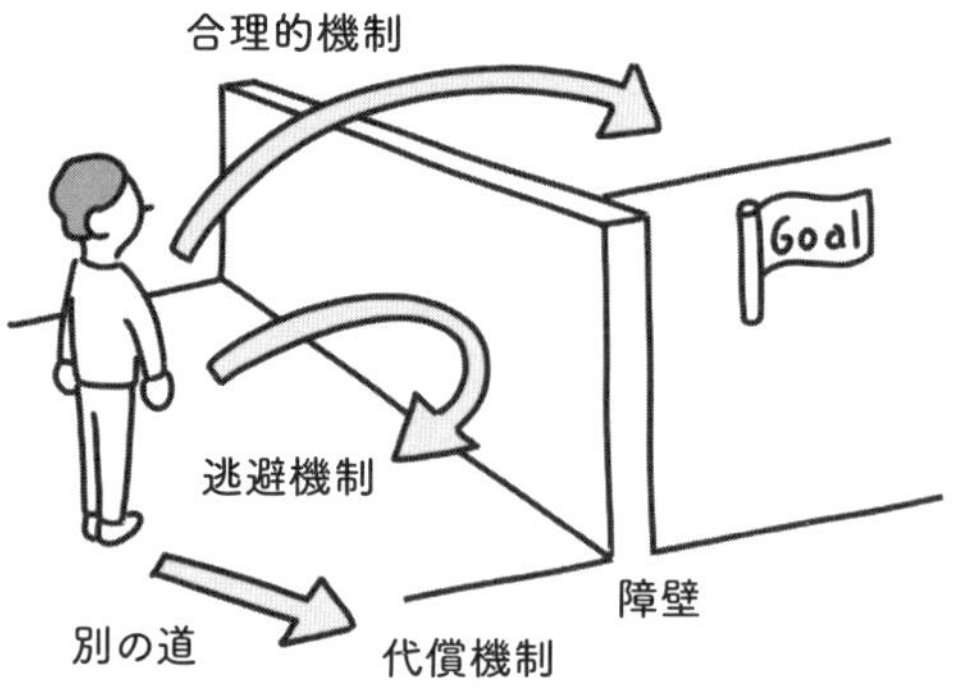

適応機制と対処行動

1 合理的機制
2 代償機制 ─ ①補償 ②昇華
3 防衛機制 ─ ①同一化 ②合理化 ③投射
4 逃避機制 ─ ①抑圧 ②退行 ③白日夢 ④自閉
5 攻撃機制

目標をゲットする「合理的機制」

合理的な解決を図る努力をする機制です。いつもこの機制がとれれば最もよいのですが、そのためには知性と豊かな感情、精神的柔軟性、耐性と努力する気持ちが必要です。

たとえ話をしましょう。高校3年生の試験も終わって大学に入る前に、仲のよい友達と卒業旅行に行くという話が持ち上がったとします。みなはハワイがいいというのでお父さんに話したら「高校生がハワイとは生意気だ。ダメだ、ダメだ」と一喝されてしまいました。その時、頭にきて「お父さん、ヒドイ！　石頭！　バカ！」といってしまったら交渉決裂です。そこで、小さいテストでもいいから100点を取って、お父さんが機嫌よく晩酌でもしている時に、100点の答案を見せ、肩でも揉みながら「ねーお父さん。これからは国際社会だからハワイくらい見ておきたいし、英語の勉強にもなるでしょ（実際にはあまりならない）。これからも一生懸命勉強しますから、いいでしょー」というと、お父さんも「それもそうだな！」とOKしてくれるというのは合理的機制になります。ちょっと悪知恵っぽいところはありますが、頑張って努力することを積み重ねていくと、耐える力（耐性）が作られ、健全な精神生活を営めることになります。

似たようなもので我慢する「代償機制」

しかし、いつも欲求が叶うわけではありません。そういう時には本来の欲求と似かよった別の欲求で満足しようというのが代償機制です。補償と昇華がありますが、本来の代償機制は補償です。

(1)補償

旅行に行かれない時、旅行記を読むなどして我慢することです。

たとえ話の続きをしましょう。高校最後の期末試験も終わって、ウキウキと旅行の仕度をしていたらはしゃぎすぎて階段から落ち、足の骨を折ってしまいました。友達は「もう前日だから変更はできない。お土産買ってくるからね」と旅立ってしまいました。仕方がないから、お母さんにハワイの写真集を買ってきてもらって、ベッドの上でハワイの音楽のCDを聴きながら写真集を見て、ハワイに行ったつもりになるということです。この例は「かえって欲求不満になるよ」といわれたりしますが、スポーツが大好きな人が選手になれない時、スポーツ記者になってよい記事を書くこと等も補償にあたります。

(2)昇華

性的欲求を、芸術やスポーツで代償するというもので、フロイト（精神分析の大家。オーストリア１８５６～１９３９）が提唱しました。フロイトは有名な精神分析医で、心理学を勉強するとかならず名前が出てくる人です。フロイトは、人間の潜在意識の下には性的欲求があり、すべての行動はそこから発せられるといったのです。子供の指しゃぶりでさえ性的欲求の表れであるといったので、晩年はついに弟子たちもあきれてしまいました。

学校で体育や運動の部活を奨励する裏にはこの考え方が入っています。とくに男子は、高校生頃になると性的欲求が強くなるので、それを発散させてしまおうと、スポーツを奨励します。しかし、私はこの説をあまり信用してはいません。スポーツをしていれば仏教のお坊さんのように性的欲求を抑えられるかというと、現実社会ではそうでもないからです。

自己防衛する「防衛機制」

自分の失敗や実力不足で自我が危機に瀕した時にとる行動で、無意識のうちにとられることが多いものです。話を聞けば、誰もがやったことがあると思い当たるものですが、成長期には自己を守るために大事なことです。

(1)同一化

誰かと同じ格好をして、その人になったつもりになることです。アイドルと同じ髪型や眉、野球選手と同じ帽子、女の子や男の子のままごと等がこれに入ります。

野球部に入っていても、全然打てなくて、チャンスの時も内野ゴロであっけなくアウトになり、その試合に負けてしまったとします。それをストレートに受け止めると、自分を責めて、徐々に自我が壊れてしまいます。そんな時、家に帰って大リーグのエンゼルスの帽子をかぶり、大谷翔平選手になったつもりでバットを振って、ホームランを打ったつもりになる……こうすることで自我を守れます。

小さい女の子の身近な憧れは母親ですが、お料理でもアイロン掛けでも、まともにはお母さんに太刀打ちできません。でも、ままごとならどんなおいしい料理も作れるし、素晴しいママぶりにもなれるのです。男の子はお父さん役になります。

こういったことは、子供の成長期にはきわめて大事なことです。幼稚園の頃からお受験で塾通いばかりして、ままごとをする暇もないと、大きくなってから歪みが出てくる可能性があると思いませんか？

(2)合理化

自分に都合のよい理由をあげて言い訳をすることです。

テストができなくて先生に叱られた時「すみません。テストの前の晩にお母さんが熱を出して、私がごはんを作ったり看病したりしたので、勉強する時間がなくてー（真偽のほどは不明）」といったりすることがこれにあたります。

イソップ物語に『キツネとブドウ』という話があります。キツネが高い木のブドウを取ろうとジャンプするのですが届きません。何十回ジャンプしてもダメなので、諦めて帰り際にキツネは「どうせあのブドウは酸っぱいのさ」とうそぶくのです。「酸っぱいブドウ機制」ともいいます。この時、キツネは、この機制をとらないと、自分はジャンプ力のないダメキツネであるということを認めることになるので自己防衛したのです。合理化は、合理的機制とは違いますが、時には使ってもかまわないでしょう。

⑶投射

自分の能力不足を他人や物のせいにすることです。

速く走れないのは靴のせいだ、ホームランが打てないのはバットが悪いせいだ等、誰でも、つい、思ったりいったりしてしまいます。ただ、たまにならよいのですが、いつもいつも自分の失敗を他人や物のせいにしてばかりいると信用を失います。

現実逃避する「逃避機制」

障壁を除去しようと努力せず、現実から逃避しようというものです。

⑴抑圧

欲求を我慢してしまうものです。一時的抑圧は必要なことで、合理的機制でも時機を待つ時に少し使われますが、この場合は常に欲求が頭から離れないから問題です。
あまりにも抑圧が続くと神経症になってしまうことがあります。

①不安神経症

人は時々、いうにいわれぬ不安にかられることがあります。不安とは何かというと、具体的な対象のないものに対する恐れとでもいいましょうか。それに対して恐怖というのは、実際あるものに対する恐ろしさです。

人が山を歩いている時、登る前に「この山は人食いグマが出るから危ない」とさんざん脅かされると、クマが出るか、出るかと不安になりますが、本当に目の前にクマが出た時に「キャー、クマだ不安！」とはいいません。食い殺されるかもしれない恐怖に変わります。

不安神経症は、どんなことでも不安になるのです。電車に乗るとその電車が脱線するのではないかと不安で乗れません。「それではバスで行ったら」というと、バスが衝突事故を起こすかもしれないからとバスにも乗れません。では家にいればよいかというと、地震で家がつぶれないかと心配します。不安神経症の人につき合っていると、堂々巡りでいつまでたっても終わらないのです。高所恐怖症も不安神経症のひとつです。落ちる心配のない所でも足がすくんでしまいます。神経症に陥ると本人も周りも辛いものです。

②強迫神経症

誰かに脅迫されることではなく、何かにとらわれてしまうことです。鍵をかけたかどうか心配で何回も見に行く、落とし物をしていないか何度も振り返るなどですが、することが度を越してしまいます。

両親が旅行に出て、１人で留守番をしているとしましょう。普段は親が居るので安心して寝ていますが、その夜はしっかり鍵をかけたか心配になって、ベッドに入ってもまた見に行ったりしますね。これは正常のことです。1～2回見て回れば、普通はもう安心して寝ますが、強迫神経症の場合は何回見に行っても心配になって開けたり閉めたりして夜中まで眠れないのです。

何らかの儀式をしないとその場所を通過できないとか、さまざまな形がありますが、本人も辛く苦しみます。脳でトラブルが起こってしまっているので、薬である程度抑えます。

あまりに強い逃避機制の抑圧で神経症になると、本人も周りも辛いので、よい機制とはいえません。

(2)退行

幼児退行、または退行性小児症ともいいます。子供っぽい行動をとったり、わめいたりします。

今の社会では、大人は大人に厳しいですが、同じ失敗を子供がしたら、子供だから仕方がないと許しています。無意識、または、半意識的にこれを利用しようとするのが幼児退行です。

お店に入った時、綺麗でとても高そうな細工物に自分のバッグが当たって、その拍子に落ちて品物が壊れたとします。するとすっかり困って、逃避機制の退行で「ワーッ」と泣いてしまうのです。小学生が泣くのはお店の人も当たり前と受け止めますが、高校生が足を踏み鳴らして泣きわめいたら、びっくりされます。あまりよい機制ではありませんし、精神状態を疑われますから、やらない方がよいでしょう。

(3)白日夢

昼間、教室で居眠りをして見る夢ではありません。空想の世界へ逃げ込むことをいいます。子供はよくお姫様になったつもりで遊びますが、これは正常な成長過程です。高校生になって、ふられたボーイフレンドと結婚する白日夢に浸るようでは重症です。

⑷自閉

自分自身の中に閉じこもってしまうことです。他人を拒否して、自分の中に入れない人を時々見かけると思います。

自閉と自閉症（現在は自閉スペクトラム症という）を混同している人が多いので、ここで、自閉スペクトラム症について話しておきましょう。自閉と自閉スペクトラム症は、全く別のものです。

自閉スペクトラム症は、脳のコミュニケーションを司る部分の微細な障がいによって、人との交わりができない病気と考えられています。

生まれた時は自閉スペクトラム症かどうかはわかりません。首もすわり、食べ物もよく食べるので親は安心しています。1歳くらいまで、親はとても大人しい子だと思っています。しかし、2歳くらいになって、親がお腹をこわして苦しんでいても、そばで平気で積木を積んだりしていますので、冷たい子だなと心配になってきます。2歳ともなると、親が苦しんでいると「どーちたの」と心配そうに寄ってくるものです。幼稚園生になると、手を繋いだ友達が転んで膝でも擦りむけば大騒ぎですが、自閉スペクトラム症の子供は勝手に歩いていってしまうのです。

特殊な能力を持っていることがあるので、親は天才ではないかと思ったりするのですが、その能力を他人のために役立てようとはしませんから、施設で一生を過ごす人もいます。20歳くらいでよくなってくる人もいるといいますが、今のところ決定的な治療法はありません。昔、ダスティン・ホフマンが主演した『レインマン』という自閉スペクトラム症を扱った映画がありました。少し誇張はありましたが、医学的に、かなり正確に描かれていました。

何かにこだわりがありますが、ある能力が飛びぬけて高いことがあり、デジタル方面で能力を発揮したり、研究や芸術で才能を認められる人もいます。

八つ当たりに近い「攻撃機制」

攻撃機制とは、人や物を傷つけたり規制や法律を破ることです。盗みをしたり人を殴ったりするので、警察に捕まったり、かえって人の恨みを買ったりします。

暴走族が夜中に騒音を撒き散らしているのはこれに入ります。静かに高速道路を走っていればただのスピードマニアですが、わざわざマフラーを大きくして夜中に走り回るのは、「俺様がこんなに面白くないのにスヤスヤと寝ていやがって」「ドドドドーッ」と皆の眠りを妨げるためなのです。

盗みも攻撃機制のことがあります。根っからの盗癖という人は別ですが、教室で物が紛失するのは、欲求不満のはけ口にしている場合があります。人が困るのを見て溜飲を下げているわけで、そういう人に盗みは人の道に外れる等と道徳的な説教をしても、あまり効き目はありません。もし犯人がわかっ

たら、その人の背景にある欲求不満を聞いて「お前を見捨てないよ」といってやる人がいれば、その人は救われる可能性があります。

攻撃機制が問題行動の中に入れられていないのは、状況が変わったり、誰かに諭されたりして更生することがあるからです。しかし、繰り返していると適応障がいに陥ります。

いじめはいじめる方に心の問題がある

いじめが社会問題になってきて、いじめられて自殺した子供の親が、学校やいじめた子供の親を相手取って訴訟したりするようになりました。

いじめは昔からありましたし、大人の世界でもたくさんあります。しかし度を越してしまうと犯罪に近くなり、取りかえしのつかない事態に至ります。

いじめる子供は、以前にいじめられていたこともあります。いじめっ子はいじめられる子供より絶対に悪いとされがちですが、いじめっ子も大きな欲求不満を持っていることが多く、その子の気持ちを上手につかんで指導する人がいれば、充分立ち直りが可能だと思います。

私の子供の頃もいじめっ子は何人もいましたが、今は素晴しい社会人として活躍しています。ただ、昔より子供の欲求不満は増えていますし、教師と生徒の関係も希薄になりがちなので、教師がその子の欲求不満を知らないこともあるでしょう。生徒が寄りついて来なかったら、教師の方から近寄るしかありません。普通では逃げてしまいますから、共同作業をしたり合宿や旅行で話し込んだりすると、キッカケをつかめることがあります。教師や学校の努力が必要です。社会も個人主義的になり、干渉しなくなってしまいましたが、高校生までは周りの大人がなるべく目を向けて、欲求不満のはけ口を見つけてあげましょう。昔の隣近所のおじさん、おばさんに代わるシステムができてくるとよいと思います。

適応障がい

適応の機制に失敗して不適応の状態が長く続いた時、その状態に耐えられなくなって、心身の働きや行動面で歪みが生じてくるものです。

自分を傷つけるような癖は問題――習癖

爪咬みなどの癖は誰にでもあるものですが、それが昂じてしまったのが、習癖です。指しゃぶりや1枚のタオルを手放さないなどは、子供の時だったら心配ありません。これも欲求不満の解決方法のひとつといえますが、ほとんどの子供は成長するにつれて治っていきます。ところが年をとってもやっていると問題です。

小学生の時、担任にいじめられて、自分の髪の毛を全部抜いてしまった女の子もいました。幸い、高校生の頃には生えてきましたが、自分をいじめる行為（自傷）をする場合がこれに入ります。鉛筆をくるくる回す癖などは問題ありませんが、集中力には欠けるでしょう。

問題行動

(1)薬物――日本もヤクブツに汚染されてきた

医者が使う薬ではなく、通称ヤクといわれる物です。麻薬、覚醒剤などがこれにあたりますが、次から次へ新しい物が出て、覚えきれないくらいです。

私が高校生の頃、薬物依存は世界の片隅の出来事でしたが、現在は日本にも密輸されて、大量の薬物が出回っているようです。押収された後も、末端価格は変わらないので、もっと大きな密売ルートがあるのだろうと警察の捜査官たちは必死で追っています。どうしてそんなに必死になるのでしょうか。

人が薬物に冒されると薬物依存という状態になります。身体も脳も次第に障がいされていって、身体の機能はボロボロになり、脳が壊れていきます。多くの人が薬物依存症になると、犯罪が増え社会が壊滅してしまう恐れがあります。だから法律で禁じているのですが、マフィアやヤクザは資金源になるので、巧妙に警察の目をかいくぐって密売しています。

誰も買わなければ問題は起こらないのですが、どの薬も一時的にとてもよい気持ちになるので、欲求不満の強い時に現実逃避の手段として、つい手を出してしまう人がいます。一度薬物を覚えると習慣性が強いので止められなくなり、身を滅ぼしてしまいます。
どのような害があるか、シンナーと覚醒剤で話してみましょう。どんな物でも人間の体に大量に入ると、急性中毒か慢性中毒の状態になります。急性中毒は一度に大量に入った場合。慢性中毒はそれより少ない量を長く使って、徐々に体が蝕まれていくものです。

シンナーを吸いすぎて車の中で死亡

シンナーの急性中毒は中枢神経抑制作用によって起こります。知覚の異常や幻覚が現れますが、あまりに大量に吸い込むと死んでしまいます。
ビニール袋の中にシンナーを入れて吸っていて、袋から漏れた溶剤が狭い車内に充満して、急性中毒になり何人もの若者が死んだこともありました。
また慢性中毒としては、肝機能や腎臓機能障がい、統合失調症様の症状が出ます。

覚醒剤で寝ずの勉強をしても試験には受からない

覚醒剤の急性中毒は中枢神経興奮作用で起こります。一晩中寝なくても頭は冴えわたり、新しい考えがどんどん湧き起こってくるそうです。それでは誰でも覚醒剤を使えば元気ハツラツですごいはずですが、覚醒剤を吸った人が一晩中演説をしていたのを聞いていたシラフの人が内容は支離滅裂だったといったのです。本人は大統領にでもなったつもりでしゃべり続けていたそうですが。そこで今度は、しゃべっていた本人が覚醒剤をやらないで、覚醒剤をやっている人のそばにずっといたら、やはり話の内容はチグハグなので納得したそうです。

薬物の種類

①麻薬：モルヒネ、コカイン、LSD、メスカリン、大麻（マリファナ）
②覚醒剤：アンフェタミン、メタンフェタミン、クラック、エンゼルフィッシュ、ヤーバー
③有機溶剤：シンナー、ボンド、トルエン
④向精神薬：ハイミナール、ハルシオン
⑤鎮痛剤：ソセゴン
新しい種類も出て、呼び名もさまざまある。

錯覚、幻覚、妄想も起こってきます。錯覚というのは、5階の窓の外にも床が続いていると思ってしまったりすることです。実際に窓から落ちてしまった人もいます。幻覚は、現実に無いものがあるように感じたり見えたりすること。妄想は思い込んでしまうことです。つき合っている人が嫉妬妄想にとりつかれたら、いくら違うといっても「浮気をしているだろう」と執拗に迫ってきます。

慢性中毒は統合失調症様症状です。では統合失調症とは何でしょう。一般の人はぼんやりわかっているだけだと思うので、ここで本来の病気の統合失調症の話をしましょう。

頭の中の声と対話する統合失調症

統合失調症（英語：schizophrenia、ドイツ語：Schizophrenie）は精神科が扱う病気です。なりやすい遺伝子を持った人に何か誘因が加わると発病し、発病しやすい年齢は10代後半から20代前半です。シェークスピアの『ハムレット』に出てくるハムレットの婚約者オフィリアは、ハムレットに「尼寺へ行け」と言われ、悲しみのあまり発狂してしまいます。現代の医学的見地から分析すると、オフィリアは統合失調症の素因を持っていて、深い悲しみという誘因によって発病したのでしょう。17世紀のまだ病気の実態が解明されていない時代に、シェークスピアは正確に描写しています。

さて統合失調症は、オフィリアのように急激に発病する場合と、徐々に発病する場合があります。徐々に発病する場合は、はじめ疲労感や注意力低下、不眠、頭痛などが続き、そのうち、異様な空虚感や気がおかしくなるのではないかという不安感が起こってきます。その頃は、自分は気がおかしくなるのではないかと訴えたりしますが、統合失調症が発病すると今度は自分だけが正常で、周りが皆おかしくなると思えてくるのです。

統合失調症の原因はまだ解明されていませんが、試行錯誤した結果、ある程度効く薬がわかってきています。発病前に治療すればすっかり治ってしまう人もいるのですが、発病前の時期に本人を病院へ連れて来る家族は稀です。

「お母さん、私、心にポッカリ穴が空いたみたいなの」といっても「そういう年頃なのよ」ととりあってくれません。「お母さん、私、気がおかしくなってしまいそう」というと「忙しいのに変なこと言わないでよ。お母さんの方が、よっぽど気がおかしくなりそうよ」といわれてしまいます。ちなみに、40歳を過ぎてから統合失調症を発病する人は稀ですから、お母さんが気がおかしくなるというのは本気にしなくてよいでしょう。

統合失調症になると、幻聴や幻覚による異常行動が目立ってくるので家族は病院へ連れていこうとしますが、今度は「何いっているんだ。お前たちの方がよっぽどおかしい。みんなで病院に行って来い」といって動かないのです。仕方がないので、「お母さんがおかしいので診てもらいに行くから一緒について来てほしい」等と騙して病院に連れて来ます。

統合失調症に特徴的な症状は幻聴です。頭の中にいろいろな声が聞こえてきます。電車の中などで1人でしゃべっている人を見かけたことがあるでしょう。劇の練習をしている人もいないではありませんが、統合失調症の場合は、頭の中の声と対話しているので途中が途切れています。「いやいや私はそうは思わない。世界の政治はですな……」「……」「おっしゃることはもっともですが……」等々。政治談義でもしているなら平和ですが、この幻聴で事件が起こることが多々あるのです。

「あいつは悪魔だ。早くやっつけないとお前に乗り移ってしまうぞ」というような声が聞こえると、その相手を殺してしまうこともあります。動機が不明な殺人事件等で逮捕された犯人が、意味のわからないことをいっていると報道されることがあります。そういう場合は、たいてい統合失調症と考えられます。たとえば、田園都市線の藤が丘で、乳母車の乳児と幼児の手を引いたお母さんの3人が、通りすがりの男に刺殺された事件。名古屋の精神科病院を視察に来ていた政治家が、病院から出てきた患者に刺された事件。幼稚園生が前のアパートに住んでいた男に「この子は悪魔だから」と殺されてどぶに捨てられた事件など……。

統合失調症の原因はまだわかりません。うつ病と同じように脳内の化学物質が変化して、脳細胞が正確に働かなくなったと考えられます。たぶん、もう少したてば、根本的な治療薬ができて治るようになると思います。しかし今は、抑えるだけです。周りの人たちの危険も考えると、病院に拘束するか否か、難しいところです。

薬物をやってはいけない3つの理由

シンナーや覚醒剤で起こる統合失調症様症状が出ると、幻聴が聞こえて人を殺傷する可能性があります。これは本来の統合失調症と違って、シンナーや覚醒剤を止めて治療すれば治りますが、続ける限り脳細胞は障がいされます。

麻薬の中でもモルヒネは身体依存が強く、薬が切れた後にものすごく苦しくなるので、それを和らげるために、また薬を求めるということを繰り返します。薬が切れた後の苦しみを禁断症状といいます。

幻覚剤の大麻や覚醒剤は身体依存が強くありませんが、精神依存は非常に強く、また薬をやりたくなるのです。薬の値段はとても高いので、買うお金ほしさに盗みなどの悪に手を染めたり売春したりと、深みにはまってしまいます。

こうした薬物の取り締りが厳しいのは、次の3つの理由からです。ひとつは社会に薬物がまん延するとお金ほしさの犯罪が増加すること。ふたつめは、統合失調症様症状による傷害事件が起こること。3つめに、薬物にはまり込んだ人の脳と体、人間性が致命的に破壊されてしまうからです。自分の人生は自分のものだから、どうなろうと勝手だと思われるかもしれませんが、世界中の人が薬漬けになったらどうなるでしょう。社会は戦場のように殺伐とし、人類は滅びることになるのです。

面白そうだからやってみようと始める場合がほとんどですが、よくないとわかっていても始めるのは、根底に欲求不満による投げやりな気持ちがあるからです。欲求不満のない人はいませんが、一度でもやると味が忘れられなくなるのが薬物です。そんなものに人生を懸けてほしくありません。

(2)飲酒――お酒も問題行動となる

お酒は誰でも飲むので、お酒が問題行動ですか？　と思われるかもしれませんが、欲求不満が強くてお酒を飲んでいるとアルコール依存症になるので、これが問題なのです。お酒にも急性中毒と慢性中毒があります。

急性中毒は問題行動ではありませんが、若い命を奪うことがあります。

▼急性中毒――若者が命を落とすイッキ飲み

アルコールは肝臓で分解されて二酸化炭素と水になり、体外へ排出されます。しかし、分解速度を上まわって飲むと、血液中のアルコール濃度が高くなり、脳が障がいされます。最後には脳幹部の呼吸中枢が麻痺して呼吸が止まり、死に至るのです。

若者が死ぬというのは、イッキ飲みを強制された時です。大学生になると、新入生コンパなどでこのイッキ飲みを強制されることが多いことを聞いていると思います。肝臓にアルコールの分解を助けるアセトアルデヒド脱水素酵素のない人は、すぐ気持ちが悪くなるのであまり飲まされることはありませんが、ちょっと自信のある人はつい調子にのって飲まされてしまいます。事故が起こるのは、酔いつぶれた後です。みんなが帰るまで隣の部屋に寝かせておこうなどと放置していて、帰る時に見に行くと呼吸が止まっているのです。

イッキ飲みで大学生が死ぬと、新聞に出たりします。あんなに受験勉強して入ったのに、なんて気の毒なことだ！　というわけです。しかし、ニュースにならなくても、毎年若者が１人か２人急性アルコール中毒で死んでいるのです。親の嘆きは大変なものですが、本人だって人生これからという時に死んでしまってはなんにもなりません。

イッキ飲みを強制されたら、酔いがまわったふりなどをして「センパーイ、もーダメでーす」といって倒れたり、飲んでいる途中で床にこぼしたりと、いろいろ知恵を使って下さい。どんなにお酒の強い人でも、分解速度を上まわって飲んだら、危うくなることを忘れないようにしましょう。

イッキ飲みの加害者になってもいけません。誰かが危険な状態だと思ったら、救急車を呼んですぐ病院へ運んで下さい。点滴をして血液中のアルコール濃度を薄めてしまえば、死ななくて済むのです。２０００年にはイッキ飲みで子供を失った親が、コンパにいた人たちと教授を訴えました。周りの大人にも監督責任があります。

▼慢性中毒

慢性中毒は、アルコールを飲み続けているうちに止められなくなって、肝臓やすい臓、脳に障がいを受けるものです。アルコール性肝硬変は有名ですが、脳も障がいされて、幻覚、幻聴も起こってきます。

とくに慢性アルコール中毒に特徴的なのは幻視です。部屋の隅にネズミなどの小動物がたくさん見えたりします。大騒ぎをするので皆がびっくりして部屋に飛んでいっても何もいません。最近では、女性の慢性アルコール中毒が増えてきました。女性の肝臓は男性より小さいので、分解能力は低いのです。最近は男性より飲む人が増えて心配です。

キッチンドリンカーはアルコール依存症

キッチンドリンカーとは、女性が欲求不満からお酒を飲む時、家の台所で飲むという意味と、料理用のお酒まで飲んでしまう、というふたつの意味から使われる言葉です。今は外で飲んでいる女性も多いのですが、女性も欲求不満が強くなっていると思われるので、依存しないようにしてほしいものです。欲求不満がなければ、お酒を飲んでも歯止めがかかります。

欲求不満が募った時、どうしたらよいでしょうか。働いている人は、上司や同僚、会社への不満があります。しかし、結婚しても子育てを1人でやらなくてはならないとか、反抗期の息子や娘への対処、年老いた親の介護等、問題は

慢性アルコール中毒かどうかを判断するには、両手の背に薄い紙をのせて、ふるえを見る。

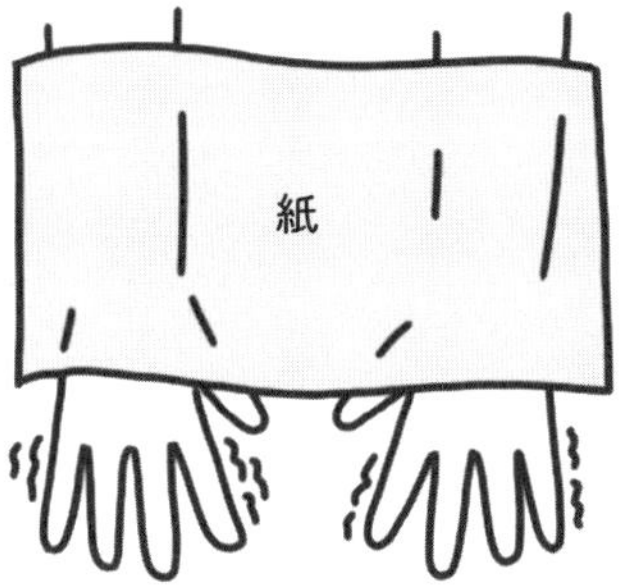

手が小きざみにふるえる。

いくらでも出てきます。1人で悩んでお酒で紛らわせず、誰かに相談することです。誰も見つからなかったら、医者の所へ来て下さい。私の所へも時々そういった人が来て、ポロッと話をして少し元気になって帰っていきます。

さて「お酒は20歳になってから」と法律で定められています。この20歳というのは理由があります。大人がお酒を独り占めしようとしていっているのではないのです。若いうちほど脳細胞はアルコールの害を受けやすいので、精神機能、運動機能が損なわれて、思考力や判断力が鈍るからです。脳は人として生きるために一番大事な器官です。大切にして下さい。

(3)タバコ——禁断症状が出てやめられなくなる!

タバコでも急性中毒はありますが、圧倒的に多いのは慢性中毒です。初めて吸うと心臓がドキドキして気分が悪くなります。これが急性中毒というわけですが、薬物やお酒ほどひどくないので、じきに慣れてニコチンによる慢性中毒になり、止められなくなってしまいます。

タバコを吸っているからといって、薬物やお酒ほど周囲に迷惑をかけるわけではないし、自分の体なのだから、気分よく勝手に吸ってもいいじゃないか、と愛煙家はいいます。しかし、医学の進歩とともにタバコの害が詳細にわかってくると、人生を健康に生きるためにはタバコは薬物の次に近づかない方がよいくらいの悪者なのです。

タバコの害は、よくいわれている肺がんの原因だけではありません。タバコからは発がん物質が200種以上見つかっているので、喉頭がん、食道がん、胃がん、膀胱がんから始まって、あらゆるがんの原因になります。世界中で一斉に禁煙したら、がんの1/3は減るといわれています。

喉頭がんとは、声を出す喉頭の部分にがんができるもので、ヘビースモーカーがしわがれ声になったら、すぐ耳鼻咽喉科で喉頭を診てもらわなくてはなりません。手遅れになると、声帯を切除されて、一生声が出せなくなります。今まで喉頭がんにかかるのは男性がほとんどでしたが、それは女性の喫煙率が低かったからです。

肺がんは、がんになりやすい遺伝子を持っている人がかかりやすいのです。その遺伝子を持っている人がタバコを吸うと、持ってない人が吸うより15倍肺がんになりやすいということです。

たとえ遺伝的な要素がなく肺がんにならなくても、吸い続けていると肺胞が壊れて肺気腫になります。肺は弾力性を失い、息ができなくなって酸素ボンベを手放せなくなってしまう病気です。「医者は肺がん、肺がんと脅かしたが、こんな苦しい思いをする肺気腫のことは誰も教えてくれなかった」と医者を恨んだヘビースモーカーがいましたが、逆恨みですね。

タバコに含まれる一酸化炭素（CO）の害もバカになりません。一酸化炭素は赤血球に含まれるヘモグロビンと結合して、酸素（O_2）の運搬を妨げます。一酸化炭素は酸素より２５０倍もヘモグロビンに結合する力が強いので、脳や筋肉は酸素不足になります。０・０１秒を競うような運動選手は、タバコを吸っていたら絶対に上位へは行けません。

脳も酸素不足なのでよい考えは浮びません。タバコを吸うと頭がすっきりすると愛煙家はいいますが、これはニコチンの禁断症状がとれて、スーッとよい気持ちになるのであって、頭がよく回ると思うのは思いちがいにすぎません。タバコを吸ってから細かい計算をさせると、ミスが多くなるのは実証済みです。

また、ニコチンは心臓毒でもあるので、不整脈になったり血管の動脈硬化を起こして心筋梗塞になりやすくなります。救急で担ぎ込まれる急性心筋梗塞の８割はヘビースモーカーだそうです。

タバコに含まれているニコチンには習慣性があって、喫煙6時間後、血液中のニコチン濃度が下がると軽い禁断症状が出てイライラしてくるので、ニコチンを補給するために吸うことを繰り返します。ただし、薬物ほど強い習慣性はなく、止めようと決心すれば止められないわけではありません。たとえば、スウェーデンで開発されたニコチンガム（ニコレット）は、禁煙の潜水艦内で、普段喫煙している乗組員のために開発された禁煙補助食品です。

後で苦しんで禁煙するより、最初から吸わない方がよいに決まっています。始めるキッカケは様々ですが、吸い始める人はかなりの欲求不満が根底にあると、私は考えています。

友達や先輩から勧められてつい吸ってしまうのは、仲間に入れてもらえなくなることを恐れるからで、1人でも平気だと思っている強い人や、打ち込むものを持っている人は断ることができます。

タバコを吸うことによって大人になったつもりになる等、欲求不満のはけ口として吸い始めるのでしょうが、そのうち、ニコチンに取り込まれて抜けられなくなってしまいます。

女性は「私はダイエットのために吸うのよ」というかもしれません。たしかに味覚が悪くなるので食欲が減って、少しは食べる量を減らせるかもしれません。しかし長年吸い続けると、一酸化炭素によって皮膚が酸素不足になるので、お肌はカサ

タバコの害（タバコ病）で起こりやすい病気

呼吸器系	肺がん、慢性気管支炎、肺気腫
循環器系	心筋梗塞、不整脈
消化器系	胃潰瘍、十二指腸潰瘍
生殖器系	流産、死産、新生児死亡
悪性腫瘍（がん）	肺がん、舌がん、喉頭がん、食道がん、すい臓がん、膀胱がん …… など

カサになって老化が早まります。20代では耐えられますが、40歳を過ぎたら肌はうす黒く、痩せていればシワが目立って乾燥した肌になってしまいます。タバコを吸っている人がいたらそっと観察してみて下さい。ダイエットは、いつまでも若く美しくハツラツと魅力的であるためにやるべきものです。別の方法で痩せて下さい。

「タバコはダメだよ」と教える教師も絶対禁煙です。

(4)自殺──二度とやり直しのきかない問題行動

自殺は、青年期にひとつの山があり、老年期で急増しています。老人の自殺は、病苦や介護の疲れから命を絶つことがほとんどです。２０００年前後からは倒産やリストラで職を失った人など追いつめられて自殺する人が増加しました。

若い時は感受性が強く、死んでしまいたいと考えたことのある人はかなりいると思います。でも、誰かに話していると「死にたい」という気持ちが薄らいでいきます。「死にたい！」と友達がいったらどんなに疲れていたり忙しかったりしても「明日ネ」とはいわずに聞いてやって下さい。ほとんどの自殺には予告があるそうです。後で考えるとあれが予告だったのかと思いあたるそうです。なにげない電話の応対で1人の命が救われるかもしれません。自殺を思い留まった人は、一様に「あの時、死ななくてよかった」といいます。

しかし、話す相手がいない時もあります。そんな人たちを少しでも救おうと「いのちの電話」「ヤングテレホン」等があり、ボランティアが24時間体制で電話を受けています。ところがこのボランティアは、とても辛いといいます。「ウンわかった。死なないよ」と電話を切っても、匿名なのでその後どうなったか確かめることもできず、ずっと心配していなくてはならないからです。お礼の電話をかけてくる人は少ないそうです。

どんな問題行動でも、なんとかやり直すことができないではありませんが、死んでしまっては絶対にやり直しができません。死にたいと思ったら誰かに話してみること。話された人は、あれこれアドバイスするよりじっと聞いてあげることです。人は口に出すと悩みは1/10くらいに軽くなることが多いのです。

▼励ましてはいけないうつ病

心の悩みから「死にたい」といっている時は励ましていいのですが、相手がうつ病だったら、原則的には励ましてはいけません。「頑張って!」とついいってしまいがちですが、うつ病の人は落ち込んでいるので「皆が頑張れというのは私がだらしないことがわかっているからなのだ。皆の声援にも応えられない私はダメな人間だ。やっぱり死ぬしかない」と自殺につながります。

近年は、励ました方がよい新しいタイプのうつ病「新型うつ」「5時までうつ」も登場していますが……。

躁うつ病(双極性障がい)

躁うつ病は、優性遺伝といわれていますが、精神科で扱う病気です。

躁期とうつ期を繰り返すタイプとうつ期が大きく出るタイプ等、いろいろです。

躁の時期は気分がハイの状態で、何でも積極的に動き、とても元気です。これなら誰でも躁になりたくなりますが、やはり病気なので困ることも出てきます。気が大きくなって、お金のことなど考えずにどんどん買物はするし、人のことなど考えずに自分勝手に行動して周囲の人がとても迷惑します。

数ヶ月から数年経つと、今度はうつの時期に入り、家に閉じこもって何もしないで死ぬことばかり考えるのです。家族は目が離せなくて大変です。

内科の診療所にも時々、躁うつ病の患者さんがやって来ます。長い間軽いうつ病だった女性が、インフルエンザの高熱が続いた後、急に躁病になってしまいました。50代でまっ赤な洋服を着て、世話になっているからと大きな胡蝶蘭の鉢を持ってきました。その人は女手ひとつで3人の子供を育て、子供達は就職したもののお金の余裕なく生活しているのを私は知っていましたから、そんな無駄遣いをするなといいたかったのですが、そんなことをいったら大変です。「私の好意が受けられないの!?」と大剣幕になってしまうからです。子供たちから話を聞くと、マンションを買う契約をしてしまったり、子供たちの会社に菓子折りを配ったり、夜遅く知人に電話をして食事につき合わせたりと大騒動になっていました。

サラリーマンの奥さんでも、1ヶ月の給料を1日で使ってしまったりするので家族は振り回されてしまいます。

ところが、うつになると、沈み込んで何でも自分が悪いと思い込んでしまうのです。自分を責めに責めるので死にたくなってしまいます。この時、励ますと大変です。しかしこの〝励まさない〟というのはなかなか難しいことです。

ある医学の雑誌に一時期『苦いカルテ』という文章が連載されていました。どんな立派な医者でも、一生のうちにひとつやふたつの痛恨の失敗があるものです。ある精神科の医師がうつ病の患者さんを診ていました。いつもは静かに患者さんの訴えを聞くのですが、その日は学会等で忙しく、とても疲れていたので30分もあーでもない、こーでもないという患者さんの訴えに、つい「もう少し頑張ってみたらどうですか」といってしまったのです。患者さんはうつむいて「そうですか」といって診察室を出て、そのまま病院の屋上へのぼり、飛び降り自殺をしてしまったそうです。その医師は年をとるまで、そのことがいつも頭から離れなかったと書いてありました。

もし誰かが「死にたい」と電話をかけてきたとしても、その人がうつ気味なのかどうか普通はわかりません。そういう時は、やたら励まさず、話を聞いて相槌を打ってあげるのがよいでしょう。

躁うつ傾向は誰にでも多少はあるものです。大きくブレてしまうと病気ということになります。先進国ほどうつ病は増加傾向にあり日本でもとても増えてきました。うつには画期的な薬も登場しました。早期にきちんと対応するとこじれないで済みますので、精神科の専門医に診てもらって下さい。

不登校の処方箋を教えてほしい

日本では登校拒否が著しく増えていて、この増え方は世界で類例を見ないほどだそうです。これを問題行動に入れるべきかどうか、意見もあることと思いますが、ずる休みや落ちこぼれより、まじめな子ほど偏差値中心の教育や受験地獄による弊害に圧しつぶされているといわれていますので、登校拒否より不登校という名称が使われるようになりました。

不登校になると親もとても苦しみますが、子供もとても苦しんでいます。１９８０年代中頃は、不登校の生徒は稀だったので、私の教えていた高校でも、担任も私も保健師も扱い方がよくわからず、登校させようとしていました。

しかし、これは体の病気と同じで、一時期静かに休ませる方がよいそうです。かぜで熱がある子を寝かせずに過激な運動をさせると肺炎になってしまうように、無理に学校へ行かせると長引いてしまうのです。「学校へ行きなさい」といわず、勉強も無理強いしないことといわれていますが、急に「学校へ行かない」といわれて焦らない親はいません。でも部屋に閉じこもったら、食事と洗濯の世話だけと決めて、食事も無理に食べさせない方が早くよくなるそうです。

不登校の時期を3つに分けている人がいます。第一期は心気症の時期。学校へ行こうとすると頭が痛くなったりお腹が痛くなったりします。この時期に早く治療するとよいそうですが、時期を逸してしまう場合も多いでしょう。第二期は攻撃的な時期。暴力をふるいます。第三期は自閉的になる時期。半年くらいすると、自分から学校へ行くといい出すといいますが、そううまくいく場合ばかりでもなく、長い間家族が悩み苦しみます。

根底には欲求不満があり、性格の強い子は不登校という手段をとり、弱い子は拒食症（摂食障がい）という手段をとって自分をいじめるのだと、慶應病院小児科の渡辺久子先生（当時）は、いっていました。社会の荒波から帰った子供は家庭という港でゆっくり休ませるべきなのに、勉強だ、塾だと追いたてて、家庭が憩いの場になっていないと歪みがたまってくるのは当然ともいえます。たとえ勉強が忙しくても家庭の雰囲気がなごやかなら、子供は乗り越えることもできるでしょう。

不登校から引きこもりになる場合もあり、２０２１年に日本では引きこもりが１００万人を超え、社会問題としてとらえる動きが出てきました。

不登校の中には、精神障がい型、つまり統合失調症の初期も時々紛れ込んでいます。その場合は早く治療を受けるほど治りやすいですから、親はかかえ込まずに誰かに相談してほしいと思います。

飽食の時代の拒食症（摂食障がい）

戦後の食糧難の時期には、拒食症などという言葉は全く聞かれませんでした。しかし、あることはあったそうです。「お姫様の病気」といわれて、裕福な家のお嬢様がかかったといわれます。

今、食べ物が溢れている時代に拒食するとは、普通では考えられないことですが、拒食症はとても増えています。私の教えていた高校でも昔は稀でしたが、だんだん増えてきて、対応に困って拒食症専門の鈴木裕也先生に保護者会で講演してもらい、保護者と教師が一緒に勉強したことがありました。

ちょっと太り気味の子が「デブ！」とからかわれたのがきっかけになったりして、ダイエットを始めるのですが、いくら痩せても止まらなくなってしまうのです。頭の中には骸骨に皮を被った状態が理想という概念ができているので、周囲がどんなに「もう充分、スマートだ」といっても聞き入れません。

教室で座っているとわかりませんが、顔色はまっ白です。廊下を歩いている姿を後ろから見ると、棒のような細い足に愕然としてしまいます。本人は拒食症を隠すように非常に活発に動きます。食べても後で吐いて家族も気付かないうちに死んだ例もありました。痩せてきた時期に家族はやっきになって入院させようとしますが、本人が納得した上で入院しないと、点滴のチューブを引き抜いてしまって治療はできません。

子供の時、親の愛情に対する欲求不満がある場合は、「育て直し」といって、お母さんが高校生や大学生の娘を抱いて寝てやり、お風呂も一緒に入って買物も手を繋いでと、子供のように扱います。母親は自分より大きい娘を抱いてやるのに躊躇しますが、娘は「気持ちがいい」というそうです。静岡の先生が試みて、2ヶ月か3ヶ月すると、「お母さんもういいよ」といって拒食症から抜け出す、という報告がありました。

拒食症の子は、本人もとても苦しんでいますが、誰かにいってしまうとふっ切れることがあります。拒食、過食を繰り返して、保健室に出入りしていた生徒がいました。家庭にも問題のあった子でしたが、いろいろ話をするうちに「本当は拒食症だった。自分で認めたくなかった」と私に抱きついて大泣きしました。でもそれから落ち着いたようで無事卒業したのです。数年後に出会った時、結婚して子供ができたと報告してくれたので、もう大丈夫と安堵しました。

逆に、過食症の場合もあり、拒食症、過食症を合わせて、摂食障がいともいいます。

家出、非行は精神的に未熟なことが多い

家出をしてしまいたいと一度も考えずに大人になる人は少ないといわれるくらいですが、ほとんどの子供は「家出をしても生活できないし、もう少し親の小言も我慢するか」と思い留まるのです。ところが、先のことを考えずに、電車賃だけ持って家を飛び出してしまう子供が増えてきました。警察に補導されればよいのですが、非行グループに入って犯罪の手先に使われる危険が大きく、問題です。

非行とは、未成年者による反社会的行動をいいます。成人だったら犯罪と呼ばれる殺人、強盗、放火、傷害、窃盗等々。飲酒、喫煙、シンナー、覚醒剤使用なども、広い意味で非行に入ります。

精神的未熟さから罪の意識が希薄で、その社会的影響を考えずにやってしまうことも多いので、重い罰を与えずに立ち直りを期待するのですが、最近はあまりにも残虐な事件に少年少女が加担していて、少年法が改正されました。

―問題行動に社会はどう対処したらよいか―

子供が幸せを感じられる家庭を作ろう

問題行動が目立ってきて学校や教師の責任が問われていますが、原因はそれだけではないと思います。私も15年間、高校で生徒と関わってきましたが、保健室や教室で生徒と話していると、家庭的に幸せとはいえず愛情に飢えている子が何人もいて、育て直してやりたいと思ったことも一度や二度ではありませんでした。離婚した親、両親が揃っていても心が通い合わない親、子供の気持ちがつかめない親等。

実の親と子供でも気が合わなくて、しっくりいかないことだってあります。放任が度を越したり、過干渉だったりすることも子供にはよくありません。しかし昔は、そこに祖父母や親戚、隣近所が関わってきて、そんな環境も和らげていったと思います。ところが今は、親も孤独で逃げ場がなく、どうしてよいかわからないことが多いのです。昔はよかったといっても始まらないので、子供が小さい時から社会が子育てを支援するシステムを強化することが必要だと思います。お母さん同士が悩みを打ち明けあったり、子育ての先輩や専門家に気軽に相談できる機関がたくさんあったりすれば、お母さんの気持ちがずっと楽になるはずです。お母さんが心からの笑顔を子供に向けてやることが多くなれば、問題はずいぶんと少なくなるのではないでしょうか。親子の遊べる場を提供している地域も出てきました。もっと輪が広がってほしいです。

教師は逃げてはいけない

教師の役割は、腰をすえて子供を受け止めてやることです。熱心な教師はたくさんいますが、逃げ腰の人も多いのではないかと感じます。生徒は逃げ腰の教師には近寄りません。

亡くなった臨床心理学者の河合隼雄氏が生前内科学会で講演した時、「少年がやってきて『オヤジなんか死んでしまえ！』というのを『ウン』といって受け止めてやらなくてはいけない」といっていました。「しかし、お父さんもいいところあるデ」などというと、スーッと離れてしまいもう何もいわないそうです。「ウン」と受け止めるのも気合がいるのですが、じっと待っていると、そのうち「それでもオヤジに食わせてもらっているから、死んでも困るか！」と変わっていくそうです。

生徒たちは本当に体を張って受け止めてくれる教師を心の奥で強く求めています。そういう精神的強さと情熱のある人たちに、教師という職についてほしいのですが、それには銀行や商社勤務より、教師の方が高い収入が得られるようにしてあげなくてはいけません。将来の日本を担う若者を育てるのに、そのくらいの投資は高すぎることはないと私は思うのですが、どうでしょうか。

心と体の関係――ストレスへの対処

ストレス――みんなが毎日使うストレスという言葉

「ストレスで胃がおかしくなりそう」とか「上司がストレスだ」など、毎日「ストレス」という言葉をどこかで聞いていています。ストレスとは何でしょうか。

ストレスは本来物理学の用語で、歪みのことをいいます。ゴムまりを棒のような物で押した時、ボールがつぶれた状態になる、この歪んだ状態をストレス状態といい、加わる棒の圧力をストレッサーと呼びます。

カナダ、モントリオール大学の生理学者ハンス・セリエ博士は、１９３６年、動物は刺激の種類に関係なく刺激が加わってから平衡状態を保つまでに一連の反応をするという短い論文に、「ストレス学説」という名前を付けました。この名前が世界中の人々に気に入られて、今に至るまで愛用されています。名前というのは重要なキーポイントです。現在、日本では、加わるストレッサーもストレス状態も、どちらも「ストレス」といっています。

ストレッサー、つまり加わる刺激は、精神的なものばかりではありません。ものすごい暑さや寒さが続いても体にとってストレスになります。病気や怪我もそうです。しかし、何といっても精神的ストレスは、現代社会ではとても多くなっていて、被害に遭っている人は少なくありません。

ストレスは物理学の用語だった！

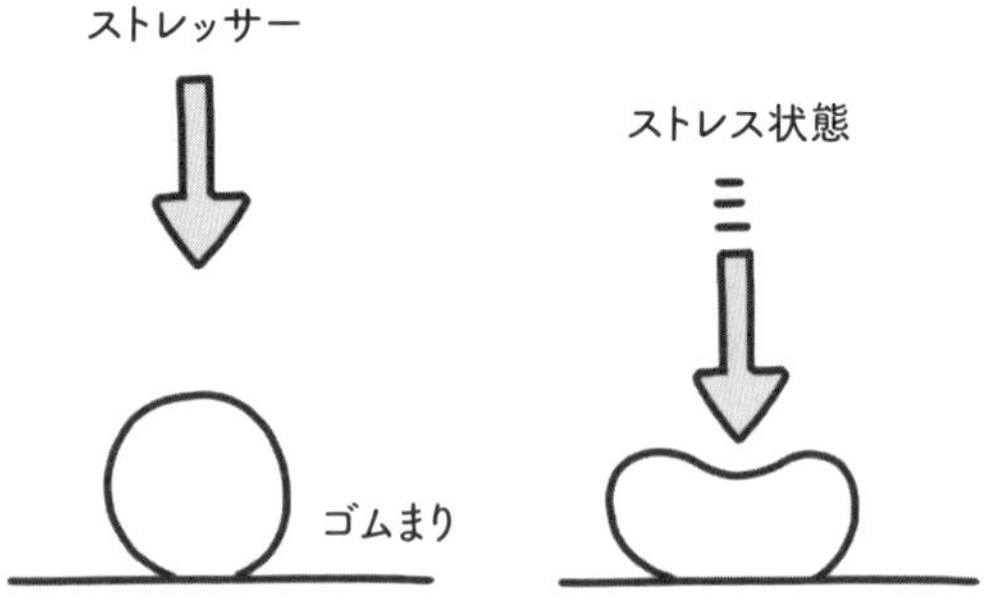

ストレッサー（ストレスの要因）

① 物理的因子：寒冷、暑熱、騒音など
② 化学的因子：薬物、栄養過剰、栄養不足など
③ 生物学的因子：細菌感染、外傷、手術、出血など
④ 精神的因子：不安、緊張など

ストレスで起こる体の反応

ストレスを感じるとホルモン系がアンバランスになり、免疫系もおかしくなっていろいろな病気が起こってきます。この領域は、今まで医学の世界で手つかずの状態でしたが、徐々に解明され始めてきました。がんを患っている人が、落語を聞いて大笑いしているとがんの進行を遅らせることがあります。楽しいと免疫系のキラーT細胞が増えて、がん細胞と戦うからだとわかってきましたが、その逆も然りで、落ち込んでいると早く症状が悪化します。

ストレスが加わると、体はどのような反応をするか見ていきましょう。

ハンス・セリエの全身適応症候群

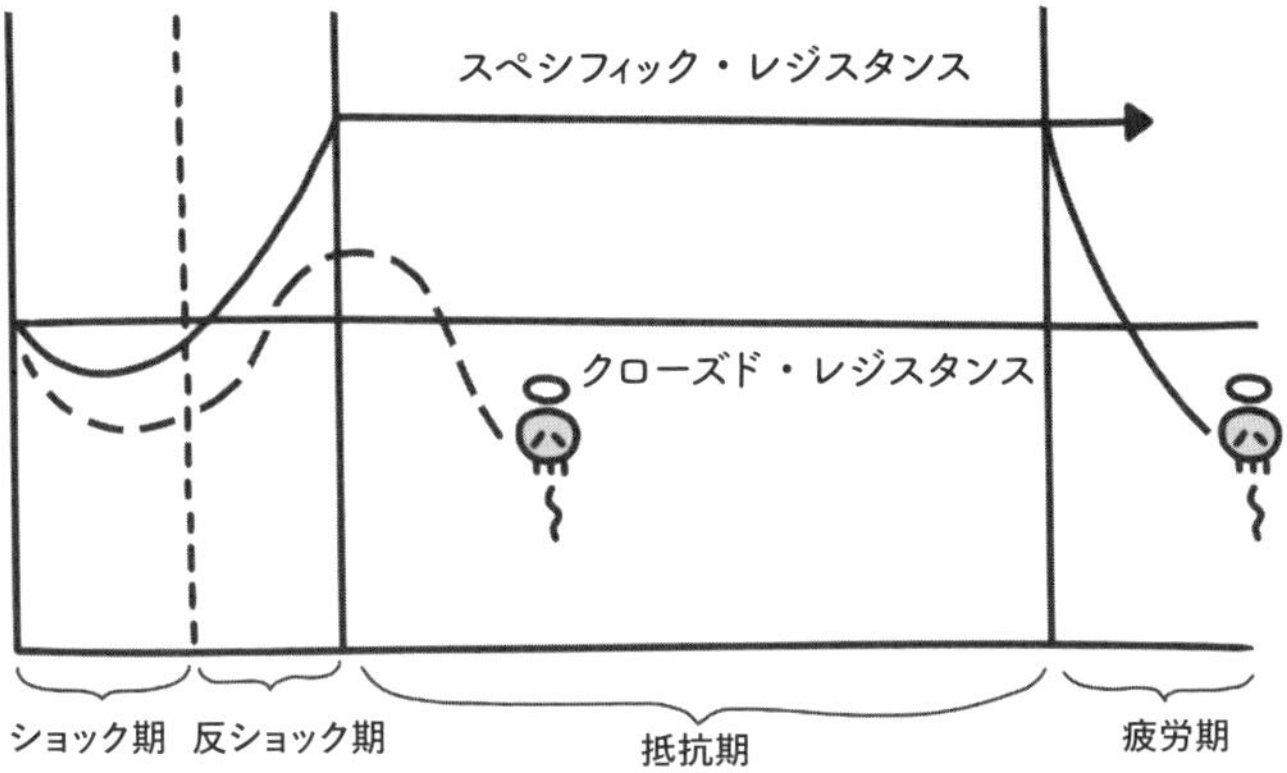

慢性ストレス時における生体抵抗性の経時的変化を示したグラフ。自律神経系、内分泌系、免疫系の反応によって、体が適応しようとする様子がうかがえる。

(1) 警告反応期

初めてストレッサーが加わると、体は何の準備もしていないため、受身の状態になります。上のグラフで見るとショック期にあたります。ショックによる心悸亢進で心臓がドキドキしたり血圧低下などが起こります。そのままではまいってしまうので、交感神経が緊張して副腎からアドレナリンが分泌され、脳の視床下部を刺激すると下垂体前葉を刺激するホルモンが出て、前葉からのホルモンで副腎皮質が反応して副腎皮質ホルモン（グルココルチコイド）が出るという一連の動きが起こります。副腎皮質ホルモンは、体の受身の状態を立て直します。そして体は反ショック期に入り、リンパ系が活性化されて、抗体産生が活発になり、体を守るのです。ストレスに対抗する状態になります。

(2) 抵抗期

警告反応期に耐え抜くと、ストレス状態に順応して日常生活をつつがなく送れるようになり、本人もストレスをあまり意識しなくなります。これをスペシフィック・レジスタンスといいます。しかしこれはひとつのストレスに対してであって、他のストレスも加わるとそれには弱くなります。適応エネルギーが同じプールから出ているためです。

あまりにストレスが強かったり、受ける側の状態が悪かったりすると、抵抗できずに死んでしまうことがあり、この曲線は、クローズド・レジスタンスといわれます。

⑶ 疲労期

あまりに抵抗期が長くストレスも強いと、抵抗のエネルギーにも限度があって、ついには死に至ることとなります。

ある程度のストレスはあった方が、人は緊張して生活に張りが出ますが、ストレスが強すぎたり、多かったりすると病気になります。

医者にかかる半数はストレス病(心身症)

ストレスが体に投影されて身体的に病気が起こるのを心身症といいます。ストレスが引き金になるのですが、病気の中にはこれがかなり多く、病院や診療所を訪れる患者の半数近くは心身症であるといわれています。ストレスを感じると胃が痛くなる、喘息もちの人は夜発作が起こる等、よく聞く話ですね。

頭髪の毛が円形にハゲる円形脱毛症は、特徴的な心身症といわれています。根本は免疫異常ではないかと考えられていますが、ストレスによるホルモン異常が強く影響していると考えられています。

ある日、私の診療所の近くの大きな会社の社員が円形脱毛症で診療所にやって来ました。円形脱毛症は毛髪が全部抜けるわけではないので、後ろの方だと本人は気付かず、床屋さんにいわれて知ることが多いのです。

治療としては、そこにドライアイスをつけて刺激したり、副腎皮質ホルモン入りの軟膏をつけてマッサージしたり、精神安定剤を飲んだりします。その人は脱毛部位があまり大きくなかったので、軟膏を出して様子を見ていました。少したって小さくなってきたので、これは治療が功を奏したかと喜んでいると、また別の場所にドッと大きくできます。

何年もそのようなことを繰り返すので、よくよく話を聞いてみると、バレー部のコーチをしていて、そのチームが二軍に落ちると大きくなり、一軍に上がると小さくなるようでした。もう治療を止めることにしましたが、数年後にコーチを辞めたら全くできなくなり、来院しても、風邪や下痢といった軽い病気ばかりです。

現代社会は日常生活がストレッサーのるつぼといわれるほどです。受験、進学、就職、昇進などの激烈な過当

よくみられる心身症

① 呼吸器系
気管支炎、喘息、過換気症候群（過呼吸症候群）
② 循環器系
本態性高血圧症、狭心症、心筋梗塞、一部の不整脈
③ 消化器系
消化性潰瘍、過敏性腸症候群、慢性胃炎、慢性すい炎、潰瘍性大腸炎、慢性肝炎、呑気症、神経性腹部緊満症、開腹術後障がい
④ 内分泌・代謝系
糖尿病、肥満、甲状腺機能亢進症、痛風
⑤ 神経・筋肉系
緊張性頭痛、片頭痛、自律神経失調症、書痙、斜頸、慢性関節リウマチ
⑥ その他
更年期障がい、慢性じんましん、メニエール症候群、勃起障がい、円形脱毛症など

（筒井末春　日本医師会雑誌　第124巻第11号　2000年より）

競争、通勤・通学ラッシュもストレスになります。住宅難、交通渋滞だってストレスです。学校や職場の人間関係、家庭の人間関係がストレスになる人もたくさんいます。コンピューターテクノロジーに適応できないことによるストレスもあり、アメリカの臨床心理学者ブロードは１９８４年、それを「テクノストレス」と名づけました。

しかし、病気になると人生は楽しくありません。何とか自分でもストレスをためないように上手に生きる必要があります。

ストレス病の発生条件

同じストレッサーが加わっても、すべての人が同じように反応するとは限りません。個人差があるので、それを知っておくことは重要なことです。ストレスが来るかと身構えているのと無防備なのとでは、ショック期の落ち込み方も違います。

▼個体側の要因

ストレスがかかりやすい人はいます。個体側の要因を挙げると、汗をかきやすい、緊張しやすい、胃が悪くなりやすい等は、ストレスに反応しやすいということでしょう。

そうでない人でもその時の条件によって、ストレスが発生することがあります。たとえば非常に疲れている時。普段は何げなく聞いている言葉も、疲れていると胸にグサッとつき刺さり、涙が出てしまうことは経験したことがあると思います。

さらに年をとるとストレスに弱くなります。日本は超高齢社会になってお年寄りが増えましたが、若い人が何げなくいった言葉がお年寄りを傷つけていることがあるかもしれません。病気があったりするとなおさらです。ほかの病気で身体の一部に異常がある時なども、ストレスが出やすくなります。またストレッサーの条件にも関係します。あまりに強いストレッサーでは誰でもまいってしまいますが、ストレスが加わる期間の長短や数も影響します。

ひとつ例を挙げましょう。若い時からたたき上げで会社を作り、年をとるまでよく働いている社長がいると思って下さい。精神的にはとても強くて、胃など悪くならない人です。ところがある時、転んで足の骨を折ってしまいました。それでもギプスを着けて毎日会社へ出ていたのに取引先が倒産して、そのあおりで、社長の会社も連鎖倒産してしまいました。一生懸命耐えていたのに、ガックリしてしまった上に、奥さんまで病気になって入院しました。さすがの強い社長も立ち直れなくなってしまったという具合です。

ストレスを上手にかわして楽しい人生を――ストレス病の予防

現代社会はストレスがいっぱいです。社会生活を送るためにはストレスを避けて通ることはできません。もうイヤだから山奥へ行こうと考えるかもしれませんが、そこでも好きな物が手に入りにくいストレス、教育や文化の恩恵を受けられないストレス等々、どこも満足のいく所はありません。それだったら、なるべく自己実現できる場所を選んで、そこでのストレスを上手にかわす方がよいかもしれません。以下に4つの予防法をご紹介します。

(1)まず休養！

疲れているとストレスは体に強く働くので、自分のペースで休みをとり、適当な休養をとること。会社と心中するのかと思うくらい、土日も休まず働く人もいますが、究極は過労死となりますので人生を長い目で見てほしいものです。食事、睡眠を規則的にとるのはもちろんのことです。

(2)好きな趣味でストレス解消！

ストレスがたまったな、と思ったら、好きなことをやって、積極的にストレスを解消しましょう。映画を見たら、クヨクヨ考えていたことがバカらしく思えてきたとか、思ったより効果があるものです。それは音楽であっても、旅行や読書、スポーツであってもいいのです。スポーツは自分に合ったものを、長続きさせるとよいでしょう。

(3)よい方に考えるプラス思考

嫌だなーと思ってやるとドッと疲れるのに、好きなことは全く疲れないということもよく経験することです。先生や親から言われたことは嫌だけど、自分からやり出したことはストレスにならないといわれますが、人生すべて自分の好きなことだけやっているわけにもいきません。そういう時は、気持ちの持ちようを変えて、これをやり遂げれば10倍も実力がつくぞなどと思うようにします。「何でもいらっしゃい」という態度は心身症を遠ざけるし、周囲に対してもよい印象を与えて、人生が明るくなるでしょう。「プラス思考」という言葉がありますが、後ろ向きでなく前向きに考えて幸せな人生をゲットしてほしいものです。

⑷困った時は専門家に

いろいろやっても不調な時は、医師、精神科医、カウンセラーなど、専門家に相談して下さい。口に出してしまうと悩みはずっと軽くなります。

欲求不満とストレスは同じようにみえますが、ストレスは自分で欲求をもっていなくても向こうから来てしまうので、上手に対処して下さい。欲求不満が長く続いてもストレスになって体に影響を及ぼします。

たとえば、高校生の頃は将来がはっきり定まらない時期なので、精神的にとても不安定です。自分にしっかり自信をもっている人など数えるほどだと思います。人生のゴールは年をとって死ぬ時。その時に、自分で納得した生き方ができたと思えれば、一番幸せだと思います。いろいろなストレスもそれを乗り越える人生というドラマの色付けだと考えると受け止め方も違ってくるでしょう。

教師が集まり情報共有して、問題を抱えた生徒に適切な対応を取るのにはどうしたらいいかを相談しました。学校の配慮でカウンセラーも週１回来てくれることになりました。

これらの取り組みは自然と生徒たちにも伝わったようで、隠さず相談に来ることが多くなったのは確かです。自分のことだけでなく友達が変だよと相談に来て、それとなく対応できたこともありました。

私は2000年に女子高を離れましたが、このしくみは2022年の今でも続いていて、カウンセラーの来校は週２回になったそうですから、精神的な悩みは増加しているのでしょう。

慶應のように総力を挙げて取り組める学校は少ないと思いますが、どこの学校にも校医はいるので（医師会から配属された開業医も多いですが）、教員、看護師、校医での連携はできると思います。子供たちを絶対救うという熱意があれば子供にも伝わるので、子供たちの周りの大人は少しのサインも見落とさないように子供たちに向き合ってほしいと思います。子供たちは何よりの宝なのですから。

COLUMN ⑥

女子高の保健室

慶應義塾には小学校が2校、中学校が3校、高等学校が5校、大学は10学部と大学院があります。

児童、生徒、学生の総数は、4万1600名、教職員の総数は、6200名の大所帯です。これらの健康管理をするために保健管理センターがあります。医師は16名。内科、小児科、精神科です。

女子高の保健室にも、毎日保健管理センターの医師が回ってきます。看護師もいて病気や怪我の対応に当たっています。しかし女子高生の体は元気いっぱい！　インフルエンザの学級閉鎖もないくらいです。せいぜい生理痛で寝に来る生徒か、少しの怪我くらい。

でも思春期真っただ中なので悩み事はいっぱいあり、相談に来ます。優しい看護師はずーっと話を聞いています。少しの悩みなら話して元気を取り戻して帰っていきますが、突然不登校になったりすると対応は大変です。熱心な担任は毎週家庭訪問して、仲のよかった友達は一緒に学校に行こうと家まで迎えに行きました。私も保健管理センターの医師も内科なのでわからなかったのですが、調べてみたらこれらは絶対してはいけないことで、家族も食事だけ用意して半年くらいそっと静かに見守る方がいいとわかりました。

このことから専門の精神科の医師の意見を聞いて適切な対応を取る必要があると切実に思いました。1ヶ月に1回は精神科の医師に来てもらいどう対応するべきか意見を聞くことになりました。私が提案して保健室連絡会議も作ってもらいました。学期ごとに年3回、校長、主事、生徒係教員、事務長、看護師、校医、保健担当教師、体育担当

MEMO

第9章

環境問題

高校3年生の最後の学期は、環境問題です。人は自分の健康にのみ注意していても、周りの環境が劣悪だったら到底元気に生きることはできません。そのため保健の教科書でも、環境問題には沢山のページが割かれています。

私は授業で基本的なことを教え、生徒たちにはレポートも課しました。物事を真剣に考えるのは自分で調べて取り組むのが一番だからです。２００字詰め原稿用紙20枚以上40枚以下、テーマは大気汚染、水質汚染、土壌汚染、食品公害、放射能汚染、複合汚染、地球汚染の中から、自由に選ばせました。最後の成績はテスト50点、レポート50点です。

慶應女子高は3年生の成績と実力テストの成績によって、慶應義塾大学進学の学部が決まります。保健は必修科目ですから生徒は必死です。そして私も無責任な点は付けられませんから生徒に負けないくらい必死で勉強しました。採点は約４ヶ月かけて、診療の傍ら丁寧に読みました。２００人分です。

授業では前述したレポートにあげた内容の基本的知識を教えています。１９９０年代と２０２０年代では環境破壊の状況が大きく変わりましたので本書では授業内容に加え、これからの危機に対しても付け加えました。読者にもお考えいただければと思います。

日本の苦い歴史

戦後、日本は廃墟から立ち上がり、がむしゃらに復興へと突き進みました。経済を発展させるため

私の授業で、実際に生徒に配布した
レポートの書き方を公開しましょう。

保健環境問題レポートの書き方

1. 次のテーマの中から興味のあるものを1つ選んでレポートすること。

大気汚染　食品公害　地球汚染　水質汚染
放射能汚染　土壌汚染　複合汚染

2. 構成

序論 ―― テーマを取り上げた理由、レポートの進め方
本論 ―― 研究または実態調査
すべて自分なりの文章で書き、文献から引用した場合は
必ずどこから引用したか記載すること。
考察 ―― 本論に対する自分なりの考え。
なるべく地球規模で考えること。
結語 ―― 結論が出る場合はそれを述べる。
出ない場合は未来に対する提案を述べる。
序論を受ける。
参考文献 ― 著者名、本または雑誌名、出版社名、発行年度（西暦）の
順に書くこと。 引用した順に番号を付ける。

3. 書き方　文末に――です。と――である。を混用しないこと。
（レポートは普通――である。を使う）
資料は手書きとし、本論の説明の横に書くこと。
ペンまたはボールペン書き。ワープロもOK。（※当時はコンピューターがなかった）

4. 枚数　横書き原稿用紙200字詰め（地下売店のものを使用）20枚以上40枚以下
資料、参考文献も含め40枚を超過しないこと。
横で綴じること。（糸またはホッチキス）

5. 参考文献　3冊以上。
なるべく発行年度の新しいほうが望ましいが、歴史的事実を知る場合はこの限りではない。女子高図書室の関連図書は配布のリスト参照。町の図書館または公的機関も利用すること。公的機関に話を聞きに行った場合は理由を説明し、あとでお礼状を出すこと。三田大学図書館にはあまりないが、利用する場合は行動に注意し、くれぐれも大学生の邪魔をしないようにすること。

6. 締め切り　9月10日（火）　午後4時　保健室　菅沼（締め切り厳守）

7. 成績　後期50点分
構成・内容・考察が重要。説得力のある文章を作る努力をすること。

…… 授業では6月より環境問題に入る。時間のある人は文献を読んでおくこと。

に大気、河川、土壌などの汚染は二の次でした。今、中国の大気汚染が凄いと報道されていますが、東京も毎日かすんで空が曇って見えたものでした。

水質も悪くなり河川は魚もすめないくらい汚く、海は窒素やリンのために富栄養化してプランクトンが大量発生し、海が赤くなり赤潮と呼ばれました。あまりに多くのプランクトンのために酸素不足で魚が大量死したので、漁師たちは赤潮を恐れました。

水俣病、イタイイタイ病、新潟水俣病、四日市ぜんそくは四大公害病といわれ、長い間人々を苦しめました。

水俣病

水俣湾周辺に原因不明の神経疾患が多発しましたが、長らく原因がわかりませんでした。その後チッソ株式会社が有機水銀を垂れ流し、それが海に流れ出て魚や貝から人に移行したことがわかりました。

1956年、初めて水俣病患者が認定されました。それは5歳11ヶ月の女の子でした。具合の悪い孫のために、漁師のおじいさんは孫の好きな貝を採って来ては元気になるようにと食べさせたのでした。きれいな澄んだ海に恐ろしい毒が隠れているなどとは誰も思わなかったのです。水俣病は令和の時代まで賠償問題を引きずりました。

イタイイタイ病

1910年から1970年前半まで富山県神通川流域で起こった奇病。骨が折れて「痛い、痛い」というのでこの名前が付きました。命名したのは土地の開業医でした。

その後、三井金属鉱業神岡工業所から排出されたカドミウムが、飲み水や、田んぼから米に移行して体内に入り、腎臓を侵しカルシウムの代謝も障がいされて骨折が多発したことがわかりました。

新潟水俣病

１９６４年から新潟県阿賀野川流域で発生した水俣病と同様の公害。昭和電工からの有機水銀によることが後でわかりましたが、水俣湾の水俣病が早く解明されていたら防げたはずでした。

四日市ぜんそく

１９６４年から１９７２年頃までの高度経済成長期に起こった亜硫酸ガスによる大気汚染で喘息が多発して人々が苦しみました。

その他にも米ぬかライスオイルにＰＣＢが混入したカネミ油症、赤ちゃんの粉ミルクにヒ素が混入した森永ヒ素ミルク事件などもありました。

地球規模の環境破壊

授業では初めに地球の歴史から地球温暖化を説明しましたが、２０２０年代の温暖化は切迫した危機となり全世界で取り組みが始まりましたので、最後に解説したいと思います。

オゾン層の破壊

大気中の酸素（O_2）のほとんどは、20億年から10億年前に海中の藻類の光合成によって作られました。

光合成は藻類、植物などによって行われるものです。下に化学式で表します。

植物などが吸い込んだ二酸化炭素、水は、太陽光のエネルギーによって酸素を放出し、植物はブドウ糖からでんぷんやセルロースを作ります。

地球の大気圏は、16㎞までを対流圏、そこから50㎞までを成層圏といいます。成層圏のO_2は紫外線でオゾン（O_3）となり、オゾン層を形成しました。

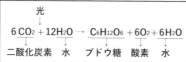

太陽から来る紫外線は、ＵＶＡ（長波長３１５～４００㎚）、ＵＶＢ（中波長２８０～３１５㎚）、ＵＶＣ（短波長１００～２８０㎚）に分かれます。

ＵＶＣは生物に有害ですが、成層圏の酸素とオゾンによって吸収されて地表に届きません。ＵＶＢも有害ですがほとんどが成層圏オゾンで吸収されて地表に届くのはわずかなため生物は生きてこられました。つまり植物の光合成のおかげで生物は海から地表に進出することができて、現在の繁栄を築けたのです。５億年前のことです。

光合成

$$6CO_2 + 12H_2O \xrightarrow{\text{光}} C_6H_{12}O_6 + 6O_2 + 6H_2O$$

二酸化炭素　水　ブドウ糖　酸素　水

▼世紀の大発明のはずが……

１９２８年、アメリカのゼネラルモーターズ（ＧＭ）は、冷蔵庫の冷媒にアンモニアに代わる物質フロン（クロロフルオロカーボン類）の特許を取得してデュポンと共同で販売を始めました。人体には全く無害ということで、発売記念会ではデュポンの副社長が吸い込んで見せたくらいでした。

　１９７０年代からは年間１００万ｔを生産して冷媒、発泡剤、エアゾール、精密洗浄剤など多岐にわたって世界中で使われました。

　ところが、１９７４年、カリフォルニア大学のシャーウッド・ローランド博士がフロンによるオゾン層破壊を警告しました。そして１９８５年、オゾン層に穴が開いたオゾンホールが観測されて人類は仰天しました。オゾン層がなければ人類は地表で生きられないからです。

　下の簡単な化学式で見てみましょう。フロンの塩素がオゾンを分解して、一酸化塩素と酸素になり、オゾン層がなくなってしまう、ということです。１個の塩素原子が紫外線下で10万個のオゾンを分解します。

▼難題は続く

　１９８７年、モントリオール議定書でフロン全廃を採択しましたが、空中に出たフロンガスは１００年間分解せず、成層圏に上がり続けるそうです。

　そこで人類は早速代替フロンを作りました。冷蔵庫やエアコンのない生活は考えられないからです。ところがこの代替フロンはCO_2の何千倍も何万倍もの温室効果作用があることが判明したため困り果てましたが、人類は頑張って温室効果作用のないノンフロン製品の開発を急いでいます。

温室効果ガス

二酸化炭素（CO_2）	１として
代替フロン	CO_2 の約１万倍
メタンガス（CH_4）	CO_2 の 25 倍
一酸化二窒素（N_2O）	CO_2 の 300 倍

＊ CO_2 と CH_4 で９割になる。
出典：地球温暖化対策の推進に関する法律施行令から

オゾン層破壊のしくみ

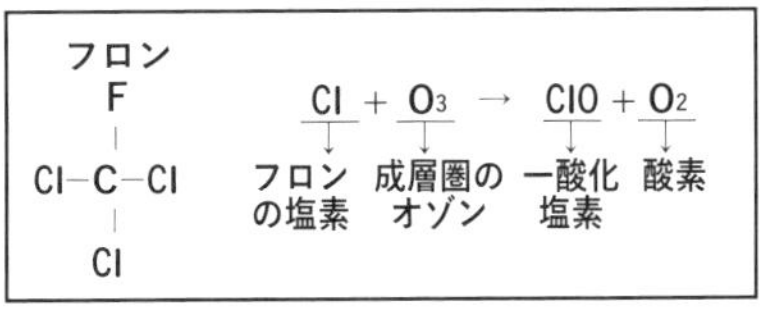

環境ホルモンは未来を奪う

1996年、アメリカのシーア・コルボーンが主体となって書き上げた『Our Stolen Future』は化学物質の意外な脅威を人類に突きつけました。『奪われし未来』の題名で日本でも発売されたこの本の一連の研究調査は、プラスチック試験管で乳がん細胞が異常増殖をしたことから始まりました。

化学物質は発がん物質よりずっと少ない量で、人体内においてホルモンを攪乱させるといいます。ホルモンとは体内で分泌され超微量で体の様々な機能を調節します。そこに外部からホルモン様作用の物質が加わると体内で悪い働きが起こるというので、内分泌攪乱化学物質と命名されました。しかしマスコミが「環境ホルモン」といったらすっかりその呼び名が気に入られて定着したのです。

▼次世代への影響は超ミクロの世界

『奪われし未来』では、胎児の時に環境ホルモンが脳に働いて注意欠落障がいや多動症、知能低下を起こすと警告しています。環境ホルモンは主に女性ホルモン作用をするので精子も減少します。動物実験では証明されていて、野生動物の生態調査でも様々な異常が報告されました。男性の精子は第二次世界大戦以降半減したといいます。また運動性のない精子、形が異常の精子も増えています。

実際に学級崩壊するような多動症や、少しのことですぐキレる子供が増えているのは、環境ホルモンのせいではないかといわれています。世界中の子供のＩＱが5下がると人類のリーダーが減り、烏合の衆になると警告する人類学者もいます。ところが環境ホルモンは非常に少ないレベルでホルモン作用をするので厄介です。

PPMやPPTなど、一般には馴染みがなく想像もできないと思いますが、ダイオキシンなどの化学物質に発がん性があるという量はPPMで、ご家庭のバスタブいっぱいに水を張りそこに1滴垂らした量です。

ところが環境ホルモン作用はもっともっと超微量で、PPTレベルです。PPTはガソリンなどを運ぶタンクローリーを17台並べてそこに全部水を張り1滴垂らす量なので、普通の測定では引っ掛からないくらいのものです。

▼ダイオキシンを例にとると

世界では、化学物質が1億種類以上発明され、私たちの身近にあります。

アメリカがベトナム戦争で枯葉剤として撒いたダイオキシンは、発がん性や先天異常の発生に関して世界最強の毒といわれて、みんなが恐れました。

アメリカにも被害が沢山出ました。アメリカ兵にもがんが多発しましたし、アメリカ本土でダイオキシンを作っていた工場周辺でも多くのがん患者が出る悲劇となりました。

ダイオキシンはごみ焼却場でも発生します。1000℃以下の低温で焼くと出るというので、古い

野生動物に広がった変徴

1950年代		
フロリダ	白頭鷲	つがい行動に関心なし
イギリス	カワウソ	消滅
1960年代		
ミシガン	養殖ミンク	子供を産まない・育たない
1970年代		
オンタリオ湖	セグロカモメ	孵化前に死亡・形態異常動物多発
1980年代		
フロリダ	ワニ養殖	孵化18%のみ・10日で死亡・ペニス萎縮
北ヨーロッパ	アザラシ	大量死
1990年代		
地中海	スジイルカ	大量死
バルト海域	魚全般	精巣の萎縮

PPM（parts per million）は、100万分の1で発がんレベル
PPT（parts per trillion）は、1兆分の1で環境ホルモンレベル

ごみ焼却場近くの農作物は売れなくなりました。

海に出た化学物質は、生物濃縮で大きな魚に集約されて最終的に人の体にやってきます。日本人の体内にあるダイオキシンの60%が魚介類からだといわれています。

ダイオキシンに汚染されていない人を探そうと世界中で調査が行われました。南米では原住民に追いかけられたりしたそうですが、調査が終了した時、どこに汚染されていない人が見つかったでしょうか？

汚染されていない人は、ひとりもいなかったのでした。特に生物濃縮の上位の動物を食料としている人たちは、高い傾向にありました。

▼身近なここにもあそこにも

環境ホルモン作用をするのはダイオキシンだけではありません。プラスチック容器のビスフェノールAは容器に熱いものを入れると溶け出します。コンビニの弁当を電子レンジで温めるのは危険です。容器をセラミックか陶器のお皿に移し替えて温めるのが安全ですが、ビジネスパーソンのお昼には不可能なのが心配です。最近コンビニでは紙製の弁当箱を使うところが出てきました。

日本では70種類の化学物質について環境ホルモンの追跡調査を行っていますが、環境中には1億種類以上の化学物質が氾濫しています。とても調査しきれません。

主な環境ホルモン

ノニルフェノール（合成洗剤・農薬・プラスチック）
有機スズ（船舶・養殖網の貝付着防止）
有機塩素系化合物（DDT・PCBなど土壌に残留）
ビスフェノール（学校給食のポリカーボネート食器）
フタル酸エステル（塩化ビニール）
ジメチルフェノール・ブチルフェノール（産業廃棄物処分場浸出液）
スチレン（カップめん容器）
ダイオキシン（塩素を含むものを低温焼却・枯葉剤にも使用された）
農薬（除草剤・殺虫剤など）

※（　）はそこに含まれるという説明

魚は生物濃縮が起こりやすい

大きい魚が中くらいの魚を100匹食べて、365万倍
中くらいの魚が小さい魚を100匹食べて、3万6500倍
小さな魚が1年間海藻を食べて、365倍
海藻のダイオキシンを1とすると

▼人類の未来を守るためにどうすべきか

世界的に男性の精子数が減少しています。数はあっても運動性が悪いとか、形態異常の精子が多数というのは前に述べました。題名の『奪われし未来』というのは、子供ができなくなって人類の未来がないという恐ろしい警告です。

周りにある化学物質を見直して下さい。石油由来の化学物質をなくしましょう。

お台所で鍋やお皿を洗う時、洗剤を使わなくてもたわしを使って熱いお湯で流すと意外に油は取れますよ。一番取れにくいのは牛肉の脂、ウナギはスルッと取れます。牛肉の脂は動脈硬化も促進しますから、たわしで取れないくらいの脂は減らしましょう。

どうしても取れない時は固形石けんで。ちなみに石けんはヤシ油などの油脂と苛性ソーダで作られます。たわしもヤシなどで作られています。熱いお湯ならたわしは柔らかくなってお皿は傷つきません。私は40年も同じお皿を使っています。

口に入るものは特に注意！　有機農法の食材を探し、料理はなるべく手作りすると途中の食品添加物などが除けます。

そして水を汚さないことです。海を守らないと回りまわって人々の体に戻ってきます。できる限りの知恵を絞って家族と自分を守りましょう。

プラスチックの逆襲

プラスチックやビニールほど便利なものはありません。あっという間に身の回りはプラスチックだらけになりました。

プラスチックからは前述の環境ホルモンが出る心配がありますが、今、投棄されたプラスチックが海に流れ出てマイクロプラスチックとなるのが問題になっています。プラスチックは高温焼却するか、土中に埋めるかなどして処理しますが、ペットボトルなどはどこにでも捨てられています。これが海に流れ出ると大問題になります。

▼魚や鳥の受難

海に流れ出たプラスチックやビニールは、紫外線と波の力でどんどん破壊されて小さくなっていきます。５㎜以下のものをマイクロプラスチックといい、魚が餌と間違えて食べています。無理もありません。魚はプラスチックを知らなくて色とりどりの小魚に見えるでしょうから。水鳥も同様です。

魚のお腹の中から沢山のプラスチックが見つかるようになりました。プラスチックはダイオキシンやポリ塩化ビフェニール（ＰＣＢ）など、有害化学物質を吸着するので魚の体から魚を食べた人に移行してくる危険があります。

日本人の体内にあるダイオキシンは60％が魚介類からといわれているのは前述しました。ＰＣＢは甲状腺ホルモン作用を引き起こし、動物実験ではお腹にいる胎児の脳に異常をきたし、生後ストレスに過剰反応することがあるといわれます。

それ以外にもプラスチックには可塑剤、難燃剤、着色料など食品に使ってはいけない化学物質がたくさん使われています。プラスチックを食べるとは想定していないからです。今、魚や水鳥の体にそれらの物質が見つかってきました。それは人間にもやってくるでしょう。

２０２１年、海岸に大きめのもみ殻の形をしたプラスチックが沢山見つかりました。研究者もはじめはわからなかったのですが、水田にまかれた肥料を入れたプラスチックだったそうです。お百姓さんは「いつか溶けるから」と説明されたそうですが、土の中では溶けなくて水とともに川から海へ。本当に魚の餌に見えました。

魚のお腹がマイクロプラスチックで詰まってしまえば、魚は死んでしまいます。

２０５０年には１００億人になるという人類は、たんぱく質のかなりの量を魚介類に頼っています。養殖業が盛んになってきましたが、将来的には足りなくなると思います。

ちなみにマイクロプラスチックは、東京湾のカタクチイワシの80%、大阪湾のカタクチイワシの50%で検出され、貝、えび、ホタテ、カキにも多く、塩からも見つかっています。

ほかにも、0.5㎜以下のマイクロビーズの問題も深刻です。汚れを落としやすくするため洗顔料、化粧品、歯磨き粉、メラミン樹脂製スポンジなどに使われており、ＰＣＢなどの有害物質を吸着します。そのマイクロビーズを食べた魚や鳥などが、食物連鎖で人体に移行するのです。

▼ナノサイズになると人類も受難

マイクロプラスチックがどんどん分解され、ナノプラスチックとなって発見されています。ナノサイズとは10億分の1m以下。細菌やウイルスのサイズです。ナノサイズだと細胞膜を透過して、腸管から体内に入る可能性が高く、血管や臓器に詰まると大変です。

2021年、NHKスペシャルの映像で樹氷の雪を調べたらナノプラスチックが発見され研究者が唖然としていました。それを見た私は茫然となりました。雪に入っているということはもうナノプラスチックが大気中を浮遊しているということです。吸い込むと肺に突き刺さりアスベストのようにがんになるかもしれないし、肺から血液中に入り体中にナノプラスチックが充満したら人は生きていけません。

▼今なら間に合うかもしれない

世界中がプラスチックの回収や再生に動き出しましたし、人々の中にもプラスチックを使わない運動が広まってきました。2030年までに環境中のプラスチックをできる限り回収して、マイクロプラスチック、ナノプラスチックを減らせば、人類を含めた動物の存続は可能になるかもしれません。しかし残された時間は短いです。今から一人一人が行動を起こさなくてはなりません。

海洋に出たプラスチックを回収しようと、世界中から資金を集めてプラスチックが集まるホットスポットで大きな網を張って回収を試みているオランダの若者がいますが、荒波で悪戦苦闘しています。ボランティアが海岸でプラスチックごみを集めていますが、翌日は同じように増えているといいます。がっかりしますが、何よりもプラスチックが海に流れ出さないようにすることです。ペットボトルを拾ったら、自治体が一本1円とか出してくれるとやりがいが出るでしょうね。未来を救うためのお金です。マレーシアでは貧しい人がごみの山からプラスチックを集めてお金をもらっています。それでブロックを作り、学校を建てているそうです。教育もできて一石二鳥の取り組みです。

海岸にあるプラスチックは紫外線でメタンガスを発生するそうです。メタンガスはCO_2の25倍も温室効果作用があることを忘れてはなりません。

中国の諺に「前門の虎後門の狼」という言葉がありますが、まさにその状況です。次の地球温暖化は植物も含めて地球上全生物の受難です。

絶対阻止を！　地球温暖化

２０２０年から２０２１年にかけて、世界は二酸化炭素（CO_2）排出ゼロに大きく舵を切りました。２０１９年、スウェーデンのグレタ・トゥーンベリが国連で演説したのがきっかけでした。それまでは経済の方が優先だとして化石燃料でのエネルギーを使い放題で温暖化には目を背けていたのが、わずか16歳の少女の５分間の演説で目が覚めたのでした。

私が女子高で保健を教え始めた１９８５年には、科学者たちがすでに温暖化を警告していましたが、１００年後の話だと捉えられていました。私も授業では温暖化を話していましたが、先のことだと考えていました。その時の地球の人口は46億人、CO_2は３５０ｐｐｍだったのです。

しかし２０２０年には世界の人口は78億人、CO_2は４１０ｐｐｍを超えていました。たった35年です。

ちなみに産業革命前のCO_2は２８０ｐｐｍでした。

▼地球の生い立ち

女子高生が温暖化を理解できるように考えた授業の内容から入りましょう。

地球は金星と兄弟星といわれています。原始の昔、回転していてちぎれた（?）というのです。ですからはじめ大気の組成は同じでした。ところが現在、金星の表面温度は460℃、気圧は90気圧。一方、地球は平均気温16℃、気圧は1気圧という穏やかさ。この違いはどうしたのでしょうか。

これは金星が太陽に近かったためと説明されています。金星は熱で軽い水素（H_2）が宇宙に逃げてしまったけど、地球はH_2を閉じ込めることに成功。地球には水（H_2O）ができてその後何億年も雨が降りました。その雨が大気中の二酸化炭素（CO_2）を溶かし込んで海の中でカルシウムと結合、石灰岩（$CaCO_3$）として固定されました。32億年前には浅い海に藻類が大繁殖して光合成を行い、盛んにO_2を放出しました。オゾン層ができて生物は陸に上がることができたのは前述したとおりです。

	金星	地球
二酸化炭素 CO_2	96.5%	0.04%（400ppm）
窒素 N_2	2~3%	78%
酸素 O_2	0.4%以下	20.9%
気圧	90 気圧	1 気圧
温度	460℃	16℃

▼人口爆発と活動

地球上の人口がこんなに増えたのは地球の歴史ではごく最近のことです。紀元元年のローマ時代の人口は広い地球に2億人だけ、産業革命前も7億人でした。

ところが産業革命で物が大量生産され人口がグーンと増えました。第一次世界大戦中、空中窒素の固定装置が開発されると窒素肥料をまいて農作物が沢山とれるようになり、また人口が増えました。第二次世界大戦中、化学兵器ができて人を殺傷するようになりましたが、戦争が終わると農薬に転用されたのでまたまた農作物が収穫できて人口は増え続けたのです。

２０５０年には人口１００億人になると予想されており、地球は悲鳴を上げ始めています。地球は狭くなりました。

▼CO_2のおかげで（？）地球は温室の中

CO_2は地球に届いた太陽光線が地表で反射されて赤外線が宇宙へ出ていくのをブロックします。雲のない夜は放射冷却で翌朝冷えるけど、曇っていると冷え込みが少ないとはよく耳にしますね。温室のように冷えないという意味で温室効果ガスと呼ばれるようになりました。

少しなら温かいのですが地球の平均気温は上がり続けていて、異常気象が始まっています。熱波、山火事、台風やハリケーンの強大化、洪水、海面上昇、干ばつ、食糧不足など、穏やかだった地球が荒れ始めています。臨界点を超えると温室暴走となり原始の地球に逆戻りします。産業革命前と比べて地球の平均気温が４℃上昇すると、人間はもうなすすべがありません。２.５℃上がると負のサイクルに入るのです。２０２１年の上昇は１.０９℃です。あと10年が勝負です。

▼温室効果ガスは意外なところにも

CO_2だけではありません。作物を作る時に土壌から出る一酸化二窒素（N_2O）はCO_2の３００倍の温室効果があるとのこと。田畑にまく窒素肥料からカビなどの働きによって発生するとのことですが、あるダニにカビを食べさせると発生しないことが突き止められました。窒素肥料をまかなければいいのですが、80億人近い人口を賄う作物を肥料なしで育てることは無理になってしまいました。

メタンはプラスチックが紫外線に当たると発生するといいましたが、牛のゲップから出る量も半端ではないようです。ステーキは食べたいので、メタンのゲップを出さない牛の改良に余念がありません。また温暖化が進んでツンドラ地帯の永久凍土が融けると大量のメタンが発生するそうなので、そこまで行く前に温暖化を絶対阻止しなくてはなりません。２０２０年から永久凍土が溶け出している場所がさらに増えてきています。

▼主役のCO_2

そして問題のCO_2です。２０２０年、多くの国が２０５０年までのCO_2排出ゼロを宣言しました。化石燃料を燃やして電気を作っていたのを、再生可能エネルギーといわれる太陽光ソーラーパネルや風力発電に切り替えるように動いています。しかし自然エネルギーは天候に左右されます。晴れた日でないと太陽光発電はできません。風力発電は風が吹かなくては動きません。そこで発電した電気をためておく蓄電池が必要です。効率のよいリチウムイオン電池の開発に貢献した旭化成名誉フェローの吉野彰さんが、２０１９年のノーベル化学賞を受賞しました。

自動車はガソリン車ではなく電気自動車や水素自動車が開発されています。水素は燃えると水になるので究極の環境対策車です。しかし水（H_2O）から水素（H_2）を分離するにはたくさんのエネルギーがいるのでいかに安く効率よくできるか研究室はしのぎを削っています。

船舶、飛行機はたくさんの化石燃料を必要としています。飛行機で移動しようとすると電車の10倍もCO_2を排出するので、グレタ・トゥーンベリはヨットで大西洋を横断しました。欧州の国々も飛行機でなく電車の移動を推奨しています。それでは飛行機会社はつぶれてしまうので、バイオマス燃料などの模索が始まりました。

▼地球の歴史を見て下さい

46億年もかかって地球は穏やかな気候になり、生物多様性のある豊かな美しい星になりました。地球温暖化は、その星を原始の地球に戻し金星への道へ向かわせようとしています。産業革命前に比べて平均気温が4℃以上上昇すると温室暴走となり、荒れ狂う地球に人はどうすることもできない状態になります。

その前に美しい地球で今の豊かな社会を損なうことなく暮らし続けられるように人類の英知を結集して立ち向かう時が来ました。

生物多様性を育む稀な天体、地球

46億年前	地球誕生
45億5000万年前	月誕生
40億年前	海ができたが亜硫酸と塩酸の海　大気の二酸化炭素は雨で海へ その後陸地の金属イオンが流れ込み中和して二酸化炭素を吸収
38億年前	バクテリア誕生　地球に酸素はなかった
32億年前	浅い海に藍藻出現　光合成で海に酸素供給　嫌気性菌死滅
24～22億年前	最古の氷期
20億年前	大気中の酸素増加　成層圏でオゾン層形成 有害紫外線ブロック
10～6億年前	多種類の多細胞生物出現
8～6億年前	大規模氷河時代　それ以前の生物絶滅
5億3000万年前	多くの脊椎動物出現 （カンブリア爆発といわれる）
4億6000万年～ 4億3000万年前	一時的氷河期
4億4400万年～ 4億3400万年前	85%の生物種が大量絶滅
4億2000万年前	植物の上陸
4億年前	節足動物の上陸
3億7000万年前	両生類の上陸　海洋の酸素減少で82%の生物種が大量絶滅
2億5100万年前	全ての生物種の90～95%の大絶滅 火山活動→二酸化炭素増加→メタンハイドレート大量気化 →酸素減少
6500万年前	恐竜、アンモナイトを含む全生物種の70%が絶滅 隕石の落下→低温化→植物の減少原因？ （隕石は絶滅の引き金かトドメか論争中）　以降哺乳類が繁栄
2500万年前	アフリカのケニアで最古の類人猿の骨発見
14万年前	氷期
11万年前	氷期
7万3000年前	スマトラ島ドバ火山噴火で人類祖先の多くが死滅 現在の人類のみに
1万年前	最後の氷期が終わり農耕開始
14～19世紀	小氷期（18世紀後半～　産業革命　人口7億人）
1970年	フロンガス発明
1985年	オゾンホール観測 人類の活動により大気中の二酸化炭素増加で温暖化に向かう 1億種以上の化学物質も多くの生物を絶滅に追いやっている
2020年	世界人口78億人
62億年後	水星、金星が太陽に飲み込まれる　地球は灼熱の星へ

月から見た地球。©NASA

はグローバルには生き残れないからです。私もSDG sを心掛けているのでつけています。

実は、“地球の病気”はかなり進行しています。とても重症です。何もしなかったら死んでしまうくらいです。まず地球の病を治さなくては、地球上で人類は生き残れません。快適な生活も望めないのです。かなり必死に頑張らなくてはなりません。温室効果ガスの排出削減、海洋プラスチック問題、化学物質による汚染、などなど。

地球の病気を治すのは医師ではなく、私たち一人一人です。全人類がその重要性を正確に理解しなければなりません。それには4番目の「質の高い教育をみんなに」です。このように17項目はすべてが関連しあっています。SDGsについて熱心に取り組んでいる1位から3位までは北欧3国。あとドイツ、フランスです。日本も頑張りましょう！

もう戦争などしている時間はないですね。兵器にかけるお金は地球と人類を救うことに使ってほしいと私は切に思っています。強い人は弱い人を助け、強い国は弱い国を助けてみんなで手を携えてゴールを目指せ！です。

COLUMN ⑦

SDGsとは？

Susteinable Development Goals、直訳して日本では「持続可能な開発目標」といっています。2015年に国連が定めた17項目で、2030年までに目標を達成して、世界中の人を、地球上で誰一人不幸にさせない、平和で健康な社会を目指すということです。

17項目を見て下さい。日本には生活保護の仕組みがあって、最低限の生活が保障されています。国民皆保険制度があり、病気でも医者にかかれないということはありません。教育も中学まで義務教育、高校や大学を目指すこともできます。飲み水も安全だしトイレも山小屋にまで設置されています。完璧でないにしても、ある程度の水準に達しているということで、「まあ、途上国の問題でしょう。国連さん頑張って下さい」と一部の人以外は関心を示さなかったのです。

ところが2020年前後から、地球温暖化の影響と思われる、熱波、洪水、山火事、干ばつなどが頻発して、運命共同体の地球上でひとつの国だけがその影響を免れることはできないのだと悟り、一気にSDGsは流行語大賞といえるくらい毎日話題になっています。

SDGsに参加するのは、なにも17項目全部でなくていいのです。自分のやれることから始めて下さい。12番目の「つくる責任、つかう責任」は私たち消費者も考えて買うということです。作るほうは売ればいいだけではなく食品ロスをなくすとか、ごみゼロなどに取り組みだしました。

企業もビジネスチャンスととらえて、SDGsに舵を切りました。お金儲けのため？と思われるかもしれませんが、経済が回らないと人々は食べていけないのでどんどんやってもらいたいと思います。

17項目は色分けされていて、17色の丸いバッジが作られています。これは「SDGsに賛同して活動していますよ」という意思表示になります。企業の経営者もつけているのは、今や、環境に配慮しない企業

SDGs 17項目

1. 貧困をなくそう
2. 飢餓をゼロに
3. すべての人に健康と福祉を
4. 質の高い教育をみんなに
5. ジェンダー平等を実現しよう
6. 安全なトイレと水を世界中に
7. エネルギーをみんなにそしてクリーンに
8. 働きがいも経済成長も
9. 産業と技術革新の基盤をつくろう
10. 人や国の不平等をなくそう
11. 住み続けられるまちづくりを
12. つくる責任　つかう責任
13. 気候変動に具体的な対策を
14. 海の豊かさを守ろう
15. 陸の豊かさも守ろう
16. 平和と公正をすべての人に
17. パートナーシップで目標を達成しよう

第1章　脳のはなし

中枢神経系の解剖　小島徳造　医歯薬出版、1957年
コアテキスト　神経解剖学　カーペンター著、嶋井和世監訳　廣川書店、1987年
子どもの宇宙　河合隼雄　岩波書店、1987年
現代の生理学　古河太郎他編　金原出版、1988年
脳と記憶　その心理学と生理学　二木宏明　共立出版、1989年
講義録　内分泌・代謝学　寺本民生、片山茂裕　編集　メジカルビュー社、2005年
人体解剖学　坂井建雄、橋本尚詞著　成美堂出版、2017年
脳と睡眠　人はなぜ眠るか　井上昌次郎　共立出版、1989年

第2章　呼吸循環と応急処置

図説　救急安全教本　日本救急医学会編　大修館、1983年
外国で病気になったとき　あなたを救う本　第3版　櫻井健司　ジャパンタイムス、1991年
救急医療　ファーストエイドマニュアル　大塚敏文他編　インターメディカ、1991年
症状からみた救急処置　内科編　大林完二編監　医学書院、1992年
高脂血症・動脈硬化の生活ガイド　中村治雄　医歯薬出版、1997年
新臨床内科学　高久史麿他監修　医学書院、1997年
目でみる救命救急処置　杉本侃　日本臨牀社、1997年
食事療法ハンドブック　五島雄一郎編　朝倉書店、1998年
日本内科学会雑誌　第87巻第1号「突然死」　日本内科学会、1998年
アトラス応急処置マニュアル　大塚敏文監訳　南江堂、1998年
ホーム・メディカ　家庭医学館　小学館、1999年
クリニシャン　第492号「日射病と熱射病」　佐々木淳一　エーザイ、2000年
高脂血症　山下静也　最新医学社、2003年
高脂血症・動脈硬化症の食事療法　医歯薬出版編　医歯薬出版、2003年
アクロス「日本発メタボリックシンドロームの主役―アディポネクチン」　アストラゼネカ社、2003年
新訂　目でみるからだのメカニズム　堺章　医学書院、2007年
からだの地図帳　高橋長雄監修　講談社、2007年
高血圧・心臓病の食事療法　医歯薬出版編　医歯薬出版、2007年
人体解剖図　坂井建雄、橋本尚詞　成美堂出版、2017年
日本医師会雑誌　生涯教育シリーズ「メタボリックシンドローム」　日本医師会、2007年
動脈硬化性疾患予防ガイドライン2007年版　日本動脈硬化学会　協和企画、2007年
日本医師会雑誌　生涯教育シリーズ「食と生活習慣病」　日本医師会、2008年
日本医師会雑誌「新型コロナウイルス感染症（COVID-19）」　日本医師会、2020年
日本医師会雑誌「知っておきたい不整脈の知識」　日本医師会、2020年
日本医師会雑誌「心不全パンデミック」　日本医師会、2020年
日本医師会雑誌「動脈硬化診療のすべて」　日本医師会、2019年

第3章　血液・エイズ・アレルギー

別冊サイエンス　免疫学II　病気と免疫　F・M・バーネット編、柏木登監訳　日経サイエンス社、1984年
血液病学　高久史麿　医学書院、1988年
現代の生理学　古河太郎他編　金原出版、1988年
イラスト免疫学　矢田純一編　メジカルビュー社、1990年
エイズ研究の最先端　服部俊夫編　羊土社、1993年
一目でわかる免疫学　臨床医学の基礎知識　J・H・L・プレイファ著、麻生芳郎訳　メディカル・サイエンス・インターナショナル、1995年
メディカル用語ライブラリー『アレルギー』　羅智靖他編　羊土社、1996年
新臨床内科学　高久史麿他監修　医学書院、1997年
ホーム・メディカ　家庭医学館　小学館・家庭医学館編　小学館、1999年
HIV/AIDS診療マニュアル　東京都衛生局、1999年
医学大辞典　南山堂、2000年
食物アレルギー　河野陽一　最新医学社、2005年
食物アレルギー診療ガイドライン　向山徳子　西間三馨監修　協和企画、2005年
食物アレルギーの手びき　馬場實　中川武正編　南江堂、2006年
皮膚アレルギーフロンティア　メジカルビュー社、2004年9月、2005年12月、2007年
人体解剖図　坂井建雄、橋本尚詞　成美堂出版、2017年
日本医師会雑誌「貧血患者へのアプローチ」　日本医師会、2008年
日本医師会雑誌「免疫・炎症疾患のすべて」　日本医師会、2020年

第4章　消化器の病気と危険な食べ物

内科学書　島田馨他監修　中山書店、1982年
図説　病気の成立ちとからだ［Ⅰ］・［Ⅱ］　中野昭一編　医歯薬出版、1983年
図説　人体寄生虫学　吉田幸雄　南山堂、1988年
現代の生理学　古河太郎他　金原出版、1988年
最新がん全書　末舛恵一監修　世界文化社、1991年
食品添加物の実際知識　谷村顕雄　東洋経済新報社、1993年
日本人のがん　渡邊昌　金原出版、1995年
日本医師会雑誌 第113巻 第3号「ヘリコバクターピロリと胃疾患」日本医師会、1995年
がんとは何か　谷口直之他編　中山書店、1996年
日本医師会雑誌 第116巻 第6号「O-157への対応」日本医師会、1996年
日本医師会雑誌 第115巻 第5号「毒に当たる――多い中毒見逃しやすい中毒の初療」日本医師会、1996年
笑うカイチュウ　藤田紘一郎　講談社、1996年
空飛ぶ寄生虫　藤田紘一郎　講談社、1996年
生活毒物 危険な食品・化粧品　西岡一　講談社、1996年
厚生の指標 国民衛生の動向　厚生統計協会、1997~99年
食品衛生学（現代栄養科学シリーズ）森下芳行編　朝倉書店、1997年
新臨床内科学　高久史麿他監修　医学書院、1997年
からだの地図帳　高橋長雄監修　講談社、1997年
日本医師会雑誌「肝疾患診療マニュアル」日本医師会、1997年
日本医師会雑誌 第119巻 第3号「肝炎診療の最前線」日本医師会、1998年
ホーム・メディカ家庭医学館　小学館・家庭医学館編　小学館、1999年
臨床栄養 臨時増刊6「知っておきたい食中毒A―Z」医歯薬出版、1999年
アルコール医療入門　白倉克之、丸山勝也　新興医学出版社、2003年
日本医師会雑誌「上部消化管疾患における最近の話題」日本医師会、2006年
肝臓・胆のう・膵臓病の食事療法　医歯薬出版編　医歯薬出版、2007年
胃腸病の食事療法　医歯薬出版編　医歯薬出版、2007年
新訂 目でみるからだのメカニズム　堺章　医学書院、2007年
M・P・「B型・C型ウィルス肝炎」文光堂、2008年
人体解剖図　坂井建雄、橋本尚詞　成美堂出版、2017年
日本医師会雑誌「食と生活習慣病」日本医師会、2008年
日本医師会雑誌「腸内細菌と疾患」日本医師会、2020年
日本内科学会雑誌「Helicobacter pylori 感染症」日本内科学会、2021年
日本内科学会雑誌「慢性便秘症診療の進歩」日本内科学会、2019年

第5章　なくては困る泌尿器系

人体解剖図　坂井建雄、橋本尚詞　成美堂出版、2017年
一目でわかる内科学　日野原重明日本語版監修　メディカルサイエンスインターナショナル、2004年
CKD診療ガイドライン　日本腎臓学会　東京医学社、2018年
正しく食べて健康に生きよう　菅沼安嬉子　慶應義塾大学出版会、2021年
日本内科学会雑誌「急性腎障がい Update」日本内科学会、2020年

第6章　がん

目でみるがん研究　黒木登志夫他　東京大学出版会、1989年
がんリスクと予防　M・P・ペッシイ他著、岡崎勲監修　西村書店、1990年
最新がん全書　末舛恵一監修　世界文化社、1991年
ヒトのがんウイルス　吉田光昭編　東京大学出版会、1992年
発がんとがん細胞　黒木登志夫編　東京大学出版会、1992年
がんの新しい診断と治療　井村裕夫編　東京大学出版会、1992年
がんと免疫　橋本嘉幸編　東京大学出版会、1992年
フリーラジカル　近藤元治編　メジカルビュー社、1992年
がんとは何か　谷口直之他編　中山書店、1996年
がんはなぜできるのか　谷口直之他編　中山書店、1996年
日本人のがん　渡邊昌　金原出版、1996年
ホーム・メディカ家庭医学館　小学館・家庭医学館編　小学館、1999年
がんを防ぐための12ヶ条　がん研究振興財団、1999年
病気の地図帳　山口和克監修　講談社、2003年
人体解剖図　坂井建雄、橋本尚詞　成美堂出版、2017年
日本医師会雑誌「食と生活習慣病」日本医師会、2008年

第7章　女性の体

放射線生物学　佐々木弘、増田康治　南山堂、1982年
カラーアトラス 人体発生学2 器官形成　永野俊雄他　廣川書店、1986年

放射能 見えない危険　草間朋子　読売新聞社、1990年
必修小児科学 第2版　楠智一他　南江堂、1990年
フリーラジカル　近藤元治編　メジカルビュー社、1992年
ジュリスト第1059号「人工生殖と親子関係」　樋口範雄　有斐閣、1995年
日本医師会雑誌第116巻第11号「糖尿病の臨床」　日本医師会、1996年
ラングマン人体発生学第7版　T・W・サドラー著、安田峯生他訳　医歯薬出版、1996年
ビジュアルワイド図説生物　水野丈夫他編　東京書籍、1997年
エッセンシャル産科学・婦人科学第2版　池ノ上克他　医歯薬出版、1997年
日本医師会雑誌第120巻第5号「不妊治療の最前線」　日本医師会、1998年
奪われし未来　シーア・コルボーン他著、長尾力訳　翔泳社、1998年
クローン羊ドリー　ジーナ・コラータ著、中俣真知子訳　アスキー出版、1998年
厚生の指標 第45巻第9号 臨時増刊「国民衛生の動向」　厚生統計協会、1998年
法律のひろば 第51巻第9号「非配偶者間の体外受精と家族法上の問題点」　石井美智子　ぎょうせい出版、1998年
日本医師会雑誌第122巻第6号「家族計画・母体保護法指導者講習会」　日本医師会、1999年
日本医師会雑誌第122巻第4号「平成10年度乳幼児保健講習会」　日本医師会、1999年
日本医師会雑誌第122巻第6号「わが国における体外受精の現況」　日本医師会、1999年
生命の設計図DNAってなに？　かずさDNA研究所、1999年
日本医師会雑誌第124巻第1号「うつ病の診断と治療の進歩」　日本医師会、2000年
日本医師会雑誌第123巻第9号「子どもの心を育む」　日本医師会、2000年
低インシュリンダイエットの本　永田孝行　朝日新聞社、2002年
糖尿病食事療法のための食品交換表　日本糖尿病学会編　文光堂、2003年
病気の地図帳　山口和克監修　講談社、2003年
日本医師会生涯教育シリーズ「糖尿病診療マニュアル」　日本医師会、2003年
糖尿病治療ガイド　日本糖尿病学会編　文光堂、2004年
新訂 目でみるからだのメカニズム　堺章　医学書院、2007年
からだの地図帳　高橋長雄監修　講談社、2007年
骨粗鬆症 診断・予防・治療ガイド　中村利孝監修　メディカル・サイエンス・インターナショナル、2007年
人体解剖図　坂井建雄、橋本尚詞　成美堂出版、2017年
日本医師会雑誌「性感染症 今何が問題か」　日本医師会、2018年
日本医師会雑誌「ゲノム医療――実施臨床の対応を目指して」　日本医師会、2018年
日本内科学会雑誌「糖尿病患者の併発症の診かた2021年」　日本内科学会、2021年
日本小児科学会雑誌　125巻第11号　第124回日本小児科学会学術集会教育講演「子どもでも分かる説明。子どもも親も傷つけない表現を目指して」　森内浩幸　2021年

第8章　心の問題

臨床心理学　倉光修　岩波書店、1995年
学習と教育の心理学　市川伸一　岩波書店、1995年
発達心理学　無藤隆他　岩波書店、1995年
日本医師会雑誌　第116巻第4号「喫煙対策の実際」　日本医師会、1996年
拒食、過食のながいトンネルをぬけて　鈴木裕也　女子栄養大学出版部、1997年
眠りのバイオロジー　われわれはなぜ眠るか（LiSA増刊）　井上昌次郎監修　メディカル・サイエンス・インターナショナル、1998年
日本人の心のゆくえ　河合隼雄　岩波書店、1998年
ホーム・メディカ　家庭医学館　小学館・家庭医学館編　小学館、1999年
こころと人生　河合隼雄　創元社、1999年
日本医師会雑誌　第124巻第11号「生活習慣病と酸化ストレス」　日本医師会、2000年
日本医師会雑誌　第123巻第9号「子どもの心を育む」　日本医師会、2000年
心理臨床の発想と実践　下山晴彦　岩波書店、2000年
病気の地図帳　山口和克監修　講談社、2003年
日本医師会雑誌　生涯教育シリーズ「精神障がいの臨床」　日本医師会、2004年
一目でわかる内科学　日野原重明日本語監修　メディカル・サイエンス・インターナショナル、2004年
からだの地図帳　高橋長雄監修　講談社、2007年
内分泌代謝学　寺本民生、片山茂裕編　メジカルビュー社、2005年

第9章　環境問題

奪われし未来　シーア・コルボーン他著、長尾力訳　翔泳社、2009年
地球生命35億年物語　ジョン・グリビン著、木原悦子訳、松井孝典監修　徳間書店、1996年
地球に住めなくなる日　ディビット・ウォレス・ウェルズ著、藤井留美訳　NHK出版、2020年
地球環境　兼岡一郎、幸田清一郎著　関東図書、2012年
グレタたったひとりのストライキ　マレーナ＆ベアタ・エルンマン、グレタ＆スヴァンテ・トゥーンベリ著　海と月社、2019年
日本医師会雑誌「環境による健康リスク」　日本医師会、2017年

後書き

本の上梓に当たり、まず世界文化社グループ世界文化ブックス執行役員の原田敬子氏に心よりの感謝を申し述べたいと思います。

２００９年に出版した慶應女子高の保健授業内容を書いた本を読んで、どうしても沢山の人に読ませたいと再出版について熱意を込めて勧めてくれました。

私も保健授業は自信をもって教えたので嬉しかったのですが、前の本はページ数の関係で環境問題などを入れることができませんでした。字数は気にしなくてよいと背中を押してくれて、教えていた頃よりもっと重要課題になっている環境についても含めることができました。そしてみんなに役立つことをコラムにしてほしいともいわれ、私も楽しく書くことができました。

医学の進歩はとても速いので新しい知識もなるべく入れるようにしましたが、それにも増して、現在では不適切な表現というのも多々出てきていて、会社を挙げて修正に協力してくれましたし、奇形その他医学的にも変更しなくてはならないものもあり、慶應義塾大学医学部の沢山の教授のご助言をいただきました。この場をお借りして深謝いたします。

医学的内容や言葉の表現は、できる限り現在の状況に即した内容としたつもりですが、足りないところもあるかと思います。ご容赦いただきたく存じます。

井ノ口美香子さんは、女子高で私の授業を受けてから頑張って医学部に進み、2022年4月から慶應義塾大学保健管理センターの教授になりました。現在二人で組んで、慶應義塾幼稚舎と横浜初等部の食育教育に励んでいます。今回、原稿全文に目を通してくれて推薦文まで書いてくれました。本当にありがとう。

忙しい原田役員を助けて本の編集を手伝ってくれた丸井富美子氏、陰からずっと見守って下さった世界文化ホールディングス鈴木美奈子社長にお礼を申し上げて筆をおきたいと思います。

菅沼 安嬉子

菅沼安嬉子（すがぬま　あきこ）

１９４３年、東京に生まれる。

１９６８年、慶應義塾大学医学部卒業、内科学教室入室。

２０２０年３月、女性で初めて慶應連合三田会会長に就任。

菅沼三田診療所副院長。慶應義塾評議員、慶應義塾大学医学部三四会評議員、慶應医学会評議員、日本ワックスマン財団理事他、多数務める。

１９８５～２０００年までの15年間、医師として診療を行うかたわら、慶應義塾女子高等学校で保健授業の講師を務めた。

また、２００１年～２００８年、慶應義塾大学看護医療学部講師（臨床栄養学）。

デザイン　熊谷元宏（knvv）
イラスト　中根ゆたか
校　正　株式会社円水社
編集部　原田敬子、丸井富美子

私が教えた慶應女子高の保健授業

発行日　２０２２年４月20日　初版第１刷発行

著　者　菅沼安嬉子
発行者　竹間勉
発　行　株式会社世界文化ブックス
発行・発売　株式会社世界文化社
〒１０２-８１９５
東京都千代田区九段北４-２-29
電話　０３-３２６２-５１１８（編集部）
　　　０３-３２６２-５１１５（販売部）
印刷・製本　株式会社リーブルテック

ISBN 978-4-418-21420-4